無実を探せ！
イノセンス・プロジェクト
DNA鑑定で冤罪を晴らした人々

著者 ジム・ドワイヤー
　　 ピーター・ニューフェルド
　　 バリー・シェック

翻訳者 西村邦雄
監訳者 指宿 信

現代人文社

ACTUAL INNOCENCE by Barry Scheck, Peter Neufeld, and Jim Dwyer
Copyright © 2003 by Barry Scheck, Peter Neufeld, and Jim Dwyer
Japanese translation published by arrangement with Barry Scheck, Peter Neufeld, and Jim Dwyer c/o
Sterling Lord Literistic, Inc. through The English Agency(Japan) Ltd.

無実を探せ！イノセンス・プロジェクト＊目次

- 序　　章　だまされた陪審員　3
- 第 1 章　イノセンス・プロジェクトとは？　10
- 第 2 章　DNA鑑定法の発明　47
- 第 3 章　誤った目撃証言　53
- 第 4 章　虚偽自白　92
- 第 5 章　白衣による不正行為　122
- 第 6 章　密告者　142
- 第 7 章　ジャンク・サイエンス　176
- 第 8 章　破られる宣誓証言　191
- 第 9 章　眠っている弁護士　201
- 第10章　人種的偏見　211
- 第11章　冤罪死　229
- 第12章　やり直し　242
- 第13章　教訓　259
- 終　　章　刑事司法改革への第一歩　275

- 付属資料1　冤罪者保護のための改革一覧　292
- 付属資料2　DNA鑑定で冤罪が晴れたケース一覧　300
- 監訳者解題　イノセンス・プロジェクトと刑事司法改革　304

本書を可能にし、価値あるものにし続けてくれているアデレに
PN（ピーター・ニューフェルド）

その無条件の愛ゆえに、ディディ、ゲイブ、オリヴィアに
BCS（バリー・シェック）

Ower, Co. Galwayのモリイ・ドワイヤーと、
Reenroe, Co. Kerryのフィリップ・ドワイヤーに感謝、尽きることなく感謝
JD（ジム・ドワイヤー）

著者注

　本書はノンフィクションである。ここに紹介している事例は、インタビュー、著者自らが単独であるいは何人かで実際に経験した内容、法廷での事実審理記録や証言録取書、公判記録に基づいている。また列挙してあるような、法律、社会科学の研究内容にも依拠した。情報源が特定できない資料は使用しないこととした。
　本書では、米国ジャーナリズムの慣例に従い、性的暴行に遭いながらも一命をとりとめた被害者については、人前で話しても構わないという場合を除いては実名を出していない。したがって、イルマ・ロペス（第1章）、フェイ・ツレッツァー（第3章）、ジーニイ（第5章）、モーリイ・M（第7章）、ルイーズ・ルイス（第10章）といった名前は仮名である。
　本注以外のところでは、私たちが自らに言及する際にはその都度、バリー、ピーター、ジムと三人称で表記している。

　　　　　ジム・ドワイヤー、ピーター・ニューフェルド、バリー・シェック
　　　　　ニューヨーク市、2001年3月

序 章　だまされた陪審員

　　無実であって被疑者だという人は多くはいないものだ、と言うことは矛盾している。
　　もしある人が無実だとすれば、そもそもその人は被疑者ではないからだ。
　　　　　　　　　　　エドウィン・ミーズ　アメリカ合衆国司法長官　1986年

　電話が鳴る。母親と叔母はもう寝床に就いていた。デニス・フリッツは映画を観ている。といっても映画のタイトルも筋もわかっていない。今にも寝てしまいそうだ。長椅子から立ち上がってベッドに行きさえすればたちまちだ。カンザス・シティの春の夜。リスター通りに面した窓から涼しい風が入り、カーテンはかすかに揺れている。この家でこんな時間にけたたましい音を立てる電話なんて間違い電話に違いない。
　「もしもし」女の声だ。「デニス・フリッツはいます?」
　「はい」とフリッツは応じる。
　「デニス・フリッツなの?」女は尋ねる。
　「あぁそうですが」と答えると、彼の穏やかな西部訛りの声に返ってきたのは電話の発信音だ。女は電話を切っていた。
　間違い電話か、と一瞬彼は思うのだが、それはどう考えてもおかしい。デニス・フリッツはソファのところに戻りテレビの前でドスンと座り直す。歳は37。ハンサムで髪はこざっぱりとオールバックに整えられている。そのため上品な顔つき、皺のない皮膚、知的で寛大に見える青い眼がはっきりと見て取れる。彼のきりっと引き締まった肉体は、おそらく南オクラホマの建築現場での作業や家屋修繕をしていなくても、もともと鍛えられた体型であろう。今週は母親と叔母のためにペンキ塗りをしにカンザス・シティに来ていた。夜になると、刷毛と缶、ローラーと保護テープ、梯子とペンキ作業用の敷き布を使うことで筋肉に軽い疲労が感じられる。徐々にではあるが家は前より見栄えがよくなってはいるのだが、少しばかりペンキを塗ったところで代わり映えしないことは彼にはわかっている。彼がペンキ塗りを終えた後でも、母親の家は依然として通りに並ぶどの家とも大差はないのだろう。たまたま国の丁度ど真ん中あたりに建っている〔この地域、カンザス・シティは合衆国政府によって作成されたすべての地図の中心参照地点として使われている〕、築50年、2階建て家屋、ごく普通の人たちの家なのだ。

その夜のテレビニュースの見出しが流れているが、どれもフリッツの気を引くものはない。立ち上がって、伸びをして欠伸（あくび）をする。するとそのとき車のドアの音が聞こえる。カーテン越しに目を凝らすと、かなりの数の警察官が庭を横切って扇形に拡がり、戦闘態勢を敷いているのが見える。音も立てずに包囲したのに違いない。SWAT（特別機動隊）チームのユニフォームに身を包み、何か理由があってのことだろうが、彼らは彼の母親の家に照準を合わせているではないか。彼は玄関を開け、敷居を越える。2人の平服の男が暗がりの中から姿を現す。
　「デニス・フリッツだな」と1人が言った。その顔に見覚えがあった。フリッツが住んでいたオクラホマ、エイダ出身の刑事だった。カンザス・シティで奴は一体全体何をしているんだ。
　「はい」とフリッツは応じる。
　「両手を挙げろ。お前の逮捕状が出ている」
　「何だって？」フリッツは聞き返す。
　「お前はデブラ・スー・カーターの死亡につき、第一級謀殺および強姦罪で起訴されている」その刑事が答える。
　後ろ手に手錠がかけられ、狙撃手が射撃態勢を解くのを見ているときにデブラ・スー・カーターという少女の名前が心を過（よ）ぎる。確か4〜5年も前、それもエイダで、その少女は殺された。当時、デニスも含めて町の男性の半分が尋問された。不愉快なことだったが、彼は当時そういうこともやむをえないことだと思っていた。それ以後、そのことについてほとんど考えたこともなかった。それをところが、今頃になって警察が姿を現し、彼を殺人罪で告発した。ほんのちょっと前には彼は腕を伸ばして床に就くところだった。それが今、彼はまさか、としか言いようのない状態に陥ってしまった。
　しかし、1987年春の夜、彼は手錠をかけられて母親の家を後にした。1999年の春までここに戻ることはなかった。建築現場の仕事を始める前のデニス・フリッツは、高校の理科の教師、シングル・ファーザー、アマチュア・ミュージシャンであり、思慮深い人間であった。彼にまつわることで、彼が国のど真ん中にある家から引き剥がされて、陰惨な事件を、それもとりわけ忌まわしい形で引き起こした殺人者として、残りの人生を刑務所で過ごすようなことを示唆するものは何も見あたらなかった。デニス・フリッツは、何億人というごく普通のアメリカ市民の1人にしか見えない。実際そうであった。彼もまた無実の人だったのだ。

―――――

それから12年後、1999年4月初めの夕刻のこと、主要テレビネットワークのある幹部の元にフリッツの弁護士から電話がかかってきた。そのネットワークのゴールデンタイムのニュース番組では、デニス・フリッツが自由の身になる可能性がいっそう高まったということで、約1年前からフリッツの映像を集めてきていた。

　「デニス・フリッツが今度の水曜日から1週間で出所します」と弁護士が告げた。

　「うちは遠慮しとくよ」と幹部の返事。

　「あれだけ準備してきたというのにですか？」と弁護士が尋ねた。

　「本当に申し訳ないとは思っているんだが、上の連中はこの手の話が多過ぎると考えているんだよ」と幹部は応じた。「彼の場合でも、単に無実の人がまた1人出所するというだけのことなんでね」

　つい最近まで、無実なのに投獄されていたと主張することは、ほとんど証明不能で無謀な、というより危険ともいえる問題提起であった。1992年にバリーとピーターの2人の弁護士はニューヨーク市の新聞の編集者宛に判決絡みの文書（legal papers）を書き送った。彼らが書いたのは、ニューヨーク、ロングアイランドのトラック運転手が、やってもいないレイプの罪で11年もの刑務所生活を送った証拠がある、というものだった。彼の裁判が行われた当時には利用できなかった新しい鑑定によって、レイプ犯のDNA型と、この収監者のDNA型が異なっているということが判明した、と書いた。この文書を押しつけられたのが本書の著者のひとりであるジムであった。彼はバリーのこともピーターのことも知らなかったが、まっとうな弁護士だったらこんな作り話ではったりをかますような真似はしないだろう、ということはわかっていた。

　9ヶ月後、このトラック運転手は自由の身となってロングアイランドの法廷を出た。そしてこの新しいDNA型鑑定の噂は独居房から独房棟へ、刑務所の階段から中庭へ、週末の面会室から帰宅の貸切バスの車内まで、さらには市から州に、国内の端から端まで広がった。収監されている無実の人たちはこの話に飛びついた。彼らはバリーとピーターに手紙を書き、また同じことが起きるようにしてほしいと頼んだ。弁護士の中には援助を求めて電話をかけてきた者もいた。収監者の母親、父親、兄弟、姉妹も同じことをしてきた。

　こうした書面や要請がうず高くなり、バリーとピーターはこの書類の山をイノセンス・プロジェクト（Innocence Project〔冤罪を晴らすためのプロジェクト〕）と名付けた。そして古い証拠を見つけ出すことができたケースの場合、イノセンス・

プロジェクトの依頼人のおよそ半数の潔白が証明された。

　ウェスト・ヴァージニア州では墓堀人が終身刑から自由の身になった。オクラホマ州タルサでは、ある金持ちの息子が3,000年の刑期から釈放された。カリフォルニア州オレンジ郡では、25年の刑期を務めていた海兵隊伍長が、ヴァージニア州では20歳で45年の禁固刑に処せられていたボイラー修理工が、そして死刑を宣告されていたシカゴの放浪者が。ロングアイランドのトラック運転手は20年の刑期を務めていた。そして、カンザス・シティの母親の家で逮捕され終身刑に処せられた元理科の教師デニス・フリッツ。

　DNA鑑定では本書執筆時点〔2001年3月〕で、130人が自ら犯していない罪のために投獄され、そのうち何名かは死刑囚監房に送られたという驚くべき事実が判明している。この数字はイノセンス・プロジェクトや他の賛同者たちが新たな裁判を起こしているので、毎月大きくなっている。DNA鑑定で無実の人が刑務所から自由の身になったという話は、フラッシュニュース扱いだが、夕刻のニュースショーで米国全土に放映されてきた。ただ、目にも留まらぬ瞬間的なもので、確かに、伝えられた内容が何を意味するのかを考えられる人にとっても、短か過ぎたであろう。

　釈放されたばかりの人々は刑務所の門で家族と抱き合う。彼らはテレビで、出所後最初のピザを口にするのを、ビールを一口飲むのを、あるいは熱い風呂にゆっくりとつかるのをどれだけ楽しみにしているのかを語る。怒りや恨みは感じていないと話す。そして、無実の叫びに耳を傾ける人が出てくるまでにどうしてこれほど時間がかかってしまったのかについて不思議でならない、当局者は真犯人を探し出すと誓うが、またすべてをやり直さなければならなかったとしても、何も変わりはしないだろうとも言う。次のニュース番組が集中的に流されるまで、同じ内容のニュースが繰り返して垂れ流される。何が間違っていたのかという問いかけには答えが出ないまま、あるいはその問いかけですら、されるのはずっと後になってからだ。

　これまではほとんど考えられもしなかったような状況が展開しようとしている。何世代にもわたってアメリカの弁護士および活動家は、彼らが無実だと信じている人々の有罪判決を覆すために闘ってきた。最近まで彼らは目撃者が証言を撤回するか、あるいは真犯人が名乗り出るのを頼りにするしかなかった。過去15年間に起こった事件について新たにDNA鑑定をすることによって、132人が自由の身になっただけではなく、その公正さと正確性に関してほとんど何も手をつけようとしてこなかった。最も大事なことは、これらの人々がどのようにして刑務所から

出られたのかではなく、どういう経緯で刑務所に入ることになってしまったのかである。

　今では誤判の仕組みの詳細が明らかになったことで、誤判事例を検証すると地域差、社会的地位の差にかかわらず共通した教訓が見つかる。つまり、時として目撃者は間違いを犯す。密告者は嘘をつく。自白は強要されるか捏造される。人種差別が切り札となって真実を制す。科学捜査研究所の鑑定は不正に操作される。被告人の弁護人は眠っている。検事は嘘をつく。DNA鑑定と正義との関係は、望遠鏡と星との関係と同じである。つまり、ただ物事を実際にあるがままに見る手段なのである。DNA鑑定は隠れているものを浮かび上がらせる仕掛けである。DNA鑑定の結果は、何千人もの無実の人たちが十中八九、仕掛けには手が届かずに収監されているということをはっきりと示している。まさしく、最も強力な望遠鏡の視界の先により多くの星があるのと同じである。結局のところ大半の犯罪には、血液、精液、毛髪、皮膚、その他細胞組織といった生物学的証拠が残っておらず、鑑定すべき遺伝物質がない。そのためにDNA鑑定ができず、誤判が起きる可能性があるのだ。

　不当に有罪とされた人々の視界の先に、ほとんど気づかれていないが非常に重要なもう1つの現象がぼんやりとではあるが姿を現している。今日、DNA鑑定は公判の前に用いられている。その結果、FBIおよびその他の科学捜査研究所では導入後の18,000件のDNA鑑定で、少なくとも5,000人の主要被疑者は公判に入る前に被疑者から外された。概して言えば、主要被疑者の25％以上が、無実であることが判明したのだ。このような見えざる多数の無実の被疑者にとってはDNA鑑定だけが、不当な告発から誤判へと強制されて突き進むことへの歯止めとなった。これ以外にどれだけ多くの無実の人たちが、生物学的証拠がない犯罪で告訴され、鎖に繋がれ、銃で脅されて刑務所に送られたのであろうか。イノセンス・プロジェクトの結果、その数はほとんどのやる気が失せた法学者や事実を事実として見ようとしない学者の想像をはるかに超えて何千人にもなるであろうことが推測される。

　目撃者、警察官、検察官には自分たちの告発は正しいという固い信念があるために、明らかに無実の証拠があるにもかかわらず、人としての根幹にかかわる。カリフォルニア州のある女性は、連続殺人犯が犯行を認め、彼女を襲ったことも証明されているにもかかわらず、今でもなお、彼女の元夫が彼女をレイプし、殴って昏睡状態に陥れたと言い張っている。

　不正を正そうという、人間が本来持っている強力な意志、よりひどいことになっ

てしまった身の上話を改めたいという本能は否定しようがない。また次の事実も否定しようがない。つまり、不当拘禁の唯一最大の要因はあいかわらず目撃者の誤りである、ということである。被疑者の顔が目撃者の柔らかい記憶のパテに押し込められる。その後しっかりとした形になっていく。歴史が作られる。誤った識別によって作られる歴史は、社会のあらゆるレベルで強化される。

「陪審員は、反証がどれほどあろうとも、怒りにあふれた被害者の信憑性と信頼性の方を躊躇うことなく信じる傾向があるようである」とエドウィン・ボーチャード教授は1932年の古典的名著『Convicting the Innocent〔無実の者に有罪判決を下す〕』で書いた。

凶悪犯罪の後では、犯罪被害者も社会も求刑にあたって容赦なく厳罰を求めて被害感情や社会の均衡を求めるものである。それは丁度、氷を溶かして沸騰した湯を冷ますようなものだ。人違いの処罰が行われているなどと言ってこの均衡を乱したりすれば、それは異端行為に限りなく近づくことになる。冤罪を晴らした130のケースのほぼ半数で、地元検察当局は裁判を起こすと迫られるか、あるいは実際に提訴するまで、DNA鑑定をするための犯罪証拠の提供を拒んだ。当局は、有罪判決を受けた者は自らの無実を証明したいと願うではあろうが、裁判が終わった後ではそのような行為をするための権利はないと主張する。彼は無実であっても有罪判決を受けた犯人であって、法廷で無実の可能性を絶たれた人間なのだ。さらに彼らは、社会というのは、判決には変更がきかない終局性があるということにより強い関心を持っているものだ、と言う。

したがって無実の人が鑑定のための証拠を利用したいと願っても、それは州、郡、判事、治安判事補佐官頼みの、端から負けが決まっているサイコロ博打のようなものである。

「法的にも事実上も無実の人が処刑されるとしたらそれは憲法上容認しえないことであろう」とサンドラ・デイ・オコーナー連邦最高裁判事は1993年に書いたが、これは最高裁判所の大半の判事によって共有されている感覚である。しかしそうではない判事もいて、例えばウイリアム・レーンクィスト連邦最高裁判所長官は判例を挙げて、「冤罪の申立てはそれ自体、憲法上の当然の要求ではない」と言わんとしている。無実を「真に説得力を持って」示すことは、そのことだけでも有罪判決を憲法違反とするのに十分なのではないのか、との問いかけには彼は回答を避けた。

1976年以来、およそ6,000人もの人たちが死刑囚監房に送り込まれた。本書執筆時点〔2001年3月〕で、これらの内の多数がDNA鑑定を含めたさまざまな

手段で無罪放免となっている。「死刑に対して、1％の誤差率は許容範囲内だという人もいます。しかしFAA（連邦航空局）に行って航空機の申請をする際に、あなたがもし、『あっそうだ、ところで100回の着陸ごとに1度の割合で死亡事故、あるいは未遂が発生します』と言ったとしたら、『あなたは気は確かか』と言われるでしょう」とニューヨーク州の死刑囚専門の弁護人（capital defender）であるケヴィン・ドイルが語る、

　法廷は、罪を犯した人の訴追自体を揺るがすことなく、むしろ実際には強化しつつ無実の人を虐げる危険性を最小限に抑えることができる。しかしそれには、DNA鑑定によって顕わにされた過ちを厳密に調査することが求められる。

　ラーニッド・ハンド判事は1923年、次のように書いている。「我々の訴訟手続きというのは常に、無実なのに有罪判決を下された人の亡霊に苛まれています。まさか、としか言いようのない状態です」

　今日これらの亡霊が巷にも出没している。しかしハンドの言う、まさか、としか言いようのない状態のために睡眠が脅かされている人はほとんどいない。無実の人たちが重視されることもなければ考慮されることもない。地方の裁判所から米国司法省までの政府のあらゆる部署が、犯罪、告発、令状、逮捕、起訴、答弁、処分、公判、陪審審理、裁判官審理、評決、判決、執行猶予、上訴、裁判官の意見の統計をとっている。連邦政府の全部門をあげて重罪の数量を追跡フォローしている。多くの州が同様の仕組みを有している。膨大な量の統計が集められ、棚は満杯の状態である。

　しかしこれらの統計のどの1つをとってみても、厳然として存在する、無実の人に関わることがらを説明するようにはなっていない。何が間違っていたのか、あるいは間違いを犯したのは誰だったのかを解明する仕事をしている人は誰一人としていない。無実なのに、誤った判決を下され、最終的には冤罪が晴れた人はまったく無視されている。このような状況を変えるべきときになったのだ。

第1章　イノセンス・プロジェクトとは？

　本来ならいるべき場所ではないところで孤立し、抜き差しならない状況に追い込まれた収監者85A6-97は、全身全霊を込めて苦悶の声を発した。彼の皮膚には湿疹が出ていた。歯はボロボロ。両足にはイボができ靴が履けないほど肥大していた。肺には肺炎で水が溜まっていた。頭皮は乾燥しきって砂状になっており、また痔疾は外科医のメスだけしか火照りを和らげることができないほど激しく痛んだ。彼はしょっちゅう不機嫌で、刑務所の職員に反抗的であった。したがって彼が医師の往診を受けていないか、あるいは病院に行っていないときがあったとしたら、それらの時間は通常、懲罰処分を受けている時間であった。

　マリオン・コウクリィがレイプの罪で15年の刑期を務めるために入獄したときはまだ若く、彼に面会した人は誰もが、彼はお人好しだが扱いにくい収監者だという見方に同感した。刑務所の精神分析医は「マリオンには知的障害があり、非常に怒りっぽい人物である」「彼には自らの行動を的確に捉える力がほとんどない」と書いたが、コウクリィに面会した後でこのような表現をする人は多い。彼に関する記録の中で1つ前向きな意見が刑務所の教員によって表明された。この教員は、コウクリィには理解力はほとんどなかったが一生懸命ではあった、と語った。彼女は彼が掛け算の九九表を間違わずに覚えることができたので表彰状を与えた。彼は32歳になっていた。

　1987年9月3日午後5時10分前、コウクリィは、最後の一口、一口を断固たる態度で噛みしめていたフィッシュキル州刑務所の食堂のテーブルから立ち上がった。彼1人しかいなかった。これよりちょっと前に彼の班は食堂を出るようにと命じられていた。後1週間もすれば、刑務所に入れられてから2年になろうかという時点であり、規則では確かに命じられたら速やかにテーブルから離れなければならないということは彼にはわかっていた。それでもコウクリィは、動き出すまでは口を動かし続けていた。

　彼は自分が座っていた椅子を押し戻し、トレイを投げ入れるためにゴミ箱のところにゆっくりとした足どりで進んだ。出入口のところで看守のT. ホッジが待ち構えていた。

　「班長がお前の班に食堂を出ろ、と命じたときには出なきゃいけないんだよ」とホッジは言った。

　「俺は終わっていなかった」とコウクリィが答えた。

「そんなことはどうでもいいんだ。お前には食う時間はあった」とホッジは言った。「出ろと命令されたら、出ることになってるんだよ」

「俺はガキじゃない」とコウクリィが怒鳴った。「俺は食い終わったら出るさ。誰も俺にどうしろと命令なんかできないんだよ!」

監督官と他の看守がこの騒動を人目から隠そうとやってきた。収監者は交代で食事をとるので、次の一団が入口のところで待機していた。看守たちは他の収監者が共鳴して騒動に勢いがついてしまう前にコウクリィを速やかに、かつ気づかれずにその場から移動させたかった。

「俺は食い終わるまでは行かないからな」コウクリィは両腕をグルグル回しながら大声を張り上げた。「さてと、食い終わったな。それじゃ行くか」

「両手を両脇のところに置きなさい」と看守が言った。

「俺は何にもしてないぞ。夕飯を済ませただけだ」とコウクリィは、両手の掌を上に向けた、降参を意味するものではない、肩をすくめる仕草をして言った。

「これは命令である。両手を両脇のところにしっかりと置け」と看守が言った。コウクリィは腕を下ろした。

「お前の身分証明書を出すんだ」とホッジ看守が命じた。

「持ってないよ」とコウクリィが答えた。

看守がもう1人やって来て、3人の看守は素早くコウクリィの両腕を脇に押さえつけると彼を急いで連れ去った。彼は、施設の秩序に脅威を与える収監者に対し現場で適用される懲罰である、緊急「監禁」状態に置かれた。彼は独房20号に監禁された。

看守たちが出てドアが閉まった途端に、コウクリィは自分がどういう状況にあるのかがわかった。というのも彼は、すでに監禁および関連した懲罰を科せられてそこで4ヶ月を過ごしていたからだ。彼は食堂の恩恵、電話通話の恩恵、小包受取の恩恵を失うことになるだろう。十中八九、面会人の恩恵も失うことになるであろう。彼には刑務所内の仕事はないであろうから、ほぼ全日にわたって独房を離れることは認められないであろう。

「こんなことは正しくない」と彼は叫んだ。「これは間違っている」

それから彼は、2年間の監禁状態の間に彼の肉体が彼に対して行ったことを、彼の独房に対して行った。彼はゆっくりと、1人寂しくその場所を壊した。

寝具類が最初の目標となった。ベッドは夜にせよ昼にせよあまりにも多く彼の時間を占有しているので、彼はベッドが嫌いだった。「俺は何にもしないで寝たきりになってるのは好きじゃない」と彼は、早く監禁状態から解放してほしいとの依頼

文書をこの日より2～3ヶ月前に書いていた。そして彼はマットレス、毛布を床に力一杯投げつけた。ベッドの枠をドアに激しく叩きつけ、折れるまで繰り返した。ベッドが破壊されて出てきた棒状のもので流し台を粉々に粉砕した。さらに、紙、枕カヴァー、衣類、掴めるものなら何でも、痔疾に苦しみ出血した便器に詰め込んだ。

何人かの看守が独房の外に集まり、破壊の様子に耳を傾けていた。詰まった便器と破壊された洗面装置から水が溢れ出てドアの下から流れているのが彼らの目に留まった。大騒ぎが一瞬収まったときに、看守の1人がコウクリィに向かって「やめろ！」と叫んだ。コウクリィはベッドの枠を使ってドアの覗き窓の金属スクリーンを乱打して応じた。この攻撃で窓のスクリーンは歪んだ。そしてガラスは粉々になって独房ブロックの通路に飛び散った。「俺は刑務所長に会いたい」コウクリィは唸り声を上げた。「ここは俺のいる場所なんかじゃないんだ」

疲れきって彼は、水浸しになった独房にへたりこんだ。独居房での一人舞台の大暴れが始まって3時間後、彼は刑務所の教誨師に説得されて出てきた。コウクリィは誰もいない独房に送り届けられた。そしてそこでブロック中に口笛と金切り声を響き渡らせた。誰も眠れなかった。翌朝刑務所の精神科医がこの収監者の精神鑑定のために呼ばれた。人は誰でも感情を抑えきれなくなることが一晩くらいはあるものだ。しかしコウクリィの記録の全容は凄まじいものだった。彼が足枷をはめられた足を引きずって刑務所に来た日以来、コウクリィは「一貫してマイナス適応」を示し、「割当てられた作業での実績では満足のいくレベル以下」であった。彼は「スタッフの指示を受け容れること」を拒み、「乏しい知能、自らの問題と現在の窮地への洞察力不足」を示した。彼は抗精神病剤を常用していた。それがいかに無用であったかは独房20号の残骸を見れば明らかであった。

コウクリィが非常に頑丈にできている独居房を素手で破壊してから24時間以内に、矯正局の精神科医が、特に驚くようなことでもないが、コウクリィは怒れる人間のままである、との結論を下した。フィッシュキル州刑務所の精神科医には解決策があった。彼を別の刑務所に厄介な収監者として送り込んでしまうことだ。「精神科医は、よりしっかりとした、安全な環境に直ちに入所先を変更することを提言した」と、破壊があった夜の後にスタッフが書いた評価に述べられていた。「第一副所長の判断により対象者は移送」

コウクリィは、これより2年前の1985年8月25日から、ブロンクスの拘置所で彼の刑期を務め始めていた。そこを振り出しに彼はニューヨーク州の刑務所巡りの旅に出た。フィッシュキル、シンシン、クリントン、フランクリン、アッティカ、再

度フィッシュキル。

　そして今や彼はわずか24ヶ月の間に、第8番目の刑務所であるグリーン・ヘヴンに行くことになっていた。このペースでいくと、瞬く間にニューヨーク州の刑務所では間に合わなくなってしまうだろうが、コウクリィには務めなければならない刑期がまだまだ何年も残っていた。それでも彼はフィッシュキルで癲癇を起こしたことに対して、追加処罰監禁150日の催促状を持参することになっていた。さらに、このことがあったために彼の刑期短縮に向けた6ヶ月の「善行」特典を失うことになった。彼はこの特典をもらうより早く失っていた。最終的に彼はニューヨーク州に対して彼が壊した独房の費用を支払わねばならなくなった。請求金額は2,220ドルであった。

　評価報告書には「彼は無実の罪で投獄されたと感じている」と記されていた。

　1986年のある秋の午後、バリーとピーターは、クイーンズ・ミッドタウン・トンネル付近で、ファースト・アヴェニューを歩いて来るニューヨーカーの人波の中にいた。これは彼らにとって、検察対マリオン・コウクリィ（People v. Marion Coakley）判決に関する最初の重要な会議であった。お互いにしか聞こえない丁度いい音程で話すことで、人でごったがえすマンハッタンの歩道を、豪華な重役用会議室並みに人目につかないようにできるものである。
　バリーとピーターは、ある番地を探してニューヨーク大学メディカルセンターの威厳のあるロビーを通り抜けると、目的のファースト・アヴェニュー520番地が見つかった。
　これほど晴れた日はないというのに、ミルトンM．ヘルパーン法医学研究所はパッとしない打ち捨てられたもののようであった。外観は市政を表す青い色のタイル張りだが、見たところ葬儀屋の顔のように感情を一切表に出さず、何をしているのかもまったくわからない建物だった。ヘルパーン法医学研究所は、目立った特長を持たないように建築された。確かにそこでなされている気味悪い機能を明らかにするような特徴は何一つ見えない。その狙いは成功した。3キロに及ぶ仰々しい病院、医療研究センター、国際的に著名な医師や科学者、それに技術を有する生物医学地区の中にあって、人知れず建っていると言ってもいいくらいである。錚々（そうそう）たる研究者が直ぐ近くにいるということがヘルパーン法医学研究所にとっては何の利益にもならなかった。1980年代半ば、そこでは毎年15,000件

第1章　イノセンス・プロジェクトとは？　　13

の検屍解剖が、まともな牛肉処理場だったら耐えられないような状況の下で行われていた。時には、失われた脳、標識を取り違えた死体、消えた手足といったような、持ち込まれた死体に否応なしに行われた生々しい残虐行為を伝える記事が新聞紙面を飾った。また、市の検屍局長が緊急事態下で勤務に就くことがあまりにも常態化したため、時として、彼がそこで検屍解剖に臨んでいるのか、あるいは、彼自身が検屍解剖をされている憐れな死体の一つなのかの見分けがつかないほどの状況になっていた。

　もしバリーとピーターが惨状に尻込みするようであったり、あるいは2人が司法修習生の経験を市内に何百とある大物弁護士事務所のうちのどこかで積んだとしたら、この2人の弁護士はヘルパーン法医学研究所には足を踏み入れてはいなかっただろう。また2人がコウクリィの事件に取り組んでいることもなかったであろう。しかし彼らは検屍局を相手にできる組織の代表として、ここに来ていた。

　これより10年前、バリーとピーターはリーガル・エイド〔Legal Aid〔法律扶助〕〕の弁護士として弁護士の道を歩み始めた。そこで2人は、人間模様が熾烈に折りなされる修羅場として知られているブロンクス裁判所に、厭わず猪突猛進で飛び込んで行った。1970年代のブロンクスはあまりにも夥しい数の破局的状況を生み出したので、裁判予定表を見ながら説明を始めるのが妥当なところではあるが、それらをすべて列挙することは不可能である。トム・ウルフ〔米国のジャーナリスト、評論家、小説家。『The Right Stuff』の著者でもある〕の礼節に関する古典的小説『虚栄のかがり火（Bonfire of the Vanities）』を参照してほしい。ブロンクス区は熱帯雨林の都会的な鏡像であった。つまりそこでは人口が減少し、経済活動が衰え、雑草が生い茂り始めていた。加えて、凄い勢いで実際に燃えていた〔1970～75年にかけて、サウスブロンクスでは68,456件の火事が起こったとされている（In The South Bronx of America / Mel Rosenthal）〕。市の貧困者のための法律事務所である法律扶助協会（Legal Aid Society）はヤンキー・スタジアムから通りを少し入ったところにあった。1977年のワールド・シリーズの開催中に、テレビカメラを搭載した小型軟式飛行船が球場を出て、放火でブロンクスの何千戸というアパートが焼き尽くされている映像を流した〔ジョナサン・マーラーのベストセラー、"Ladies and Gentlemen, the Bronx is Burning"（『視聴者の皆さん、ブロンクスは燃えています』）〕。その頃裁判所ではあらゆる観点、角度から正義が実践されていた。完成品を展示する回転テーブルからその前の段階の一貫生産工程まで、さらには製造・加工前の構想の段階まで。

　1970年代の半ばまでには、ブロンクス・リーガル・エイドには学生時代には

ベトナム反戦に、また市民権運動のデモに参加した、政治的に活発な若き弁護士たちのエネルギーと才能が集まってきていた。弁護士は遅くまで仕事をした。恋愛もした。口論もした。皆若く薄給だったが、またとないような楽しい時を過ごした。

これより9年前、立ち上げたばかりのブロンクス・リーガル・エイドの事務所でバリーとピーターは出会ったのだが、会った瞬間から、2人は無二の親友になった、と人は言いたくなるであろう。しかし実際には2人が出会って2分後には、バリーはピーターを獄首にしようとしていた。

1977年のピーターにとっての事務所でのまさに第1週に、2〜3人の弁護士が模擬裁判に向けて路上強盗事件の弁護の準備を進めていた。リーガル・エイドの同僚たちが陪審員、証人として協力を求められていた。公判弁護士がこれらの代役たちの尋問の台詞を練り上げることになっていた。

ピーターは陪審員候補を務めていた。そして陪審員選任手続のテクニックを駆使した被告人側弁護人によって尋問を受けることになっていた。

ピーターはブロンクスの法廷ですでに1年間の経験を積んだバリーの尋問を受けた。バリーとピーターは、ピーターがこの模擬裁判で陪審員候補として着席するまで一度も言葉を交わしたことはなかった。

「それでは、ニューフェルドさん」とバリーは言った。「実際の裁判はテレビ番組のようなものではないということはおわかりですね。本裁判がテレビとは同じではないことはおわかりですよね」

「ええ」とピーターは答えた。

「公判での私の陳述の仕方なんですが、あなたがテレビで見る弁護士のようであってほしいと思いますか」とバリーが訊ねた。

「いいえ」とピーターが応じた。

「あなたが目にするだろう、法廷で証言する警察官というのは、誰もがコジャックのような人たちばかりではないだろうとは思いませんか」とバリーが訊ねた。

「コジャックのような人たちですって?」とピーターが言った。「コジャックのような人って何者ですか」

「頭の禿げた刑事が出てくるテレビ番組だよ」バリーは大声を出した。「コジャックだよ」

「コジャックのような人と言われても僕にはわかりません」ピーターが正直に答えた。

「冗談だろ」バリーは言った。「本当に?」

第1章 イノセンス・プロジェクトとは? 15

「僕、テレビはあまり見ないんです」とピーターが素直に答えた。

バリーは頭にきた。彼は模擬裁判の責任者の方に向き直った。この新米は模擬裁判の陪審員としてもふさわしくないばかりか、弁護士としてもきっと駄目でしょう。「エリート意識が非常に強い人、大衆文化、大衆娯楽に疎い人は誰であってもそういう人は決して陪審員に関わりを持つことはできないでしょう」とバリーは断言した。さらに彼はその場ですぐにピーターを馘首にするように法律事務所の責任者に提案した。しかし、責任者は断った。そうなると友情を築くしか選択の余地はなかったようであった。

2 人がリーガル・エイドを離れた後、2 人は従来のビジネスで使われていた意味合いとは違う意味でだが、パートナーとして仕事をした。バリーはカードーゾ・ロースクールでリーガル・クリニックを経営した。ピーターは、マンハッタンの裁判所の真向かいに独立開業した。2 人は共同で訴訟を引き受けた。2 人は映画の脚本執筆に手を出した。どちらも家庭を持ってブルックリン橋の近辺に居を構えた。2 人してよく午後こっそり仕事から抜け出しては映画を観たものだ。

バリーは大衆文化の申し子で、ピーターは生まれついての政治活動家であった。バリーは著名人が知り合いに多かったが、それは単に彼の父が一緒に仕事をした人たちに過ぎなかった。元タップダンサーだったジョージ・シェックは、コニー・フランシス、ボビィ・ダリン、メアリィ・ウェルズ、その他ごまんといた二流芸人の個人的なマネージャーであった。少年時代にバリーはナイトクラブのエロイーズ〔絵本の主人公で、何者も恐れない究極のいたずらっ子の女の子〕になった。当時のニューヨークのギャングや芸人たちの有名な溜まり場だったコパカバーナで午前 1 時に父親に会うのが、バリーの生活だった。学校では彼は激しい、魅力的な論客になった。そして学生の懲兵招集免除制度の廃止を論じたこともあった。アメリカ社会のエリート層は、徴兵免除制度が廃止になって自分の息子たちが戦争に行くことになれば、息子たちを危険に曝すことになるわけで、その元凶の戦争自体を容認できなくなるだろう。そう言って彼は高校の級友を安心させた。しかし、その中には彼のこの救済策によってもまったく落ち着かない人たちもいた。エール大学では、ダンプ・カルヴィン運動、マッカーシィ、ケネディ選挙運動、ケント・ステイト大学での銃撃戦後の全米学生ストライキ、ニューヘヴンでのブラック・パンサー、ボビィ・シール裁判〔ボビィ・シールは、1960 年代後半から 1970 年代にかけてアメリカで、黒人民族主義運動・黒人解放闘争を展開していた急進的な政治組織ブラックパンサー党をヒューイ・P・ニュートンと 1966 年に結成した。1969 年、議長ボビィ・シールは 6 人の党員とともにシカ

ゴで逮捕され、16 の罪状で起訴され、懲役 4 年の刑を宣告された〕の陪審調査、といった目まぐるしいような一連の政治的主張に取り組みながら、彼はどうにか大変名誉な成績を獲得した。

　バリーが芸能界の洗練された点と粗野な点を吸収していた頃、ピーターは人種差別された南部学区の教会が運営する自由学校（Freedom school）で使う本を収集していた。彼の両親——ムリエル・ニューフェルド、スタンリィ・ニューフェルド——は、非宗教的なヒューマニストの倫理協会運動（Ethical Culture）のリーダーをしていた。彼の兄ラッセルは、ベトナム戦争と人種差別に反対した 1960 年代後半における主要な戦闘的学生組織 SDS（Students for a Democratic Society〔民主社会のための学生連合〕）の全米リーダーであった。ピーターは無理をして強硬な姿勢をとる必要はなかった。14 歳のときには「忠誠の誓い」の強制斉唱に反対する請願運動を組織したとして、8 年生のクラス会長を解任させられた。高校では、Encampment for Citizenship（市民的行動に向けての野営）の一部としてアパラチアでコミュニティ組織者と行動をともにして夏を過ごした。彼はウェスト・ヘンプステッド高校で、11 年生のときに反戦抗議のために停学させられた。ウィスコンシン大学の 1 年生のとき、彼はピケラインを超えようとした保守的な Young Americans for Freedom（自由のための若きアメリカ人）のリーダーの行く手を遮った。CBC ニュースのクルーがそのシーンを撮影した。これがもとで彼は 1 学期間停学となった。

　もし仮に 2 人が刑務所からの脱獄を企てるとしたら、ピーターは強力なトラックを運転して壁を突破するだろう。バリーなら、決行の夜に鍵を貸すよう看守を言いくるめるだろう。2 人はペアーとしてふさわしい組み合わせであり、コウクリィの上訴を扱う上でも十分に適任であった。

　コウクリィの有罪判決はリーガル・エイドの人間をパニックに陥れた。コウクリィの弁護にあたった者は誰もが彼の無実を信じていた。さらにリーガル・エイドは、コウクリィには彼が弁護士の 1 人によって行われた無能な弁護の犠牲者であると主張できる強力な根拠があると認識していた。しかし当然のことだが、リーガル・エイドが行ったお粗末な弁護が焦点になっている上訴を、当のリーガル・エイドが難なくうまく処理できるはずがなかった。そこで協会の昔の仲間の二人、バリーとピーターが起用された。

　大半の一般の弁護士とは違ってバリーは、イェシヴァ大学の分校であるカードーゾ・ロースクールの刑法クリニックに籍を置く、単に優秀なだけではなく熱心に協力してくれる非常に多数の研究者と接触することができた。またクリニック

第 1 章　イノセンス・プロジェクトとは？　　17

の学生はバリーが担当する他の訴訟にも取り組んでいた。例えば、IRA（アイルランド共和軍）による銃砲火薬類の密輸入策謀事件やロングアイランドのショアハム原発での抗議行動参加者の弁護である。バリーはまた、それほど前のことではないが、殺人罪で誤判を受けたブルックリンの若者、ボビィ・マクローリンを自由の身にしたチームの一員でもあった。

他方ピーターの方はというと、コウクリィ上訴に際して即座に決まる、誰が見ても明らかな人選というわけではなかった。ピーターはその年、映画の仕事にかかるため弁護士業務からは身を引いていた。彼は、フィラデルフィアで撮影したジェイムス・アール・ジョウンズとジェラルディン・ペイジ主演の映画「マイ・リトル・ガール」の脚本執筆に加えて、ユニット・プロダクション・マネージャーとして6ヶ月を費やしていた。彼は、マンハッタンのトーマス・ストリートに面した今にも壊れそうなロフトに事務所を構えていた。そこの床は傾いで勾配が出来るほどで、窓は凄まじく汚れているので、部屋の外が昼なのか夜なのか、あるいは雨が降っているのか日が照っているのかもわからないほどであった。

そうではあってもピーターは、同業者ではほとんど太刀打ちできないほどの科学的な証拠に関する熟練の技を磨いていた。その前年、ピーターは、検察側の証拠の主要部分が血液鑑定であるというもう一件のブロンクスの刑事事件を取り扱っていた。ピーターが研究所の作業の中の非常に多くの欠陥や弱点を穿り返したために、判事は鑑定結果は無意味で陪審員には提示できないと裁定した。ピーターの不意を突いた首尾よい一撃は、ニューヨーク裁判史上、検察側が新手とした血液証拠を不採用にした嚆矢となった。

さらにピーターとバリーは訴訟案件で非常に緊密に共同して取り組んだため、時には2人は肉体は2つに分かれているが、ボヤきながらも1つの頭脳として機能しているように思えた。

―――――

バリーがヘルパーン法医学研究所のガラスドアを押し開けたとき、2人は深く息を吸った。丁度、シュノーケラーが深海の世界に飛び込む前に最後の一息を飲み込むように。

何もかもがそれほどひどいということではなかった。確かに相当ひどいにはひどかったが。ビルの一角にニューヨーク市が刑事事件の血液証拠の研究をするために、小規模でお話にならないほどの設備しかない研究室を管理していた。「あ

らゆるノウハウは持っているが研究のための資金はまったくない」というロバート・シェイラー博士という第一級の化学者が所長を務めていた。素人の訪問者でさえ、その設備の不備は見て取れたであろう。そこではカウンターに血が飛び散り、専門技術者が病理学サンプルを素手で扱っていた。

そんな中でこの2人の弁護士がシェイラーの研究所にやって来たときに、この法医学科学者は2人を用心しながらであったとしても誠意をもって出迎えた。彼はピーターが排除した検察側証人だったわけで、ピーターの業績についてはすべて知っていた。したがって、なぜ彼らがコウクリィ訴訟に関して彼に会いに来たのかはしっかりと認識していた。

シェイラーはコウクリィの公判の前に研究所としての鑑定を行っていて、当初は鑑定によればコウクリィはレイプ犯でないことが証明されているという判断を下した。しかし、後になって彼は鑑定が意味することについて曖昧な態度をとった。そこで判事は彼が証言することを認めなかった。

2人の弁護士がシェイラーの狭苦しい仕事場に腰を下ろすとすぐにその化学者は2人がずっと期待した通りのことを語った。

「コウクリィがレイプ犯だということはなさそうだと思いますが」とシェイラーが言った。

「それは、リーガル・エイドにいる誰もが感じているとおりです」とバリーが応じた。「皆大変な間違いが犯されてしまったと非常に心配しています」

今この部屋を占めているのは訴訟における小さい、言葉にされていない歴史の断片——シェイラー自身が彼の鑑定結果について心変わりをしたことによって演じた役割——であった。

「もし判事が私にもっと多くの鑑定をさせてくれていたなら、私たちはコウクリィをレイプ犯ではありえないと判断できたでしょうに」とシェイラーは些か言い訳がましく語った。

「他にどんな鑑定があるのでしょうか」とピーターが尋ねた。「それらは今からでもできるのでしょうか」

「もちろんです。今でも大丈夫です。それにあれ以降はるかに素晴らしい鑑定法が開発されています」とシェイラーは言った。

これらのより素晴らしい鑑定法が刑法と捜査科学を変えるかもしれない。多年にわたって分子生物学者は人間の細胞の中核に向けて、遺伝子物質に向かってコツコツと前進を続けてきた。世界中のどの製薬会社もクローニング、遺伝子マッピング（地図作成）の研究に資金を投じていた。

「要するに、私たちには科学的な遺伝子を検出するための分子を使って、一定の遺伝子特性を描き出すことができます」とシェイラーは語った。「これらは1人ひとりに特有なものでしょう」

英国ではアレック・ジェフリース博士という人物が、これらの人工合成されたDNA断片は創薬に応用されるよりはずっと早く犯罪解決にとって強力な捜査の道具たりうるとの認識を示した。仮に犯罪者が犯罪現場に生物学的な証拠——精液、血液、肉体の一部——を残したら、遺伝子統計データを作成することも可能となる。後で、被疑者の血液が、その遺伝子統計データと一致するか否かを見極めるための鑑定が可能となる。

DNA指紋法〔指紋認識のように天文学的に極めて低い確率でしか同じ指紋はないという意味合いで指紋法と呼ぶ。DNA鑑定に同じ〕というのはジェフリース博士による鑑定プロセスに対して与えられた名称であった。FBIおよびロンドン警視庁は、これらの鑑定は犯罪捜査手続の基準をなす部分になるだろうと信じていた。やがて米国中の警察機関はDNA鑑定を取り入れるようになった。中には独自の研究所まで持つところも出てきた。

しかし、ヘルパーン研究所がハイテクDNA鑑定を行うかもしれないと考えることは、ニューヨーク大学の心臓血管外科医がIRT〔Interborough Rapid Transit Lines、ニューヨーク市の地下鉄3系統の一つ〕地下鉄の中でバイパス手術をしていると想像するのと同じようなことに思われた。シェイラーは彼の研究所が収拾のつかない状態だということを認めた。

「もっと資金もスペースも必要なのだが、そんなことを主張しようとする気もなくなってしまいました」

同研究所では、性犯罪に対して毎年数百件の原始的な血清学鑑定を行っていたが、半分の時間しかかけずに結果を出していた。しかもそれらの結果でさえ、多くの場合実際の公判ではそれほど役に立たなかった。彼自身、2～3ヶ月もしたら辞めてライフコード社という市外にある新設企業に移るつもりだと打ち明けた。

ライフコード社は、犯罪捜査でこれらの革命的な新手法を採り入れる米国第一号となった。

「もしDNA指紋鑑定をやってみたいと思うなら、この国ではそうするしかない」とシェイラーは語った。

シェイラーと別れた後、2人の弁護士は裁判の準備作業を詰めながらファースト・アヴェニューを南に向かった。研究所はコウクリィの無実を証明するのに役立

つかもしれないが、2人としてはそれだけに頼るわけにはいかない。バリーは彼の学生を動員して裁判を徹底的に再調査することにした。

仮にコウクリィが本当に無実なのだとしたら、彼らは、陪審員に彼は有罪であると確信させた一つひとつの証拠を精査しなければならない。2人はさらに南に歩き続け、バリーは五番街南端にあるコルドーサまでやって来た。

彼は事務所に2人の学生を呼び出した。2人とも弁護士職で第二のキャリアを歩み始めたところだった。元海兵隊員で看護師のエド・キングと、シングルで子育てをし、靴の販売、布地のデザインをし、オフ・ブロードウェイで舞台に立ったこともあるキャンディス・レイドで、2人はコウクリィ裁判に取り組むことになる。2人は依頼人、犯罪捜査、彼の公判の状況をきちんと一つにまとめ上げることから取りかかった。そのどこかで事態が甚だまずいことになってしまったのだから。

マリオン・コウクリィは、サウスカロライナ州ビューフォートで1955年3月4日に生まれた、ごく普通のどこにでもいるような人物であった。彼が警察官、弁護士、生化学者や判事といった人たちに混じって茶番劇を引き起こすことなどほとんどありえないと思われた。彼は1979年にニューヨークに引っ越した。まったく自然なことだったが、彼は市内に住所を定めていた米国東南部出身の家族や友人と付き合いをした。強力な喧騒にもかかわらず、ニューヨークには、村や小さな町の精神が他とは隔絶されて存在している場所がよくある。それは丁度、小さなコミュニティが離れた場所から摘み上げられてニューヨーク市の5つの自治区に運ばれてきたようで、ブロンクスのビークマン・アヴェニューもどこの共同住宅街区とも同じような街区になりうるのだ。単にもう1つ労働者階級の黒人居住区が増えるだけである。しかしその1つの街区のドアから中へ一歩踏み入れると、ビューフォートからの人々が数人住んでいるのだ。コウクリィの姉や兄たちもビークマンに住んでいた。それで南部からの彼らの友人たち、ブライアン兄弟もビークマンに住んでいた。ここにはコウクリィが見知った顔の中で落ち着ける地区があった。結局彼は面倒をみてもらわなければならなかった。彼の読解力は小学2年生レベルだった。IQは70点台だった。それでも彼は暢気な人間で頑強な体だったので、その日の仕事があるときには喜んで一生懸命に働いた。そしてビューフォートの友人たちはなんとかコウクリィが仕事にあぶれることがないようにしてくれた。

コウクリィはナショナル・エレヴェーター社で働いた。市の食品卸売り場である

ハンツ・ポイント・ターミナル・マーケットで果物や野菜の箱の積み下ろしもしたし、石切作業場で重量物運搬作業もやった。姉が住む街区で、彼はジェイムス・キナードという名の監督者の下ではビル清掃補助をして、1日10ドルあるいは20ドルを稼いでいた。彼は生活保護は受けなかった。

夕刻、仕事からの家路、ビークマン・ストリートから出てきた人々は、キナードが鍵を持っている地下室の一室に集まって来るのだった。彼がパンチバッグを据付け、誰か別の人がウェイトリフティング用のウェイト一式を持ち込んだので、仲間たちは上階にあるそれぞれのアパートに上がって行く前にトレーニングをするか、座ってビールを2〜3本飲むのだった。彼らは自分たちのことをカントリー・ボーイズと呼び、コウクリィはその仲間になれて幸せだった。

1983年10月15日、晴れた土曜の午後、コウクリィは自分の街区を下ったところで、ある男が自分の車にピンストライプを付けるのを手伝っていた。2人の刑事が通りに車を乗り上げた。「マリオン・コウクリィ」とそのうちの1人、エドワード・オトゥール刑事が呼んだ。コウクリィは見上げた。すると気がついてみると壁に体を投げつけられていた。

「オイ、これは何の真似だ。なんで俺のことを引っ掴んでるんだよ」とコウクリィは訊ねた。

「お前が女をレイプしたときに使った銃はどこにあるんだ」2人の刑事のうちの1人が問い質(ただ)した。

「俺は銃なんか持ってないよ」とコウクリィは応じた。「誰をレイプしたって?」

「モーテルで女をレイプしたんでお前を逮捕するんだよ」とその刑事は言った。

彼らは彼を車の後部座席に押し込めた。コウクリィは、どんなレイプのこともモーテルのことも全然わからないと言い張った。すべては警察署で明らかになるだろう。そう思っていた。

―――――――――

これより2晩前、1983年10月13日木曜日の夕刻、ガブリエル・ヴァルガスはデパートの警備員の仕事を終えて愛人のイルマ・ロペスを拾った後、2人でブロンクス・パーク・モーテルに車で向かった。38歳、5人の子の母であるロペスは、警察官である子どもたちの父親と離婚した。彼女はモーテルの南3.2キロのところ、ブロンクスのすし詰め状態のアパートに住んでいた。彼女自身の5人の子どもたちに加えて、プエルト・リコから訪ねて来た妹と義理の弟が長期滞在してい

た。

　イルマとガブリエルが2人だけになれる静かな晩を求めるには、あまり選択の余地はなかった。というのも、数キロの距離のところにはブロンクス・パークのほかにモーテルはなかった。ブロンクス自治区の有名な動物園、植物園の入口から270メートル強のところに建っているブロンクス・パークにはほとんど気取ったところはない。フロント係は厚さ5センチ強の防弾ガラスの内側に座っていた。室内電話は通じないお飾りだった。事務所の電話もフロント係がスイッチを入れないかぎりは使用できなかった。1～2時間以上いる客はほとんどいなかった。

　イルマとガブリエルはちょうど午後7時前にチェックインし、服を脱ぎ、電気を消して、偉大なるアメリカのレクリエーションのためにベッドに潜り込んだ。2人はテレビを観た。午後7時20分頃、イルマにはドアのところから鍵穴の溝を探ってためらいがちに鍵を動かす音が聞こえた。「ガブリエル、何か聞こえたでしょ？」と彼女は言った。

　彼はベッドの中で半身だけ寝返りをした。ガブリエルはベッドに入る前にドアのチェインをかけておいた。そうしておけば誰かがうっかりと部屋を間違えて入り込んでくるようなことから2人を守ってくれるであろう。しかしほんの一瞬の後、チェインは木でできたドアの枠組みから引き剥がされ、ドアは持ち上げられて開いてしまい、男が1人乱入して来た。

　その男はベッドから2メートル弱くらいのところに立って、彼らに立ち上がるように、そしてとにかく早く金を出せ、と叫んだ。2人は身動きできなかった。まったく従うことができない命令がやかましく響いていた。イルマとガブリエルはドアが開いた直後に立ち上がり始めた。その男はテレビから出ている揺れる光の中に立っていた。ブラインドは下がっていた。スタンドは消えていた。この後に起きた出来事は、19インチカラーテレビの画面の光だけで照らし出されることになる。

　「いいから金を出せ。さもないと、てめえらの忌々しい、どたまをぶち抜くぞ」と男は言った。ガブリエルはズボンを引っ掴むとポケットの中に手を突っ込んだ。彼は向き直ってその男に束ねたドル札を手渡そうとした。「それをベッドの上に投げろ。そしたらバスルームに行け」と銃を手にした男が命じた。強奪は暗闇に近い状態で起きたのだ。そしてガブリエルが視界から消えて、男はイルマにタオルで顔を覆うように命じた。「ベッドにうつ伏せになれ」と彼は命じ、それから彼女をレイプした。彼女は壁にかかった鏡をちらっと見て、暗い部屋に1人でいるレイプ犯の顔を記憶した。「覗くんじゃない」と彼は命じた。ことを終えると彼は、彼女が身に着けていた金のネックレスをよこせと言った。彼女は留め金を外せなかった

ので、ガブリエルに手伝ってもらうようにバスルームに行かされた。彼女が出てくると男はもっと金を要求した。イルマは家に少しならあると言った。彼女の義理の弟がいるだろうことは十分承知していたが、家には彼女の妹以外には誰もいないと、嘘をついた。

　男は彼女に服を着ろと命じた。彼女はベッド・シーツを細長くしたものでガブリエルを縛り上げ、もし彼が部屋から出たら殺すようにもう1人の男が外で見張っていると彼に言うように命じられた。彼女が服を着た後で男はまたレイプした。

　その後イルマと男は彼女の車に乗り込んだ。男が運転席に座り、座席を体に合わせて動かした。その様子から彼女は男の身長が170センチ強くらいではないかと思った。男はバックミラーの位置も直した。そのときもう一度、彼のことを見るんじゃない、と彼女に命じた。盗み見したところで彼女の目に映ったのは、短い顎髭、アフロ・ヘアカット、幅広で平べったい鼻の男だった。耳にしたのはジャマイカ・アクセントか南部訛りかのどちらかだった。2人が彼女のアパートの前に着いたとき、男は車を停め、イルマのそばについて歩いてアパートの中に入った。

　「家には誰か男がいるんじゃないか？」と男は訊いた。

　「いないわよ」彼女は嘘をついた。彼女の義理の弟、ホセ・リオスがいてくれることを願った。「子どもたちだけよ。子どもたちには何もしないでね、お願いだから」と彼女は言った。

　「俺は金が欲しいだけさ」と男が答えた。「誰も痛めつけたりしないさ。だけど俺を見るんじゃない。誰にも口をきくんじゃない。黙って歩け」

　2人は19階までエレヴェーターで上がった。イルマはドアの鍵を開け、ドアを押し開け、中に歩いて入り、ホセの前を通り過ぎた。彼女はホセには何も言わなかったが、目で絶叫しようとしてみた。押し開けたドアが彼女の背後で閉まりそうだったが、レイプ犯がサッとドアに手をかけた。そのときホセは初めて男を見た。すると男はにこりとすると逃げた。ほとんど同時に。しかし、ホセは後になって、2人は2〜3分間互いに見つめ合ったと言うのだった。しかし、それは誇張が過ぎたようだった。イルマの記憶では、彼女は自分の部屋に金を取りに行ったが、戻って来たときには男はすでに立ち去っていた。彼女は急いで窓のところに行った。暴行犯は19階下にいて、彼女の車に乗り込むところだった。

　午後8時36分に彼女は警察に電話し、彼女のボーフレンドがブロンクス・パーク・モーテルの120号室で縛り上げられているということと、もう1人別の男がその部屋に行って彼を殺そうとしていると告げた。彼女は警察にモーテルに急行してガブリエルを救出してくれるように懇願した。

実際のところモーテルでガブリエルはこのとき自力で、すでに縛っていたシーツを解いていた。イルマがレイプ犯と車で家に向かっていた間に、彼は使える電話を探していた。彼は部屋にあった電話を試してみたが通じていなかった。彼は靴下のままでモーテルの事務所まで行ったが、フロント係がピーナッツを食べているところだった。
　「ねー、ちょっと」ガブリエルは声をかけた。フロント係は殻からピーナッツを取り出す手を休めなかった。ガブリエルは、榴弾砲の砲弾でも打ち込まないかぎりはフロント係の身を守れるだけの分厚い窓を思いっきり叩いた。
　「何なんですか?」とフロント係は尋ねた。
　「ちょっとやばいんだよ。電話はどこなんだよ。警察に電話しないとまずいんだけど、でなけりゃあんた警察に電話してくれる?」
　「どうぞご自分で」とフロント係は応じた。ガブリエルは事務所内を探してみたが見当たらなかった。フロント係は奥に姿を消したが電話機を持って戻って来た。「あっちでコンセントを差して」とフロント係はソーダマシーンが置いてある壁を指し示して言った。ガブリエルは死に物狂いでプラグの差込口を捜した。そしてマシーンの後ろにあるのを突き止めた。それでマシーンを横にずらした。電話は依然として繋がらなかった。ガブリエルは通じる電話が要るんだと遮二無二叫んだ。やっとのことでフロント係はスイッチを入れた。赤ランプが点灯して、ガブリエルは911番〔日本の110番〕につながった。
　刑事がモーテルに到着し、彼らはガブリエルをイルマのアパートに連れて行くことにした。彼らの車がモーテルの角を曲がったすぐのところで、イルマの車がサザン大通りに駐車しているのがガブリエルの目に留まった。レイプ犯はどうやらイルマのアパートからモーテルの近くまでは戻って来て、それから車を乗り捨てたようだった。
　その晩遅く、イルマが緊急治療室で検診されている間に、ガブリエルとホセは警察署に行った。2人は写真の引出しのある部屋に案内された。暴行犯を見る機会は、イルマのアパートの正面入口での出合い頭のほんの一瞬だけで、最も少なかった義理の弟である証人ホセが最初に写真を選び出した。「こいつがあの男だ」と彼はガブリエルに言った。ガブリエルはその写真をざっと見ると同意した。2人はその写真を刑事たちのところに持って行った。2〜3時間後、イルマは病院から解放されると、12枚の写真を見せられた。彼女も同じ写真を選び出した。
　これより1年前、写真に写っていた男はもう1つ別のレイプで告訴されていた。この男は近所に住む女性と一緒にバーを出てから自宅のアパートに戻ってその

夜を過ごした。その女性には売春婦の職歴があった。朝になってその女性が支払いを請求したとき、男はこれを拒否した。女性は警察に通報するといって脅したが、再度男が拒否したため、彼と別れるとレイプの申立てを行った。男はアパートで警察の到着を待った。その事件は重罪の告発としては非常に短い寿命だった。というのは、その事件は契約不履行の争い以外の何物でもなかったからである。「被害者」は原告として宣誓をし、申立てをするために一度も出廷しなかった。その告訴は却下されたのだが、その男の写真は性犯罪者の警察ファイルの中に収められたままになっていた。イルマが彼の写真を選んだとき、彼は面通しのために警察署に連れて来られた。イルマ、ガブリエル、そしてホセと3人が揃って彼を非道の輩として選び出した。その人物の名前がマリオン・コウクリィであった。

　警察との最初の接触からコウクリィは、自分はイルマのレイプとも強盗とも一切関わりはないと主張した。彼は嘘発見器のテストを受け、パスし、よって彼の関与を否定した。ヘルパーン法医学研究所でのレイプ犯の精液の調査は、それがコウクリィのものである可能性を排除した。加えて最終的に、コウクリィには圧倒的な確率でのアリバイがあった。すなわち、犯行当夜、彼はビークマン・アヴェニューにある彼の姉の家で行われていたバイブル研究会の会合に出席していたのだ。

　牧師はその場で彼に会っていた。ほかにも7～8人が居合わせていた。彼らの誰もが彼のために証言することができるのだった。

　以上が犯行およびコウクリィについての核心をなす事実であった。しかしそれらは、裁判の核心部に切り込むための単なる最初の一歩に過ぎなかった。バリー、ピーター、それと2人の法学生にしてみれば、公判記録を読めば、事態がどこで間違ったのかを見極めることは容易だった。あまりにも簡単だったので、かえってつらかった。公判開始の前日になって、リーガル・エイドの弁護人、ドナルド・ドゥブレイはディヴィッド・レヴィイ判事に公判開始までにもっと時間が必要だと要求していた。彼は公判を1件終えたばかりで、肉体的にも精神的にも消耗しきっていた。しかも判事は、ドゥブレイ弁護士にとってこれ以上ない証人、生化学者ロバート・シェイラーが、物的証拠からはコウクリィはおそらくレイプ犯ではないという証言はできない、と裁定していたのだ。ドゥブレイ弁護士は、聡明で、カリスマ的で、頭の回転が早い、リーガル・エイドでは最も実績のある法廷専門弁護士

だった。それでも彼には遅れを取り戻すには、公判に臨む体制を立て直すための時間と別の専門家を見つけ出すための時間が必要だったのだ。

「だめだ」と判事は言った。「もし弁護側が、公判が開かれている間に証人の手当てができるのであれば、それは受け容れることとしよう。しかし、もしそうできないならば」判事は言った、「そのときは被告人は罰せられなければならないだろう」。この開廷のファンファーレで、検察側証人のオンパレードが始まった。

最初の証人は被害者イルマ・ロペス。38歳、5人の子の母。150センチと小柄な女性。瞬きすることも、途中で途切れることもなく、彼女は暴行について語った。モーテルのドアが壊れて開いたこと。彼女のボーイフレンドがバスルームに閉じ込められたこと。男が彼女をレイプした際、彼女の顔を覆ったタオルのこと。その後レイプ犯が彼女に銃口を突きつけてモーテルを出て彼女の車に乗り、それで2人してもっと金を取りに彼女の家に行ったこと。

「この部屋を見回してみてください」と地区首席検事補のデブラ・レイサーがイルマを促した。

「私に教えてください。モーテルの部屋に入って来て、あなたをレイプし、あなたとガブリエル氏を強奪し、あなたをあなたのアパートまで連れて行った男がいるかどうかを。その男はここにいますか?」

「はい」とイルマは答えた。

「よければその男を指差してもらえませんか?」とレイサー検事補が求めた。

イルマは右手を上げると、部屋の反対側で椅子に前屈みに座っている、幅広で平べったい鼻の男を指し示した。彼が立ち上がったときに陪審員は、コウクリィの身長が丁度173センチである——警察に報告された説明内容——ということが見て取れた。しかし陪審員は彼の声——彼の声には、イルマの説明内容の内のもう1つの特徴である、ジャマイカ・アクセントの痕跡がまったくないのだが——までは聞くことができなかった。

その次にもう1人の被害者、ガブリエル・ヴァルガスが出廷した。彼は事件が起きたとき、ほとんどモーテルのバスルームに閉じ込められていたのだが、誰の仕業なのかという点については、確信に満ち満ちていた。「まさにそこにいます」とガブリエルは言って、コウクリィに向かって頷いた。

最後に陪審員は、イルマがレイプ犯によって無理矢理彼女のアパートに連れ戻されたときに家にいた、義理の弟のホセ・リオスの証言を聞いた。「奴がドアを開けたとき、俺らは互いに2〜3分間目と目を合わせた」とホセは語った。会話はまったくなかった。ただ2人の男がまるまる2分間、黙って互いに見詰め合って

いた。彼の主張がいかにとんでもないものなのかをよく理解するために、イルマがアパートでの経緯をどのように述べていたのかを思い出してみなければならない。彼女が言うには、レイプ犯は、彼女が金を取りに寝室に行っている間、ドアのところで待っていた。イルマがドアのところに戻って来たときには、そいつは逃げ去っていた。彼女は窓のところに行った。そして19階下を見ると、そいつがすでに彼女の車に戻り、乗り込んでいるのが見えた。

　この一連の経緯の中で、ホセにはレイプ犯──まさしくこの法廷にいる男──の顔を2～3分間凝視する時間があった、と彼は宣誓した。

　「誰のことを言っているのでしょうか?」と判事が訊ねた。

　「真ん中にいる奴だ」とホセはコウクリィを指差して言った。

　弁護士はこれらの証人に関しては、彼らには暴行犯をしっかりと見る機会がなかったのだということを巧みに伝えようと最善を尽くした。結局のところ、暴行犯はイルマとガブリエルに彼のことを見るな、と命じた。彼はその命令を下したときに銃を突きつけていた。それから彼はガブリエルをバスルームに押し込めるとイルマの顔をタオルで覆った。彼は、灯りがテレビ画面の光だけの部屋に押し入ったのだ。彼がイルマと彼女の家に入って行ったとき、彼は再び彼女に彼のことを見るなと命じた。

　「あなたは彼を怒らせたくなかったんでしょ?」弁護士は訊ねた。

　「それでも私は彼のことをしっかりと見ましたよ」とイルマは言い張った。「つまり、ちらっちらっと見た、ということです」

　いったいどこで、公判が間違った方向に進んだのかと言えば、物的証拠に関してであった。男がモーテルのドアを打ち壊す、女性を繰り返しレイプする、彼女を無理矢理車に押し込む、彼女の車のバックミラーを動かす、彼女を家まで車で送る……この忌まわしい行為のどこかに、犯人の何らかの痕跡が当然残されていたのだ。しかるに、検察側も弁護側もどちらも、レイプの血清学の証拠を一切提示しなかった。

　指紋、掌紋に関しては、警察はモーテル現場での採取をしなかった──これぞブロンクス・パーク・モーテル流なのだが、その部屋はレイプと強奪があってほんの何分か後には再び貸室となった──しかし警察官は実際イルマの車を、より具体的にはバックミラーを調べた。彼らは、イルマの証言によれば、レイプ犯が角度を調整するために手で触れたまさにその部分の掌紋を採取していた。

　この点に関する取調べにあたった刑事の公判での曖昧な物言いは、ケーシー・ステンゲル〔ユーモアセンスで知られた元ヤンキースの名将〕の頭をもくらくらさ

せたことだろう。そのとおりで、指紋班が、コウクリィと掌紋の間には何ら一致するところがないとする報告書を準備したのは本当だった。——しかし彼らは彼の指紋と掌紋とを比べてみたのだ。実際には指紋と掌紋とは比べようがないのにだ。それではなぜ、報告書はコウクリィの指紋照合で、照合性なしとの結論を出したのか、弁護士は疑問を呈した。私は指紋の専門家ではないので、と刑事は答えた。

当惑させる話だった。しかし地区首席検事補のレイサーとしては、陪審員が混乱するのは避けたかった。そこで彼女は陪審員に対しては、次のように言った。車のミラーで採取されたものは「指紋と特定できないものである可能性があり」指紋の専門家は「それがいったい何なのか確信がない……本件の場合、何らかの掌紋比較が可能なのか、あるいはなされるのか、まったく保証はできない」

それが何を意味したにせよ、大勢に影響はなかった。

コウクリィにとって何が最悪か、と言えば、冤罪だった。誰もその事件が本当に審理されるとは考えていなかった。結果として、検察、弁護側双方による準備は、指紋照合に関する無意味な戯言に示されているように杜撰であった。真実は、指紋班は、彼らが照合している指紋・掌紋が、本来車に正当に乗り込むことのできる人たちのものではないことを確認できるように、イルマとガブリエルから「排除すべき指紋・掌紋」を求めていたのだ。公判の18ヶ月以上も前に書かれた報告書の中で、必要なものは何かについて、指紋班の刑事が文書の形で書き残していた。「排除すべき指紋・掌紋は……比較検討のためには提出されなければならない」

それがなされていなかった。おそらく、公判の前夜になるまで、わざわざそのファイルを読もうとする人は誰一人としていなかったのだ。この裁判は2年近くも引き延ばされていたのだ。コウクリィは起訴されるとすぐに、嘘発見器の検査にパスし彼の事件への関与を否定した。このことは検察に強い印象を与えた——この検査は公判では認められなかったのだが——。コウクリィの無罪を証明する法科学者シェイラーによって書かれた報告のために、何回も検察は今にも告訴を取り下げるのではないかと思われた。しかし、イルマやガブリエルといった被害者がコウクリィが犯人だと主張した。それから後になって、シェイラーが鑑定結果に疑いを募らせて、追加の鑑定実施を望んだ——彼は、検察の圧力の結果ではなかったと主張するのだが、見解の変更だった。この事件はふらつきながら、またほとんど知らず知らずのうちに、法廷で扱われることとなった。バックミラーの掌紋のような基礎的な材料は、検察によって詳しく調べられてもいなかった。

同様に、弁護側のアリバイ証拠は陪審員が知り得た以上にずっと強力だった。コウクリィは一貫して、レイプがあった夜、彼の姉の家でのバイブル研究会の会合に出ていたと言った。彼には、彼がその場にいたということを進んで言える証人が、牧師を含めて9人いた。彼が言うには、彼はバイブル研究会が始まる前に2〜3時間程、ビルの管理人やサウスカロライナ州ビューフォート出身の他のカントリー・ボーイたちと、誰かの誕生日を祝って祝杯を挙げるなどして時間をつぶした。その小宴も牧師が地下室に到着して会合が始まるときに終わった。
　ピンポイントの反対尋問を通じて地区首席検事補のレイサーは、牧師を子どもの玩具を弄ぶかのように、てんてこ舞いさせた。彼女はサミュエル・マニゴールト牧師に20ヶ月も前のある晩のことを、ブロンクスへの橋の通行料金を25セント硬貨で払ったのか、10セント硬貨で払ったのか、というまったく無関係で瑣末な質問以外は何から何まで尋問しているようであった。

Q：あなたがそこ（地下室）に降りたとき、あなたは4〜5人の男性に会いましたよね、それでもそのうちの1人が被告人であったかどうかは覚えていないんですか？
A：どういうふうにして下まで行ったのかについては覚えていません。私がそこに降りて行ったときに彼はそこにいました。彼が私たちを下まで連れて行ったのかどうかはわかりません。でも彼は地下室にいました。
Q：それで彼は地下室で何をしていましたか？
A：彼は、私がバイブル研究会に参加する人を集めるのを手伝っていたのだと思います。
Q：そうすると、あなたがそこに最初に着いたとき、彼はアパートにいましたね？
A：私がそこについたとき、彼がアパートにいたかどうかは思い出せません……。
Q：それでは、あなたが彼に会った最初のときはいつでしたか？
A：いつが最初だったか、ですか？　最初のときは思い出せません。最初のとき、というのはどういう意味でですか？
Q：そうですね、あの晩、10月13日ですが、あなたが最初に彼に会ったのはいつですか？
A：わかりません、でも彼がバイブル研究会にいたということは言えます。それは確かです。
Q：彼はバイブル研究会に、ある時点でいたのですね？

A: 彼はその日はずっとバイブル研究会にいました……。
Q: そこには何人の人がいましたか？
牧師は確信がなかった。
A: みんな聖書を読みましたか？
答えられなかった。
Q: それでは、10月6日（事件の1週間前）は、研究会は午後7時半に始まりましたか？
牧師は思い出せなかった。
Q: それでは、皆はどこに座りましたか？
A: 居間です。
Q: 被告人はその会合で何か質問をしましたか？
A: 覚えていません。
Q: それでは、その晩の天気はどんなであったか覚えていますか？
A: いいえ、覚えていません。
Q: それでは、その夜は何時頃帰宅しましたか？
A: 時間は思い出せません。
Q: 地下室の男性たちは酒を飲んでいたかどうか覚えていますか？
A: 彼らが飲んでいたかどうかは思い出せません。
Q: 地下室にはテレビがあったかどうか気がつきましたか？
A: 思い出せません。
Q: あなたは到着したとき、あなたの車をどこに駐車したか覚えていますか？
A: 建物の真正面だったと思います。正面ではないですが、建物の入口からそれほど離れてはいませんでした。
Q: そうすると、何時だったかは、よくはわからないんですね？
A: よくはわかりません。
Q: それでは、あなたはその夜、何時に被告人に会ったのかはよくはわからないんですよね？
A: すみませんがもう一度お願いします。
Q: あなたは、何時にバイブル研究会を始めたのかはよくはわからないんですよね？
A: ええ。

この後、証人はすっかり精神的に打ちのめされてしまった。しかし検察側でさ

第1章 イノセンス・プロジェクトとは？　31

え、コウクリィは1983年10月13日の夜のある時点ではバイブルの会合にいた、ということを認めた。決定的な問題は時間だった。検察の尋問にもかかわらず、関係者全員が祈祷会は午後9時直後に終わったと考えているようであった。

イルマをレイプし、ガブリエルからお金を強奪し、イルマを拉致して彼女のアパートに戻り、その後モーテルに戻り、それでもなお、バイブルの会合に間に合って戻れるような十分な時間をコウクリィに与えるためには、犯行は間違いなく午後8時までには完了していなければならなかった。

まだそのうえに、ドゥブレイ弁護士のファイルの中にはコウクリィにはそれらをすべてやれるはずがないという決定的な証拠があった。弁護側は911番通報記録と録音テープを証拠として法廷に提出させていた。これらは、イルマが午後8時36分に――彼女がアパートの窓からレイプ犯が彼女の車に再び乗り込み、走り去るのを見た直後――警察に通報していたことを示していた。その時点でレイプ犯は、彼女の車を運転して、後でその車が発見されることになったブロンクス・パーク・モーテルに戻っていた。

911番通報がされていた丁度そのとき、ビークマン・アヴェニュー380にあるアパート3Cでのバイブルの会合はすでに佳境に入っていた。そしてすべての参加者が、コウクリィは会合の間はずっとその場にいた、と聖書に懸けて誓った。

911番通報記録に関しては1つだけ問題があった。弁護人のドゥブレイはこれらを一度も紹介しなかったのだ。コウクリィに関するファイルは彼の手元に捨て置かれていたのだった。彼はコウクリィの公判が始まる前に審理を1件終了させたばかりだった、ということだけではなく、彼がコウクリィを依頼人として選択した理由が、コウクリィの公判を担当していた最初の弁護士、エリザベス・シルーダーが転職したからだった、という事情があった。911番通報録音テープを証拠として法廷に提出させたのも、精液に関する血清学の精密検査を要請したのも、さらに嘘発見器の検査を手配したのもシルーダーだった。しかし裁判があまりにも長期間にわたり手間どったため、もはや彼女も、そして当初の地区首席検事補の双方とも本件には関わっていなかったのだ。

陪審員は昼食のために十分な時間、退廷していた。陪審員が有罪の評決を出したとき、それでもやはりコウクリィにはそれを信じられなかった。彼は手錠をかけられて連れ出された。2〜3週間後の判決日、検察はコウクリィをごく普通の、聖書を読む日雇い労働者としてではなく、社会にとって恐るべき脅威として描写した。3人の目撃者の証言は「抗しがたい」ものであった、とレイサー地区首席検事補は述べた。コウクリィは、「他人の権利に関しては冷淡で無頓着である。こ

のことは本件において挙げられた事実から確かに明らかである。私は、本件においては責任軽減事由はない、まったくないものと思う。こうした本理由により、検察側は被告人に、第一級レイプ、および第一級強盗の有罪判決に基づき、投獄の最長の期間となるよう、すなわち、8年4ヶ月から25年までの不定期刑を求刑するものである」

 これを受けてコウクリィは自らの主張を述べた。彼は政治的な言葉遣いができるような口が達者な人間ではなかった。しかし彼は法廷ではめったに聞けない、それゆえにほとんど他のどこででも聞けない説得力を持って話した。
「俺はこんな人たちとこれまで生きてきて一度も会ったことなんかない」と彼は直截に始めた。
「なのでこの犯罪が起きていた間、この犯罪が起きたとき、俺はそこにはいなかった。それに牧師さんが来られたとき、判事さん、あの日、午後7時半だよ、姉さんを通じて、俺たちは姉さんの家に行ったんです。それに祈祷会の後は俺は牧師さんと家に帰ったんです。それでこの牧師さん、思い出せないって言ったですよ、すごい昔のことだもの。それと俺は牧師さんと家に帰って、土曜にまた戻って来た。それでその土曜日に俺は姉さんの代わりに小切手を受け取ったんです。俺はブロンクスにいました。そしてその日は俺が捕まった日でした。それで俺は生まれてこれまで一度だってこんな人たちと会ったことなんかないんです、判事さん。俺は無実なんです、それに俺はこんなことになるなんて思ってなかった。俺は無実なのにでっちあげられたんです。それに俺は生まれてこれまで一度だってこんな人たちと会ったことなんかないんです、ほんとにやってもいないことで無実の人が刑務所に行くなんて間違ってます」
「それから俺はニューヨークに来てからずっと働いてきました。それでずっといつでも仕事をしてました。俺は一度だって誰のことだって傷つけたりしたことはないんです。誰にも何にもしてません。それに俺はちゃんとした仕事をしました。でもそれはなくなった。俺は何もかもなくなっちゃったんです。本当です。それにね、俺は生まれてこれまで一度だってこんな人たちと会ったことなんかないんですから。それとブロンクス・ホテルだけど、俺はブロンクス・ホテルがどこにあるのかだって知らないんです。それがどこなのかだって知らないんです。ニューヨークで車を運転したことなんか一度もありません」
「俺は生まれてこれまで一度だって銃を持ったことはないんです。こんな人たちが法廷に来て、俺の目を見て、こいつが犯人だって言うなんて残念だ。それに神様はご存じだ、犯人は俺じゃないんだってことを。俺じゃないんだ。そして無実の

人を刑務所に送るなんて間違ってます。俺はこれまでにこんな人たちに全然会ったことなんかありません、生まれてこれまでこんな人たちに全然会ったことなんかありません。無実の人を刑務所に送ることはできないんです。それは正しくない。正しいことじゃないんです。誰かが俺にこんなことをやったんじゃないかって俺は思ってます」

「ブロンクスにいて、俺はこんなことは考えてもいなかった、こんなことは思ってもみなかったです。だけど俺の２、３人の友達と話をしました、それでもこんなふうに捕まってしまった。俺の銃のことなんて全然知らなかったし、銃なんか全然持ってないって言ったんです。そしたらみんなが俺に聞いてきたんです──刑事がいろいろと聞き始めたんです。銃を持ってる奴で誰か知ってるのはいるかとか、銃を持ってる奴を知ってるかとか、俺に聞いてくるんです。刑事に話せ、教えろと言うんです。それで俺は言ったんです、違うって、俺はそんなこと知ってるわけはないって。生まれてからこれまでで俺はそんな人たちに一度も会ったことなんてないんです。全然なかったって、知ってるでしょ。それとこれまでずっと俺はニューヨークに住んでるし、ニューヨークに来た最初の日に、３週間分の仕事がありました。俺はこれまでずっとちゃんと働いてきたし、無実なんです。無実の人を刑務所に送るなんてことはできません。神様はご存じです。俺は一日中教会に行ってました。牧師さんと一緒でした。牧師さんがお仕事で出かけると俺は教会に残りました。俺は教会の掃除をします。ここんとこ何年も俺はちゃんと仕事してます。俺、こんな人たち知らないですよ。俺にはわかんないですよ」

「この人たちはね、多分誰かをわけがわからないようにしておいて、真犯人が見つからない、と言ったんです。それでマリオン・コウクリィだ、って言ったんです。でも俺がこんなことはしなかったということを神様はご存じですし、毎晩俺は、俺がこんなことはしていないということは神様がご存じなんだとお祈りしてます。無実の人を刑務所に送るなんて間違っているんですよ。俺がこんなことはしていないということは俺にはわかってます。残念です。俺には、法廷に来てあいつが犯人です、なんて言えないんです。俺にはそんなことはできないんです。俺にはそんなことをしようなんていう気持ちは全然ないんです。それに俺には、誰かがやってもいないことで刑期を務めるのを眺めているなんて気持ちはないんです。俺はそんな人間じゃないんです。俺はこんな人たちに会ったこともないんですよ、判事さん……」

「この人たちのせいで俺はここにいるんだけど、生まれてこれまで俺はこんな人たちに一度も会ったことはないんです。まったくないんです。俺は銃を持ってない

し、生まれてこれまで一度も持ったことはないんです。俺にはニューヨークで車の運転なんかできないんです。ニューヨークで車なんて一度も運転してないんです。これで全部です、判事さん、俺が言わなくちゃいけないことは」

判事は彼に、仮釈放を検討するにしても最低5年間は必要な、15年の実刑判決を下した。コウクリィは廷吏に制されて、激しく抗議しながら法廷から引きずり出された。彼はその日、彼にとっては最初の抗精神病薬の投与を受けた。彼は有罪と評決されただけではなかった。今の彼は明らかに正気を失っていた。

―――――――

1987年4月19日の夕刻に、マリオン・コウクリィ事件は、今またさらにもう一組の弁護人――第3組目――と、そして検察側も新たなグループと――これまた第3組目――それと無一文の、知的障害スレスレの男の事件を論ずるための新たな法廷でもって、未結審4年目に突入した。エド・キングとキャンディス・レイドにとってコウクリィ事件は世紀の公判となりえたことであろう。その2人の法学生は、サウスブロンクスのウェスト・ファームズ・ロードにある共同住宅にバリーと一緒に車で向かっていた。彼らは予告なしでイルマ・ロペスの家を訪ねるところだった。彼らには彼女の指紋が必要だった。

しかしどうしたら彼らは彼女たちの協力を得られるのだろうか。

「もちろん彼女たちには我々がコウクリィを弁護していることを伝えなくてはならない」とバリーは話した、「それと、彼が真犯人なのか否かを明らかにすることが重要なのだということも伝えねばならない」

「もし私たちを入れてくれたら、その後は私がガブリエルに話をするのがよいと思うんですが」とキャンディスが言った。「男性陣はイルマと話をする。彼女はお二人にはよい反応を示すでしょう。ガブリエルとしては自分が男らしい男だということと、モーテルでイルマを守るために彼にできることはすべてやったのだ、ということを私に証明したくなるでしょう」

女性に男性弁護士の面接を受けさせるということは、直感には反していた、あるいは少なくとも、型通りではなかったのだが、この訪問全体がヤマ勘なのだった。後部座席からキングが共同住宅への道筋を教えた。彼はブロンクスで育ち、一度夜の女の生活をしている女性とデートをしたことがあった。

法律クリニックでバリーは、キングの看護の経歴が科学的な問題に関してはいくらかでも役に立つのではないかという理由で、彼がコウクリィ事件に取り組める

ように割り当てていた。しかしそれらの中でも最大の問題は失敗したということを明確にしなければいけなかったことだった。彼らがこのアパートに来る丁度2～3日前にバリーは、この世界では先駆的な研究所、ライフコード社から通知を受けていた。レイプ犯の「DNA型」を確定しようという彼らの試みは不成功だったのだ。それだけではなく、ライフコード社研究所の技術者が、その確定作業の途中でレイプ・キット一式全部――病院で膣内から綿棒で採取したサンプルのすべてと犯行後取り置かれた下着に付着した精液――を使い切ってしまったのだった。犯行に関わる物的証拠がすべて破壊されてしまったのだ。

そこでキングは、はるかにローテクに属する指紋採取をするために動員されることになったのだ。ブリーフケースの中に彼は、スタンプパッドと接着剤で貼り合わせた特殊ペーパーを入れて来た。もしすべてが順調に行き、もし彼らが非常に幸運であれば、この法学生は、刑事たちがどうしても手を回せなかった「除外すべき」掌紋を採取することができるだろう。これらの掌紋は、レイプ犯がいじったバックミラーに残っていた掌紋と比較されるだろう。これがイルマのアパートへの彼らの訪問の主たる目的であった。

彼らは、ゲームが始まりもしないうちに止められてしまうのは嫌だったので、インターフォンでブザーを押して彼女を呼び出さないことにした。誰か鍵を持っている人がロビーの玄関を開けたとき、彼らはその人にくっついて歩き、あの夜イルマがレイプ犯としたように、エレヴェーターに乗って19階まで上がった。2人の法学生はバリーに遅れをとった。戸口の上がり段のところでの会話は彼に任せよう。彼はリングを鳴らした。彼らは目を細めて見る覗き穴がカチッという音を立てるのが聞こえた。

「ロペスさんですか？」とバリーは言った。

彼女はドアを開けた。どうやら視認検査は合格だったようだ。バリーは彼らが全員誰であるかを説明した。彼女はすぐに彼を室内に入れると、居間で彼らと一緒になるようにガブリエルに呼びかけた。あの犯罪は彼女らの人生において注目に値する大事件だった。なのでこの2人の被害者は、今でもまたそのことを話し合いたいという、これらの新しい人たちを歓迎していたし、愛想がよかった。アパートは小ぎれいに見えた。イルマは地元のカトリック教会の教区会館で受付の仕事を5年間していたので、彼女は自分自身を彼女の教会のイコンで囲まれるようにしていた。

バリーとキングはイルマのそばに座った。キャンディスはガブリエルの隣に移った。バリーの前口上は、彼らの訪問の目的が、コウクリィの有罪判決を覆し、彼を

自由の身にするためだということをそのまま、ありのまま伝える、正直な内容だった。コウクリィを自由にする代わりに、彼らとしては刑務所に行くべきしかるべき人間が確実に刑務所に行くようにしたいのだ、ということを説明した。バリーは、イルマが事件全体を終結させたいと思うのはもちろん理解できる、と話した。

「実は私たちには未だブロンクス・パークに対する民事訴訟が係争中なんです」とイルマが話した。

「もちろん、そのとおりです」とバリーは応じた。しかし、これは彼には初耳だった。彼は自分自身に、じっと座っているんだ、ソファーから飛び降りるんじゃない、と言い聞かせた。彼は興奮した。もし検察がその民事訴訟について知っているなら、彼らはコウクリィの弁護人に話していなかったことになる。そしてそのことが意味することは、有罪判決は、書類が正式に提出された途端に無効となるということなのだ。なぜならば、ニューヨーク州の裁判所は、被告人は彼らの告発者が刑事訴訟の結果において金銭的な利益を有するのか否かに関して告知されねばならない、という立場をとってきたからである。

「その民事訴訟ですが」バリーはさりげなく尋ねた。「いつ正式に書類を提出しましたか?」

「事件の直後だった、と思いますが」とイルマは答えた。彼女はガブリエルに、彼のニックネームで声をかけた。「ねぇキリート、私たち、モーテルへの訴訟の書類はいつ出したんだっけ?」

ガブリエルはレイプが木曜日に起きたことを思い出した。

「俺は週末に刑事と話したな、太ってるほうの刑事だ」とガブリエルは言った。「俺はその刑事に、奴が押し入って来たところのドアの写真を撮っておくから、と言ったんだ。何か問題でもあったら自分に教えるように、って言ってたよ。俺があそこに行ったのは月曜日だ」

「それはレイプの後の月曜日だね?」とバリーは聞いた。

「そうさ、俺はあそこに行ったよ。そしたらモーテルの雑役夫が俺にボスの車を見せてさ、俺にね。俺が写真を撮るのはボスの車が出るまで待ってと言うのよ」とガブリエルが話した。

「どうやらモーテルに対して勝算のある訴訟のようですね」とバリーは認めた。「もし仮にこのレイプ犯が鍵を持って部屋に入ったとしたら、それは本当に彼らの怠慢だ。それに刑事はそのことを知っていたんで進んで協力したんですね?」

「彼はとっても親切でした」とイルマが言った。「私はまた起きるんじゃないかってとっても怖いんです。レイプ犯が地下鉄で私を追いかけている夢を見るんです。

私には通りで見かける黒人が、どの黒人も皆レイプ犯に見えて、恐ろしいんです。彼が私を追いかけて来るんじゃないかって、恐ろしいんです。彼は私の財布から私の写真を取ったし、それに私の運転免許証も取ったんです」

彼女はこういった苦悩に関して精神科医に診てもらっていた、と打ち明けた。

「地区首席検事は今の話を全部知っていましたか?」とバリーは尋ねた。

「ええ、もちろんです」と彼女は答えた。

完璧だ、と、頷きながらバリーは思った。より破棄事由が強くなる誤りである。

「私たちは訴訟のことはあの人たちに話しましたよ」とイルマは言った。「モーテル側の保険会社は今回のこと全体がペテンだ、レイプはなかったと言おうとしているんです。あの女性の地区首席検事補さんですか、彼女は私がフォードハム・ロードの精神科医に診てもらっていることは知っていました」

部屋の反対側ではガブリエルがキャンディスと気楽に打ち解けた話をしていた。彼はプエルト・リコでは警察官をしていた。彼は警察官たちから、コウクリィは悪者なんだと、彼はサウスカロライナ州では性犯罪で指名手配中であり、またニューヨークでは別の女性をレイプしたのだが彼女は告訴しなかったと聞かされていた。

「そのとおりよ」とイルマは言った。「彼は以前そんなことをしたのだとあの人たちは私に言ったわ」

「誰があなたに言いましたか」とバリーは聞いた。

「地区首席検事補さんで、公判の前の日、あの人の事務所ででした」とイルマは答えた。

「それは本当は正しくないんです」とバリーは穏やかに言った。

彼らは指紋にたどり着いてさえいなかった。彼らは部屋に入ってまだ5分も経っていなかったが、大きな法的な問題がすでに4〜5件も漏らされていた。バリーは凄まじい勢いでメモをとった。キングとキャンディスも同様だった。イルマが精神科医の診察を受けていたこと、それに彼女はどの黒人の顔を見てもレイプ犯を思い出してしまうと感じていた、ということは、弁護側には知らされていなければならなかった。結局のところ事件全体の基礎となったのは、彼女のコウクリィに対する識別の説得力であった。そして検察はイルマに、コウクリィは誰か別の人をレイプしておきながら罰から逃れている、あるいはサウスカロライナ州では指名手配になっている、と示唆することで、イルマのコウクリィ識別を、微妙に、しかも間違った方向に導き、そして強化していた。

そればかりでなく、彼女の民事訴訟に関しても、イルマとガブリエルには、誰

かがレイプで確実に有罪となることへの強い動機があった。とりわけ、モーテル側はそのような犯罪は起きなかったと主張していたのだから。もちろん弁護側には、そのことについて知る権利があったし、陪審員に知らせる権利があった。しかしながらこの2人の被害者は上訴裁判所に関係はなかった。したがって、2人にはコウクリィの公判の公正さについての主張に耳を傾ける必要はなかったし、バリーもとりたてて何ら主張はしなかった。

　キャンディスはガブリエルの隣に座っていたとき、プエルト・リコでの彼の警察官としての仕事について話し、そのうえで、彼の指紋がないと書類がいかに不完全であるのかについて触れた。「あなたの指紋を採取しても構わないでしょうか？」

　「今ここで？」とガブリエルは聞いた。

　「そうです。さあ、どうぞ」とキングは言って、彼のブリーフケースに手を入れた。インクパッドと紙を取り出した。

　彼とガブリエルはキッチンテーブルについて、キングがゆっくりとガブリエルの手を、親指の付け根のふくらみの部分から始まって、指紋まで続けて、一様にインクパッド上で転がした。キングはガブリエルの指の1本が曲がっているのに気づいた。それから彼はガブリエルのインクのついた手を白い紙の上に転がした。すぐその後で、イルマがガブリエルが座っていた椅子に座って同じ作業を繰り返した。

　バリーと2人の法学生は、彼らが発見したすべてのことを——指紋が採取できたことは言うまでもないことだが——ほとんど信じられずにアパートを後にした。2～3日後、キングは彼のブリーフケースを手にしてマンハッタン警察署のロビィに入って行った。

　「指紋研究室を探しているんですが」とキングは言った。

　「6階」と、新聞からちらっとでも視線を上げることなく、時間を持て余した警察官が応えた。

　アイリッシュ系ブロンクスの顔をしているキングが指紋担当事務所に現れて、彼が取り組んでいる訴訟のために照合済みの指紋が必要だと説明した。彼は担当者にイルマとガブリエルの指紋に加えて、刑務所で採取したコウクリィの新たなセットを渡した。

　「待ちますか」とカウンターにいた刑事が尋ねた。

　「そんなに早くできるんですか」とキングは応じた。

　「今すぐ速読確認をしてあげることはできますが、報告書を書き上げるとなると

第1章　イノセンス・プロジェクトとは？

2日はかかるでしょう」と刑事は言った。
「待ちます」とキングは言った。
2〜3分経ってその刑事が戻って来て、「申し訳ないですね」と言った。
「指紋がまずかったですか」とキングは尋ねた。
「指紋は問題ないんですがね」と刑事は言った。「でもね〜、こっちのコウクリィのは、まずいんですよ」
「彼のはまずいって、どういう意味ですか」とキングが尋ねた。
「我々が車のバックミラーから採取した指紋は彼の指紋じゃないんですよ。それと、他の除外すべき指紋の一つでもないんです。申し訳ないです」と刑事は答えた。
「何も申し訳なく思うことはないですよ」とキングは言った。「これは凄いニュースですよ。私はこの上訴に取り組んでいる法学生なんです」
「法学生さんだって?」と刑事は笑いながら言った。「あなたは事件に取り組んでいる、特捜班の1人だと思っていましたよ」
「私が?」とキングが心底驚いて言った。「刑事だって?」
この間にバリーは、イルマとガブリエルとの会話のメモに基づいた2通の宣誓供述書を作成していた。その宣誓供述書には、民事訴訟、彼女の精神科医診察、それに地区首席検事補がコウクリィの識別において彼女たちに対して行った誘導が言及されていた。
キングが今度はイルマとガブリエルの署名をもらうためにブロンクスに派遣された。バリーは、民事訴訟の弁護士が彼女たちの口封じをするのではないかと危惧した。そこでキングには宣誓供述書にあるデータの出所はこの2人だという証拠を入手するように指示を与えた。ブロンクスに戻ってキングは、インターフォンのベルを鳴らすことを実に気楽に感じた。誰も家にいなかった。彼は、彼が一度デートをした、夜の女の商売をしている少女の顔を思い出そうとしながらずっと歩道にいた。そこにガブリエルがやって来た。
「やぁガブリエル、元気かい」とキングが話しかけた。
「あぁ元気さ、こんちは」とガブリエルが答えた。慌しい感じだった。
「この前の夜、私たちに話してくれたことをベースにして、この供述書を作ってみたのでお二人に署名をお願いしたいんですが」とキングは話した。
「私たちは全部書き上げるので、それを確認してもらいたい、と言ったのだけど覚えていますか」
「ああ、覚えてるよ。でもね、あんたたちが帰った後で弁護士に電話したんだよ」

とガブリエルは言った、「弁護士は、何にも署名はしちゃいけないって言ったんだよ。せっかく来てもらったのに何にもできなくてすまない。弁護士の忠告に従わないといけないんでね」

「問題はないです」とキングは言った。「いいですか、私はとにかくこれを提出はします。あなたは署名をしなくても構いません。ですが、事実関係に誤りがないかだけチェックしてもらえないでしょうか」

ガブリエルはそうしても構わなかった。2人は車のボンネットにもたれてタイプ打ちした3枚の書類に目を通した。「ここんとこは違ってる」とガブリエルが言った。彼は、レイプの後、誰か別の人が彼が車を運転して家に帰るのを手伝っていると述べた文章を指摘した。

「そこんところを消して、修正してもらえませんか」とキングが言った。ガブリエルは応じた。「そこにイニシャルだけでいいんですが書いてください。あなたの修正だということを示すためです」とキングが言った。今度もガブリエルは従った。

「それと、3頁しかないということを確認し、確実に私がこれに何か余計なものを入れてしまわないようにするためだけに、それぞれの頁の下のところに、1/3、2/3、3/3と書き込むだけお願いできますか」とキングは頼んだ。ガブリエルはすぐに頁数を書いた。「素晴らしい。それらの数字の横にあなたのイニシャルだけ書いてください」とキングは言った。署名のない宣誓供述書。しかしいたるところにイニシャル。

2～3日後の夜、キングはイルマを訪ねた。彼女も署名を拒んだ。しかし彼女もまた丁度ガブリエルがしたように、修正を加え、イニシャルを記した。

これでコウクリィ・チームは、目撃者識別に関わる大きな問題を示す、再審への多くの証拠を手にした。もし彼のための再審が開かれれば、これらの追加の詳細情報が識別を攻める強力な攻撃手段だということは誰にでもわかるであろう。もしこの新たな情報が公判中に証拠能力ありとされるならば、コウクリィが無罪の判決を受けることは十分にありうることである。そしてこのことは、要するに、有罪判決を覆すための法的基準を満たしていた。すなわち、異なる結果をもたらす十分な機会がある、新たに発見された証拠ということであった。

しかしながら、これらの詳細情報のどれもが、コウクリィの無実を証明するものではなかった。そのため彼のチームは、コウクリィ以外の別の誰かがイルマのレイプを犯したという証拠を探し出さねばならなかったのだ。

レイプ犯が、コウクリィとほぼ同じ身長、年齢の黒人男性であるということはわかっていた。しかしまた、別の1つの重要な事実も知られていた。それは、レイ

プ犯の血液型はＢ型かＯ型のどちらかであるか、あるいは、精液では血液型が判明しない型（後述の「非分泌者」）である、ということだ。そこまでのところはヘルパーン法医学研究所のシェイラー博士が、イルマの下着に付着した精液から、それがDNA鑑定で破壊されてしまう前に推測できたことだった。彼女はレイプされる前の何時間かの間には性的関係を持っていなかったので、精液の唯一の出所はレイプ犯であった。

コウクリィは彼の公判が始まる前に、１日仕事を休んでファースト・アヴェニューのヘルパーン法医学研究所に出向いた。彼の弁護士がこの同じ研究所に現れることになった２年前だった。彼の血液は採取され鑑定された。彼の血液型は、レイプ犯が残した精液に見つかった血液型ではないＡ型だった。彼はその場ですぐに嫌疑が晴らされていて当然であったのだが、１つだけ問題が加わっていた。

法医学検査は単純だがほとんど知られていない事実に基づいている。すなわち、ほとんどの人——人口のおよそ８割——にとっては、その血液型の目印となるものは血液の中だけではなく、精液、膣分泌物、汗、唾液といった他の体液の中にも見出すことができる。このような人たちは「分泌者」として識別される。これに対して、血液型が体液には発現しない人たちは「非分泌者」として類別される。

そこでもしコウクリィが「非分泌者」だったとしたらどういうことになるだろうか。もし彼が、血液型が体液に影響を与えない人口２割のうちの１人だと判明したとしたらどうなのだろう。彼の血液型Ａを理由づける目印がパンティになかったということが、レイプにおける彼の無実ゆえのものではなく、彼の精液がただ単に何の血液型も示さなかったからだということはありえたのだった。この問いに答えるためにコウクリィは、また精液サンプルをヘルパーン法医学研究所に提供した。検査の結果、彼が「分泌者」であることが明らかになった。そこで、もしコウクリィがレイプ犯であったら、彼の血液型はイルマの下着に発見された精液と同一と認定されていたことだろう。しかし、そうではなかった。

「したがって」と、1984年５月３日付けの報告書でシェイラーは書いた。「56/84訴訟の下で分析されたパンティに付着した精液は、コウクリィのものではありえない」

この時点で検察は起訴の取下げを考慮に入れた。しかし検察は、イルマとガブリエルとに相談をした。２人は起訴するよう非常に強く望んだ。２人はコウクリィがレイプ犯だということはまったく間違いないと確信していた。そのため地区首席検事は起訴を取り下げようとはしなかった。

そのうえ、地区首席検事にはシェイラー博士の鑑定が信頼できるという確信が

なかった。博士は4ヶ月も経った付着した精液を検査していた。時が経てば蛋白質は分解するもので、血液を示すものも所詮は蛋白質だった。そこで事件を担当している検事ジュディ・ラングは、シェイラー博士の鑑定を争うことのできる他の専門家を見つけると約束をした。しかし、そうする必要はないということが判明した。

シェイラー博士はラングが担当している別の事件の技術的問題に関するかなめであった。後になってシェイラー博士は、コウクリィに関する彼の検査内容を変更するようにという圧力を感じたかどうかと尋ねられた際、それはなかったと答えた。シェイラー博士は付け加えて、「ほとんどの検事というものは、事件の事実に関する自分たちの意見を述べたがるものだ。科学的結論はお構いなしに」と述べた。

それから2〜3ヶ月後、シェイラー博士は、彼の一番最初の報告書には誇張があったかもしれない、と証言した。それでもやはり彼は、コウクリィが犯罪に関わったということは「ありそうにない」と考えていた。しかしコウクリィが「準分泌者」——血液型が体液に出るときもあれば、ないときもありうる人——である可能性はある、と語った。彼はもはやコウクリィがレイプ犯ではないという確信が持てなかった。

判事がシェイラー博士には証言はできない、と裁定したのはこの時点であった。一巻の終わり。という次第で、コウクリィは彼にとってベストの証人を奪われ、事件に負け、刑務所に入った。

新たなDNA鑑定法についての報道第一波が、アレック・ジェフリース博士によってその技術が採用された英国から米国に届いていた。しかし実際には、ライフコード社が実験中にサンプルを焼失し、何ら結果は出なかった。

バリーとピーターにとって、血清学の最前線で残された道は一つしかなかった。つまり、コウクリィは新たに精液サンプルを作らなければならなかった。これらのサンプルは、彼の血液型Aが常に彼の精液に現れるか否かを判定するために検査されることになった。

ピーターはシェイラー博士と会い、2人は入念な計画を作り上げた。コウクリィに単に1つや2つの精液サンプルを提供してもらうだけでは不十分であろう。というのも、1回ごとの射精による精液の量は違うであろうし、それに肝心要の問題になっているのだが、おそらく彼の血液型の現れ具合も違ってくるであろう。

コウクリィは、朝、正午それに夜、とサンプルを作らなければならない。時には連続して作らなければならない。また時には数日待ったうえで作らなければなら

ない。そのうえ、彼は命じられて作らねばならない。

　弁護士たちは彼に会って、そうすれば彼は刑務所から出られるようになるかもしれないと説明をした。彼は理解はしたが、そんなことをするのは気分のよいものではなかった。そこで彼に、どの日に、何時に自慰をしなければいけないのかを伝えることになったのだ。これは間違っている、と彼は感じた。しかし、ピーターから刑務所に電話が入る。そして弁護士が電話を切らずに待っている間に、看守はコウクリィを連れ出して病棟に連れて行かねばならないのだ。看護師の直接の監督下ではないものの、彼はシェイラー博士の研究所が調達したコンドームに精液を入れねばならないのだ。それからそのコンドームは冷凍された。2〜3日経つとコウクリィは、また同じことをしなければならないのだ。「俺は猿の気分だな」と彼は、プレイボーイ誌を持って小部屋に行くことを3度済ませた後で言った。一度などは、彼はカードーゾ・ロースクールに繋がっている受話器を取って抗議した。

　「これは神様に対する罪だぞ」と彼は言った。

　彼はなだめられた。そして13もの精液サンプルを作った。

　陪審がコウクリィに有罪の評決を下してからほぼ2年になろうかという日に、公判の前に済ませておかなければいけなかった検査がやっとのことで完了した。コウクリィが射精したどんな場合であっても、彼の精液には血液型Aが含まれていた。ブロンクス・パーク・モーテルでレイプ犯が残した精液は血液型Aではなかった。

　「ここに私は、妥当な科学的確実性をもって、イルマ・ロペスのパンティに付着した精液は、マリオン・コウクリィのものではないと明言できる」とシェイラー博士は1987年7月9日付けの宣誓供述書に記した。

　残されたことは書類手続きを済ませることだけだった。有罪判決が出た後では、ほとんどの州が、「新証拠」が発見されたからという理由での事件の再審には厳しい時間的制約を設けている。しかしながらニューヨーク州にはない。収監者は刑法第440項に基づき、もし新証拠が陪審員の求めに応じられるならば、陪審員は異なる結論を導くこともありうる、という論拠で申請を行うことができる。バリーとピーターには新証拠があるばかりではなく——コウクリィは犯人ではないということを疑う余地のない形で明言しているシェイラー博士の宣誓供述書——2人は杜撰な弁護活動、無効な判決、適正さを欠く捜査活動に関する調査書類を集めていた。それらの書類は1987年8月27日に正式に提出された。

　公判担当の検事だったレイサーは個人事務所に行ってしまった。彼女はバリー

に、確かに被害者が起こした民事訴訟のことを承知はしていたが、そのことを知ったのが刑事訴訟の前であったか後であったかについては定かではない、と語った。さらに彼女が言うには、彼女は、イルマの精神科医の診察のことも、通りで見かける黒人の恐怖についても知らなかった。一方、ブロンクス地区首席検事事務所のレイサーの元上司らは、コウクリィの公判に関する多くの問題があることを認識していたし、彼らが間もなくバリーらの動きに同調することは明らかだった。

　ピーターは刑務所でコウクリィを呼び出して、よい知らせがあると説明した。しかしこのごく普通で怒りっぽい男は忍耐と興味をまったく失ってしまっていた。彼は即刻家に帰りたがった。9月3日、彼の再審のために書類が提出されてちょうど1週間後に、彼は自分の独房を滅茶苦茶にした。彼は刑期を短縮できる「善行」特典をまたさらに失った。

　9月末までに、ブロンクス地区首席検事事務所は、彼が自由の身になることに合意していた。正義がなされてこなかったのだ。検事の同意を得て、控訴裁判所の判事はコウクリィを、判決が確定しているにもかかわらず、刑務所から仮出所させることに合意した。姉のジャネット・コウクリィ・スモールズは、グリーン・ヘイヴンの州刑務所まで彼を迎えに車を飛ばした。

　コウクリィは所持品の入った小さなバッグを手にして、ジャネットの車に乗り込んだ。ほとんど一言も口をきかなかった。

　2〜3ヶ月後、12月に入って、バートン・ロバーツ首席判事が、コウクリィに対する起訴手続きの最後の儀式をとり行うにあたっての審問を開いた。現実的なことで有名な米国の首席判事ロバーツは、人づてに誤判の可能性がありそうだという噂を耳にしたときに、この事件を引き受けていた。ロバーツ首席判事はトム・ウルフの『虚栄のかがり火』で不朽の名声を与えられていた。揺るぎない意見の持ち主でブロンクス生まれのロバーツ首席判事は、刑事訴訟を取り扱う際の大量生産方式の仕事ぶりに子どものような興奮と好奇心を示した。コウクリィが誤判を受けた可能性があるということに興味をそそられた彼は、考慮すべきまったく新しい技術があるということにワクワクした。彼は、失敗に終わりはしたが、弁護側に「DNA鑑定」を進める許可を与えていた。

　ロバーツ首席判事が最終的にコウクリィの事件に終止符を打った日に、彼は弁護側も検察側も、どちらも称賛した。彼自身の最も誇りとするときがそうであったよ

うに、彼らにとっても最も素晴らしいときであったはずだと彼は述べた。ロバーツ首席判事がまだブロンクス郡の地区首席検事だった頃、彼自身、殺人犯として有罪判決を受けた人物を刑務所から解放するよう判事に要請した。実際にはこの人物に非常によく似ていた彼の弟が殺人者だったのだ。

　判事が、今回関わった法律関係者すべてのよき仕事に対する彼の凱歌を歌い続けていたとき、コウクリィは、自分の昼食時間を使って来ていた法廷に無表情で座っていた。彼は自由の身になってから石切会社での仕事に戻っていたので、彼が着席したとき、彼のズボンから砂埃があがった。

　「私は最初の公判には関わってはいませんでした」とロバーツ首席判事は言った、「私が関わるようになったのは、審問への申請がなされたときでした。とはいえ、私はニューヨーク州の司法部を代表することができるわけで、その意味において、私は申し訳ないと思っています。それに、こんなことを言っても何の役にも立ちません。あなたが今回の誤審で大変な思いをされたことを私は本当に申し訳ないと思っています」

　「ありがとう、判事さん」とコウクリィは応えた。彼は立ち上がって仕事に戻った。彼の昼食時間は終わっていた。

第2章　DNA鑑定法の発明

　20世紀初期の何十年かの間、外科手術を乗り切った患者が、輸血が原因で術後室で死ぬ確率はかなり高かった。これについては相当十分な理由があった。1930年、ある研究者が人は4つの血液型——A、B、AB、O——のうちの1つを有しているということ、それと、患者に適合しない血液型を与えることは、血液をまったく与えないことよりもはるかにいっそう悪影響を及ぼす、ということを発見した。血液を「型で判定する」鑑定法が開発された。それから間もなく、警察および検察官も、血液型の判定はある種の犯罪捜査に役立てることができるということを十分に理解した。

　続く50年間で、血液型は非常に複雑になったが、同様に法廷科学も非常に複雑になるのだった。そしてマリオン・コウクリィは不運ではあったが、彼はさらに悪い結果を迎えることもあったかもしれないのだ。というのは、彼はレイプ犯と同じ血液型だったかもしれなかったのだ。ブロンクス・パーク・モーテルから車で1時間以内のところでは、300万人の男性が自分の血液型のためにあの暴行事件に結びつけられることもありえたのだ。血液型鑑定では微妙な区別はつけられない。さらに、血液は熱、光、湿度から守られなければならなかった。あるいはバクテリアが血液分子を食べ尽くしてしまうこともあるだろう。

　そういうわけで、非常に多くの犯罪科学研究所が所謂「DNA指紋鑑定」の開発に躍起になったのであり、また、コウクリィ事件でそれが失敗したとき大変な失望のもとになったのだ。DNAは、人をA型とかO型とかに規定する血液抗原よりはるかに小さい微分子なため、バクテリアはパック・マンのように、より大きい方の血液分子を食べ尽くしてしまうまではそれを食べないのだ。そして、人のDNAは1人ひとり異なっている。DNA指紋鑑定——制限酵素断片長多型、すなわちRFLPとして知られているが——の問題は、それが機能しうるのは利用可能なDNAが豊富にあるときに限られるということだった。研究室でならそれでもよかった。しかし混乱した実際の犯罪現場では、DNAは稀少品である。ブロンクス・パーク・モーテルのレイプ犯が残したDNAは、RFLP法で鑑定するには十分な量がなかっただけの話だった。

　まったくの偶然ではあったが、マリオン・コウクリィが逮捕されたまさにその年に、より性能のよいDNA鑑定法を開発した人物がいた。

　1983年の春のある夜、時間を持て余した天才キャリー・マリスは、サンフラン

シスコの北3時間のところ、アレキサンダー・ヴァリィにある彼の牧場に向かって車を走らせていた。彼は、第1次ベイエリア・バイオテック企業群の一社、といってもほとんど注目されていなかったシータス社に籍を置いていた。彼は他の生化学者のために化学物質を合成していた。マリスは、どうしたら仕事の多くを自前のコンピューター・プログラムで自動化できるのかの答を見つけ出していたので、シータス社の屋上で日光浴でもしながらかなりの時間を過ごすことができた。彼の他の主たる関心事は、女性を追いかけ、結婚することだった。「彼は結婚式が好きなのよ」と、4人いる元妻の1人が説明した。「ドレスアップすること、それと式を挙げることそのものがね」

彼が山を越えて太平洋に向かって車を走らせていたとき、彼の当面の愛の関心の的である研究所の女性は、前部座席でまどろんでいた。マリスは、シータス社が開発中の、両親から子どもに継承される遺伝変種が原因の疾病、鎖状赤血球貧血の診断鑑定の技術的な問題について思考をめぐらせていた。子どもが生まれて来る前にその病気の診断をするのが鑑定の目的である。問題点は感度の鈍さだった。鑑定ではしばしば破損した遺伝子を感知できなかったのだ。

ということでマリスが渦巻状の山道を走行していたとき、彼の心は、分子の曲線すなわち、かの有名なデオキシリボ核酸——DNA——として知られている蛇行性螺旋状構造に巻き包まれていた。生命あるものはすべてDNAを有している。そのときの車の窓に打ち寄せる道路脇の開花したトチノキの香り、そしてその白い茎がヘッドライトの中で揺れ動いていたのをマリスは覚えている。

どのようにしたら長くて壊れやすいDNA分子上のある1ヶ所を見つけることができるのだろうか。頭の中で、ある化学原則から別の化学原則へのアクロバット的な飛躍を繰り返す中で、彼には、遺伝子あるいは遺伝子の断片を含んでいるDNAのある部分は他と区別することができて、そのうえ、細胞分裂の際にDNAが使うのと同じ複製技術を用いることで、その部分の複製を自ら作るように仕向けることが可能であるということが実感としてわかった。さらにそれから彼には何だか途轍もなく衝撃的なことを我が身に感じることができたので、車を路肩に寄せて、必死に鉛筆を探した。彼はその地点が、幹線道路128号線の75キロ強地点だったと記憶している。

彼が自分のオフィスの電子メールに自動返信するコンピューター・プログラムをいじり回していたときに、彼は同じプロセスが何回も何回も繰り返されるコンピューターのループ〔プログラム中の反復使用される一連の命令、その命令の反復使用〕の力に非常に強く印象づけられた。2通のメッセージに応じると合計

で4通のメッセージができる。4通の場合には同じく8通となる。4回応じるとメッセージは都合32通となる。5回目には64通である。彼はまた指数関数を含むフラクタル〔次元分裂図形〕写真でお遊びをした。例えば彼は、1枚の裸体の女性の写真を彼のフラクタル・プログラムの1つを通して流し、画面上に64体の画像を出して楽しんだ。そのプロセスを見て彼は、数字というものは、幾何学級数的に増えるときにはその増え方は実に速いということがわかった。

彼がサイクル〔同じ順序で繰り返す一連の演算〕を算出したとき、彼には、彼のDNAの複製を作成するプロセスがそのまま同じように機能するだろうということがわかっていた。つまり、正しい化学物質を与えることで、DNAの小さな部分が自動的、かつ指数関数的に——最初の断片が2倍になるように——自己再生を繰り返すことができうる。それからこれらの2つの小片がそれぞれ倍増して4つになる。それからこれらの4つが倍増して8つになるだろう。これは細胞再生の小規模の複製であった。

前部座席で隣にいたマリスの連れの女性が目を覚ました。

「もう少しで凄いことが発見できそうだよ」と彼は彼女に話した。

彼女は何か不機嫌そうにぶつぶつ言うと、また寝てしまった。彼は地図用のライトの明りの下で作業した。

実際的に言えば、このプロセスを10回済ませると遺伝子の複製が10個できるのではなく、彼は256個の複製を手にすることができるのだ。遺伝子は倍増するので、22回のサイクルでは彼は1,048,576個の遺伝子を持つことになるだろう。32回では1,073,741,824個——3時間以内に、ある1つの遺伝子の10億個の複製である。DNAの底なし大樽だ。

「動くの？」と前部座席の女性は尋ねた。

マリスはハイウェイに引き戻ったが、それでもなお、その考えの虜になっていた。考えはどんどん先に進んだ。このプロセスによって、ある1つの遺伝子あるいは断片の複製が無限に作り出されるだけではなく、その1つひとつが、どの遺伝子にもあるいは断片にもなりうるのだ。彼は再び車を停めた。見つけたい遺伝子はどんな遺伝子であっても、たとえそれが化学的には目にすることができなくても、見つけることができるのだ。そしてひたすら再生産を続けていくと、元の遺伝子のすべての複製からの「信号」が読み取れるまでになるのだ。

その瞬間「トール様〔雷神様〕！」と叫んだと、後になって彼は言うのだが、そのときのことを次のように説明した。「私は突然のひらめきで、DNA化学では最も厄介な2つの問題を解決したのだ。量の問題と、識別の問題だ」

まさにこれらの問題に、刑事訴訟を調査している化学者と法医学者が直面していた。

マリスは自分の小屋にたどり着いたが寝つけなかった。彼はメンドシノ郡のカベルネのボトルを開けてマグカップ一杯に注いだ。電気のない小屋で灯油の手提げランプの下で作業しながら、彼はテーブル、壁、それとあらゆる平面にメモと根号（$\sqrt{}$）を書き殴った。

それから１年も経たないうちに彼は、研究室段階ではそのプロセスを機能させることに成功したし、同僚の間では多大な関心を喚起することまでできた。1983年のクリスマスまでにはそのプロセスがきちんと機能することを証明していた。山越えの旅から10年後、マリスは彼の、ポリメラーゼ連鎖反応、すなわちPCRと名づけられた発明に対する1993年度ノーベル化学賞受賞のためストックホルムに招かれた。「私には皆さんがPCRに関してやっておられることにはついていけません」と、今では一線から身を引いてラ・ホヤ沖合いでサーフィン三昧の生活を送っているマリスは語った。「PCRはどうなるんでしょうかね。この問いは、人間が新しいソフトウェア・プログラムを使ってどんな物語を書こうとするのかを尋ねるようなものですね。PCRは生化学のワード・プロセッサーです」

PCRの製薬、生物医学目的への応用性は無限大に近かったので、ほとんど同時にその特許をめぐる企業間戦争が勃発した。とはいえこれで、法廷に革命的なことが起こると理解していた人はほとんど誰もいなかった。

1980年代後半にベイ・エリアで活動していた２人の若き生物科学者、ヘンリィ・アーリッヒとエドワード・ブレイクは、このマリスの発明は犯罪捜査に使えると確信した。これがあれば、どんな組織の断片でも証拠になりうるのだ。なぜならば、同じ遺伝物質が脳細胞から足の親指の細胞まで、どの細胞の中にも見出されるからである。微量の血液や毛幹を扱う際、証拠に、改竄されていない、あるいは異物混入がないことを示す能力があるか否かが主要な関心事となる。

そのことは性的犯罪の場合には、証拠自身が異物混入を明らかにするので問題にはならないだろう、とブレイクは確信していた。マイルド・タイプの石鹸を使っていては、頑固な汚れは洗い落とせないということを一度でも経験したことのある人だったら彼の論理についていけるだろう。

遺伝物質を取り出すためには、DNAが出てこられるように細胞壁を壊して開

けなければならない。ほとんどの細胞に対しては普通のマイルドな洗浄液でこれができる。しかし精（子）細胞の細胞壁はそういうわけにはいかない。より強靭でより厚いのだ。精（子）細胞と皮膚細胞を同じマイルド・タイプの洗浄液の溶液に入れてみる。すると、精（子）細胞はそっくりそのままの状態で残っているが、皮膚細胞からのDNAは速やかに流れ出てくる。もしより刺激の強い洗浄液が使われると、そのときには精（子）細胞の細胞壁は壊れて開き、遺伝子物質が出てくる。

　この平凡な事実が刑事裁判の歴史を変えることになるのだ。性的暴行の後で2種類の異なる細胞——レイプ犯の精（子）細胞と被害者の皮膚細胞あるいは上皮細胞——の混合物が綿棒で採取される。研究所では、最初のマイルドな洗浄液が上皮細胞を破る。被害者のDNAが抽出され取り置かれる。そうすることで、レイプ犯の精（子）細胞とそのDNAが後に残ることになる。そこで2番目により強い洗浄液が使われて、精（子）細胞の強靭な外殻は破壊されて開き、レイプ犯のDNAが出てくる。

　実際、男のDNAと女のDNAを分離させ、取り出せる——微分抽出として知られているが——ので、被害者、暴行者双方の証拠となる、暴行の生物化学的なビデオテープを作ることができる。採取サンプルが犯行の翌週に鑑定されようが、10年後に鑑定されようが、混合物の中に女性細胞が存在すれば、それは捜査官がレイプ犯を探し出すための手がかりになるのだ。

　重大な点は、精（子）細胞は他の型の細胞を使っても開けられないということだ。たとえ男性警察官や技術者が彼の血液か唾液で証拠を汚したとしても、これらの細胞のDNAは、女性の細胞と一緒に、最初の洗浄で出てきてしまうのだ。レイプ犯の精液だけがそっくりそのまま手つかずで残るのだ。ブレイクによってさらに正確さを増したその鑑定法は、今では米国内および世界の研究所において標準的に実践されるようになっている。1987年、ブレイクは科学者として初めて検察から求められて、あるレイプ訴訟でPCRの結果に関して証言をした。

　1年後、ブレイクはまた、誤判された男性を初めてDNAで容疑を晴らす際に証拠を提供した。シカゴのゲリィ・ドッツンはレイプの罪で10年以上刑務所に入れられていた。この間彼は一度として自らの無実を主張することをやめなかった。ドッツンが英国のアレック・ジェフリース博士のDNA研究のことを耳にしたとき、彼は証拠を分析してもらうために、博士のもとに送ってもらうよう申請した。その時点までには、証拠はジェフリース博士のRFLP法で鑑定するにはあまりにも質が劣化し過ぎていたので、米国に戻され、新たに発明されたPCRを使えるブレイクのところに送られてきた。PCRは、精液がドッツンのものではない、ということを

示していた。そこで彼は刑務所から自由の身になった。

　そのとき以来、鑑定はよりいっそう精度が高まり、より識別力がついてきた。このことは、鑑定がより古い、より劣化した証拠物件の小片ででも可能であり、1人ひとりの違いを識別できるより大きな力を持っているということを意味する。鑑定は今や、国内のあらゆる法廷で、有罪の証拠としても無実の証拠としてもどちらでも受け容れられている。

　PCRという頭字語はなじみがないかもしれないが、その技術は、分子生物学、感染の早期診断、移植のための器官繊維のすり合わせ、さらには過去と将来の調査にとっても中心的な役割を担っている。科学者はPCRを用いて、古代化石の中に少ししか残っていないDNAの残存物を発見している。研究者は、1,800万年前の葉の内部に、あるいは4万年もの間凍死していた毛に覆われたマンモスの中に、そして、沼地で7,000年もの間マリネ状態にあった人間の脳の中に遺伝物質を読み取っている。映画「ジュラシック・パーク（Jurassic Park）」をもっともらしくしたのは、これら研究者の技術である。今科学者は、当時の生物がどんなふうであったのか、どのように生きていたのか、そしてどのように変化したのかを知ることができる。実際、この技術によって、神秘の扉が開き、死者を蘇らせることが可能となり、死んだ星の光を受け取ることができるのだ。

　さらにマリスの発明は、まさに明日を見る姿見であり、年老いていく自らの姿を若いうちに明らかにすることができる。マリスの発明で、DNAは、生命誕生後たったの2時間、細胞4つの時点のヒト胎児の中に読み取ることができる。ほとんど生成の瞬間からある種の運命は予言できるのである。子どもは囊胞性繊維症や鎌状赤血球貧血に罹患するのだろうか。若い男女も彼らの将来を見つめ、彼らが致命的で消耗的な、ハンチントン舞踏病のような病に運命づけられているのか否かを見極めることができる。

　マリスがあの晩、車を道路脇に寄せて彼の計算式を書きなぐったとき、彼の飛躍的発明が一体どこに進むのかを夢想することができた人は誰一人としていなかった。それがアメリカの法制度の歴史に関わるということはほとんど不可能に思われた。PCRは長く忘れ去られた証拠に新たな光を与え、長年の不法状態を見つけ出すことができる。だが、この発明にはそうした力があるとしても、なぜそういう事態が起きてしまうのかを説明することはできない。

第3章　誤った目撃証言

　1902年のある日、ドイツはベルリンのある大学で、当時いささか名の知れた犯罪学者フォン・リスト教授によって大きなセミナー授業が行われていた。彼の学生たちは——受講生は静粛で、礼儀正しく、みな男性であった——知らなかったのだが、教室は後世に名を残すドラマチックな事件の舞台となる。

　フォン・リスト教授のその日のトピックは長く忘れられていた本のある章だった。教授が講義をしているときに、突如として受講生の中の1人の学生から異議申立ての大声が上げられた。彼は、講義があまりにも世俗的過ぎると主張した。「私は今回の主題に対してキリスト教的道徳の観点から光を当ててみたい!」とその4年生の学生が大声で言った。

　静かな池面から魚が飛び跳ねるような突然の成り行きにクラスは驚いた。通路を隔てて、より若い学生が宗教への言及を一蹴した。「そんなことは我慢できません」とクラスの下級生が発言した。

　4年生が急に立ち上がった。

　「お前は俺を侮辱した」と4年生が言った。

　「もしあんたがもう一言言ったら……」と下級生は言ったが、上級生が彼の法服の襞から拳銃を引き出したとき、後に続く脅し文句をスッと飲み込んだ。この命に関わる危難を前にして、若い方の学生は前方に突進し、4年生から銃をもぎ取ろうとしてもがいた。フォン・リスト教授もまたその武器を掴み取ろうとして踏み込んだ。その瞬間に突然の大音響が聞こえた。他の音をすべて飲み込んでしまう発砲、銃声だった。一瞬の後、誰も撃たれていないことが判明したが、口論を闘わせた2人は姿を消していた。

　すぐにフォン・リスト教授は表面上は授業を正常に戻した。教授は動揺した学生に、今日目撃したばかりの出来事について詳細な情報を提供することが彼らの義務であると告げた。

　実は、起きたことすべては計画どおりに実行されたのだ。フォン・リスト教授は、心理学として知られている人間探求という威勢のいい新しい分野での、目撃者の正確さに関する最初の科学的な実験を今まさに実施したところだった。このベルリンの教室での出来事は、その後ハーヴァードのドイツ系アメリカ人学者ヒューゴー・ミュンスターベルクがこのときの目撃者の話を詳しく報告したことで、小さいながらも画期的な事件となった。ミュンスターベルクはこう書いた。

「言葉は、短い出来事の間中ずっと沈黙を守った人たちの口の中に仕舞い込まれてしまった。行動をとったのは、その痕跡がまったく残っていない主要な登場人物であった。そしてこの悲喜劇の肝心な部分は多くの目撃者の記憶からは完全に消去されていた」

これらのことは、心理学研究が1世紀を経た現在からすればほとんど革命的な発見ではなさそうだが、この専門領域はフォン・リスト教授がこの実験をしたときにやっと緒に就いたばかりであった。19世紀において心理学という仕掛けへの注目度が高まるにつれて、社会からはその精密さと測定精度が非常に重視された。人間というのは、実際に起きるのを見たことについて情報を吸収し、それを記録し、さらにそれを信頼できる形で作り出すことが期待される「受信者」と見なされた。

だが1908年までにミュンスターベルクは『On the Witness Stand（証言台で）』という書を著し、科学的証拠によれば、目撃者は正しいこともあれば間違うことも同様にありうるものだ、と論じた。ハーヴァードの哲学科のウィリアム・ジェイムスの弟子としてのミュンスターベルクが書き著したものは、真剣に受け止められた。

結局のところ彼の論点は具体的な研究によって裏打ちされた。例えば、フォン・リストの実験では、その出来事のことを最もよく覚えていた学生のおよそ26％が重要な詳細事項について間違っていた。他の学生は、実際に彼らが眼にしたことについてのその説明で80％が間違っていた。これらの健全で若いドイツの大学生は歴史的偉業を成し遂げただけではなく、同時に歴史を捻じ曲げてしまった。

彼らはただ単に不注意だったのだろうか、いい加減だったのだろうか、あるいは彼らの目の前で起きたことを記録するのがただ劣っていただけなのだろうか。ベルリンのセミナー教室には考慮すべき特別な条件でもあったのだろうか。こうしたわかりきった質問は、心霊研究にはまっていったミュンスターベルク個人の関心の枠をすぐに超えていった。彼はこの分野を誰に対しても開放しておいたので関心も高まってきた。そのためフォン・リストの実験は、学術的な調査を行う心理学者のお気に入りとなった。20世紀の間はほとんど、当初のシチュエーションにいろいろと手を加えたものが世界中の教室で再現されてきた。

その後の何千もの目撃証言実験があり、現代の社会科学をもってすれば実験の形式はどのようにも厳密にできるが、ドイツの学生は極めて平均的であった、と大いに自信を持って言うことができる。

20世紀において、物理学者が人類に量子力学を与え、生化学者がDNA構

造を解読したように、心理学者は一つの具体的な洞察を証明した。つまり、眼前で起きることは、脳内で変換され、純化され、再訪され、再構築され、そして人生そのものが終わりのない過程であるように、その中で潤色されていくものなのだ。過去何十年かの洗練された実験によって記憶違いが繰り返し証明されてきた。1970年代初頭に始まり、米国連邦最高裁判所が関心を持ったことで拍車がかけられたが、実証の仕方が次第に劇的になってきた。

1974年12月19日の夕刻、ニューヨークの地元NBCのニュース放送で短編ドキュメンタリー・フィルムが流された。映像の中では、1人の若い女性が廊下を歩いている。出入口のところで、帽子を被った、レザージャケットとスニーカー姿の1人の男性が待ち伏せをしている。男はこの出入口から勢いよく姿を現すと女性のハンドバッグをひったくり、カメラに向かって一直線に、顔を正面に向けて走って来る。この出来事全体の時間は12秒である。

このフィルム放映後、番組では被疑者の面通しを行った。視聴者には、電話番号が知らされ、この6人の中から犯人を選び出すか、あるいは面通しの中には被疑者はいない、と答えるように求められた。「電話が殺到しましたね」と、この実験を準備・計画したブルックリン・カレッジのロバート・バックフート教授は、後になって書いている。テレビ局では、2,145本の電話がかかってきた時点で電話線を抜いた。

「窃盗犯」は面通し番号2番の位置に着席していた。電話をかけてきた人から彼に投じられた総得票数は302票、すなわち2,145票の14.1％であった。「結果は、目撃者が単に推測した場合と同じであった。可能性だけで言えば（「面通しにはいなかった」場合も含めると、7分の1）、第2番も含めて、面通しに並んだどの人も14.3％だけは識別が予想されたのだ」とバックフートは、「ほぼ2,000人の目撃者が間違うこともある」という愛嬌のある見出しをつけた原稿を書いた。

当然のことながら、このような実証の当事者たちは、往々にして彼らが目隠しでダーツを投げて犯罪人を選び出すのと同じようなことをしたのだと知った途端に自信をなくし、いささか意気消沈するものである。バックフートが、弁護士と判事を回答者にして、同じひったくりのドキュメンタリーを使ったときに、彼は識別についての同じような不正確な結果を報告した。ところが法廷関係者はいらついた。彼らは、面通しの被疑者たちは上映したフィルムの中の窃盗犯と同じ服装でなかった、とクレームをつけた。

これらのあらゆる研究から予測される、何にも増して最も重大なことは、無実の人たちが不当な有罪判決の危険に曝されるおそれがあるということであった。こ

の分野での有数の研究者の1人であるエリザベス・ロフタスは、人の頭脳は漠然とだが、ある種の状況下では、おぼろげながらも見覚えのある顔を下絵として描くという「無意識感情転移」現象の説明をした。

　ロフタスは、実際に起こった鉄道の切符取扱人が銃で脅された事件について説明をした。その取扱人は警察署に連れて行かれ、そこで被疑者の面通しをした。彼は、地元の海軍基地の船員を強盗だとして選び出した。

　しかし警察がその船員を取り調べたところ、彼にはしっかりとしたアリバイがあることが判明し、釈放された。では、どのようにして間違いが起きたのか。切符取扱人はその船員の顔に見覚えがあるようだった、と語った。そして彼は間違っていなかった。なぜならば、船員はその鉄道駅近辺を生活拠点としていて、まさにその同じ取扱人から強盗事件の前に3回切符を購入したことがあったのだ。しかしその強盗のあった当日に船員は航海中であった。心理学者にしてみれば、この船員は、無意識感情転移現象の疑う余地のない犠牲者であった。

　同じ過程は研究室の環境下でもきちんと立証された。バックフート教授は、ヘイワードのカリフォルニア州立大学のキャンパスで、暴行事件を計画的に実施した。141人の目撃者の目の前で1人の学生が教授を襲った。年格好が加害者の学生とほぼ同じもう1人の男性が犯罪現場に居合わせた。バックフート教授はその場面をビデオに収めた。2～3週間後、目撃者たちは――彼らはこれが研究対象だとは知らず、犯罪捜査の一環だと考えていた――写真面割に目を通すように求められた。

　今回目撃者たちは、バックフート教授のテレビでのフィルムを観た人たちよりははるかによい結果を出した。およそ40％の学生が襲撃者を選んだ。しかし4人に1人の割合で、暴行にはまったく関わりがなかった、居合わせた人を選んだ。残りの学生は、犯行の間現場にはいなかった人たち、「員数合わせのダミー」を選んだ。これも無意識感情転移現象のもう1つの実例であった。そして、無実の人に対する目撃証言の危険に関してのもう1つの警告でもあった。

　心理学者は、ストレスを受けている人々による、被疑者の描写について、老若男女、黒人、白人のグループ毎に目撃証言の正確さを測定してきた。その結果は、ストレスを受けている人たちは正確な描写ができない。人は自分が所属する人種的グループについては識別ができるが、それ以外のグループについては信頼性が欠けることになる。そして、自分がする識別に非常に確信を持っている人たちほど、往々にして最も正確さに欠けるきらいがある。

　公表されたすべての論文、さらに大学の教室でのあらゆる実験結果は現実に

起きていることとのギャップに直面した。つまり、それらはあくまでも研究室の中でのことでしかなかった。シミュレーションであった。現実のものではなかった。それでも誰一人として、目撃者についての心理学研究は結果に首尾一貫性がないと論じることができなかった。しかし批評家ならば、それらの結果に基づいて法廷の規則を変更するのであれば、その基準はより厳しくすべきだと主張もできよう。社会科学者の言語で言えば、心理学研究には「外的妥当性〔一般化可能性〕」が求められた。

「まったく文字どおり、法の領域においては、人々の将来と生命は研究結果からの推測に懸かっている」と、サンディエゴのカリフォルニア大学のウラジミール・コネクニとエッベ・B. エッベセンが書いた。「法心理学における一般的な研究をよくよく調べてみると、その大半において、外的妥当性については、たとえあったとしても口先だけで触れているに過ぎないということがわかる」

つまるところ、こうした研究は、研究所の外の現実の世界に対して一体何を語れるのであろうか。

フェイ・ツレッツァーは窓のブラインドを上げて、居間に11月のうららかな午後を引き入れた。そうしてから彼女は、居間のカウチに落ち着くと過ぎ行く外界を眺めた。細身で褐色の髪の35歳の女性フェイは、ワシントンD.C.郊外で経理担当マネージャーとして勤めていた。彼女は大きな猫アギーと、ヴァージニア州アレキサンドリアにあるタウン・ハウスの1階で寝室が1つのアパートに住んでいた。それなりの一人暮らしだった。

フェイはカウチから、それぞれの家の前には芝生が植えられた小ぶりで小ぎれいな家々が建ち並ぶ小路、アッシュビー・ストリートを眺めた。その通りの彼女のいる側はタウン・ハウスがあって、無名で、ほとんど目に入らず、ほとんど誰も気にしない。彼女は裏口から直接駐車場への出入りをした。彼女がここに引っ越して来たのは1年前、1984年7月だった。アッシュビーの反対側に住む、大半は中流黒人家族である隣人たちのことを彼女はほとんど知らなかった。その日は日曜日だった。教会に行っていた人は帰宅していた。子どもが2～3人、通りで遊んでいた。他の人たちはレッドスキンズ〔ワシントン・レッドスキンズ、米ナショナル・フットボール・リーグのナショナルフットボールカンファレンス東部地区に所属するチーム〕を観戦するためにテレビの前に釘づけだった。

通りを挟んだ真向かいの家から筋骨逞しい若い黒人が、水の入ったバケツとスポンジを持って出て来るのをフェイは目にした。赤いフォルクスワーゲンが私有車道に駐車していて、この黒人男性は洗車にとりかかった。彼がバケツにスポンジを浸そうと屈んだとき、フェイは何か見覚えがあるようなものを感じた。彼は泥除けを石鹸で洗おうと身を乗り出した。彼女はもう一度見てみた。
　あの男だ、とフェイは心の中で言った。
　彼女はカウチに腰を下ろした。そしてじっと見ていた。
　あの男だ。

––––––––––––––––––

　これより2週間前、フェイはもう1人の女性と、タウン・ハウスから丁度1.6キロ離れたところのグリーブ・ロードにあるメキシコ料理レストランに出かけた。夕食後、その友人は歩いてフェイを家まで送り、それからタクシーで帰った。9時半頃、フェイは大き目のスウェットシャツを着るとベッドに潜り込んだ。肌寒い夜だったがぐっすり眠れそうな感じだったので、窓を少しだけ開けたままにしておいた。
　午前2時ちょっと前に彼女は目を覚ました。ブラインドがカタカタと音を立てていた。いまいましいことに猫がじゃれついていたのだ。彼女は、もし猫がうるさくし続けるのなら起きていって追い出さないといけないと考えながらベッドの中でちょっと待った。突如、部屋の明かりが点いた。彼女は瞬きして目を開けると、若い黒人が60〜90センチ離れたところに立っていた。男は彼女のことを2〜3秒見ると灯りを消して彼女のベッドに忍び寄って来た。男は何も言わなかった。フェイは、夢であってほしいと思ったが、現実だとわかって怖くなり、枕の上に頭を垂れた。男は彼女の顔を柔らかい布で覆った。
　この後の20分間、彼女をレイプし、ソドミー〔アナルセックス〕をした。彼女の顔が布で——おむつだと彼女は思ったが——覆われていないときは、彼女の顔は枕に押しつけられた。彼は何も言わなかった。彼女には何も見えなかった。見えない状況で、彼女は臭いと感触を探った。それらは、黴臭い体臭、煙草とアルコール、それと柔らかで滑らかな手の感触であった。男がさらにもう1回暴行に及ぼうと彼女を仰向けにさせたとき、もうこれ以上耐えられなかった。彼女は心臓発作を装って呻き声を上げた。それが彼女が発した最初の声だった。男はビクッとして、一瞬動きを止めた。「心臓が」と再び彼女が呻いた。そしてその瞬間、レイプ犯は素早く赤いショートパンツとテニス・スニーカーを履くと、いったん屈ん

で窓から這い出た。フェイは横向きで頭だけ上げて、男が去るのをじっと見ていた。

満月が出ていた。それで男が窓から這い出るために身を乗り出したとき、光の中に浮かび上がった。フェイは筋骨逞しい、ヘアスタイルをショートカットにした男の横顔を見た。警察官が5分後に到着したとき、彼女は肉切り包丁を手に持って、玄関で警察官を出迎えた。警察官は彼女を病院に連れて行った。彼女は医師の診察を受けた。看護師が証拠となる一式を採取した。彼女の陰部は、レイプ犯が残した可能性のある精液を集めるために綿棒で拭き取られた。犯人の毛髪や皮膚の痕跡を求めて、彼女の恥毛は徹底的に調べられた。彼女の体が犯罪現場であった。

――――――

翌朝、事件はアレキサンドリア警察性犯罪課の2人の刑事のうちの1人、バリィ・シフティックに引き継がれた。シフティック刑事は近辺を詳しく調査した。誰かショートパンツを履いた若い黒人男性を見てはいないか。彼は近所の人たちに彼の名刺を渡したが、その後間もなくアッシュビー・ストリートの女性から電話があった。彼女は、犯罪があった夜の9時か10時頃、ショートパンツを履いた男がビールを飲んでいるのを見ていた。その男は彼の家の外の通りに立っていた。名前はウォルター・タイロン・シュナイダーで、通りを挟んでフェイの真向かいに住んでいた。

警察のファイルによれば、ウォルターは、過去に不法侵入で告訴されたことがあった。彼と彼の友人何人かで放課後、バスケットボールをしに学校の遊び場に入った。それは犯罪歴としても大したものではなかった――そのファイルには写真もなかった――しかしシフティック刑事としてはどこからでもいいから捜査を始めなければならなかった。1985年11月8日、彼は、T. J. ファノン＆サンズ石油会社のボイラー整備士として働いていたウォルターを訪ねた。

ウォルターは警察署に出頭して、写真撮影、指紋採取に同意した。「ええ、持ってます」とウォルターは言った。彼は、赤いショートパンツを持っていた――アレキサンドリア・ボクシング・クラブのウェイト150ポンド〔68kg＝アマチュアのウェルター級（64～69kg）〕でボクシングをしていた――それに彼は練習や試合に履く2～3足のスニーカーも持っていた。ウォルターは別の階にある指紋採取室を指示された。

出ようと立ち上がったとき、彼は後ろのポケットの作業手袋に触った。引っ張り出してテーブルの上に置いた。そのとき20ドル紙幣がポケットから引っ張り出されて床に落ちた。ウォルターは気づかなかった。
　指紋採取室でウォルターは指をインクの中で回して、1本1本カードの上の小さな四角い枠の中に広げた。インクを拭い取ると所持品を受け取りにシフティック刑事のところに戻った。
　「はい、これ」とシフティック刑事は20ドルを手にして言った。「お前これ落としたよ」
　ウォルターはビックリした、嬉しい気分でだが。
　「いやぁ、すいません。落ちたのも気づかなかったし」とウォルターは答えた。
　「いいってことよ」とシフティック刑事は言った。「もう帰っていいよ」
　尋問は終わり、シフティック刑事はウォルターを仕事場まで送って行って下ろした。その足で、レイプ犯の人相書に合う男の写真を見てもらうためにフェイのところに立ち寄った。彼は彼女に7枚の写真を重ねて見せた。一番上に置かれていたのは、その日の朝撮ったウォルターのスナップショットだった。彼女は彼の顔に目をやったがその写真を除外ファイルの方に入れた。それを見ても彼女は何も感じなかった。
　結局彼女は、4枚は見覚えがありそうだ、ということで別にしたが、その後、そのどれもレイプ犯に近いと言えるものはないという結論になった。彼女と刑事は2〜3分雑談をした。それから彼女は気だるげに最初の写真、彼女がはねた写真を摘み上げた。「何かこの眉毛のあたりが気になるんだけど、何かこの眉毛のあたりがね」と彼女はシフティック刑事に言った。しかし彼女は覚悟して彼が犯人だと言えるほどではなかったのだ。そうではなかったのだ。
　その日、11月8日は、アッシュビー・ストリートのレイプ捜査で忙しい一日となった。ウォルターの写真を撮り、それをフェイに見せたシフティック刑事は、それから捜査令状を持ってウォルターの家まで車を飛ばした。彼は、夜は郵便局員として働いているウォルターの母エディスに入室を認められた。彼女は彼を、まだその時間は仕事をしている彼女の息子のテリトリーである地下の居住空間に案内した。刑事は2枚の赤いボクシング・ショートパンツと2足の白いスニーカーを押収すると、それらを彼の事務室まで持ち帰った。これがシフティック刑事の長い木曜日の最後の締めくくりだった。
　フェイが居間に座って、通りの向こう側に眼をやって、1人の男が赤いフォルクスワーゲンを洗車しているのを見たのは、この一連の動きがあった3日後の日曜

日のことだった。彼女にはあの顔、あの姿に見覚えがあった。その男は、彼女が見た最初の写真の男だった。彼女はシフティック刑事に電話をして、あの男が通りを渡ったところにいるのを見たと告げた。あの男だった。

この後のほぼ3ヶ月間、捜査に進展はほとんどなかった。フェイは、レイプ犯によってズタズタに引き裂かれた生活を取り戻そうとして日曜大工道具の会社での仕事に戻った。ウォルターは、日中はオイルバーナーの清掃で、夜間はボクシングで忙しかった。しかし彼には一徹なところもあって、近辺での暴行事件に絡んで警察と始終関わることに迷惑していた。シフティック刑事は仕事場にまでやって来たが、ウォルターは全面的に協力してきた。一方でこの刑事は彼の20ドルを返してくれることまでした。しかし刑事は、家まで来て、ウォルターの持ち物を押収した。これは彼から見れば、不必要にこそこそする、影に隠れた動きだった。

全米アマチュアボクシング選手権が2月末、テキサス州で開催されることになっていたのだが、シフティック刑事は11月の第1週からずっと彼の用具を押収したままだった。ウォルターは練習に行くたびにそのことを思い出した。1月28日の朝、彼は仕事に向かう途中で警察署に立ち寄った。彼は受付の刑事に頼んでシフティック刑事の部屋に案内してもらった。

「あんたが家まで来て家から持ってったものを受け取りにやって来たんだけど」とウォルターは言った。

「返すわけにはいかないんだよ」とシフティック刑事は応じた。「あれは科学捜査研究所に出しているんだ。あれは今度の捜査に関わるんでね」

2人は2～3分言い争った。

「すまんが」と論争を打ち切ってシフティック刑事が言った。「ここは引取ってもらおうか」

「あんたがどうして俺の持ち物を返してもらえないのか教えてくれる誰かお偉いさんに会わせてもらうまで、帰らないよ」とウォルターは言った。

「もし帰らないのなら、お前を不法侵入で拘束するからな」とシフティック刑事が応じた。

怒り狂ってウォルターは警察署を出た。その日の昼近く、彼の盗まれたショートパンツの問題は大したことではなくなった。スペース・シャトル・チャレンジャーが打ち上げ直後に爆発し、乗員7名の命を奪った。ロケットが空中に猛烈なスピードで飛行する光景がテレビで繰り返し放映され、アナウンサーは、大惨事の兆候は炎が、垂直方向から突然剥がれ落ちて、曲がっていることに見て取れる、と説明した。

翌朝アレキサンドリアでは雪が降った。ウォルターは滑りやすい道路での運転は気が進まなかったので、持ち物をリュックサックに詰めて仕事場までの4.8キロをジョギングした。走っているとき、彼のショートパンツの件が再び思い浮かんできた。彼の母は彼に警察署とは距離を置くようにと言い聞かせていた。しかし彼は19歳だったので自分なりの判断を下すことができた。つまり彼にしてみれば、あれは彼のショートパンツなのだから取り戻したいだけなのだ。シフティック刑事に権利はないのだ。ウォルターが再び警察の受付に姿を現した。

「俺のものを返してもらうことであんたに話がしたいんだけど」とウォルターが言った。

「ウォルターよ、お前のものについてもうこれ以上話したくないんだよ」とシフティック刑事は応じた。「俺はね、気になっていることについて話したいんだよ。こっちへ来い」

2人は小さな取調室で座った。ウォルターは、ボクシングをしているから体調がよいので、早朝ランニングは問題ない、ということを認めた。2人はスペース・シャトル・チャレンジャー大惨事のことを話した。それから話題は変わった。

「お前だったらあんな犯罪やるか？」とシフティック刑事は尋ねた。

この後の会話の内容については双方が同意したものはない。シフティック刑事の話によれば、ウォルターはレイプの現場に物理的にはいたが、彼の精神はそこにはなかった、と語ったという。他方ウォルターは、人は、このような行為を行うには、正気を失っていなくてはならない、そしてそれによって、彼の肉体は、彼の精神とよりまともな本能が存在しないときだけに限ってそのような悪を行うことができるだろう、ということを話したことは覚えている。

「お前さんには上で座って俺のことを待っててほしいんだが」とシフティック刑事は言った。

ウォルターは了解した。彼は受付のところに座った。朝まだ早い時間で、8時にもなっていなかった。シフティック刑事は彼の部屋からフェイの番号に電話を入れた。

「おはよう。今何してます？」と彼は言った。

「起きたばかり」とフェイは返事をした。

「今忙しいかな？」と刑事は訊ねた。

「私に見てほしい人がいるのね？」とフェイは聞き返した。

「署まで来てもらえますか？」とシフティック刑事は応えた。

「今行きます」と彼女は言った。

自宅でレイプされて3ヶ月後、フェイは、警察が彼女に暴行犯を確認させる準備ができたものと完全に期待して、アレキサンドリア警察署に着いた。彼女はシフティック刑事に面会を求めた。受付はフェイの後ろのドアを指差し、そちらに行くように指示した。

　彼女は振り向いた。体が凍りついた。椅子の最前列に座っているのは、そして彼女以外でその部屋にただ1人いるのは、あの男だった。最初の写真に写っていた男。自分の車を洗っていた男。間違いなく彼女をレイプしたあの男。

　「あっちには行けません」と彼女は受付にせがむような口調で囁いた。「あそこにいるのは私を襲った奴なの」

　フェイがチラッと見た時間はほんの短い一瞬で、まさに火花だったが、ウォルターにとっての唯一の命を焼いて灰にするには十分だった。といっても、そのとき彼がいささかでもそんなことを考えたということではない。彼は自分のボクシング着のことだけを考えていた。ベンチにへたり込んでいて彼は、フェイが来たのも、彼女が彼のことを見ていたのも、パニックになったことにも気づかなかった。確かに彼には自分が、まさしく一瞬だけの公判と有罪判決に相当するものを経験したのだという認識はなかった。普通の人間であればこのような瞬間の重みを推測できた人はほとんどいなかっただろうが、この後7年間にわたってウォルターはその重みに打ちひしがれることになるのだ。

　フェイは彼に背を向け受付に顔を向けた。受付係には彼女が何を囁いたのかがわからなかったようだった。

　「捜査官に会うんでしたら、そこの階段を下りて行けばいいんですが」と受付係が言った。

　「あっちには行けないんですけど」とフェイは静かに、だが差し迫った口調で話した。「あの男なんです。奴なんですよ」

　彼女は肩越しにウォルターを見た。それで受付係も彼女の言っている意味がわかった。凶悪犯がほんの60〜90センチのところに座っていたのだ。受付係はフェイを案内して裏階段を下り、シフティック刑事に会わせた。

　「私をレイプした男が上のロビーにいるんですよ」とフェイは挨拶代わりに断言した。

　「ちょっと私の部屋に行きましょう」とシフティック刑事はいくぶん満足げに言っ

た。事態は彼が計画したとおりにうまくいった。フェイは警察署までやって来た。被疑者との「偶然の」出会いで、彼女は彼をレイプ犯だと識別した。

シフティック刑事は彼女にコーヒーを注ぐと、性的暴行の被害者の手助けをする課内の女性であるレイプ担当者を呼び出した。

「ところで、フェイ」とシフティック刑事は厳かに語った、「あなたにはミスを犯してほしくないんですよ。我々は重大な犯罪を扱っているんで、あなたには確実に確信を持っていてほしいんです」

「100％間違いありません」とフェイは断言した。

「あなたの給料を賭けてもですよね？」と彼は冗談混じりに尋ねた。

「もちろん」とフェイは答えた。「賭けます」

レイプ担当者が来たとき、シフティック刑事は逮捕状を用意するために部屋を出た。彼はもう1人の警察官、ジョージ・バーナムにウォルターを下に連れて来させるように指示した。彼が行ってみると、シフティック刑事の指示どおり、ウォルターはロビーで待っていた。

「やぁトニィ、どうだい？」とバーナム刑事は、ニックネームで呼んで、尋ねた。

「ジョージ」とウォルターは驚いて言った。バーナムは、野球チームにいたウォルター家の面々がまだ小さかった頃、コーチをしていた。

「下に降りて来いよ」とバーナム刑事が言った。「シフティック刑事が来るのをそのへんの部屋で一緒に待とう」

2人はしばらく座って昔のこと、チームでやっていて、それから立身出世した人たちのことを語った。2人はまた、ウォルターが海兵隊に入隊希望を持っていたこと、それと、ウォルターが放課後校庭でバスケットボールをしているところをバーナム刑事が逮捕した際に、どうやってバーナム刑事はウォルターに対する不法侵入での告訴手続きを進めないようにすることに同意したのか、について語った。ずっと後になってから明らかになるのだが、両者ともに、彼らの会話の他の部分についてははっきりと異なる解釈をしていた。

ウォルターにとっては少なくとも、シフティック刑事が取調室に勢いよく入ってきたとき、彼の思いはただ1つ、やっと自分のショートパンツとスニーカーを取り戻せるだろう、ということだった。

「ウォルター、お前のボクシング着のことでいい知らせがあるんだ」とシフティック刑事が切り出した。「研究所から戻っているよ」

「よかった。それじゃ返してもらいましょう。そして帰らせてもらいます」とウォルターが言った。

「悪い知らせもあってね、ウォルター」とシフティック刑事が言った、「お前を逮捕する」

「逮捕？　馬鹿な」とウォルターは言った。「これは何なんだ？　ほんの1分前、何でもなかったのに。そして今、俺を逮捕するって？」

彼は出ようと立ち上がったが、シフティック刑事はどうしても座れと断言した。

「帰りたい」とウォルターは言った。

「実はな、今のあんたの立場を教えてやろう」とシフティック刑事は言うと、突然ウォルターの手首と椅子に手錠をかけた。

ウォルターが放心状態で座り込んだとき、刑事は科学捜査研究所での鑑定のために彼の頭から何本かの髪の毛を引き抜いて紙の上にきちんと置いた。この髪の毛は証拠になるようにどこかに仕掛けられるに違いない、とウォルターは思った。彼は身を乗り出すと息を思いっきり吹きかけて髪の毛を吹き飛ばした。彼はシフティック刑事に顔面をひっぱたかれた。シフティック刑事は後から、ウォルターが立ち上がって、手錠で椅子を引きずってドアのところに突進したのでそうしたに過ぎないと述べた。彼は15年間刑事をやっていたのだが、それでも乱闘騒ぎは廊下になだれ込んだ。5人の警察官が飛び入り参加した。ウォルターの鼻は折れた。警察官たちは彼を取調室へ引きずり戻した。尋問を終えるにはシフティック刑事は彼の陰毛が必要だった。他の警官たちが一緒になって彼の腕と脚を押さえて動けないようにしていた間にシフティック刑事は証拠とするために陰毛を引き抜いた。

後でわかったことだが、陰毛をめぐるその大騒動はウォルターと犯罪を結びつける証拠にはまったくならなかった。そんなことはどうでもいいことだったのだ。

ロビーでフェイがたった1度、チラッと見ただけで、裁判は結審した。当然ながら、血液鑑定、起訴手続き、公判、有罪判決と、ほかにも執り行うべき儀式はあった。しかしながら、アレキサンドリア警察およびヴァージニア州にとっては、第一級レイプ、ソドミー、および強盗事件は解決済みだった。

ウォルターの顔かたちについてのフェイの記憶という未だ乾いていないコンクリートは、徐々に固まってきていた。つまり、彼女がまさに初めて警察署を訪れた際、彼女は彼の写真を見過ごしたが、どういうわけか、山積みの写真に引き戻され、たまたま無作為に1枚の写真を引き出した。シフティック刑事もフェイもどちらも、彼女がウォルターの写真に戻ったのは単なる偶然であり、シフティック刑事がその日の朝に撮ったまさにその写真をより念入りに見るように誘導されたりはしなかったと言うのであった。そしてその2度目に見たときに、彼女は何か見覚えが

あるようなものを見たと思ったのだ。多分、彼の眉毛を。

それから3日後、警察で見た写真が彼女の居間の窓に息づいていたのだ。ウォルターがアッシュビー・ストリートの、彼女の家の向こう側で、彼の私有車道で洗車していたのだ。

ついにあの雪降る1月の朝、犯人逮捕を待つこと3ヶ月が経って、刑事に被疑者を見るように呼び出され、警察署にほんの2〜3歩足を踏み入れただけなのに、彼女は1人の男、たった1人の男に遭遇したのだ。そこで彼女は確信した。レイプから12週間が経っていた。彼女の記憶は固まっていた。弁護人がどれほど削岩機を使おうとも、何の変化もまったく起こさないほどに固まっていた。「あらゆることが思い出されてきたんです」と彼女は説明するのだった。「あらゆるものがまさに30日の日に蘇ってきたんです。理由はわかりません。とにかく、私が見たのは写真ではなかったんです。つまりある重要人物が車を洗っていたんです。私が見たのは私の暴行犯だったのです」

―――――

州対ウォルター・タイロン・シュナイダー（Commonwealth v. Walter Tyrone Snyder）の公判は、1986年6月23日、アレキサンドリア市の巡回裁判所で開廷した。最初の証人、フェイは、1月30日の朝、警察署に急行したとき、3ヶ月もの間彼女の脳裏を離れなかった男を、刑事がとうとう逮捕したものと思い込んでいた。彼女は彼を識別する心構えができていた。

「シフティック刑事は警察を代表していたので、刑事から電話があるときはいつでも、私は警察が被疑者識別のために私が署に出向くのを望んでいるものだと思い込んでいました」とフェイは証言した。「私は刑事に、私にどうしろ、と指示する機会を与えませんでした。電話があったとき、私はパッと立ち上がりました。私は出かけて行って、私がしなければいけないことは何でもしたかったんです」

彼女の推測は理に適っていた。それ以前には彼女が警察署に、朝食時であれその他のときであれ、間際になって呼び出されたことは一度もなかった。彼女が彼女の話を陪審員に語っていたとき、詳細部分は、真実を知っているとおりに語っている人からしか醸し出されない確かさがあるように聞こえた。フェイは目立つようなタイプではなかったが、35歳の独身女性、日曜大工道具の会社の経理担当者へのレイプが、ヴァージニア州の州民に対する傷害であると見なされたのは、まさに司法制度にとっては幸運である。さらに彼女の法廷での立ち居振舞

いは尊厳を感じさせた。穏やかな口調の検事、ジョセフ・マッカーシィの尋問が続く中、フェイは、暴行の夜を素早くかつしっかりとした口調で表現した。友人とのメキシコ料理の夕食、徒歩での帰宅、夜早めの就寝。彼女を眠りに就かせないカタカタと音を立てる窓のブラインド。灯りが点って、寝室に立つ1人の男。柔らかい布地で覆われている彼女の顔。レイプ。

それらの出来事は時間的にも空間的にも遠く、何ヶ月も何キロも法廷から離れてはいるのだが、突如として、それらは証言台からの語りの中に今また鮮明に起きていることなのだった。フェイを見ていると、陪審員はその瞬間とその恐怖を思い描くことができた。しかし公判というものは、被害者が思い出す体験談や指紋専門家の超然とした報告、あるいは法律家の輝かしい大言壮語で終わるものではない。

犯罪は、すぐこの場で、法廷で、被告人と結びつけられなければならない。少なくとも一瞬であっても、今現在、行動を起こさなければならない。

フェイはマッカーシィ検事から穏やかにではあるが回想は終わりにするように誘導された。

Q: その日でそこに何年住んだことになりましたか？
A: 1年ちょっとです。
Q: その日あなたのアパートで被告人を眼にする機会はありましたか？
A: はい、ありました。
Q: ここに今日彼はいますか？ フェイさん。
A: はい。
Q: 陪審員のためにその人を識別してもらえますか？ その人は誰ですか？
A: 被告人です。
Q: 彼のシャツは何色ですか？
A: ピンクです。
Q: その人はスタッフォード氏（弁護人）と座っていますか？
A: はい。
Q: その点は確かですか？
A: はい、確かです。

短時間の公判だった。順次速やかに、緊急治療室の看護師、医師がフェイの傷害と彼女の肉体からの物的証拠の回収について証言した。研究所の専門家

が、ウオルターの血液型はレイプ犯のそれと同じ——人口の32％と同じ——であったと証言した。警察官は、彼と彼の追跡犬はフェイの裏窓からの臭跡を追跡しようとしたが、彼女のマンションとそれほど離れていないところで追跡不能となった、と述べた。指紋の専門家は、ベッドルームで採取した唯一の指紋はフェイの指紋であった、と述べた。証言の大半は、明解でもなければ、法律家の言葉を使えば証明力のあるものでもなかった。

　フェイは、最初の、そして最も長く証言した証人であった。彼女の心理的負担は非常に大きく、彼女の存在自体が大変強烈な印象を与えた。彼女は少なくとも3回は記録として残すために暴行について説明した。最初は、直後で、彼女が警察に通報し、彼女の家の扉口に来たパトロールの警察官に説明をした。2度目は、1日経っての、事件担当のシフティック刑事の詳細な尋問だった。

　そして今あらためてもう1度法廷で。

　彼女の暴行についての語りはどれも正確であった。法廷で彼女は、暴行が極まった時点で彼女の顔が覆われたか枕に押さえ込まれたとあらためて語り、したがって、レイプ犯をチラッとでも見たのは、男が最初に灯りを点けたときと、屈んで窓から這い出るときだった、と述べた。しかし彼女には彼の臭いをとらえる機会は間違いなくあった。そして実はこの細部についてだけ、彼女の記憶は微妙だが重要な変化を見せたのだ。

　最初に警察官が彼女の家の扉口に来たとき、フェイは警察官に、暴行犯は「きつい体臭がして息が酒臭かった」と述べた。翌日、彼女はシフティック刑事に広範囲にわたる供述を行い、その内容は文章に起こされた。それによると、「彼は確かに臭いがしました」と彼女はレイプ犯について述べた。「悪臭っていうんじゃないんですけど、それでもとにかく、とってもユニークな臭いなんです……どちらかというと麝香（じゃこう）の臭いっていうか、汗と酒と、そして多分煙草の煙の混ざった臭いがしました」

　それから7ヶ月後、マッカーシィ検事は尋ねた。

Q:　さて、男があなたの上になっていたときに、何か臭いに気づく機会はありましたか？
A:　はい。
Q:　どんな臭いでしたか？　フェイさん。
A:　あの人の顔は私の顔のすぐ横でした。だからわかりました——煙草か何かの臭いがしました。酒の臭いがしましたし、麝香のような臭いもしました。

Q: その臭いをどうにかもう少し詳しく説明してもらえますか？
A: 麝香なんですが、ある程度——どちらかと言えば、石油と地下室が混じった感じで——黴臭かったです。

　それまで彼女は、彼女の暴行犯の臭いを説明するのに石油や地下室といった言葉を一度も使ったことはなかった。もしかするとこれらは、彼女が尋問を受けた犯行のあった夜、あるいはその翌日に彼女が使うつもりでいた言葉だったのだろう。しかし、よりずっと現実味があるのは、誰かが彼女に、ウォルターはどこに住んでいて、何を生活の糧にしているのかを教えたのだ。それでウォルターに関するこれらの2つの事実——彼の地下アパートの住居と重油ボイラーの修理工の仕事——が、フェイが覚えている臭いの記憶の一部となった。
　後で検事は燃料油会社でのウォルターの上司に彼の仕事に関する証言のために証人喚問をした。「州は本証人を通じて、彼の仕事を通じての石油との接点を確証したい」とマッカーシィ検事は述べた。「それは被害者が、彼女をレイプした人物に感知した臭いであった」
　犯人はフェイにとってはほとんど意識されない存在であったが、突如として、ウォルターを取り巻く空気がまさしく彼を有罪にしてしまうのである。ウォルターが被告人として姿を現してはじめて、フェイは「地下室」と「燃料油」の臭いを思い出したのだ。
　細部に関してもう1点あるのだが、フェイは一貫して彼女の暴行犯は赤いショートパンツを穿いていたと説明しており、実際、シフティック刑事の捜索の際にウォルターの地下室で2着発見されていた。どちらもウォルターの所持品だった。法廷ではマッカーシィ検事が紙袋、証拠物件6号を提出した。その中にはショートパンツが入っていた。彼は、フェイや陪審員に見えるようにそのショートパンツを高く持ち上げた。

Q: これまでにこれらを見る機会がありましたか？
A: う〜ん。
Q: 一体見覚えがありますか？
A: う〜ん。
Q: これらはあなたが、被告人が10月28日に穿いているのを見たボクサーショーツに似ていませんか？
A: ええ。

小さなドラマの一瞬のことだが、ウォルターの弁護士、ボビィ・スタッフォードもまた、そのショートパンツに関して彼女に尋問した。彼は袋からそれを出した。

Q:　証拠物件6号をお見せします。これらはあなたがあの晩見たショートパンツのようでしょうか？
A:　どちらもそうです。赤いのを覚えています。
Q:　わかりました。それでは、あなたは赤いのを覚えているということですから、ショートパンツに何か書かれていたもの、あるいは白いものについて何か覚えていませんか？
A:　いいえ。
Q:　あなたにはどうして赤は見えて白が見えなくなるのかわかりますか？
A:　いいえ。

　これを受けて弁護人スタッフォードは、2着のショートパンツ（ボクサーショーツ）の両方を裏返した。検事が陪審員とフェイに見せていたのはボクサーショーツの内側だったのだ。表が表になるように裏返すとボクサーショーツはもはや赤一色ではなかった。ボクサーショーツには裾のところとウエストのところに1インチ幅の白の縁取りがあり、また、アレキサンドリア・ボクシング・クラブの頭文字ABCが白い色で飾られていた。EVERLAST（不滅）の言葉も白字で正面を横断して打ち出されていた。これらを赤一色として示すことは——内側を裏返して外に出すとどうなったかがそれである——策略であった。

Q:　今こうして見てみましたが、もしあの晩これらを見たとしたら、これらが同じものだと思い出せると思いますか？
A:　わかりません。

　彼女は確かに赤い色を見たのだし、長さはだいたい同じだと確信していた。しかしスタッフォード弁護士はもう一度問い詰めた。

Q:　これらがそのショーツだと識別できますか？
A:　書かれた字のことは覚えていません。

法廷では、ウォルターの赤と白のショーツが、赤に見えるように操作された。法廷では、大酒飲みの、煙臭いレイプ犯が、「地下室」と「燃料油」の臭いがするレイプ犯になった。これらは有力だがほんの小さな枝葉末節に過ぎなかった。これらが心の迷いの表れだったのか、あるいは検察側のごまかしだったのかはどちらでも構わなかった。これらはすでにウォルターによるフェイのレイプ物語の一部になってしまったのだった。
　別のもう1つの疑問点。フェイはウォルターが彼女の家の前の通りを渡ったところに住んでいると知っていたのか。結局のところ彼女は、犯人の顔というよりはむしろ見覚えのある顔を識別した可能性があった。これは明らかに問題で、マッカーシィ検事は彼女の証言の中でその点を取り上げた。フェイが言うには、彼女がアッシュビー・ストリートに住んだ1年半、近所の人とはめったに誰とも会わなかった。彼女の車はアパートの裏に駐車していたので、裏口から出入りしていた。

Q: あなたは被告人がその日、つまり10月28日にどこに住んでいたか知っていますか？　彼がどこに住んでいたか知っていますか？
A: いいえ。被告人がそのときどこに住んでいるのかは知りませんでした。
Q: どこに住んでいるかは知っていますか？
A: ええ……あの人は通りの反対側で私のアパートの真向かいに住んでいます……。
Q: 以前、彼を見かけたことがありましたか？
A: あの人を見かけた覚えはありません。なかったです。

　だとすると、彼女はどうやってウォルターが通りの向かい側に住んでいると知るようになったのだろうか。弁護人スタッフォードは、畳みかけて尋問した。ウォルター識別に至るゆっくりした過程は不当な取扱いの可能性をはらんでいた。フェイは、被疑者が彼女の自宅周辺に住んでいるとシフティック刑事に教えてもらっていた、ということを認めた。

Q: 刑事はいつあなたに、被告人が通りの向かい側に住んでいると教えましたか？
A: 記憶にありません。私が刑事さんに（ウォルターが）車を洗うのを見たという話をした後だったかもしれません。

弁護人はこの件に関してシフティック刑事を誘導して聞き出そうとしてみた。彼はフェイに、ウォルターが通りの向こう側に住んでいると教えたのだろうか。

「私は彼の名前を口にしてないと思います」とシフティック刑事は答えた。「彼が通りの向こう側に住んでいると言った記憶はありません。『自宅周辺』と言ったと思います。正直、記憶にありません」

実は、犯行のあった翌日、レイプ犯の髪形が近所の人の髪形に似ていると言ったのはフェイ自身だった。「刑事さん、お話しになっているヘアスタイルがどんな感じなのか、私にははっきりとわかります」と彼女は述べていたのだ。「実際、通りの真向かいに住んでいる人で今私が話しているののとてもよく似ている人がいるんです。そしてその人はそんなヘアスタイルをしてるんです」

この話し合いの内容は、ウォルターの家族が言うには、公判が終わって7年後に初めて目にした、28頁に及ぶレイプに関する供述書の中にあった。

この犯罪には始まりと終わりがあった。レイプがあって、逮捕があった。しかしこの物語の中心部分が説得力に欠けていた。彼女はどのようにして、警察署でいったん犯人の写真を除外した後でまたその写真にたまたま戻ったのだろうか。彼女はいつ、彼が彼女の自宅周辺に住んでいるかもしれないと知ったのだろうか。なぜ、面通しは行われなかったのだろうか。これらについても、またほかにも多くの疑問点があるのだが、被害者も刑事も、どちらも多くの詳細な事情を提供できそうになかった。ウォルターは犯行のあった夜にショートパンツを穿いているのを目撃されていたので、それがあらかじめ組み込まれた設定状況（デフォルト）となり、彼は尋問されたただ1人の被疑者となってしまった。シフティック刑事はほとんど捜査活動をしていなかったし、ウォルターの追跡などはなおさらであった。ウォルターが自分のショートパンツを返してくれと、朝2日にわたって彼にうるさくせがんだので、彼はやっと初めてフェイを署に呼び寄せて、ウォルターを見せて、事件に白黒つけようとしたのだ。

フェイに加えて、州は、ウォルターが犯罪に関与していると見做すもう1件別の証拠を握っていた。検察側は、ウォルターが罪を自白した――1度ならず2度までも、別々の日に――と述べた。

1月29日の朝、ウォルターが彼のボクサーショーツを引き取りに最初に警察署にやって来た、とシフティック刑事は証言した。彼はレイプを自白したのだが、シフティック刑事には彼を逮捕する準備ができていなかったので帰宅させた、とシフティック刑事は語った。彼の説明は奇妙である。

「彼はボクシングをやりたがっていたし、いずれにしてもあのショーツを使いたかった。私はウォルター氏にそれは渡せない、と説明しました」とシフティック刑事は述べた。「あれは未だ証拠品の一部だったので引き渡すことはできなかったんです」

「私たちは何やかやと話しました。ボクシングやスポーツのことを話しました。そしたら彼が何か言い出したんです。彼は、あの女性が彼をレイプしたのであって、彼は彼女をレイプしていない、と話しました。会話が途切れることもありましたが、私たちは結構話しました」

「それでもなお私には、彼が私に会いに来た狙いが何なのかよくわかりませんでした。彼は数回、『違います、彼女が俺をレイプしたんです。俺は彼女をレイプなんかしてません。俺はあそこに心の中では行ったけれど、体は行ってなかった』とか、『俺の体はあそこにいたけど、心は違った』とかいうことを繰り返しました。会話は続きました」

こんな感じの会話を2時間にわたってした後で、シフティック刑事は、「彼は話についてこれそうもなかったので、私はウォルターにはもう少し話してもらおうとしました。最終的に私にはもっと多くの被疑者として選定した人物がいましたが、ウォルターはそれでも私にとっては最有力の被疑者でした。私には自信がなかったのでウォルターに私の部屋を出るように求めました」と断言した。

「なぜ、彼を逮捕しなかったんですか」とマッカーシィ検事が尋ねた。

「ことはレイプなんです。殺人に次いで厳しいレイプなんです」とシフティック刑事は答えた。「私が逮捕する個人が罪を犯したという確信を私が持てなければ、逮捕しません」

これは驚くべき論理の飛躍だった。犯罪が非常に深刻だという理由で、シフティック刑事は、彼の説明によれば暴行を自白した人間の身柄拘束しないと決めたのだ。翌朝、ウォルターが彼のボクサーショーツを探し求めて警察署に再び姿を現したときになってはじめてシフティック刑事は、彼をフェイに差し出してみようと決めたのだった。

彼女がロビーで彼に気づいた後で、シフティック刑事は彼の同僚ジョージ・バーナム刑事に、ウォルターにはレイプの件で垂れ込み情報があった、と伝えた。バーナム刑事は取調室でウォルターと一緒だった。2人は野球について雑談をした。それから、事件についてはほとんど何も知らないに等しいバーナム刑事はウォルターにこう言った。お前はレイプ犯として特定されているぞ、と。

「私は彼に、彼がレイプしたことは知っていると言いました。ある女性が彼のこ

とをレイプ犯だと識別したということを彼に伝えました。すると彼は泣き出して、自分はレイプしていない、彼女が自分をレイプしたのだ、と言いました」

バーナム刑事は、2人が一緒にいた時間のほとんどの間は、ウォルターが一切の関与を否定した、ということは認めた。時折ウォルターは、「俺はウォルターではない。俺はイエス・キリストだ」と言ったと、バーナム刑事は言った。

この会話の記録は一切なかった。テープ録音も、覚書も、書き記したメモさえも一切なかった。バーナム刑事の話の中にも、説得力のあるウォルター有罪論はなかった。

フェイによる識別に打ちひしがれていても、それでもなお、ウォルターが反論しなければならないということは明白であった。彼のアリバイは決定打ではなかった。レイプがあった夜、彼は家のベッドで寝ていた。彼の両親もまた寝ていた。兄弟の1人クリストファーが出廷し、警察がフェイのアパートに来たときに彼は起きていた、と証言した。彼は外で煙草を吸っていたときに車に気づいたのだ。このクリストファーの答弁は、検事によって、好意から出た、信じがたいお話として冷笑された。しかしながら、午前2時といえば、ほとんどの人は就寝中である。

そこで被告人自身が証言台に立った。まず初めにウォルターは、彼の警察との接触について話すことを求めた。彼は一貫してシフティック刑事に協力してきた。警察署での尋問で、彼に会うために仕事を休んだ。警察署では自発的に指紋を提供し、シフティック刑事が彼の写真を撮るのも認めた。その後、陪審員は知らなかったのだが、彼はポリグラフ検査も受けていた。

犯行のあった夜のことについて彼に言えることといえば、彼は家で寝ていたということだけだった。そして彼の逮捕について彼に言えることといえば、彼は警察に駆り立てられて犯行を認めたということだけであって、また、尋問の過程で、フェイの方が彼を誘ったというようなことまで耳にしたということだけだった。

「俺は言ったんです。『そんなことはまったく起きてもいなかったんだ。何も起きなかった。俺は決してそこにはいなかったんだ』と。警察は俺に犯行を自白させようとしていたんだ」それから警察官たちは再び、フェイの方からどうも接触をしたのではないかと仄めかした、と彼は言った。ウォルターによれば彼らは、「『彼女があんたを求めた。彼女はあんたの体を愛撫し始めた』俺は言ったんです。『そうじゃない、そんなふうにはならなかった。俺はその女性と一緒になったことなんて一度もなかった』『言っちゃえよ、彼女の方があんたに色目を使ったって』『何だって、彼女がレイプしたって？』だから俺が言ったのは、『彼女が俺をレイプした』『いや違う、そんなことさえ全然何も起きなかった』……俺はあの女の人とは全然関

係なかったんです」

　マッカーシィ検事は彼の最終陳述で、フェイのウォルターの識別について力説した。

　「彼女は現場に20分から25分間いました」マッカーシィ検事は言った。「彼女には彼の顔を見るチャンスがありました。彼女は暴行が始まって彼が灯りを消す前に3〜5秒の間彼を見ました。彼女は皆さんに、彼女にはその男を見るチャンスがあったと話しました。ここに着席している男、ウォルター氏が証言台に立ちました。彼が彼女を襲った男です。彼女は100％確信を持っています。彼女はよりよく知りうる立場にいます。彼女はその男を見たし、暴行を受けたのですから」

　彼はまた陪審員に臭いのことを思い出させた。

　およそ2時間の評議の後、陪審員は全ての訴因で有罪の判決を持って戻って来た。

　判決に際して、弁護人のスタッフォードには、ウォルターに前科がないということと、被害者はレイプ犯が優しかったと言った、という点を指摘するだけで精一杯だった。弁護人はまた、近くに住むもう1人の男性が、彼に似ていて、前科があり、フェイの家の玄関近くで赤いショートパンツを穿いているのを目撃されていて、ウォルターより被疑者である可能性が高いと指摘した。この努力も無に帰した。

　ウォルターが判事に意見を述べた際、彼はぶっきらぼうで、怒って、悔恨の念を表すことをしなかった。

　「俺はこれまでずっと自分が潔白であることを証明しようとしてあらゆることをやってみた」ウォルターは述べた。「まったく話にならない。俺にはわからない――人間は間違いをするものなんだ。人間には審判を下すことなんてできない。それでも俺は有罪判決を受けた。俺は信じている。それと俺はこんなことはしなかったと非常にはっきりとわかっている。それに今度のことでは初めから終わりまで俺は公正な裁判を受けたとは思っていない。俺が言わなきゃいけないのはそれだけだ」

　ヴァージニア州では陪審員が重罪判決を勧告する際、判事がその勧告内容を修正することができる。マッカーシィ検事は陪審員の勧告を「実に極めて軽い判決」であると見なしたのだが、アルバート・スワースキィ判事は、勧告が概ね正しいと考え、寸分違わず従った。

　彼は未だ21歳にも満たないウォルター・タイロン・ウォルターに45年の実刑を言い渡した。ウォルターは法廷を見回した。彼の両親、とりわけ父のウォルター

は打ちひしがれていた。彼の息子が服役する45年という年数が父としての彼をしたたかに打った。それは推定できない年数ではなかった。まさにその日に父としての彼は45歳を迎えた。

───────────

7年後。
検事は退職していた。判事も退職していた。刑事は他の事件に移ってしまっていた。アレキサンドリア市は発展著しかったが、ウォルターは何もかも失ってしまった。

1993年の第1週には彼は、ヴァージニア州の奥深い田舎にあるノトウェイ刑務所で、まだあと39年間の投獄を見据えて、27歳の誕生日を待っていた。彼の古くてボロボロになってしまった事件は、控訴裁判所でザッと目を通しただけで、無関心か臆病な、あるいは無関心で臆病な法律家の手の中で消えてしまい、注目されることなく落着してしまった。

そこで母のエディス・シュナイダーはニューヨークにあるピーターの事務所に、いったんは葬られた事件を依頼した。

「私たちには息子が潔白だという法的な証拠があります」と彼女はピーターに言った。「あなたとバリー・シェックさんで6人目の弁護士さんです」

「6人目ですって?」とピーターが言った。

そう言って彼女は思いつくまま、これまでのことについて数分にわたって復唱し始めた。

ウォルターが投獄されたその瞬間から、彼の家族は、アドバイスを求め、資金を掻き集め、弁護士を雇う等して、彼の側に立って闘った。最も有望な手がかりはウォルター自身から有罪判決直後にもたらされた。努力が報われるまでになんと6年半もかかってしまった。彼が正式な判決を待ちながら、まだアレキサンドリアにいた間に、ウォルターはニューズ・ウィーク誌のある号を手に入れていた。その中の記事に「DNA指紋法」の技術を発明し、この言葉を作り出し、さらに犯罪解決のためにこれを使ったイギリスの優れた科学者、アレック・ジェフリースについて書かれていたものがあった。彼の研究のおかげで、イギリスの田園地方での連続殺人犯が逮捕されただけでなく、誤って告訴された人の冤罪を晴らした。

ウォルターの母が次に刑務所を訪問した際に、彼は指示を伝えた。

「この記事を読んで理解して」と彼は母に言った。「このDNA鑑定で俺の無実は証明され、ここから出られるだろう」

ウォルターのお母さんは帰宅すると国際電話番号案内に通話を始めた。彼女は、ジェフリーズをレスターにある彼の研究所で見つけ出した。無理でしょう、とこの科学者は言った。DNAに関してはアメリカでは未だ誰もその種の研究をしていなかった。でも、彼と関連のある会社、セルマーク社が、首都ワシントンD.C.にあるウォルターの家からも遠くはないメリーランド州ジャーマンタウンに施設を建設中であった。両親はセルマーク社に電話を入れた。建設中の施設にはまだ屋根がついていなかったが、連絡はとれた。

ウォルターは州刑務所に移った。最初の1年半、彼は殺人罪で収監されているということにしておいた。人を殺したことにしたのだ。レイプ？ 彼はしていない。彼としては、茂みに隠れていて女性を襲う「ツリー・ジャンパー」として評判になるのは嫌だった。性犯罪者に対しては、45年の刑期の前の仮釈放を検討するためだけであっても、セラピープログラムへの参加が求められていた。ウォルターはそのコースへの参加の意志表明を拒んできた。彼にはこうした人たちと同類にされたくなかったのだ。彼は性犯罪者ではなかったので、性犯罪者のセラピープログラムを受けるつもりはなかった。更生保護委員会で好感を持ってもらうことは彼にとっての優先事項ではなかった。彼は決して仮釈放されることはないだろう。彼は仮釈放されるよりずっと前に刑務所を出ているであろう。そのことについては彼には確信があった。

シュナイダー家にとっての裁判費用は、自分の家に二重抵当をかけて、10,000ドル以上支払った刑事裁判だけでは終わらなかった。社会保険給付金を取り崩し、保険金を現金化し、交代制勤務を追加で引き受けた。父のウォルターは郵便技師の仕事に加えて、裏庭で鍵屋の仕事を始め、正面玄関には公証人の小さな看板をかけた。

そして今、シュナイダー家は控訴審の弁護人を依頼するという次の段階に達していた。ウォルターが警察官に一種の自白をしたという証言を認めた第一審裁判所の決定に攻撃を加えるために、この弁護士にはほぼ4,000ドル支払った。この他の上訴の課題としては、陪審員に若い黒人を除外したことと、目撃証言識別の過程に関わるものであった。

ウォルターにしてみれば、彼の潔白を証明するという点でいえばこれらはどれも二次的であった。彼は刑務所に到着して間もない頃、1987年5月12日には彼の弁護人に宛ててDNA鑑定に関する調査を懇請する手紙を書いた。

「俺は刑務所でほぼ丸1年、俺の事件に関連して何かが起きるんじゃないかと待っていた」とウォルターは書いた。「俺はこんな鑑定については何も知らなかった。でも俺の精液が犯罪現場で採取された精液とは決して一致しないということは俺には事実としてわかっている。鑑定は他のどんな仕事よりも優先して進めなければならない。この鑑定で、州検事たちが行ったすべての供述および申立てに異議を唱えることができると思う」

「精子を分析すれば間違いなく俺の潔白は証明されるだろう。……俺の人生は、俺の目の前を通り過ぎて行き、俺が愛している人、大事に思っている人は遠く離れていて手が届かない。俺の裁判では何が起きているのか、非常に気になっている。俺の状況がどうなっているのか、また予想されることは何なのかについてすべて知らせてもらえると大変助かります」

「俺は別にあなたの仕事のやり方がどうのこうのなんて言おうとしてるのではないですが、俺がいつになったらまた外界とつながれるのかについてはとっても心配しています。聞きたいことは山ほどあります。でもそうする手段がないんです」

「この書状に対する返事をもらえたらとても嬉しいし、助かります。有難うございます。ウォルター・T. シュナイダー Jr.」

彼には何の回答もなかった。彼には弁護人からDNA鑑定については一切話がなかった。裁判は2日で終了した。上訴が正式に提起されるまでにほぼ3年かかることになり、法的な議論は有罪判決から3年半経った1989年12月15日に、3人の上訴裁判所の判事の合議体で却下された。というわけで、DNA鑑定が彼にとって最後のチャンスとなった。

DNAに取り組むために、両親はもう1人別の弁護士を雇うことを決め、彼女に5,000ドルを支払った。この弁護士はこれまで以上にはるかに親しみやすかったし、また裁判に大変な関心を持っているように見えた。その頃、1989年にはセルマーク社の研究所はメリーランド州で立ち上がっていて活動をしていた。しかし、この新しい弁護士は書類は準備したものの、事態の進展はなかった。

9ヶ月間何の連絡もなかったので、ウォルターは刑務所から弁護士に電話を入れた。「残念ですが研究所では結果が出ませんでした。十分なDNA分子がありませんでした」と彼女は彼に伝えた。

彼女はいつこのことを知ったのだろうか。どうして彼女はもっと早く彼に連絡しなかったのだろうか。なぜ、ウォルターが彼女に電話するまでほったらかしにされていたのだろうか。怒りの質問が口先まで出てきたが、彼は飲み込んだ。そんなことはどうでもよかった。この鑑定で彼の潔白は証明されると確信していたのだ。

絶望感がドッと押し寄せてきた。彼は服役して4年、上訴に時間を費やしたが今、魔法のDNAカードは失敗に終わった。正義とは手に取ろうとすると消えてしまう蜃気楼だった。彼は自分が45年の刑期を刻み込んでいくことを考え始めた。翌朝彼は、彼自身は必要とすることは絶対ないだろうと思っていたのだが、いつの日か仮釈放の資格が与えられるようにと、性犯罪者のクラスへの参加を申し込んだ。

　シュナイダー家では、どう転ぶかはわからないもののそれまでにない方策に行き着いた。ウォルターのお母さんがナショナル・エアポートのラウンジに腰を下ろしていたある午後のことは忘れられない。それより何日か前、彼女はサリィ・ジェシー・ラファエル・ショー〔テレビのトークショー〕に出ているある弁護士を見かけた。彼は自分自身について、誤判、とりわけレイプの有罪判決を糺す専門家であるというイメージを打ち出していた。裁判が絶望的に見えたときでさえも、彼は刑事司法制度の停滞した心臓部から公正さを確保する手立てを見つけた。すぐその場でウォルターのお母さんは彼に電話した。彼は、交通費の500ドルを支払ってくれればワシントンの空港で会ってもいいと言った。ただし前払いで。彼女はそうした。

　「あなたが電話で裁判について話された内容からして、私どもでお宅の息子さんをお助けできると思いますよ、シュナイダー夫人」とその弁護士は言った。お母さんは身を乗り出した。彼女には彼がとどめを刺しに少しずつ詰め寄って来たのがわかった。彼女は気にしなかった。「問題は」と彼は話していた。「相当な量の調査が必要だろうということです。私どもはこの分野、大変な最先端のことがらを扱う頂点に立つ人たちと作業をすることになります」

　2人のまわりは、まるで世界中の誰もがタクシーを降り、航空便に向かい、長い通路を通って搭乗口まで慌てて走っているような大変な人混みだった。喧騒を意に介することなく、郵便局職員のウォルターのお母さんは、その男が彼女の息子の弁護人になるように言葉巧みに滑らかに自分を売り込むのを聴いていた。その日、ウォルターは、もう5年以上も刑務所に入っていたのだ。彼女と夫は、彼らの息子の公判中、弁護料に何千ドルも費やしており、さらに上訴に関して再びより多額の費用を支払っていた。

　この弁護士は彼女が裁判の詳細を説明するのに耳を傾けていた。彼は共感して頷いたり、以前の弁護人のへまを仄めかすところでは首を横に振ったり、歯を食いしばったりした。それで、警察と検事の真実への無関心さに対する怒りで彼の下顎の輪郭が小刻みに揺れた。

「私どもとしては、作業にとりかかる前に 20,000 ドルの弁護士料を頂戴したいと存じます」と弁護士が言った。「相当量の調査が含まれるでしょう」

「前払いですか」と彼女は、もう答えはわかっていたのだが聞いてみた。

「それが決まりなんです」と弁護士が応じた。

「そうですね、もう 1 つの抵当がどうできるかなんですけどね」と彼女は言った。しかし、彼女の銀行は 2 件抵当権を設定していて、3 件目はできなかった。彼女は、失くした小銭をカウチのクッションの隙間から探すのとほとんど同じことをした。それから彼女はニューヨークにいる弁護士に電話をして、彼女が金の工面に行った場所を伝えた。

「今までに 18,000 ドル掻き集めることができましたから、これから残りの分にとりかかります」と彼女は言った。

「20,000 ドルのご用意ができたらお知らせください」と彼は言ったが、彼との連絡はそれが最後だった。

同じ冬の日の午後、ニューヨークでピーターはウォルターのお母さんが電話で、彼女のこれまでのほとんど可能性の見えない暗中模索の経緯について詳しく話す声に耳を傾けていた。彼女は彼女が見たままに状況を語り、事実をありのままに述べていた。そして今、彼女はどのようにしてイノセンス・プロジェクトにたどり着いたのかを説明した。

お母さんは、彼女の幼い孫の父親が刑務所に入っている間は孫の面倒を見るために、日中は家にいられるようにとアレキサンドリア郵便局で夜勤で働いた。この間、彼女は郵便局のもう 1 人の女性、トミィ・クラモトと親しくなった。1992 年までには、100 万便を超えるメールのチャットでトミィは、ウォルターの裁判の裏も表もすべてを理解していた。彼女もまた、DNA 鑑定の失敗にはハンマーで一撃されたような衝撃を感じていた。彼女はある日、彼女自身の娘で、ロスアンジェルス・タイムズ紙の記者として湾岸戦争の砂漠の嵐作戦で戦死した男女兵士の識別に関する記事を担当していたスーザン・モッフィットと話をしていた。

スーザンの話からトミィは、ほんの少しの残留物ででも判定する、驚くべき新しい DNA 鑑定について知った。

「エディス、DNA の微量の断片で鑑定できるまったく新しい技術があるのよ」と記者はある晩、彼女に伝えた。「PCR〔polymerase chain reaction：ポリメラーゼ

連鎖反応〕って言うの。多分、それってウォルターのためになるでしょう」

翌日、ウォルターのお母さんはもう一度セルマーク社と電話で話した。以前の鑑定がうまくいかなかったのは、DNAが十分になかったからだった。しかし、DNAのどんな小さな断片でも受け付けてそれらを分析する、このPCRならどうなのだろうか。

すみませんが、とセルマーク社のスタッフが言った。同社では未だそれができない。ボストンにある研究所でならやれるかもしれない。デイヴィッド・ビン博士とかいう人がPCRの技術を使っていた。

「弁護士に証拠をこちらに送ってもらうようにしてください。そしたら私たちで鑑定をして差し上げましょう」とビン博士とともに作業をしているジャニス・ウィリアムソンが応えた。

ウォルターのお母さんは一瞬シュナイダー家がすでに5,000ドル支払った女性弁護士と、彼女が作成した第1回目のDNA鑑定のための書類のことを思った。あれをもう一度使わない手はない。これまで弁護士にあまりにも多くの回数、高級専門店並みの料金を支払ってきたので、彼女は今では、遺言状、遺産処理等各種最終残務を法的に処理する法定代理人を探し出してきていた。この法定代理人に書状を書いてもらうことにした。実際には書いてもらうという表現はこの作業については言い過ぎだった。彼はただ前の弁護士が書いた書状を、証拠の送付先の住所だけを変えて、打ち直しをするだけでよかった。メリーランド州のセルマーク社の代わりに、ボストンの研究所に送られることになる。50ドルでこの法曹有資格者は喜んでそれだけをやってくれるのだ。1992年5月23日、アレキサンドリア裁判所書記官事務所からボストンに内容証明付き郵便小包が届いた。中身は公判からのすべての物的証拠であった。つまり、フェイとウォルターの血液サンプル、レイプの後に彼女が穿いた下着のパンツ、病院で彼女の膣、肛門から綿棒で採取されたサンプル。

これらは、誘導尋問にも影響されず、警察署ロビーでの突然の対面にも影響を受けることもなく、存在もしなかった「油っぽい」臭いを思い出させることもない、犯罪に決定的に重要な意味を持つ記録であった。研究所のスタッフが包みを開ける際には50点の別々の品目を1点ずつ写真に撮った。以前のセルマーク社での鑑定の際には、レイプ犯の精液の大半が破壊されてしまっていた。しかしビン博士がレイプ犯のDNAを引き出すには十分な量が残されていた。フェイには特定のボーイフレンドがいたが、彼女は法廷で、性交渉は10日以上していなかったと証言した。レイプ後に彼女が穿いた下着は新しく洗濯したものだった。レイ

プ犯以外の精液が証拠品の中にあるということは不可能であった。

1992年10月27日の朝——レイプがあった日から7年マイナス1日——デイヴィッド・ビンと彼の同僚、ジャニス・ウィリアムソンが下着を鑑定した。

ウォルターの両親は待った。注意深く待った。12月に入り結果が予想されていたのだが、彼らの50ドル弁護士のところに、ビンの研究室から連絡があったかどうかを確認するために電話をした。彼は折り返しの電話をしてこなかった。そのとき彼は休暇で留守にしていた。クリスマス・イヴにウォルターのお母さんは自分でボストンに電話を入れた。

「私たちは結果を知ろうとしているだけなんですが」と彼女は言った。

研究所にいたウィリアムソンは驚いた。彼女たちは結果を3週間も前にヴァージニア州の弁護士に送っていた。彼女はウォルターの両親は知っているものと思っていた。

「私たちは実際、弁護士とだけやりとりをすることになっているんですが、それにしても、あなた方はもっと前に聞いているだろうと思ってましたよ」とウィリアムソンは言った。「よい知らせなんですよ。あなたの息子さんは除外されています」

ウォルターのお母さんにはどんな説明も必要なかった。彼女はヴァージニア州の田舎にあるノートウェイ刑務所に電話をし、ウォルターに連絡をくれるようにと伝言を残した。彼は看守が彼のところに歩み寄ったとき、トランプ遊びをしているところだった。

「お前のお母さんがお前に電話をくれってさ」と彼は言った。ウォルターは彼のトランプを伏せて置くとテーブルを離れ、公衆電話のところで順番を待った。彼はアレキサンドリアのアッシュビー・ストリートの家にコレクトコールで電話をかけた。

「ウォルター！」とウォルターのお母さんは言った。「あんたね、家に帰れるんだよ」

———————

そしてそれが、彼女がピーターに語った、現在までの話であった。ウォルターはまだ刑務所に入っていた。どうすれば彼を出してやることができるのだろうか。そしていくらかかるのだろうか。

「まず最初に私たちがやらなければいけないことは、検事と連絡をとって、彼らがどういう立場をとるのかを見ることです」とピーターが言った。それと法的な手

続は無料で行われるということだった。

　お母さんからすれば、郡の検事の協力がいくらかでも得られるかどうかについては疑わしかった。アレキサンドリアの田舎町の政治は万力で押さえられたように何もまったく動かない状態になってしまっていた。非常に多くの当局者による、彼女の息子に関する真実の無視や、彼女たちの雇った弁護人自身までも無気力になっており、これらすべてが、毒性量に達するレベルにまでなった、古き良き長老支配政治の産物であるように見受けられた。裁判は今、新たに担当になった検事、S. ランドルフ・センゲルの手中にあった。

　「センゲルが他の人たちに強く反対すると思いますか」

　「もし彼が、この鑑定が疑いの余地なくウォルターをレイプ犯から除外しているということに同意しなければ、そのときには彼らと一戦交えることになるでしょう」とピーターは言った。「しかし、もし彼が進んで手を貸してくれるならば、彼を味方にしておくといいでしょう」

　その日、ピーターは、裁判所がウォルター事件の再審を認めるための「新たに発見された証拠」に関してヴァージニア州法を調査してみた。結果は厳しいものだった。新証拠に基づく申請は有罪判決の3週間以内になされなければならない、と法律でははっきりと謳われていた。

　その法によれば、DNA証拠は取り上げるにしてもおよそ6年7ヶ月も期限が過ぎていた。そこで残った1つの頼みの綱は、恩赦であった。

　翌朝、ピーターは、アレキサンドリアにある州の検察局を訪ねて、センゲル検事に自己紹介した。検事はDNA鑑定技術とその有用性は理解していた。

　「これでシュナイダーは明らかに除外でしょ」とピーターは彼に言った。

　「うちの研究所でもそちらのお仕事を見させてもらいますよ」とセンゲル検事は言った。特段不合理ということではなかった。「もしそっちが正しければ、こっちと争うこともないでしょう」

　ビン博士は定評があったので、ヴァージニア州犯罪科学捜査研究所は間もなく、ボストンの鑑定結果は信頼できるということで意見が一致した。FBIの研究所も同意見であった。それでもなお、検察局は念には念を入れて確かめることを望んだ。彼らはビンに再度鑑定をするように依頼した。1993年2月18日、2度目の鑑定がまったく同じ結果を持って戻ってきた。ウォルター・T. シュナイダーはレイプ犯ではなかった。

　2～3週間後、検事がピーター弁護士に電話を入れた。

　「それではやりますか」とセンゲル検事は言った。「知事のところへ行きましょう」

ピーターとバリーの2人の弁護士で、ウォルターがなぜ潔白なのかを説明する4頁の書面の叩き台を作成し、知事への恩赦申請の定型書式として使えるようにセンゲル検事に送った。それから2〜3日経って作成された検事の書状の中で、センゲル検事は、ウォルターがどうして有罪だと思われたのかの説明——フェイが突如公判中に思い出した、ウォルターの燃料油の会社での仕事と一致する、「油っぽい」臭いといった、臭い証拠を含めることまでして——を長々と述べた。これは組織としての自己防衛であった。だがセンゲル検事は上司個人の代理として、科学的証拠はあらゆる責任ある関係当局によって信頼に足ると認定された、と書いた。これによって1つの結論が出された。「現在知られているすべての事実および状況に鑑みて、道理と正義は、シュナイダー氏のために法的措置がとられることを求めるものである」。この書状はセンゲル検事の上司、ジョン・E.クロック州検事によって署名された。
　刑務所で初めて、ウォルターは、弁護士から彼の裁判の進展についての定期的な連絡を受けていた。ピーター弁護士はいつでもコレクトコールを受けた。そして今初めてウォルターと彼の家族は、彼らの側に2人の法律家——弁護人だけではなく、彼らの以前の弁護士よりもはるかに有用な検事も——を擁していた。
　検事と弁護人の影響力を合わせたとしてもそれでもなお、非常に小さいことではあるのだが、1つ問題があった。つまり、ウォルターを刑務所から出す方法がなかったのだ。
　たとえ検事が、ウォルターが45年の刑期を務めていた犯罪とは完全に無縁であるということを承諾したとしても、ヴァージニアのどこの裁判所も彼の釈放の申請を容認できないのだ。潔白であってもどうしようもなかったのだ。ヴァージニア州は、ウォルターに対して、彼の有罪判決後、彼の潔白を証明するために21日しか与えていなかった。科学における最も優秀な人材をもってしても、DNA鑑定を考え出すまでには遺伝学という科学がバイエルン人僧侶、グレゴール・メンデルによって発明されてから150年の年月を必要としたのだ。
　理論的に言えば、ウォルターは連邦裁判所に出向き、人身保護令状——国家の司法制度が州の司法制度に介入して不正を正すことを認める強力な手段——を要請することができたであろう。しかしたとえそのような手段を用いたとしても雲行きは怪しかった。丁度ビンの研究所がウォルターの潔白を証明していたとき、連邦最高裁判所長官のウィリアム・レーンクィストは、連邦裁判所は潔白の請求を受理する必要はない、と語った。州の裁判所で有罪判決を受けた者が連邦裁判所に請求の申立てができるのは、公判が手続き上不公正であったという点に

ついてであって、その結果についてではない。憲法のどこにも、連邦裁判所には潔白の証拠の検証が求められると述べているところはなかった。「冤罪の申立てはそれ自体としては憲法上の権利ではない」とレーンクィスト長官は書いた。彼が言うには、自らの潔白を主張する収監者は、それぞれの州知事に恩赦や減刑を申請すべきであるということである。

　ということでウォルターの裁判は今、保守的な州の民主党員、L. ダグラス・ワイルダー知事の手中に不安のうちに留め置かれていた。ウォルターの自由は、法的な問題ではなく、政治問題になってしまっていた。そしてワイルダーのスタッフは、知事が犯罪に甘いリベラルという汚名を着せられることがないようにと気を遣っていた。ウォルターを自由の身にすると、知事は、ウォルターが暴行犯だと言い張ってきたフェイの断固たる態度に逆らって行動することになってしまう。

　これらのことはすべて知事の広報担当の側近からピーター弁護士に伝えられた。この裁判は厄介な問題で、政治的観点から分析された。ピーター弁護士には状況は理解できた。2月が3月になるのに、そして、ブルーリッジ・パークウェイの丘では春の花が冬を押しのけ、ウォルターの両親の正面玄関の黄色いリボンはボロボロに裂けているというのに、彼がまだ刑務所に入っている理由は、まさに政治だった。ピーターの理解では、ウォルターの潔白は、裁判所にしてみれば、生き返らせることなどまったく興味がない、法的な意味での死体であり、知事にとってみれば政治的なお荷物であった。

　ピーターは、ヴァージニア州の州都リッチモンドの有力紙に電話をかけた。これより2～3ヶ月前、ある記者が電話をしてきて恩赦の請願について尋ねてきたが、ピーターはこれを避けてしまっていた。そこで今度は弁護士の方から電話を入れたのだ。今回の件は、弁護側および検察側の双方からの恩赦申請という点でホットニュースであるばかりでなく、堪えられない人情話でもあった。7年間にわたって、働き者の郵便局員ウォルターのお母さんは、息子の潔白を証明するために粘り強く闘った。彼女と夫は、二重抵当をかけ、副業までした。このお母さんの心の旅路が今間もなく完了しようとしていた。彼女には彼の潔白に関する具体的で、反論不能の証拠があった。検事でさえ同意した。これは凄い！　今度こそはワイルダー知事がいつでも恩赦の命令書に署名できるのだ。シュナイダー家では、家の芝生の柵のまわりに黄色いリボンを結んでいた。このメディアによって流された話が効いた。知事の広報担当官が激高してピーターに電話をかけてきた。

　「いったいどういうことなんだ？」と彼は鋭い叫び声を出した。

「すごい話だと思うんですがね」とピーターが言った。「違いますか?」
「知事はこれで痛手を受けるんじゃないかね」と側近が言った。
　リッチモンドでは、勇気あるウォルターの両親についてさらに多くの話が伝えられた。4月23日、ワイルダー知事は、騒動に巻き込まれてしまったと不平がましく言いながらも、ウォルター・シュナイダーを釈放する恩赦の命令書に署名した。本来なら法律が変更されていなければならなかったのだ。「潔白な人が自由の身になるべきではないというのは(知事の)権限を越えている」とワイルダーが言った。しかし彼は「私は彼が無罪だと固く信じている。……もし(DNAが)有罪判決を下すのに使いうるとするならば、潔白な人間を守るためにも使われなければならない」と認めた。
　ウォルター釈放のためにピーターは、ウォルターのお母さんと会うことになっていたリッチモンドに飛んだ。ピーターとシュナイダー家は日々、時には毎時間、連絡をとり合っていたが、そのときまで2人は互いに会ったことがなかった。リッチモンドの空港は混み合う空港ではなかったので、2人は待ち合わせの場所等については込み入った準備はまったくしていなかった。ウォルターののお母さんは大柄の女性で、ピーターは長身だった。共に目立つ存在だったので、待ち合わせ場所について予め相談する必要がなかった。彼女の方で彼を最初に見つけ、駐機場を横切って彼のところへ全力で走って行き、彼の足が地面から離れるほど強く抱き上げた。それから2人はウォルターを家に連れ帰るためにノートウェイ刑務所に車で向かった。
　アッシュビー・ストリートでは、テレビカメラが芝生の上の、新しい黄色いリボン、笑顔で抱き合う姿を映像に収めた。ピーターはインタビューに応じ、ウォルターも彼の父も母もそうした。DNA鑑定は驚くべきものだ、と誰もが同意した。ワシントン・ポスト紙は、鑑定を「刑務所釈放カード」〔「モノポリー」ゲームで使用されるカード〕と表現した。
　もう1つの地元紙ワシントン・タイムズ紙は報じた。「声を立てて笑いながら彼は、最初に欲しかったのは『チーズ・デラックス・ピザ』だったと言った。彼は、おそらく家族でやっている鍵屋の商売で働くだろうと語った。『俺は新しい人生をもらった。神様、DNA鑑定をありがとう』と彼は言った」
　権力の座にある人は誰もが、ウォルターには彼の人生の盛りの7年間を独房に閉じ込められて過ごす十分な理由があったと最後まで言い張った。「あのDNA鑑定がなかったなら、証拠はかなりマイナスに働いただろう」とワイルダー知事は述べたと伝えられた。

マイナスに働く証拠？　そのとおり。だがウォルターにとってマイナスに働く証拠ではなかった。
　彼に対する裁判は、理に適ったどんな基準からしても、信用できない、汚染されている、不確かな証拠に基づいて構築された。それでもなお、彼の公判はヴァージニア州最高裁判所によって公正だと判断された。結果が最悪の失敗となった後でさえ、知事、検事、それに警察の三者は揃って、あの不当な有罪判決が下された過程を弁護した。「あの時点で陪審員が入手可能であった証拠に基づいて陪審員が下した結論に何ら非の打ちどころはないと思う」とワイルダー知事は語った。彼のコメントには、主任検察官クロック、および主席捜査官シフティックによって賛意が表明された。
　これはまるで、建造物が倒壊したのに、建築家、技師、建築請負人が記者会見を開いて彼らの技術を讃えているかのようであった。
　イノセンス・プロジェクトが行ったDNA鑑定で冤罪を晴らしたケースの研究では、誤判の78％は、少なくとも部分的にせよ、目撃者あるいは被害者による誤った識別供述に基づいていた。これらの結果は劇的ではあるが、100年にわたる社会科学研究と司法における事実認定を追認しているに過ぎない。ボーチャード教授の1932年の教科書『Convicting the Innocent（無罪の人に有罪判決を下す）』は誤判65例の研究を行った。ボーチャードは書いた。「多分、これらの悲劇的な過ちの主たる原因は、暴力犯罪の被害者による被疑者の識別であろう。これらの有罪判決（65例）のうちの29例については、ほとんどの責任がこの誤りだけに依っている」
　目撃者が間違ったら、法はまったく無力なのであろうか。
　ほとんど無力だ。1967年に米国最高裁判所が、ウェイド、ギルバートおよびストヴォル事件（Wade, Gilbert, and Stovall）として知られている3つの別々の判決の中でその問題に取りかかったとき、ウォルターはまだよちよち歩きの幼児であった。
　「目撃者の犯人識別の頼りなさはよく知られているところであり、刑法の歴史は、誤った犯人識別例で満ち溢れている」とウィリアム・ブレナン連邦最高裁判所判事は、合衆国対ウェイド（US v. Wade）判決の中で書いた。
　共感を引き起こすような目撃者がいったん被疑者を識別してしまうと、取調べはほとんど大筋で終わってしまうものなのだ、と連邦最高裁は指摘した。「おそらく（そうしたケースでは）被告人の運命を決めてしまうのは裁判所による公判ではないのだろう」とブレナンは書いた。「そして、結論は（最初の）正式事実審理前

の対決にあったのだろう」

　したがって、連邦最高裁が言うところでは、逮捕され、面通しに置かれた人は弁護人の同席を求めるべきであった。以前こんな漫画があった。それは、冷蔵庫、雌鳥、大きなアフロヘアカットをした黒人男性が並んでいる面通しを扱っていた。漫画の前景では1人の女性がその男を指差して「彼が犯人です!」と言った。

　人の人生の進路を変えたかもしれない裁定の中で、連邦最高裁は最終的には、「ショウアップ（被疑者単独の面通し）」は危険なまでに暗示的だとして警告を発した。ショウアップは通常の面通しとは大幅に違う。ショウアップでは、明らかに警察が彼あるいは彼女を犯人の可能性ありと見なしているので、大体はパトカーの後ろでとか、その他身体の確保ができるような設定の下で、被害者あるいは目撃者には1人の被疑者が見せられる。ウォルターは、フェイが彼のことをきちんと見ることができるようにするために、1人で警察署のロビーで待つように命じられていた。

　稀な状況を除いては、ショウアップは用いるべきではない、と連邦最高裁はストーヴァル対デンノ (Stovall v. Denno) 判決で述べた。理由は、ショウアップが「取り返しのつかない誤った識別に向けて非常に不必要に暗示的かつ誘導的であるため、（ショウアップが被告人の）正当な法の手続きを否定しているから」というものであった。連邦最高裁の話では、例外が認められるとすれば、それは目撃者が危篤状態で警察が識別のために被疑者を病院に連れて行くというような場合であろう。

　こうした裁定を下すことで連邦最高裁としては、なんとか人間の心の中に踏み入ろうとしていた。連邦最高裁は、そのときまでに知り得たことについて隠された真実を掘り起こし、人間がどのようにしてそれを知り得たのかに関して、しかも知り得たことそのものを搔き乱したり変形することなく、そっと掘り進んで行けるようなドリル用ビット（錐）を作り出そうと努力はしていた。

　それからほぼ20年後、ウォルターが裁判にかけられた頃には、そうした誤認の防止策はすべて新しい連邦最高裁判所と警察業務を通じて徐々に取り壊されてしまっていた。逮捕後の面通しを実施する代わりに、警察はそのための時間の60〜70％を使って、正式に起訴手続きをする前に、写真面割りを使うか、あるいは面通しを行う。したがって弁護人が求められない。ウォルターにとってさらに状況が不利だったのは、連邦最高裁判所は、ニール対ビッガーズ (Neil v. Biggers) 判決とマンソン対ブラスウェイト (Manson v. Brathwaite) 判決において、もし目撃者が犯人を見る十分な可能性があり、かつまた識別に本当に確信があ

るならば、ショウアップを証拠として使いうるという裁定を下していたことだった。

　連邦最高裁がウェイド、ギルバートおよびストーヴァル事件（Wade, Gilbert, and Stovall）判決を破棄した際に、サーグッド・マーシャル判事は、重要だが無視されがちな警告を発した。他の誰にも劣らず、彼は、真実を手続きに従属させてしまうように思われる法的判断に対して爆発寸前の怒りを感じていた。その最もはっきりとした狙いは、警察の証拠収集方法での何らかの間違いを理由にして、有罪を立証する重要な証拠を陪審員が審理するのをしばしば妨げてきた、違法収集証拠排除法則であった。

　例えば、もし警察が、被疑者のベッドの下から凶器と、彼の枕カヴァーから被害者の真珠を押収したとすると、その証拠は、仮に警察官が家宅捜索の令状を取っていなかったとしたら、彼の公判では提示されないこともありうるのだ。この原則の目的は、警察活動の方向づけをして、政府による国民のプライヴァシィ侵害から国民を守ることであったのかもしれないが、不愉快なことながら、結果としては犯人にとっての利点が非常に目立ち、真実を追究するもの、ひいては国民の苛立ちを禁じえないものであった。

　マーシャル判事は、違法収集証拠排除法則が、服従しない警察官を処罰するという名の下に、時には信頼に足る関連性のある証拠を無駄にしてしまったということを認めた。目撃証言に関しては、不服従の警察官の処罰という目的はなかった。ウェイド、ギルバートおよびストーヴァル事件（Wade, Gilbert, and Stovall）判決の唯一の目的は、証拠を保護し、証拠が被疑者の型に合うように作り直されたり、再形成されることから証拠を守ることであった。「一方、意味ありげに得られた目撃証言は、ほかならぬその信頼性の欠如とそれに付随する不適切さのためにまったく認められるものではない」と、マーシャルは、マンソン対ブラスウェイト（Manson v. Brathwaite）判決における多数派とは異なる意見を書いた。罪のない人を収監するということは、「実際に悪事を行った人物が依然として逃げ延びているに違いない」ということを意味することになるであろう。

　ヴァージニア州の判事たちがウォルターの申請を却下した際に、裁判所は、ウォルターがショウアップに関して抗議するのは正当だが——判決を覆すほどの正当性はない——と言った。ヴァージニア州での判例を引用して彼らは言った。「状況が許すならば、我々としてもショウアップよりも複数面通しの方が好ましいということには賛成である。しかしながら我々に課せられた職務は、実施した識別手続きが正当なプロセスを逸脱したのか否かの判断を下すことであって、その手続きが当局としてとりえた最善のものであったのか否かの判断を下すことでは

第3章　誤った目撃証言　89

ない」

　もちろん、目撃証言は、犯罪捜査も含めて、人間探求の中心的なテーマであり続けるであろう。社会科学者からは目撃者の信頼性に対して疑惑の影が投げかけられているのだが、研究によってそれを改善する方法もまた見つかった。ゲリィ・ウェルズ、エリザベス・ロフタス、スティーブン・ペンロッドといった指導的研究者が以下の提言を行っている。

・あらゆる面通し、写真面割、およびその他の識別過程はビデオ録画すべきである。司法手続きの全過程の中でこれらははるかに極めて決定的で重要な意味を持つ瞬間であるのに、これに立ち会う人間は捜査官と目撃者だけである。何ヶ月か経った後では、先入観、示唆性、あるいは暗示を元に戻すことは不可能である。
フェイとシフティック刑事は、写真の山から彼女がどのようにしてウォルターの写真を選んだのかについて、また彼女の反応について、異なる説明を行っている。ビデオ録画をしていればこのような問題は決着するだろう。
・面通しと写真面割については独立した捜査官があたるべきである。捜査官は示唆を与えることを避けるために、被疑者が誰であるかを知っていてはならない。シフティック刑事は個人的に1人の被疑者の写真をフェイに見せた。
・目撃者には、犯人識別の際に自らの確度度合いを尋ねるべきである。フェイが最初に躊躇いがちに、ウォルターの眉毛に何か見覚えがあると思ったときから何ヶ月も経ってしまうと、疑念と「半分は真実」で繋がっていたものが、確信へと変わってしまった。
・警察官および検事は、有罪確定につながるような詳細情報を提供することの危険性について訓練を受けなければならない。フェイは、明らかにウォルターがボイラー清掃の仕事に従事しているということを知ってから、彼は燃料油の臭いがすると説明を修正した。

　これらの改革には連邦最高裁判所からの新法や新説を必要としない。これらは、州当局によって、犯罪取締りおよび司法の改善手段に関する政策変更として実行が可能なはずである。これらの多くは、DNA鑑定で冤罪を晴らしたケースが爆発したことによって引き起こされた1999年の米国司法省の研究、『Eyewitness Evidence: A Guide for Law Enforcement（目撃証言：法執行のための手引書）』に概要が記載されている。専門家に言わせると、やるべきことをきちんとやらない

ということは、事実上は、司法制度上最も重要な作業を見えなくしてしまうということである。

「我々はこうした危険が、警察が意図的に被疑者に対する偏見を抱かせようとして策定したやり方の結果だとは見なしていない」とブレナン判事はウェイド（Wade）判決において書いた。「むしろ我々は、そういった危険は、目撃者識別に固有の危険性、および、公判前の識別の状況に特有の被暗示性に起因するものだと考えている」

釈放された日にウォルターには、シフティック刑事が策略を弄したことを証明している時間などほとんどなかった。「人というのは人に対してこれほど不当なものなのだ」と言った。彼が言ったことを聞いていた人はほとんどいなかった。例のピザに最初にかぶりつくところが、夜のニュース報道の冒頭シーンとなった。

―――――

翌日は土曜日だったが、ウォルターの家の玄関にノックの音がした。石油ボイラー会社の経営者、T. J. ファノンだった。

「何か準備したかね」と彼はウォルターに尋ねた。

「いやぁ、まだだよ」とウォルターは答えた。

「月曜の朝に来なさい」

2〜3週間後、ウォルターはアレキサンドリアで炉の清掃をしていた。彼は客に接するのがあまり好きではなかったが、仕事を終えての帰り際、伝票に家主のサインをもらおうとした。ウォルターは伝票に書かれた名前を確認した。彼は立ち止まった。

「あなたはあのランドルフ・センゲルさん？」とウォルターは尋ねた。「州司法次官の？」

「私だが」とセンゲルが応えた。

「俺、何と言ったらいいのかわかりません」とウォルターは言った。「俺の名前はウォルター・シュナイダーです。それで、握手だけはさせていただかないと」

第4章　虚偽自白

　4月だというのに、デンヴァーは風が吹き荒れて寒かった。バリーは、NBCニュースから、オクラホマ・シティ・アルフレッド・P・ムラー連邦政府ビル爆破の罪で告訴されているティモシィ・マクヴェイの公判についての法的コメントをするためにマイル・ハイ・シティに派遣されていた。毎朝6時までには、法廷の傍聴席を求めて列ができ、被害者家族、ジャーナリスト、関係者がゆっくりと検問所を通過していた。

　ある日の朝のこと、バリーの前にいた男性が振り向いて手を差し出した。「レイ・エリオットです」と彼は言った。彼はオクラホマから、連邦政府側で訴訟に関わっていた彼の妻を訪ねてデンヴァーに来ていた。バリーは、彼の名前はよく知っていた。というのも、エリオットは、オクラホマ市地区首席検事事務所のあらゆる起訴手続の先頭に立っていたからだ。

　「あなたは、今でも私たちの依頼人であるロバート・ミラーを殺人罪で裁判にかけたがっているあの同じレイ・エリオットですね」

　「そのエリオットです」と彼は答えた。

　その日の朝、ロバート・ミラーはオクラホマで9年間死刑囚監房に入っていた。そのうちの6年間、州側には彼が殺人者ではないということを証明するDNA鑑定があった。それでもなお、彼は惨めに暮していた。ミラーの今後の人生の筋書きがどう展開するかは、金属探知機に向かって摺り足で前進している、ピンストライプのスーツに身を包んだこの2人の男性に懸っていた。

　「なんでそんなに時間がかかっているのか私にはまったく理解できない」とバリーは言った。「DNA鑑定によって誰が本当の殺人犯なのか明らかじゃないですか。そして、殺人犯はロバート・ミラーじゃないでしょ」

　「DNAが証明しているのは、殺人者が、ロバート・ミラーだけじゃなく、2人いたってことだけなんだよ」とエリオット検事は言った。「DNAから我々がわかるのは、奴の精液ではなかったということだけなんだよ。それに奴は、殺人犯にしかわからないはずのことを知ってたんだよ」

　「彼は例のビデオの中で133回も勘違いをしましたよね」とバリーは言った。

　エリオット検事はニヤリとした。

　「殺人現場については、奴が自分でしゃべった言葉どおりなんですよ。そんなことはご心配いりませんよ、バリー。おたくの依頼人にはこっちで注射針を刺してあ

げるから」

　こちらの依頼人に注射針を刺す？　バリーはわけがわからなかった。

　「悪いんだけど」とバリーは言った。「何を言ってるのかわかりません」

　「知ってるでしょう、致死量注射、あの注射針のことですよ」とエリオット検事は説明した。「我々はロバート・ミラーに注射針を刺すからね」

　丁度そのとき、法廷に向かう人の列は二手に分かれて別々の金属探知機に流れて行ったので、バリーはエリオット検事の姿を見失った。

────────

　ゼルマ・カトラーの孫息子が彼女の死体を発見した頃には、オクラホマ市のミリタリィ・パーク地区は同地区の高齢者住民の恐怖で慄いていた。ゼルマは92歳だった。彼女はベッドで死んでいた。一見したところ、彼女はレイプをした男の体重で窒息死させられたようだった。これより4ヶ月前、カトラー家の斜め向かいの家で、同じことが83歳のアンナ・ローラ・ファウラーに起こった。この2件の殺人の間に、1人の男性が3番目の高齢者の女性の裏ベランダで電球を回して外し、押し入ろうとしているところを目撃されていた。彼は暴行に及ぶ前に追い払われた。

　そして今、ゼルマは殺害されていた。亡くなった女性はどちらも角地の家に一人住まいの寡婦だった。財産には被害がなく、物色された気配はなかった。どちらの寝室でも結んだボロ切れが見つかった。電話線はどちらの場合も庭の地面から捻り取られていた。両方の家でブレーカーの電源が切られていた。レイプ犯がどちらの被害者にも残した精液から血液型A+が検出された。ゼルマの死体を巻いていたガーニー〔車輪付き担架〕のシーツに3本の「黒色人種の」毛髪が発見された。「私の祖母はあそこに1人で住んでました」と若い女性リー・アン・ピータースが語った。「市民の多くは警察にこの事件を解決してほしいと願っていますが、私も同じ思いです」

　市は12人の捜査員を特別捜査部に張りつけた。彼らはミリタリィ・パーク近辺の通りを徹底的に捜索した。「あれは集団ヒステリー状態だったね」とエリオット検事は事件直後のことを語った。「とりわけあの近辺ではね。なにせあそこには老人が多いからね。被害者の1人は自分の家になんと60年も住んでたんだよ。市警察はそれこそ息をしてるものや動いているものなら何でも片っ端から呼び止めたね」。そして173人もの黒人が尋問され、被疑者としてリストアップされた。

これらのうち、23人が血液を提供した。指先の刺し傷が血液型A+を示した被疑者の中に、27歳の失業中の暖房・空調修理工のミラーがいた。彼は2件の殺人現場から3ブロック離れたところに住んでいた。1987年2月23日、刑事たちがミラーを訪ねて捜査協力を依頼した。ミラーは気分が優れなかった。彼はドラッグの常用者だったので、彼が摂取したものに誰かがPCP〔フェンシクリジン、麻薬〕を滑り込ませたと信じていた。しかし、彼もまた殺人事件が続いて住民が不安に慄（おのの）いているのを感じた、と話した。彼に協力できることがあれば何でもやりましょう、と応じた。彼は刑事たちと警察署まで車で行き、彼らはミラーを取調室に座らせた。そこでジェリィ・フラワーズ刑事は彼に何か情報があればそれを提供するように求めた。

「俺にはこんな力があるんだ」とミラーは言った。「俺には殺人犯の目を通してものが見えるのだ」

それを聞いてフラワーズ刑事は合図をした。鏡越しに彼の相棒のデイヴィッド・シュウプ刑事は隠しビデオカメラのスイッチを入れた。

「ある夜、俺はそのことの夢を見てたんだよ、でさぁ、多分、それが起きたのとほとんど同じ夜なんだよ」とミラーは話した。「あのさぁ、そんな夢を見て、でさぁ、いつだって同じ夢なんだよ」

この後には、ダラダラと気の遠くなるような幻覚、尋問、悪魔祓い、回復、戯言（たわごと）が12時間も続いた。刑事は聖書を掲げた。彼らは祈りを上げた。悪魔を追い払った。ミラーを煽（おだ）てたり、責めたり、彼をほったらかしにしてみたり、彼に見えるものをもっと深く目を凝らして見るように頼み込んだりした。ミラーは、ゴミ箱から彼の毛髪を盗み、彼の衣類をくすね盗り、毎日彼に毒を盛った敵がいると話した。彼は、ある祖先が彼はひょっとするとディロン保安官〔「ガンスモーク」1955～1975年にアメリカでテレビドラマとして放映されていた西部劇。日本では1959年3月から1963年4月まで放映。そこに登場する架空の主人公〕のような、あるいはローン・レンジャーといったような偉大な連邦政府の法の執行者になると予言した、と警察に語った。時には彼のヒーロー、ブルース・リーの記憶を呼び覚ました。殺害の状況と殺人犯がしていることを描き出してほしいと頼まれると彼は猛烈に集中した。アンテナの調子が悪いテレビ受像機のように、ミラーが語る細部はぼやけていて、時には彼は急にチャンネルを変えたりした。刑事たちは彼の心境を弄（もてあそ）び、彼を元に戻すために彼と一緒に祈りをあげたりもした。

最後には刑事たちは、彼らが捜し求めていた男を確保したと確信した。オクラホマシティ市地区首席検事ロバート・メイシィは、ミラーに対する死刑に値する殺

人罪の起訴の手続きをとるべく速やかに着手したと、仰々しく公表した。

彼は「不可解な犯罪」を犯した、とメイシィ地区首席検事は述べた。「市民の皆さんには、この男が拘束されましたので、危険人物は排除されたということをお知らせいたします」

ミラーは実際、そうする必要はなかったのだが、一度も犯行を認めたことはなかった。検事の話では、彼は内情、つまり捜査官——と殺人犯——しか知りえないだろう細部のことをうっかりと口を滑らせて話してしまった。それから2～3ヶ月後、メイシィ検事は、陪審員に向かって、録画したビデオは刑事たちと彼らが追い詰めていた相手との「心理戦」の模様を長々と伝える内容ではあるが、ミラーは自分でも自分自身の言っていることに非常に困っていたと話した。

「皆さん方は刑事たちの手法には賛成できないかもしれませんが、何が起きていたのかということは覚えておいていただきたい」とメイシィ検事は告げた。「そこには早い段階で、といってもそれ程深く入り込む前でしたが、殺人犯を捕らえたと確信している2人の刑事が座っています。彼とはテーブルを隔てて座っているこの2人の刑事です。そして彼らは、もし可能であれば彼から、彼がこの事件の殺人犯だと識別する罪証をとるのが仕事だと心得ていました。そして彼らはやり遂げたのでした。彼は疲れたかもしれません。刑事たちも疲れました。彼らは本当に一生懸命に取り組みました。そして彼らは犯罪を証明することができました。殺人犯しか知らない証拠を手にしたのです」

その証拠とは何だったのか。

「彼には彼女たちがどんな部屋にいたのかわかっていました。部屋の内装がどうであったか知っていました。どのようにして殺人犯が家に入ったのかを正確に知っていました。殺人犯はどのようにして、またなぜ、彼女たちが電話をかけないように、かけられないように電話線を切ったのかを知っていました。それに彼は殺人犯が何を考え、感じていたのかを正確に語りました。そして、この地球上でそのことを知っている人物は1人だけで、その人物とはまさにそこにいる彼なのです」

実際、公判では陪審員はまさにこれらのテープを聞いたのだ。ほぼ12時間にわたって流されたが、はっきり聞き取れないことがしょっちゅうで、聞こえるときでも支離滅裂なところが多かった。当時ミラーは麻薬常習者だったが、この後になって彼は、彼の家族の誰かが、刑事たちが彼のところに来た日に彼の食べ物か飲み物に麻薬を入れたと思ったと話した。ミラーは何度も何度も犯罪とは関係がないと否定し、彼は亡くなったチョクトー族の祖母から彼に送られてくる力、見る力

第4章 虚偽自白 95

をただ伝えているだけだと言い張ってはいるのだが、テープではその音はよく聞き取れなかった。

それと、州の所謂専門家によると「黒色人種」のものであると説明され、したがってロバートの毛髪と一致すると思われる2～3本の毛髪があった。それに、両方の犯罪現場では、十分な量の精液の残留物が発見された。「彼はカトラー夫人に性的悪夢を感じさせ、2度以上絶頂に達した」とメイシィは断言した。その上、彼の血液型はA+で、レイプ犯の精液に発見された型と同じだった。

しかし多くのドラマがあるが、この12時間に及ぶテープほど衝撃のあるものはなかった。刑事の1人はミラーがうっかり間違って「俺は」という表現——ロバートの心の中では殺人犯は第三者としてしか存在しない人物「彼」である、という弁護側の主張を骨抜きにして——を使った回数まで数え上げたと断言した。

被告人側の弁論になって、ミラーは彼がテープの中でもまさしく否定したように、殺人とは何の関係もないと否定した。彼が刑事たちと話し合った詳細の情報源はすべて、彼が近所——彼は殺害された女性たちが住んでいたところからほんの2～3ブロック離れたところに住んでいた——で聞き集めてきた単なる噂話と、「クライム・ストッパーズ」というテレビ番組等のニュース記事によるものだった。彼の刑事たちとの話し合いは何ら犯罪を直接体験したことに基づいたものではなく、不可思議な体験に基づいたものであった。

「神が俺に見せてくれたものがあった。天子が俺のところにやって来て——あれは俺のお祖母ちゃんだったと思うんだけど——俺に、誰かが俺のことを嵌めようとしていると警告してくれた」とミラーは誓って言った。

もう1人の被告人側証人は隣人で、ミラーのことを、しょっちゅう雑用を手伝ってくれる「穏やかな」人と表現した。殺害事件は近所で話題になっていて、殺人犯が裏口から逃亡したということ——検察側は殺人犯だけが知り得たことだと主張した詳細の一つ——は多くの人が知っていた、と彼女は証言した。

しかし、そのどれもが、最高の演劇手法を用いて法廷を沈黙させたメイシィ検事の最終弁論には敵わなかった。彼は男性用下着のパンツのゴムバンドをこれ見よがしに振りかざして陪審員席に沿って歩いた。歩きながらメイシィ検事は、ミラーが刑事たちに話したあることを大声で思い起こした。刑事たちは彼には殺人犯が後に何かを忘れたのが見えるかどうかを知りたがっていた。

「彼は家に何かを忘れてきたんだが、それは下着か何かだったかもしれない」とミラーはビデオで語っていた。

そして今法廷には手に下着のゴムバンドを持ったメイシィ検事がいた。それ

はミラーが着ていたのと同じブランドで、アンナの死体のそばで見つかった、フルーツ・オブ・ザ・ルーム〔アメリカの老舗ブランド〕だった。「さて、そう言えば、彼は靴を忘れてきたかもしれない、手袋を忘れてきたかもしれない（と彼が言ったのでした）。それから彼は、いやそうじゃない、下着を忘れてきたかもしれない、と言ったのでした」とメイシィ検事は大声で言った。

そしてそこには汚れた布きれ、下着のゴムバンドがあった。彼は陪審員に近づいて行ってそれを広げて見せた。

この遺留品の強烈な力が陪審員のところで止まったのを受けて、メイシィ検事は有罪判決を招くような他の証拠を続けて出してきた。それらは、精液にあったミラーの血液型であり、ベッドに残されていた彼の毛髪の型であり、殺害に関して公表されていない詳細について彼が知っている、ということであった。

「そして彼は一滴の涙も流さず、何の良心の呵責の印も示すことなく、そこに座り、すべてを並べ立てました。皆さん、何かいくらかでも良心の呵責の印を見ましたか。代わりに彼は、殺人犯は気分がよかった、彼は白人女性が好きではなかった、と皆さんに言えたのです。彼はどのようにして殺人犯が白人女性を好きではなかったと知るのでしょうか。どのようにして彼は——もし彼が殺人犯でないのだとしたら——殺人犯が白人女性を好きではないのに白人女性とセックスするのは好きだと知るのでしょうか」

メイシィ検事がこんなことを話していたとき、アフリカ系アメリカ人で先住アメリカ人の血筋の浅黒い肌の男ミラーは、全員白人の陪審員の正面の被告人側の席に座っていた。メイシィ検事が述べたことは、ミラーが犯罪について知っているという証拠とは関係が薄かった。事実、殺人犯の性的嗜好や社会的嗜好は誰も知らなかったわけで、ミラーの発言が真実なのかどうかを知ることは不可能だった。ところが検察側は、最終的には何としてでも12人の白人陪審員で決着をつけようとした。そして、おそらくこれらの12人の中で少なくとも1人は、性的略奪者としての黒人に対する原初的な恐怖が呼び覚まされることになりそうであった。

精力的な訴追はメイシィ検事が得意とするところだった。彼は、古き西部の法の執行者スタイルで、ループタイとステットソン帽〔カウボイハットのブランド名〕を身に着けており、個人的には国内の他のどんな検事よりもより多くの死刑案件を死刑判決に導いたということをよく自慢していた。1999年初頭時点でその数は53件であった。時には彼は上訴審において若干のただならぬ行き過ぎのために——無罪を証明する情報を開示しない、事実を弄ぶ、あるいは法を悪用する言辞を弄するなどして——敗訴、あるいは注意を受けたこともあったのだが、メイ

シィ検事は、彼が有罪だと信じた人間について公正な訴追から逸脱したことは一度もないと語った。ミラーの裁判では彼はまったく自制することがなかった。彼は陪審員に向かって、もし彼らがミラーを有罪と宣告しなかったら、それは彼らが義務を回避したことになるだろうと言った。

「我々は魔女を火あぶりの刑に処しているわけではありません」とメイシィ検事は言った。「我々は共産主義者を追及しているわけではありません。我々は正義を求めようとしているのです。我々は殺人犯を被告人席に着かせようとしているのです。そしてそれこそが、皆さん12名がそこにおられる理由です。なぜならば、これらの罪を犯した男は法の裁きを受けねばならないからです。その男はすぐそこに座っています。皆さん12名の方々にしかそれはできないのです。皆さんは陪審員室に行かれ、7件の訴因すべてに関して告発どおり彼を有罪とされることで、それができるのです」

「なぜならば、もし皆さんがそれ以下のことしかしないとしたら、あの2人の小柄な夫人と彼女たちに好意を持ったあらゆる方の名を汚すことになります」

ミラーが思い出すのは、公判が開かれるまでの何日間かの中で、あるオクラホマ州のテレビ局が行ったこの裁判に関する世論調査だ。証拠の「し」の字も聞かないうちから、視聴者の68％が彼は有罪だと応じた。陪審員は、12時間に及ぶビデオ、法廷での証拠説明を聞いて、ミラーに対して殺人で2件、レイプで2件、強盗で2件、強盗未遂1件で有罪を宣告した。その後、妥当な処罰に関する小法廷が開かれた。町のミリタリィ・パーク地区に住んでいるある男性がここにやって来て、バンダナを巻いて、押し入ろうとしていた黒人を驚かせたと報告した。何ヶ月か経ってこの男性がミラーの顔をニュースで見たとき、これは同じ男だと感じた。

判事はミラーに対して、2件の死刑に加えて禁固725年の判決を言い渡した。「俺にはどっちもまともにできるわけがないでしょ。ワゴン車でもなかったら、あの法廷からこんなにも膨大な年月を引き出すのは俺の力では無理だった。小さな赤いワゴン車が必要だった。とにかく重たかった」とミラーは話した。

死刑囚になった最初の夜、彼は監房で怒鳴り声と混乱したさまを耳にしたが、こんな地獄の苦しみに耐えるために生まれてきたのかと思った。

───────

ピータース弁護士はミラーの公判記録にザッと目を通した。以前、ミリタリィ・

パークの殺人犯が捕まっていなかったときにはこの若い弁護士は彼女の祖母の身の安全に苛立ちを感じていた。そして今、オクラホマシティ公設弁護人事務所の上訴担当の弁護士として、彼女は、悪魔のような人間として有罪判決を言い渡されたまさにその人間の命を救おうとしていた。とはいえ、そのために彼女に使える手段は、鋭く削った鉛筆といっそう鋭く研ぎ澄まされた精神力しかなかった。公判記録の中に、彼女はあるおかしな事実を発見した。

　州の血清学者が、捜査の一環として血液鑑定をした23人の黒人の名前を提供していた。さらにこの血清学者は、毛髪を顕微鏡によって検査したすべての男性の名前も提供していた。ピータース弁護士は、ここに出てきたすべての名前のリストを作成し、それらを照合した。突如、彼女の動きが止まった。

　23件の血液鑑定がなされ、24件の毛髪検査が行われていた。つまり、毛髪検査のリスト上に1人分名前が多かったということだ。毛髪は検査されたが血液は鑑定されなかった人がいたのだ。なぜ？

　1人多かった人物の名前はロナルド・ロットで、ミラーは聞いたことのない名前だった。2～3日経って、ピータース弁護士と、退職した殺人担当刑事のボブ・トンプソンは、ミリタリィ・パーク近辺での連続犯罪に関するある驚くべき詳細を知るのであった。この連続犯罪はミラーの逮捕で終わっていなかったのだ。

　ミラーが収監された後でも、彼が12時間に及ぶビデオを作った後でも、メイシィ検事が、この地域からは「危険人物は排除された」と公表した後でも、同一の犯罪が繰り返されていたのだ。

　もう2人、角地の家に住んでいた高齢の夫人が裏口から侵入した男に襲われた。これらの事件でも結んだボロ切れが犯罪現場に残されていた。2件の殺人事件同様、電気の配線、電話線は使用できない状態にされていた。今度の場合もほとんど所有物は盗まれておらず、犯罪の目的は強奪ではなくレイプであったようだ。これらの2人の女性は、70歳代でこれまでの被害者より少なくとも10歳若く、殺害された2人の老女が苦しんだ胸部を押し潰されることはなく、レイプはされたが一命を取り留めた。1人の女性は実際拳銃を襲撃者に向け、頭を殴打した。すると襲撃者は彼女から拳銃を奪い取った。

　これらのうちの2番目のレイプがあって2～3日して、ロットが路上で呼び止められ、まさにその被害者に登録されている拳銃を所持しているところを発見された。彼の指紋が、もう1人の被害者の家で発見された。

　1987年8月、地区首席検事メイシィが、ミラーがミリタリィ・パークのレイプ犯で殺人犯であると公表してから6ヶ月後、ロットが犯罪に関わりがありうるか否か

を見極めるために彼の血液鑑定が密かに行われた。ピータース弁護士とトンプソン刑事が発見した警察の報告書によると、刑事たちは、ロットがこれらのレイプだけではなく、ミラーに容疑がかけられている2件の殺人に関しても、強力な被疑者であると考えていたのだった。

　弁護士と元刑事がロットについての詳細を丹念に調べてみると、よりいっそう目を見張るような事実がわかってきた。ミラーの公判担当の同じ検事がロットの裁判も処理していたのだ。ある金曜日の午後、検事バリー・アルバートは、ミラーの事件に関する審問の間に彼はホールを横切ってもう1つの法廷に行かねばならなかったので、休憩を求めた。そこでは、ロットが、ミラーの事件と非常に似ている2件のレイプに対して有罪を認めていた。

　後にアルバート検事は言ったのだが、まさにその日に、彼はロットが、ミラーが罪を問われている犯罪の被疑者の可能性があると認識したのだ。

　「これはデジャビュ〔既視体験〕です」と、アルバート検事はロットの裁判では判事と廷吏には述べたと語った。「これは（ミラーにとっては）無罪を証明する情報です」

　彼はホールを横切って戻って、この情報をミラーの弁護人にも伝えたのだろうか。アルバート検事は伝えた、と主張した。そんなことはまったくなかった、とミラーの弁護人、ロン・エヴァンスは断言した。

　いずれにせよ、アルバート検事はミラーの事件から身を引き、レイ・エリオット検事とロバート・メイシィ検事に引き継いだ。そしてミラーの公判中、弁護側からロットや、驚くほど類似した犯罪での彼の関与については一切言及がなかった。陪審員は、ロットが同じ地域内でまったく同じ犯罪を犯したことを認めたということをまったく聞いていなかった。彼らはミラーの最も大きな犯罪が駐車違反の切符を払わなかったというのとは異なり、ロットにはカンザス州で重罪の犯歴があったということをまったく知らなかった。陪審員は、ロットがレイプ犯であり、ミラーと同じ血液型だということを、まったく知らなかった。

　その代わりに陪審員が耳にしたのは、エリオット検事の激しい主張だった。「我々のところには血液型'A'分泌質の精液を残した者がいる。（ミラーは）血液型'A'分泌質である」

　何年も経ってからだが、エリオット検事は、容疑を認めたレイプ犯ロットもまた老婦人殺害に関与した男の血液型と同じだったことを知っていたのだが、より精緻な鑑定ではロットが除外されたと信じていた、と語った。検察側とミラーの控訴弁護人とは何年にもわたって、被告人側もまたロットのことを知っていたのか否

か、そして、公判中に彼をより可能性の高い被疑者として指名する機会が奪われたのか否かに関して論争した。確かに検察側は、公判ではミラー以外に誰か責任を負うべき人物がいるなどという素振りはまったく見せなかった。

メイシィ検事は陪審員に、殺人犯が黒人で、野球帽を被り、身長がほぼ同じで、血液型がA+等の示唆をしているすべての物的証拠を見直しさえすれば思案することはほとんどないだろう、と述べた。

「1人だけいます。この基準すべてに合致している人物が1人だけいます。そしてその人物とはすぐそこに座っています」とメイシィ検事はミラーを指差して言った。「彼はこれらの基準のどの1つを取っても合致しています。これらの基準すべてに合致するのは、オクラホマ州では、あるいはおそらく他の州を含めても、彼だけです」

すぐさまピータース弁護士はこれとは異なる証明をするのだった。彼女は証拠のDNA鑑定を求めた。当然のことながら、RFLP技術に基づいた最初の結果は決定的ではなかった。あまりにも長い時間が経過していたので精液サンプルは劣化し始めていた。そこでPCR鑑定が行われたが、その結果、ミラーははっきりと除外された。彼は亡くなったどちらの女性のレイプ犯でもなかったのだ。

「我々は判事執務室の外で待っていました。するとレイ・エリオットが言うのでした。『このDNA鑑定の前に彼を殺さなかったのが忌々しく残念だ』と。私は吐き気を催しそうになりました」とピータース弁護士は思い出した。「レイ・エリオットですが、過去には彼が正直な人物だと思える経験をしたことがありましたね」

エリオット検事とミラーに関してこのような感じの会話をしたという報告をした人は、彼女だけではなかった。バリーと、ミラーの申立を承諾したもう1人の弁護士ガーヴィン・アイザックもまた、彼らの審問の別の機会にエリオット検事がミラーの処刑を望んでいたと述べた。エリオット検事は1999年に、彼はそのような発言をしたことをまったく記憶していないと言った。

ある審問の前に、ピータースはあの殺人が依然として他の法廷の職員たちを落ち着かない気持ちにさせているということを知った。

「ある廷吏が語ってくれたのですが、被害者の孫の1人が刑務所に入っていて、彼はいつでも刑務所に入っている誰かがロバートを殺すだろうと考えていました」とピータース弁護士は思い起こした。「でもそうなる前に、死刑囚の誰もがロバートは無実だとわかりました」

DNA鑑定がミラーの無実を証明しただけではなく、直接ロットを指し示していたのだ。ピータース弁護士の最初の論拠——ミラーは、彼の弁護士がロットを彼

に代わる被疑者として提起しなかったために、公正な公判が否定された――が今やいっそう大きな重みを持つようになった。しかしながら、地区首席検事は強弁と聞こえる反論を行った。つまり、ロットは女性たちをレイプし殺害した。しかしそのことが意味したのは、犯罪現場には2人のレイプ犯がいたということだ。結局のところは、ミラー自身が自白をしており、その様子はビデオに収められていた。

―――――――

　1660年、ウィリアム・ハリソンというある英国人が突如として姿を消した。17世紀であったということを考えれば、彼の行きつけの場所に電話をかけることは誰にもできなかった。そこでジョン・ペリィという召使が彼を探しに遣わされた。警察官はペリィがその晩彼の自宅に戻らなかったので不審に思った。ペリィは何日にもわたって取調べを受け、そして最後には自白した。彼は主人を殺害したのだった。彼の母と弟が手伝った。ハリソンの死体が見つかる前に、3人は全員絞首刑に処された。

　主人の死体は決して発見されなかった。それには極めて十分な理由があった。ペリィはハリソンを殺していなかったし、ハリソンは死んではいなかったのだ。ハリソンは2年後に姿を現し、誘拐されてトルコで奴隷として売られたと主張した。これは、ペリィの自白に基づいて家族全員が首を吊られたペリィ一族にとってはいささか遅すぎた。

　消えた死体はエドウィン・ボーチャード著の『Convicting the Innocent（無罪の人に有罪判決を下す）』で繰り返し見られるテーマである。ボーチャード教授の報告によれば、アメリカでは18世紀、19世紀を通じて、行方不明になる人がいた。すると責任をとらされ、多くの場合、自白を強要され、そのうえで何か恐ろしい決着をつけさせられた人々がいたのだ。結局は死体が「顰鑠として」再び現れることになるのだが。

　1883年、トーマス・F. バーンズという、妥協を許さない、魅力的で荒々しい男が、ニューヨーク州議会を説得して彼にニューヨーク市の全刑事の指揮権を与えるようにした。そのときまで市の刑事の主たる職務は暗黒街からの賄賂の回収で、警察管区からは独立して活動していた。バーンズ刑事の捜査が成功を収めたことが主たる要因となって彼の仕事への信頼は高まった。最も際立ったのは、華々しいマンハッタン銀行300万ドル強盗事件の解決であった。バーンズ刑事は、他の刑事が自白を引き出すのに失敗したところで抜きん出ていた。彼の手法

は、被疑者が期待される自白をするまで、ひたすら殴打、尋問、再びさらなる殴打というものであった。強制的取調べの過程は、バーンズスタイルの「厳しい尋問（third degree）」として知られるようになった。改革論者としてのセオドア・ルーズヴェルトが警察を監督する委員会の主導権を握ったとき、バーンズ刑事は引退した。彼の残忍性のためではなく、バーンズ刑事がいささか怪しげな形で溜め込んだ35万ドルの有価証券が発覚したからであった。

　バーンズ刑事亡き後でも、「厳しい尋問」は、いくつかの要因が組み合わさって終止符が打たれることになった1930年代まで生き延びた。多くの場合、脅迫、拷問、および黒い革で包んだ警棒、棍棒、ゴムホース、電話帳、拳等を使用しての殴打によって引き出された自白に基づいて、無実の人に有罪判決を下した例を実証したボーチャードの著書は1932年に出版された。そういった慣行に光を当てていた他の改革論者もいた。エマニュエル・ラヴィンは1930年に公表した文書で「乱暴者と称された人々は、建物の土台以外のあらゆるものを使って殴られる」と書いた。元アメリカ司法長官に率いられたウィッカーシャム委員会は、「厳しい尋問」の実施は全米で蔓延（はびこ）っていると報告した。「被疑者は窓から外に吊るされ、一服盛られ、食べ物や飲み物を奪われ、何日間も尋問された。あるいは『汗かき部屋（取調室）』——石炭、古い骨、ゴムとゴミといった有害物質を組み合わせたものを燃料にして焼け焦げたストーブによって醸し出された生き地獄に変容した小さくて暗い部屋——に押し込まれた。あるいは、被疑者の頭を溺死寸前までトイレに浸すことから成り立つ『水治療法』が施された」とピーター・カールソンはワシントン・ポスト紙に書いた。

　3人の黒人がミシシッピー州で木に結びつけられ、自白するまで鞭で打たれたということを聞くや否や、米国連邦最高裁判所は1936年ブラウン対ミシシッピ州（Brown v. Mississippi）判決において、尋問中の肉体的な力の行使を違法とした。この、自白を引き出すための尋問中の肉体的な実力行使ができなくなったがためにできた空白領域に、最も傑出しているノースウェスタン大学法学部教授フレッド・インボウと元シカゴ警察署警察官ジョン・リードらの、新たな尋問理論家の波が押し寄せて来た。2人は影響力のある警察官訓練用教科書『Criminal Interrogation and Confession（犯罪取調べと自白）』の共著者であり、米国中で採用され、毎週、「NYPD Blue（ニューヨーク市警警察官）」、「Law and Order（法と秩序）」および「Homicide（殺人事件）：路上生活者」といったアメリカの警察ドラマに見られる最も影響力のある心理的尋問技法の提唱者の2人であった。ほぼ毎週の放映分の中で、刑事は信頼を勝ち取り、良い警官—悪い警官を演じ、

第4章　虚偽自白　　103

嘘をつき、「（利益）最大化—（リスク）最小化」と呼ばれる危険性の高いテクニックを用いる。

　被疑者には第一級謀殺の容疑がかけられているのだが、その行為はより上手に説明ができるのではないか、と刑事から言われる。おそらく殺人は事故だったか、正当防衛で行われたのだ、と。よくあることだが、こう言われると有罪の被疑者は自白するようになる。そして弱い立場の人に関しては、強い圧力がかかった環境の下では、「最大化—最小化」のテクニックもまた無実の人たちが虚偽の自白をする強い誘引になるのだ。

　インボー／リード〔フレッド・E.インボー／ジョン・E.リード〕尋問テクニックによる心理的プレッシャーは1966年のミランダ対アリゾナ州事件（Miranda v. Arizona）で連邦最高裁判所によって言及された。裁判所は、尋問を始める際に被疑者に対して読まれることになっている有名な権利に関する決まり文句を策定した。「あなたには黙秘する権利があります。あなたが話すことは法廷であなたに不利に使われることがあります。あなたは弁護人を依頼することができます。もし弁護人を依頼することができない場合は、無料で弁護士が任命されます」

　この規定が法の執行に不具合を生じさせるのではないかという声高な懸念に反して、実際にほとんどの人が警察に対して口を開く。研究によれば、およそ8割の被疑者がミランダ権利を放棄する。さらに、これらの実際に口を開く人のうち、およそ4人に3人が何らかの形で自分に不利な供述をする。社会科学者は、このような供述が陪審員に途轍もない影響力を持つものだと分析した。しかし自白とはどれほど信頼できるものなのだろうか。

- アリゾナ州フェニックスでは、ある精神病患者が警察に電話をして、はるか離れた砂漠の寺院での大量殺害の罪を認めた。彼は、ツーソンのヒスパニック地区出身のレオ・ブルースともう2人の知人を巻き込んだ。工場労働者のブルースはツーソンの彼の郵便受けのところで逮捕された。彼がそれまでに法律と関わりがあったのは、スピード違反切符だけだったので、彼は、警察が会いに来た理由はそれだと思った。彼は犯罪を否認した。しかし13時間に及ぶ尋問の後で彼は屈してしまい、彼の22口径のライフルで被害者6人の後頭部を撃ったと自白した。弾道からこの自白が真実でないということが証明された。3人の被疑者全員が尋問によって自白した。その後、2人の10代の若者が実際の殺害に使われた武器を携行して逮捕されたときに、全員が無実だと証明された。

- ゲーリー・ゲィジャーは、イリノイ州の有機農場に彼の両親と住んでいた元ヒッピーで、元アルコール依存症患者だった。1993年4月、彼の両親が、喉を掻き切られて殺害された。21時間に及ぶ尋問の間にゲィジャーは、彼が殺害に関するポリグラフテストに失敗したと伝えられ、両親の血まみれになった死体の写真を見せられた。そこで彼は、捜査官たちが有罪を示すものと見なした殺害の筋書きを説明した。自白は録画されておらず、ゲィジャーが署名した供述書はなかった。警察は18日間にわたって農場を捜索したが、ゲィジャーと犯罪を結びつける物的証拠は何も発見されなかった。彼はポリグラフテストに失敗もしていなかった。というのは、試験官によると、結果が決定的なものではなかったということだった。公判でゲィジャーは、殺害の自白はしなかったが、ただ、ポリグラフに失敗した説明として、殺害の間に記憶喪失に陥ったという仮定の筋書きを示唆しただけだと述べた。3時間の評議で有罪判決を下され、結局は、ステートビル刑務所内の最重警備ブロックにある死刑囚監房1号に投獄されることになってしまった。彼の前にそこに収監されていたのは、小児性愛連続殺人犯のジョン・ウェイン・ゲィシィであった。無実の人間が、あの悪魔のような人間が使った古びた寝台の上で、彼の次に目を閉じる人間だったのだ。

 ゲィジャーの裁判では、「自白」が違法に得られていたのだと主張してきていたラリィ・マーシャルによって取り上げられた。控訴裁判所は主張を受け入れて、ゲィジャーは釈放された。後にFBIの盗聴が、失敗に終ったが強盗に入ったところで夫婦を殺ってしまったと話していた暴走族のメンバー間の会話を傍受した。連邦管轄の強請、集りでの起訴だったが、暴走族の2人がゲィジャー夫妻殺人罪でも起訴された。
- ニューヨーク市では、クイーンズのグレンヴィル・スミスが1998年1月に彼の女家主の10代の娘を殺害したと警察に出頭した。彼は、死体があると予想していた場所13ヶ所に刑事たちを案内した。それからその少女は現れた。生きた状態で。
- インディアナ州ゴーシェンでは、1995年のある日曜日の朝、エドガー・ギャレットの16歳の娘が殺害された。刑事たちから娘を殺害したとして責め立てられたが、エドガーは一切の関与を否定した。しかし結局は、目撃者、証拠の血液、それにポリグラフと、すべてが彼を殺害者だということを明らかにしていたと告げられるだけであった。それは策略だった。何時間も否認した後で、エドガーは警察に、彼が娘を殺害して、おそらく酒のせいだろうが記憶喪失に見舞われ

たと信じ込まされてしまった。エドガーは自白した。しかし表現や説明が事件そのものとはあまりにも違いが大き過ぎるので、陪審員は彼に無罪判決を言い渡した。

- シカゴでは、11歳になるライアン・ハリスが殺害された後で警察の捜査網が、7歳と8歳の年端もいかない少年を罠にかけた。2人は両親の立ち会いないままライアンの死に関して尋問を受けた。何時間か経った後で2人とも彼女の殺害を認めた。警察署を出た途端、2人は否認した。後に法医学検査で少女の遺体に精液が確認され、亡くなった少女はレイプされていたということが明らかになった。7〜8歳の少年には射精能力はまずないだろうということで、すべての起訴は取り下げられた。その後、DNA鑑定で、たとえ彼らに精液を作ることができたとしても、確認された精液が少年たちの精液であるはずがないということが証明された。

- 物怖じした20歳の軽度精神障害の清掃作業員ジョニィ・リー・ウィルソンが、ミズーリ州オーロラでの79歳の女性への強盗・殺人容疑で起訴された。ウィルソンが自分に対する重罪判決を導くような供述をするのを聞いたと主張する特殊教育のクラスメイトよって密告された（何年か経ってこのクラスメイトは、報奨金目当てに話をでっち上げたが、それを認めると処罰を受けるのではないかと恐れていた、と語った）。何時間もの間、ウィルソンは、犯行時にはショッピングモールで彼の母親と買い物をしていたと主張して、一切の関与を否定した。大半が罪を咎める内容の2日にわたる尋問の後で、ウィルソンは、自分が何らかの形で関与したのに違いない、と認めてしまった。彼が刑事たちに提供した詳細の多くは間違っていた上に、自分が言っていることにも矛盾があったのだが、彼の説明の中には犯罪現場と一致するところもあった。テープで聞けば、実はそれらの大半は彼が刑事たちから聞いて知ったことだったとわかった。彼は1987年4月、最小限である50年の禁固を言い渡された。その1年後、高齢の婦人の強盗・殴打の罪で収監されていた別の男性がその被害者を殺害したと自首した。ウィルソンには、有罪判決からおよそ8年5ヶ月経った1995年にミズーリ州知事の恩赦が与えられた。

どれほどの頻度で虚偽自白が有罪判決をもたらしたのかという問いかけに社会科学者は十分な自信をもって答えることができていない。全米で見ると、推測

だが、控えめに見積もっても、年に35件、最高で840件の幅で起きている。イノセンス・プロジェクトで調査したDNA鑑定で冤罪を晴らしたケースのうちで、有罪判決の27％が虚偽自白あるいは告白に基づくものであった。大半の陪審員は、人は自ら犯してもいない罪を認めることがあるものだということを鵜呑みにはできない。自白は法廷では特別な力を持ち続けている。つまり、研究によれば、自白が被告人によって真実ではないとして否定されたとしても、また、物的証拠によって自白内容に矛盾が生じたとしても、陪審員の73％は、有罪の評決を下すものなのだ。これらの被告人の中で、尋問室での殴打による肉体的な傷跡を持って現代の法廷に現れる人はほとんど誰もいない。バーンズ捜査官と彼の天才的な力による「厳しい尋問」は、非常に巧妙なため、目に見える印は残さない心理的手法に入れ替わっている。

「厳しい尋問と心理的尋問との差は、襲われて金品を奪われるのと、騙されて金品を奪われるのとの差のようなものだ」とピーター・カールソンはワシントン・ポスト紙に書いた。

現代における虚偽自白は、ゴムホースを使った結果というよりは、追い詰められた心理の産物である可能性の方が高いが、時として肉体的な力（腕力）がきちんと役目を果たしている。尋問室では、たとえ尋問をしている警察官が決して収監者に肉体的に危害を加えない、あるいはそうするとは暗示しないとしても、虐待は武器になりうるのだ。以下のような事件が発覚している。ロス・アンジェルスで堕落した警察官が手錠をかけた収監者を意図的に正当な理由もなく撃った、ニューヨーク州、ブルックリン管区でのアブナー・ルイーマへのアナルセックス、シカゴでの被疑者への拷問、あるいはメディアには察知されないが、巷ではよく知られている殴打。これらは尋問の過程にも特異な影を落とすこともあるのだ。これらの事件が代替として一種の恐怖感をもたらすのだ。収監者の中には、こういった虐待を被るのではないかという恐怖感が自白の引き金になったと断言している人もいる。1つひとつのバッジの背後にサディストを見てしまうということは、警察官を見る公平な見方だとはとても言えない。それでもやはり、そういった異様な虐待行為が、それらからは時間的にも空間的にも離れているのに、そうとでも考えなければ想像すらできないような、虚偽で自らを有罪に導く行為を含んだ奇妙な結果をもたらすことがあるということを留意しておくことは、あながち筋違いということでもない。

ミラーはゼルマやアンナ・ファウラーをレイプしなかったということを申し立てるDNA鑑定の結果を目の前にしても、オクラホマ・シティ地区検察局は当初その

第4章 虚偽自白 107

正当性に異議を唱えた。1993年には同じ鑑定結果がさらに戻ってきた。ミラーは亡くなった2人の女性をレイプしていなかったという疑う余地のない証拠であった。「彼はクリスマスまでには戻れると考えていましたが」とピータース弁護士は言った。彼女は、ミラーの代理人であったリーガル・エイドは辞めたが、この裁判は見守ってきていた。しかし、そうはならなかった。

オクラホマ郡地区検察局はミラーの自白に固執した。「ミラー氏に対して提示された証拠の大半はビデオに録画されているミラー氏自身の警察官への供述でした」と地区首席検事補のエリオットは、ミラーの拘禁が続くことに抗議していたある一般市民に宛てて書いた。「DNA鑑定は1つのことしか証明していません。それは、犯罪現場に残されていた精液が、ロバート・リー・ミラー・ジュニアのものではなかったということです。DNA鑑定は、これらの犯罪が行われていた間にミラー氏がその場にいなかった、ということは証明していません。DNA鑑定はミラー氏が殺人を行わなかったということは証明していないのです」

「さらに、DNA鑑定があっても、これらの犯罪に関してミラー氏自身によってなされた供述が抹消されるものでもありません」

確かにDNAによってビデオテープが抹消されたわけではなかった。そこで人々は初めてミラーが話したことを非常に冷静に見詰め直したのだ。

エリオット検事は公共の場でも新聞紙上でも、ミラーは刑事たちに殺害のそれぞれの状況について非常にわけ知りふうに語ったので、彼が殺害に関わっていたに違いないと主張した。尋問の間にミラーは、2件の殺害と、1986年の感謝祭の日の、警察官が来て強盗が逃亡したため阻止された3番目の不法侵入未遂の犯罪現場に連れて行かれた。不法侵入の現場でミラーが刑事たちに脱出経路を案内して見せた、とエリオット検事は話した。「彼は的を得ている鳥猟犬のようだった」とエリオット検事は表現した。

しかしテープの文字起こしによると、ミラーは強盗の逃亡については、彼が刑事たちに促されるまではほとんど知らないようである。1986年の感謝祭の成り行きについて尋ねられて、ミラーは、彼の姉と七面鳥を食べた、と答えている。基本的に段取りは、フラワーズ刑事が決めている。

フラワーズ：考えろ。……お前に見える世界に入って行け。俺はそこが見たいん

だよ、聞きたいんだよ。ここんとこは本当に大切なんだよ。感謝祭の日の朝、あの教会のそばで。満月だよ。あそこを上がったところのいくつかある教会の一つのあたりで何かが起きたんだよ、と言うか、あの教会のあたりでさ。

ミラー：それはこんなことが起きたときに違いない。

フラワーズ：何が起きたって？

ミラー：そっちの方を上がったところで何かが起きたんだ……。

フラワーズ：この悪魔が、この悪魔が、この肉体を使って、こいつが、あの日かあの夜か、何かしようとしたのか。

ミラー：多分。

フラワーズ：何を？

ミラー：何かしたんだ。でも、思い出せない。奴らが何かしたんだ。

フラワーズ：何を？

ミラー：だってあれは俺が姉さんの家を出たときで……いや違う、俺は両親と一緒だったんだ。兄貴が刑務所から感謝祭で来たんだ。それで兄貴も入れて皆で夕飯を食べた。

フラワーズ：わかった。じゃ俺にちょっと教えてくれよ。……あれは、この悪魔に取り憑かれた奴が捕まりそうになった日、あの朝、あの朝早くだったのかな？

ミラー：だと思うけど。

フラワーズ：どうやって奴は捕まりそうになったのかな？　お前の眼を通して見て、それで……。

ミラー：警察が奴のことを追いかけてると思うし、誰かが奴を追いかけていた。

　このやりとりでは、ミラーはフラワーズ刑事が彼に逃げ道について語りかけるまではそのことには一切触れていない。2～3分後、2人の話はこの不法侵入未遂に戻る。

フラワーズ：お前はそこだな？　お前はたった今そこにいるな？　お前は裏口のドアのところにいるな？　裏口のドアを蹴っている奴の目を通して見て、入ろうとして、それが見えるか？　お前はそこにいるんだな？　警察が見えるだろ？　警察がこっちに近づいているのが聞こえるな？　お前は怖くなる。お前は逃げたい。

ミラー：それは俺じゃない。

テープの中でおよそ130回ほど、刑事たちが三人称から二人称に、つまり、「彼」から「お前」に切り替えるとき、ミラーは会話を遮って、彼がいるということを否定している。

それから下着の件があった。誰一人としてメィシィ地区首席検事が行った、殺害現場の一つで落ちていた下着のゴムバンドの劇的な提示を忘れることはできなかった。フルーツ・オブ・ザ・ルーム、ミラーが穿いていたのと同じブランドだった。

ミラーが現場に残された下着を「見た」ということは、まったく驚くにあたらない。というのは、尋問の初期の段階で、彼は繰り返し殺人犯が現場に何を残したのかについて聞かれていた。ミラーは最終的に下着に思い当たるまで、衣料品、用具等ではないかと想像した。そこで刑事たちがその細部を確定した。

フラワーズ：その男が女性にナニをやり終えたときのことだけど、ここんとこは本当に重要なんで、本当によ〜く考えてくれ。奴は女のところに何か忘れていったのか？
ミラー：かもしれない。
フラワーズ：何を忘れていっただろうか、お前の夢の中を見て、奴が何を忘れていったのかを教えてくれ。奴は何か遺留品を残さなかったか？
ミラー：ああ、何かね。
フラワーズ：奴は何を残していった。
ミラー：奴は急いでたからな。

5つの質問。ミラーの言っていることはとりとめがない。より崇高な力による力添えが呼び求められた。

フラワーズ：イエスよ、この男が思い出せるようにお力をお貸しください。……奴は女性のところに何を忘れていったのでしょうか。
ウッズ：この男が思い出すのをお助けください、イエスよ。
ミラー：奴は何かを忘れていったんだ。

多分彼は逃げ出して何かを忘れた、そうとも知らずに。もしかしたら彼は意図的に何かを残した。多分……。

フラワーズ：それは何らかの種類の品物なのか、あるいは、それはどんな種類の
　ものだったのか。石か、何らかの種類の物品なのか、衣料品なのか。
ミラー：多分。
フラワーズ：多分何だよ？
ミラー：俺も29番通りで衣類がなくなったから。

　どんなものなのか、フラワーズ刑事は知りたがった。パンツ、とミラーは言った。用具。上着。スラックス。シャツ。諸々。彼はそのすべてを検討しなければならなかったのだ。

フラワーズ：何を奴は。俺を見ろ、ロバート。さぁ、お前の夢に戻ろう。この男は
　あの家に何を残したのか、多分それはお前から盗んだものだろう。……家には
　何が残っていた？
ミラー：俺の髪の毛か何かだったかもしれない。俺にはわからない。

　痺れを切らして刑事たちは衣類の話題に戻った。目を閉じろ。奴はどんな種類の衣類を忘れていっただろうか。

ミラー：多分靴か何かだろう。俺にはわからない。もういっぺん俺の靴をチェック
　しておかなくちゃいけないな。

　それは正しい答えではなかった。夢の中を見て、殺人犯が手に何を持ってるか見てみろ。あるいは奴は何か忘れたのか？

ミラー：奴はあのナイフを残したかもしれないし、あるいはポケットから何かを出
　して忘れたかもしれない。

　それも正しい答えではなかった。刑事たちは畳みかけた。ロバート、奴はお前を嵌めるために何を残しただろうか。ミラーは毛髪かもしれない、と言った。

フラワーズ：この人の体を見てみて、この人は体から何がなくなっているのか。
　彼はシャツを着ているのかな、彼に欠けているものは何だ？
ミラー：シャツだったかもしれない。

フラワーズ：彼には何が足りないだろうか。その人を見るんだ。
ミラー：彼女は彼から何か剥ぎ取った。……彼女は衣類を少し剥ぎ取った。多分ナイフだ。
フラワーズ：彼は靴を履いているか？
ミラー：よくわからない。……彼は1足置き忘れていったかもしれない。
フラワーズ：彼はズボンを穿いているか？
ミラー：うーん。
フラワーズ：この男を見てくれ。彼は立ち去る用意をしているところだが、彼は何かを置き忘れていくということがわかっている。彼が置き忘れていくものは何なのだ。
ミラー：下着か何かだったかもしれない。彼は家に何かを置き忘れた。
フラワーズ：彼はそれを家の中にわざと置き忘れたのか？
ミラー：うーん。
フラワーズ：偶然なのか？
ミラー：うーん。彼はそれを置き忘れたことを知らなかった。彼はそれを置き忘れたが、そのことがわからなかった。
ウッズ：それは何だ。お前の夢を見てみろ。それは何だ？
ミラー：奴が女をレイプしたとき、自分の服を脱いだ、奴の下着か何かを置き忘れていった、しかし奴は俺にはわかっているが、奴は何かを置き忘れていった。奴は忘れたことはわからなかったけれども、それを忘れていったのだ。
フラワーズ：奴は何を置き忘れていったって？
ミラー：奴は、あぁ、ズボンを脱いで女をレイプしたとき、俺にはわからない。

　何なんだ、何をなんだ、一体何を警察は問い詰めていたのか。

ミラー：奴は帽子か、スキーマスクか何かを置き忘れたかもしれない、っていうのは……奴は急いでたんで何か身につけ直すのを忘れたんだ。
フラワーズ：それって何だろう？
ミラー：俺にはわからない。

　一瞬の後、彼は手袋だったのではないかと言う。その時点までにはミラーは、レイプ犯が持ち運びそうな小物や用具のほとんどあらゆる物の名を挙げた。
　何時間も経った後で彼らは下着に戻った。今度は警察が、それをミラーの記憶

の確定した内容として扱っている。

フラワーズ：ところでさぁ、お前はさっき俺に、ほら、こいつ、お前には見える世界の中に出てたこいつさぁ、実際何か衣類を置き忘れたんだよ。それを持って来たか、忘れたか。持って行くのを忘れたか。
ミラー：多分ね。
フラワーズ：それと、お前は俺に言ったよな。あのう、お前はこれはそのー、奴がどっちかで置き忘れた彼の下着のパンツ、ショーツだって。奴はどっちで忘れたんだったっけ、最初でだったかな、2番目でだったかな？
ミラー：俺はそのときあんたに言おうとしたよね、あんたそれを書かなかった？
フラワーズ：ああ、やろうとしたよ、書こうとしたよ。でもさぁ、お前は全然そんなにはしっかりとは言わなかったんだよ。奴はそれを最初のところで忘れたのかな、2番目のところでだったかな？
ミラー：今すぐには、はっきりとはわかんないよ。
フラワーズ：どんな種類の、どんな種類の下着だったのかな？
ミラー：俺にはわからない。正確にはわからない。
フラワーズ：腹が減ったか？
ミラー：ああ。

　彼らはハンバーガーを買おう、という話をする。

フラワーズ：お前の穿いている下着はどこのだ？
ミラー：フルーツ・オブ・ザ・ルームだったと思うけど。
フラワーズ：どれどれ。

　刑事たちは彼の下着をチェックして、それがフルーツ・オブ・ザ・ルームであることと、サイズが30-32であることを確認する。

　尋問の最後のところで彼らは再び下着の話題に戻る。

フラワーズ：奴は今何をしている？

ミラー：部屋を出るところだ。
フラワーズ：服は着たか？
ミラー：着たのもある。
フラワーズ：着てないのは何だ？
ミラー：わからないな……。
フラワーズ：何か着るのを忘れているんじゃないか？
ミラー：そうだと思うけど……。
フラワーズ：何だって？　お前はそこにいるんだろ？　奴が見えるだろ、ロブ、ほら俺に言えよ、奴はお前が俺に教えてほしいってさ。
ミラー：奴は何か置き忘れた。
フラワーズ：ロブ、奴はお前が俺に教えてほしいって言ってるよ。……奴はあの部屋に何を残すんだ？
ミラー：（首を横に振ってノーと言い、頭をすっきりさせようとしている）
フラワーズ：本当によ〜く見て。……奴はこれを部屋のどこに置き忘れるんだ。それはどこにあるんだ？
ミラー：奴は何か置き忘れた。奴の下着か手袋か……。

　検察によって強力に言及されたもう１点は、ミラーが女性たちの家に入る侵入方法について詳細な知識があると推定されていたことであった。「彼は窓枠からガラスを抜き取るとそれをゴミの脇の布袋に——ドアの脇のゴミのところに——入れる」と地区首席検事補のエリオットは陪審員に語った。
　「さて、あのゴミが——あのガラスが——ゴミの塊に刺さっていたのを知っていたのは誰だったでしょうか。現場にいた刑事でした。その他には誰が？　被告人でした」
　実際には、ミラーはガラスが布袋に入ったということをはっきりと述べたわけではなかった。彼が実際に述べたのは、殺人犯が気をつけてガラスを取り除いたということだった。フラワーズ刑事が、殺人に関してミラーに「見えるもの」から次第次第に多くの詳細を求めるように尻を叩くので、彼は強盗犯のカトラー宅への侵入について話す。

フラワーズ：奴は何をしている、何をしているんだ奴は？
ミラー：裏口から侵入しようとしている……。
フラワーズ：奴は電気を切ったが、裏口で何をしているんだ……？

ミラー：ガラスを割った……。
フラワーズ：奴はガラスを割った。奴はどうやってガラスを割ったのかな？
ミラー：何か物で。
フラワーズ：奴は何を使ってるのかな？
ミラー：（返事なし）
フラワーズ：奴は裏口のドアでは何を使ってるのかな？
ミラー：用具だ。
フラワーズ：奴はガラスを割ったのか？　ガラスはどこだ、奴はガラスをどうしているんだ、ガラスはどこにあるんだ……？　ガラスはどこにあるんだ？
ミラー：取り出す。
フラワーズ：奴はガラスをどうしているんだ？　奴はガラスを取り出して何を……？
ミラー：枠から外して……。
フラワーズ：奴は枠からガラスを取って、それで奴は何をしてるんだ……？
ミラー：それをどっかに置いた……。
フラワーズ：奴はそのガラスをどこに置いてるんだ……？　奴を見るんだ、ロバート、お前は奴を見てたんだろ？　……奴はガラスをどうしているんだ？
ミラー：わからない。（聞き取れない）
フラワーズ：見るんだ、ロバート。奴は枠からガラスを取って、それをどうしているんだ？
ミラー：どこかに置いている。
フラワーズ：どこに置いているんだ、ロバート？　奴はガラスをどうしているんだ……？　お前には奴が見えるんだよな？
ミラー：奴はそれを裏口のどこかに置いている……。
フラワーズ：奴はそのガラスを裏口に置いているんだ……？
ミラー：どこかに。
フラワーズ：奴はそのガラスをどうしているんだ……？
ミラー：奴はそれを取り出して……。
フラワーズ：奴はただそれを投げ捨てているのか、どうしているんだ？
ミラー：奴はそれを取り外しているんだ。
フラワーズ：奴はそれを枠から取り外しているんだ……。
ミラー：うーん。
フラワーズ：なぁ、奴は何をしているんだ……？　奴が見えるな？　奴は何をして

いるんだ？
ミラー：奴はガラスをどっかに置いている。
フラワーズ：ガラスをどっかに置いている。
ミラー：その裏口に……。
フラワーズ：どうやって奴は置いているんだ？　ガラスをどうしているんだ？
ミラー：奴は音を立てないようにしている……。
フラワーズ：奴は音を立てないようにしている。それからガラスが割れる。奴はガラスを枠から外した。奴は何をしている……？　奴が見えるな……奴の目を通して見てみろ。
ミラー：奴は腕を通している。
フラワーズ：奴は腕をドアに通している……。奴は何をしているんだ？
ミラー：ドアを開けようとしている。

　エリオット検事が言ったように、DNAによってビデオテープが抹消されたわけではなかった。実は、このビデオテープが彼の命を救ったのだ。

　ミラーの「自白」に関する所謂秘密の暴露の内容は、山のような誤った情報の中に埋もれている。説得力はないが犯罪に結びつくかもしれないどの証拠に対しても、ミラーは何十もの詳細な点でまったく間違っていた。彼は殺人犯が宝石、テレビ、ラジオを盗んだと言った。どちらの家からも何も盗まれていなかった。彼は殺人犯が、1人の被害者を血まみれになるまで何回も刺したと言った。そんなことはなかった。彼は被害者の1人は中年であった——彼より2〜3歳年上——と説明した。当時ミラーは27歳だった。被害者は83歳だった。彼は殺人犯が、一方の家の床にナイフを置き忘れ、靴を履き忘れ、被害者の衣類を全部剥ぎ取ったと言った。すべて真実ではない。彼は被害者は電気コードで絞殺されたと言った。縛った形跡はまったくなかった。正確で客観的な尋問記録は、どこでも導入されるべき不可欠な防衛策であると、専門家は言っている。
　「彼はあまりにも多くの犯罪現場を再現したので混乱している」と、エリオット検事は説明のつもりで1999年になって語った。「少なくとも、彼はロナルド・ロットを予兆させる存在だった」

ピータース弁護士がミラーの弁護人を辞めるときまでに、彼女は、弁護側にロットに関する疑惑は通知されるべきであったか、あるいはそれに基づいた行動をとるべきであったということを主張する強力な上訴を申し立てていた。彼女はまた、ミラーのレイプの無実を証明し、ロットの関わりを示すDNA鑑定を手配していた。その後この裁判は、検察側が鑑定結果の正当性に異議を唱え、新たな鑑定を手配したためになかなか前に進まなかった。1994年になると新しい公設弁護人が、検察側からミラーに対して提案された、仮釈放なしの終身刑という取引を受け入れるように彼に勧めた。彼は断った。彼は1988年から1995年まで死刑囚のままでいた。この年に地区首席検事が、彼の再審開始に合意した。同時に控訴審の新しい弁護人は、ミラーがロットに関する情報が与えられていないという申立てを取り下げた。この状況の変化はピータース弁護士とミラーにとっては大いに悩ましいことではあったが、それまで彼らは7年間も待ったのだ——最初の鑑定結果がロバートの冤罪を晴らしたときから——検察側が幾らかでも譲歩するまでに。

　ミラーは、州刑務所からオクラホマシティにある郡拘置所に移された。若い看護師のキム・オッグは、ロバートの弟とアパートに間借りをしていた。ある週末に彼女は弟に同行して刑務所のロバートを訪ねた。

　「助けてほしい」と彼は言った。

　キムはイノセンス・プロジェクトに手紙を書いて、無罪を証明するDNA証拠が1991年には発見されていたのだが、それから5年経って未だ刑務所に留め置かれていると説明した。ミラーにはすでに有利なDNAの鑑定結果と地元の弁護士の両方が揃っているので、ニューヨークの弁護士に介入をしてもらう必要はほとんどなさそうであった。

　1997年には判事が、ミラーを裁判にかけるための根拠があるのか否かを判断するための審問を開いた。州側は、DNAが精液はミラーのものではないということを明らかにしていると認めて、法医学に関する供述書はすべて取り下げていた。公判で証言した刑務所の通報者は証言を撤回し、その後姿を消した。そしてミラーの取調べだけが残っていた。

　「被告人の供述にはいかなる点においても自白と見なされるようなものは何もない」と地方裁判所の判事ラリィ・ジョーンズが裁定した。彼はさらに、有罪を全面的に認める自白（confession）と対比させて、被疑者が犯罪を構成する事実の認

識をいくらか口にしただけでも「自白（admission：不利益な事実の承認）」と見なしてしまう基準の低さにも言及した。

ジョーンズ判事は言った。「私見だが、録画された取調べでの被告人による供述は、全体が撮られたにせよ、あるいはたとえ部分ごとに分けて撮られていようとも、どちらも『自白（admission）』を構成しない。ミラー氏の供述は刑事たちに、彼に見えたものとして、夢として——さらには亡くなった祖父母から受けるイメージ等として——なされている」

「実際にはどの項目の情報も、『多分』このことが起こった、『おそらく』こういうことが起きた、といった形で直接的表現を避けている。確かに、ある程度鼓舞された後では彼はある種の返答においてはより確かな感じになる。しかしながら、供述全体を眺めてみると、ミラー氏は、刑事たちが聞きたがっていると思えることを話そうとしていたのではないかという印象を受ける。それに、ビデオから明らかだが、刑事たちが彼の返答の多くを方向づけている」

「被告人の供述が既知の事実に一致しているという程度のことであり、その一致している点も、相当な理由（probable cause）を強要するものではないし、彼がこれらの罪を犯したと信じるほどでもない」

地区検察局は直ちに、ジョーンズ判事より検察側にはるかに共感する、より古参のカール・グレィ判事に控訴した。グレィ判事でさえ、自白（confession）にはそれほど価値はないと認めた。しかし、供述の中には正確な内容もあり、「相当な理由（probable cause）と見なす決定をする際に考慮され得る自白（admission）あるいは少なくとも証拠と見なされるものもある」と語った。

ミラーが裁判にかけられかねないのだ。

キムは法廷から出た。足が竦(すく)んでいた。そんなことはありえなかった。彼女は公衆電話を探して、カードーゾ大学ロースクールのバリー弁護士の電話番号に電話した。

「私たちはまさに藁にもすがる思いです」と彼女は始めた。「ロバートは6年前に潔白が証明されました。なのに、彼は未だ刑務所の中です。検察側はまた彼を裁判にかけたいのです」

彼女は事実関係をあらためて要約した。バリーには彼女にある一人の名前を伝えた。

「ガーヴィン・アイザックだ」とバリーは言った。

バリーはこれより20年前にアイザックには会っていて、彼のことを、他の弁護士は避ける事件や訴訟を進んで引き受ける英雄的な人物だと見なしていた。バ

リーは彼に電話をして、ミラーの件でキムと話をしてくれるように頼んだ。

アイザック弁護士はキムに、彼が実際にロバート自身に会うまでは裁判には何ら関わりはない、と伝えた。彼は自ら郡拘置所への道をたどり、ミラーとの面会に出かけた。

「私自身一度も死刑囚監房まで来たことがなかったな」とアイザック弁護士は言った。「どんな感じ？」

ミラーは彼に聞いた。監房には同房者がいた。1人は悪名高き殺人犯で小児愛者だった。もう1人、純粋に心神喪失者で、ロバートの隣に座って『The Flintstones〔原始家族フリントストーン〕』を読んでいたのだが、突然立ち上がってロバートの頭を殴りつけた。しかし間もなく収監者たちは彼が彼らのような呪われた人間の仲間としてはふさわしくないとわかった。そこで他の収監者は彼に干渉しなかった。彼にとってまわりの収監者はまだ我慢ができた。

「知ってると思うけど、俺は田舎者でね」とミラーはアイザック弁護士に語った。「狩りをして、釣りをして、屋外で育ったんだ。親戚や友達と外でバスケットボールをしたんだ。ここでもバスケットボールはしたよ。でも同じじゃないんだよ」

「陽が昇るのも沈むのも一度も見なかった、夜、月の下で歩いたことも一度もなかった、俺は一日中ここだったから。鳥が囀るのも一度も聞かなかったし、リスが道を走っているのも一度も見なかった。背中に風が吹くのも、顔に雨があたるのも一度も感じなかった。ここでは泳ぎに行くこともなかったし、足が濡れることも、泥の中を歩くことも、足の指の間に泥を感じたことも一度もなかった」

やった！　とアイザック弁護士は思った。俺の最終弁論はこれだ。

「よしやろう」彼はミラーに言った。

歩いて事務所に戻るとき、驚いたことに、彼にはミラーの言葉が再び頭の中で響くのが聞こえた。アイザック弁護士は仕事がつらく感じるようになっていた。裁判所での駆け引きは排他的でひどいものだと考え、彼の依頼主に対する見方もよそよそしくて冷めていた。しかし今、涙が頬を伝って流れていた。そうだ、足の指の間の泥だ。

キムは事務所で待っていた。

「どうでしたか？」彼女は尋ねた。

「弁護士料のことなんですが」とアイザック弁護士は言った。

「もちろんですとも」とキムは、彼女に死ぬまでずっと借金を負わせるであろう過酷な数字に身構えて言った。「おいくらでしょうか？」

「1ドルです」アイザック弁護士が応えた。

厳かに彼女は1ドルを彼に手渡した。そして弁護士料の契約書に彼女が署名するとき、2人は声を出して笑った。

　アイザックの弁護士事務所はほとんど休業状態になった。ピータース弁護士と組み、多くの証拠等の掘り起こし作業を行ってきた元警察官で調査員のトンプソンは、常勤でアイザックの事務所に移ってきた。公選弁護人事務所からのもう1人の調査員が一時的にパートタイムでミラーのチームに加わった。彼らは犯罪現場に赴き、公判を再現し、ビデオを何度も繰り返し再生し、完璧な録音テープの反訳を作成した。

　アイザック弁護士は、供述を分析するために、自白とコミュニケーション心理学の専門家を呼び集めた。この分野での最高権威者の1人であるリチャード・オフシーは、ミラーの供述には犯罪に関する独自の情報があまりにも少ないので、虚偽自白と呼ぶことさえできない、と語った。

　ミラーはポリグラフ・テストを受けた。質問は以下のようなものだった。

「あなたはアンナ・ファウラーを殺害しましたか」

「あなたはゼルマ・カトラーを殺害しましたか」

「あなたはこれらの女性のどちらかの殺害に加わりましたか」

　彼はこれら3つの質問すべてに「いいえ」と答えたが、ポリグラフ技師の意見では、彼は本当のことを言っていた。

　アイザック弁護士は立て続けに申立てを申請した。1997年12月のある午後、聴聞会のために法廷で座っていると、エリオット検事が近づいて来た。法廷のアイザック弁護士の側には米国自由人権協会（ACLU）からの傍聴人が2～3名と、彼の事務所からトンプソンとジョアン・ベルがいた。

「こっちとしては本件については、ロバート・ミラーに注射針をお見舞いするからな」とエリオット検事は言った。「奴は一見したところ手強そうだがどうっていうことのない、ただのハリボテだよ」

　アイザック弁護士はキレた。エリオット検事を法廷から外にぶっ飛ばそうとした。最終的には2人は引き離された。2～3週間後、地区検察局はミラーに対するすべての起訴を取り下げた。裁判は表向きは崩壊していたのだ。しかし地区検察局の決定にはもう1つ隠された要素があった。

　エリオット検事は、命は取り留めた2人の高齢の女性の2件のレイプの罪ですでに40年の刑に服していたロットの弁護士と交渉を進めていた。ロットは2件の殺人で確認された彼の精液を根拠にして、死刑判決が下されそうであった。

　ロットには以下の取引案が示された。もし彼がミラーを犯罪に巻き込むことがで

きるならば——見張り役とか共犯とかで——ロットは刑期が追加されるということはなくなるであろう。検察側は、両殺人に対し、刑の同時執行の宣告に同意するであろう。要するにこれは、通常であれば彼を致死注射に送るところである2件の殺人に対しては放免とする機会を与えるわけで、大変な取引であった。

「私は奴に確定的終身刑を提示した。つまり奴は30〜40年したら出所できて、命も救われるというものだ——もし奴がミラーを指で示しさえすればね」とエリオット検事は言った。「奴は私の事務所のすぐそこんとこに座って、首を横に振ったよ。とにかく、首を横に振ったね」

エリオット検事は、アイザック弁護士やバリーに、彼がミラーに「注射針」を刺せたらよいと思っている等とは決して言ってはいないと言い張ってはいるが、ミラーには、犯罪を構成する事実の認識があるという信念に揺るぎはなかった。しかしロットが司法取引に応じるのを拒否したためにこの検事の心の中には強い疑念が湧いてきた。

「もしミラーが本当に関わっていたのなら、自分の命を救うために（ロットが）取引に応じても何らまったく不思議ではない。実に理に適った話なのだが」とエリオット検事は言った。「私は奴にそれを提示した。奴にその選択肢を与えたんだが」

ロットの取引拒否を受けてエリオット検事は、ミラーの再審を行うべきではないと決心した。

ミラーは1998年1月22日に自由の身となった。2〜3ヶ月後、エリオット検事はオクラホマ郡の判事に選出された。彼の上司のメイシィ検事は依然として、死刑事件で判決が出された最大件数記録を自慢している。

第5章　白衣による不正行為

　その金額は、ウェスト・ヴァージニア州各地の新聞第一面の浮き出し文字となり、テレビニュースのアンカーの口からは一語一語区切って発せられた。「百─万─ド─ル！」。概ね、山岳州〔ウェスト・ヴァージニア州のニックネイム〕のどの主だった政治家も、一斉にその数字を、怒り、衝撃、混乱の口調で発した。中には本気だった政治家もいた。

　州は、自分が犯していない罪のために刑務所で4〜5年を費やした、チャールストン出身の墓掘り作業人、グレン・デイル・ウドルに分割で100万ドルを支払うことになった。念のために言っておくが、誰もウドルが幾許かの補償をもらうことがいけないとは言っていなかった。人々を苛立たせたのはその幾許かの補償の規模であり、さらに悪いことには、契約を結ぶ際のこそこそとしたやり方であった。結局のところ、ウドルの弁護士は訴訟を始めることさえせずに、ただ申立書類を提出することについて話しただけで、州の保険審議会は最高額の任意の現金決済を彼に対して投げつけた。それもすべてまったく内々に。なぜそれほど高額だったのか？　なぜこれほど早く処理されたのか？　何か大きく隠されていることはなかったのか？

　もちろん、その事件が厄介なことになるだろうことは誰もが承知していた。しかし、これが初めて、というようなことは何もなかった。2人の女性がハンティントン・モールの裏手でとらえられ、車で連れ去られ、性的暴行を受けた。被害者たちには多くの法廷では禁止されている行為である、記憶力を高めるための催眠術がかけられていたということが判明した。そのことはそれほど法外な考えではなかった。ウドルが逮捕された日に、モールの保安要員が、被害者の1人に対して、おそらく被疑者逮捕を祝してということだろうが、マルガリータを注いだということも、それほど不当なことではなかった。しかし、最終的にその被害者の女性がすっかり泥酔した後で、暴行に対するモールの責任を一切免責する書式に署名したことは、それほど不当ではないとは言えないことだった。

　そうではあっても、すべてはありふれた単なる不注意な行為に過ぎなかった。男は現に刑務所から出てきた。ある計算によると、ウドルへの100万ドルの支払いは、これまでの不当な拘禁に関する申立てに対する和解最高金額の28.5倍であった。そればかりでなく、少なくとも訴訟の標準で算定しても、今回の決定は一瞬にして行われた。最終的にウドルの冤罪が晴れてから支払い契約まで、たっ

たの3ヶ月が経過しただけだった。

「これは私がこれまでに見てきた最短時間での和解だ」とウェスト・ヴァージニア州下院議長のチャック・チェインバーが言った。

「州が彼に対して何らかの義務があるということに異を唱えるつもりはない。とはいえ、彼を大富豪にすることには違和感がある」

「立法府はこの和解を中止させなければならない。2つの悪事が正当化されることはない」とチャールストン・デイリー・メイル（Charleston Daily Mail）紙〔夕刊紙〕は社説で断言した。

さらにチャールストン・ガゼット（Charleston Gazette）紙〔朝刊紙〕は、早々に大金の支払いがされた背景には隠された秘密があるのではないかとの疑問を呈した。「巨額の支払いを必要としたものは何だったのか？ 州警察か州の検察が深刻な違法行為を行ったとしか考えられない……」

事態が進展しても、ウドルの不法拘禁の影でどれほど深刻な問題があったのか誰にも推測さえできなかった。ウドルでさえ想像がつかなかった。彼にはあまりにも早く支払いがなされたので、彼やその他何十人もの人を刑務所に送り込んだ巨大な腐敗の規模をほんの少し垣間見ることしかできなかった。ウドルにも一般人にも知られずに、こっそりと州は、彼の裁判の中に大規模な不正行為があったことを発見していた。その内容がどれほどひどいものであったかについては、仮にウドルが本格的な公判を受けたとしたら、事態はどうなったかの予測をするために、州が雇った弁護士によって詳しく説明された。

その弁護士の出した結論は、もし民事の陪審員が——それに一般人が——ウドルの裁判で実際に何が起こったのかを知ったら、事態は本当にまずいことになるだろう、というものであった。

「ウェスト・ヴァージニア州警察での事件処理の経過を公開するか否かを決定するために、その不正疑惑について捜査をするようにという依頼だった」と弁護士スティーヴン・マクゴゥンは1992年7月29日に書いた。

「その捜査結果に基づき、私としては、公開すれば最悪の事態を招くことになるので、本裁判はできるだけ速やかに、かつ人目を引くことなく解決されるべきであると提言した」

不正行為をもみ消す必要性を、これほどありのままの表現で書き留める人はほとんどいないものだ。問題になっていたのは、州の鑑識課の血清検査の責任者であった州警察官、フレッド・サレム・ゼインのやったことであった。実際には、2人の被害者が結局は襲撃犯をまったく見ていなかったために、ウドルに対する

裁判全体が、ゼインが提供した「科学的な」証拠を拠り所にしていた。ゼインは、出廷して、血液と精液についてのとっつきやすいレクチャーをし、彼の鑑定では、被害者を襲った可能性があるのは1万人に6人で、ウドルはその極めて小さいグループにいたことを証明したと説明した。それは1つだけとるに足りない問題——ゼインの研究所ではそれらの鑑定ができなかったのだ——を除けば、強力な証拠だった。しかしたとえ彼が鑑定を行ったとしても、彼のデータはまったく的外れであった。彼は、被疑者に関して、人々が納得するように話をでっち上げていた。しかもそれが初めてではなかったのだ。

「さらに我々の捜査で明らかになったのは」とマクゴゥン弁護士は書いた。「研究所の鑑定結果を偽って報告したその州警察官は、他の訴訟でも同じことをしていたので、偽りの結果を証言していたかもしれない……」

「ウドルの法的措置および州側の譲歩、あるいは裁判での事実が開示される結果としてこれらが広く知られるようになることは、州警察に対して取り返しのつかない害を及ぼすことになるだろうし、おそらくあなた方の視点からすると、これよりさらに重大だろうが、この州警察官の証言が採用された刑事事件の対象者から多くの要求が出されることになるだろう……。警察は裁判の監査を始めていて、そうなれば警察としても否応なく検事には問題となりそうな裁判のことを知らせざるをえないかもしれないので、若干の開示は避けられないだろう」

「そうではあるが、ウドル裁判を、世間に注目されない形で、裁判前に決着がつけられれば、報道合戦がなくて済み、何らかの形でダメージを受けない対策を講じることもできるだろう」とマクゴゥン弁護士は書いた。

マクゴゥン弁護士がこの極秘の書簡に書いたことは、1つの例外——ゼインの秘密を必死になって守ろうとする努力は成功しないだろうということ——を除いて、どれも本当のことであった。ある堕落した、歪んだ男の正体を暴くことが、ウェスト・ヴァージニア州を越えてはるかに及ぶ危険を明らかにすることになる。「科学的証拠」として法廷で通用しているものは往々にして問題にされずに罷（まか）り通り、相反する話とグラつく記憶とで濁った川の中に真実の塊（かたま）りを選り分けねばならない陪審員に途方もない影響を及ぼすのだ。それにしても、「科学的証拠」というものは往々にして見かけ倒しだ。インチキな科学的証拠に騙されるのは陪審員だけではない。科学として着飾った戯言（たわごと）に安心して、多くの普通の目撃者、警察官、検事が、白衣に身を包んだ優位の存在に在る者のご託宣に合わせるために、話を捻じ曲げ、手を加え、いとも簡単に変えてしまった。「彼は神だった」とウェスト・ヴァージニア州のある検事がゼインのことを評した。マクゴゥン弁護士からの警告

——ウドル裁判を余りにも深く検証すると「最悪の事態を招く」ことになるだろう——は的中した。

───────

　1987年1月22日、夜明け時から夕闇まで、暗く物寂しい日であった。その日は終日風が吹き荒れ、雪が舞い、ハンティントン・モールは人っ子一人いないに近い状態だった。ある若い女性がモール裏手の自分の車に向かって歩いていたとき、スキーマスクを被り、ナイフを持った男が彼女に近寄って来た。男は彼女に無理矢理4〜5キロ程運転させ、それから襲った。その後、男は彼女の口をテープで塞いだ。3週間後、同じことが、もう1人別の女性に起こった。

　被害者の1人は、チラッとしか見なかったが、男は赤みを帯びた茶色の顎鬚だったと話した。スキーマスクは黄色と茶色だったと説明された。

　たまたまハンティントン・モールの裏の入口から200〜300メートル弱のところに、赤みを帯びた茶色の髪の毛で、軽犯罪の前科がある男が働いていた。グレン・デイル・ウドル29歳は、ホワイト・チャペル・メモリアル・ガーデンズ墓地の主任管理人であった。彼の自宅の家宅捜索で、被害者が述べた茶色と黄色のマスクとまったく同じではないが、茶色のスキーマスクが見つかった。しかし警察の報告は隠蔽されたので食い違いは見過ごされてしまった。被害者の1人の口を塞ぐのに使われたテープは、ウドルの妻が働いていたモールの店で売っているものと似ていた。催眠術を受けて、2人の被害者がどちらもウドルが襲撃犯だと言い、2人とも、外見と特異な臭いで彼だと識別した。大半の法廷では、催眠法をかけられた証人の証言は、その過程で記憶が蘇ることもあれば歪められることもあるため認められていない。

　他方ウドルは、犯罪とは120％まったく関係がないと断言した。それに彼はほとんどシロに近い被疑者であった。それでも彼の血液が襲撃犯が残した精液と照合するかどうかを鑑定するために採られ、彼の毛髪が、被害者の1人の車の中から発見された1本の毛髪と比較検討のために採取された。

　ここがゼインのマジックの見せ場だった。どうして彼がウェスト・ヴァージニア州では最も求められている、少なくとも強力な証人がいない裁判に取り組もうとしている検事からは最も求められている血清学者なのかを明らかにした。

　公判でゼインは、被害者から回収した精液によって明らかになった血液型について論じた。ウドルの血液と精液に検出された血液型とが合致するという驚嘆す

べき彼の統計値を報告した。すなわち、同じ血液性状の組合せは「1万分の6」しかないというのだ。

そこに車から回収された1本の赤みを帯びた茶色の毛髪があった。この毛髪がウドル以外の誰かの顎鬚だという可能性はないのだろうか。

「まったくありそうにない」というのがゼインの答えだった。

それにしても、その毛髪がウドルのものだと、疑問を挟む余地もないほど確かだと彼に言えるのだろうか。

いや、そこまでは言えない、というのがゼインだ。しかし、こうは言えると言うのだ。「すべての特質が同じだ。……毛髪がウドル氏のものではありえないと信じる理由はまったくなかった」

ウドルは、レイプ時には仕事中であったと証言した。彼の兄がアリバイを裏づけた。ウドルは、彼の潔白を証明するために自白剤を飲んでも構わないと言った。彼は、DNA鑑定という新しい手続きのことを聞いてもいたので、その鑑定申請をした。検察側は、DNA鑑定の正確性が実証されていないとして、その申立てに反対した。他方、ゼインによる鑑定は周知の必需品であった。

陪審員はウドルの残りの人生をあっさりと片付けてしまった。彼らは誘拐および婦女暴行の19の訴因すべてで彼を有罪と評決した。彼らの勧告は、情け無用の終身刑であった。裁判長はこれを倍にして、仮釈放無しの終身刑2件を与え、さらに335年を加えた。ウドルの新妻テレサはすすり泣いた。

「私はね」キャベル郡の検事のジョン・カミングスは言った。「うれしくてたまらないですよ」

ウドルはといえば、拘置所によろめきながら向かい、小さなタイプライターで申請書を打ち続け、手紙を書いて明け暮れた。彼はDNA鑑定を求めた。それは彼の潔白を証明するのだ。検察側はこれを退けた。ウドルは、もし彼らが鑑定に同意し、彼がレイプ犯だということが明らかになったら、彼は彼の有罪判決を上訴するあらゆる権利を放棄すると言った。最終的には証拠は鑑定のために送り出されたが、1回目はサンプルが劣化していたために結論は出なかった。そこで、ウドルの家族に雇われたチャールストンの弁護士ロニー・シモンズが、ニューヨーク・タイムズ紙日曜版で、微量のサンプルでも結果が出せるというもう1つのDNA鑑定法、ポリメラーゼ連鎖反応すなわちPCRについての記事を読んだ。

公判審理での鑑定使用の道を開いたのは、カリフォルニア州の法医学者エド・ブレイクだった。彼は手続きについてシモンズ弁護士に説明をしたが、そのときある考えが浮かんだ。

「今から言う、DNA訴訟を手がけているニューヨークの2人の弁護士に電話をするといい」とブレイクは言った。「彼らは昔の裁判の証拠を再鑑定するイノセンス・プロジェクトというのを運営しています。名前は、バリー・シェックとピーター・ニューフェルドです」

ブレイクがあらためて行った鑑定で、残された精液はウドルのものではないということが明らかになった。そこで裁判は崩れ始めた──ゆっくりとだが。判事がDNA鑑定の結果の意味することを理解するために、ウドルは州刑務所から郡の拘置所に連れ戻された。ウドルを乗せた刑務所の犯人護送車がチャールストンに到着した日に、被害者の1人がすすり泣きながら駐車場で待ち構えていた。彼女は車のドアのところに走り寄ってドアを叩き、開かないようにした。彼女は、一度も顔を見たことはなかったが、ウドルが襲撃犯だと確信していた。彼を釈放することに彼女が公然と反対したことで、検察側は、新しいDNA鑑定結果が提示されたが、彼を釈放してはならない、と気合が入った。

そういう状況ではあったが、法廷ではバリーとピーターの助けを借りて、シモンズ弁護士とウドルは優勢であった。ウドルは1991年7月に、所在を監視するための電子ブレスレットを着けての自宅監禁ということで釈放された。翌年の5月には、州は彼が再審されない旨合意した。さらに9月には、監視用ブレスレットが解除されるやいなや、州はウドルの不当有罪判決に対する100万ドルの支払いに同意した。

何が起きたというのだろうか。カリフォルニアの法医学者エド・ブレイクが、ゼインの不正行為の全容を顕かにした。ブレイクは、被害者から検出された精液がウドルのものではありえないということを証明しただけではなく、ゼインが行ったと主張した元々の血液鑑定の正当性そのものに強い疑問を呈した。

州が秘密裏に行った、ウドル裁判における州側の法的責任に関する捜査がブレイクの発見を後押しした。「この州警察官は、鑑定が行われた時点で研究所では実施が不可能な精液の検査室検査を実施したと証言した」とマクゴゥン弁護士は書いた。

「実際に行われた鑑定に基づき、同州警察官は、レイプ犯の血液と同じ血液の人は人口比ほぼ3％であると報告すべきであった」

「それなのに同州警察官は、捏造された結果を使って、レイプ犯の血液と同じ人は10,000人に1人だと証言した」

ゼインは血液鑑定が実際よりも300倍も識別力があると主張して、ウドルの背中に標的を描いていたのだ。

それでは有罪判決を招いた毛髪の証拠はどうだったのか。マクゴゥン弁護士はこの件については彼の書簡の中では論じてはいなかったが、シモンズ弁護士は、ゼインのこの件での証言も偽造だと見破った。公判の丁度3ヶ月前、ゼインは――法廷では彼はそれがウドルの顎鬚だと証言するのだが、そうではなく――それが恥毛だという報告書を書いていたのだ。その毛髪を調べていた別の専門家は、それにはウドルの体のどの部分のどの毛髪とも類似性がない、と述べた。

　ウドル裁判が決着した後で州警察は、研究所の内部監査を実施し、「ある種の過誤」は発見したのだが、大きな問題はまったく出てこなかった。

　「これ以上の行動をとる必要はない」と公衆安全部長が宣言した。彼の取調べと反応が誤魔化しだったとしても何ら歴史に影響を与えはしないだろう。州警察官ゼインに対する2回目の尋問が、シモンズとチャールストンの主任公選弁護人ジョージ・カステージャ、それにカナウハ郡の新任の検事に駆り立てられてウェスト・ヴァージニア州最高裁判所で始められた。今回は、全員が隠蔽はありえないと誓った。

　ゼインは、殺人、レイプを含む何百件もの重罪の証拠を提出済みであった。法医学者の優秀なグループであるアメリカ犯罪科学捜査研究所長協会（American Association of Crime Lab Directors）の協力を得て、捜査官がゼインの証言と今でも研究所に保管されている証拠のうちから、36の裁判の代表的なサンプルについて見直した。調査結果は息を飲むほどの内容だった。10年間にゼインは、どの裁判においてもデータを捏造していた。捏造のパターンは、彼がウドル裁判でやったことと同じであった。つまり、ゼインは、鑑定が実際には行われなかったときでも、鑑定は実施されたと主張した。彼が証拠の鑑定をしなかったときには、証拠となる体液のサンプルがありさえすれば、誰かを有罪にする「決定的」な証拠であると述べた。そして彼が鑑定を行ったとしても、鑑定は彼の大胆な結論を支持しえなかったはずである。ウドル裁判では、ウドルがレイプ犯である確率を――精液を基にして――計算する彼の数学は高校2年生から失笑を買ったであろう。

　彼は、大学では有機化学で落第点を取った。FBIの法医学コースでは不合格であった。彼のアシスタントによれば、顕微鏡スライドガラスには何も載っていないのに、そのスライドを根拠にした証拠に関する供述をよくやったそうである。

　彼のある同僚が、実際に魔法の杖を彼の研究所の作業台のところにテープで留めたことがあった。「魔法を使ってしか彼は答えを見つけ出せなかったのでしょう」と、ゼインの元アシスタントだったゲイル・ミドキフは説明した。ウドルの有罪

が確定する何年も前に、彼女ともう1人のスタッフが州研究所のトップに宛てて告訴状を書いた。ゼインの上司たちは単なる仲違(なかたが)いだとして鼻であしらい、その件はそれ以上の進展は見られなかった。

州最高裁判所は十分に情報を収集した。州の特別捜査官が突き止めた「衝撃的で言語道断な違反行為」に留意し、最高裁は、裁判の決め手の証人であった、専門家と認められていたゼインをウェスト・ヴァージニア州の裁判制度から放逐した。「法的に見て、ゼインが提出した、いかなる時点の、いかなる刑事訴追においても、すべての証言や記録は、法的効力がなく、信頼できず、かつ証拠能力がないものと見なされねばならない」と最高裁は1993年に全員一致で判決を下した。

そうなるはるか前からゼインは、州から姿を消していた。実際には、ウドル・スキャンダルが発覚するよりも前に州外に出ており、テキサス州でよろず法医学専門家として仕事をしていた。彼は新聞紙上では常軌を逸した人物、一匹狼的反社会人間、一人救援隊等と評された。しかし、あれやこれやと他人の助けもあったのだし、そのうちにその手の協力の幅は広がり、収監者が有罪判決を覆そうと法廷に立つと、その実態が明らかになっていった。彼らは、ゼインが証拠を改竄しなかったならば有罪の判決を受けることはなかっただろうと主張した。これらの申立ての大半は、たとえゼインのインチキな鑑定報告を無視したとしても、収監者が窮地にあるのは他の科学によらない証拠があるからであるという論拠で却下された。

ウィリアム・オゥデル・ハリスの裁判は、ゼインの偽証が、「科学的な」証拠を提示していない証人にも害毒を流すことがありうることを明らかにした。ハリスの裁判は、犯罪捜査が反響室〔限られた情報が高速に伝わり、反響し合うことで、反対意見に触れることなく、偏った見方が強化されて行く環境〕になりうるということの典型的な例である。つまり、そこでは答弁書が、人が事実として知っていることよりも、真実であるはずだと思っていることによって作り上げられるものなのだ。

ハリスは1987年に、田舎町ランドで女性を襲った廉(かど)で有罪となり、南北戦争時代のネズミが出る刑務所に送り込まれた。1984年12月にレイプがあった際、ハリスは17歳のラインバッカーを務めるスター選手で、州のチャンピオンレスラーでもあり、彼の入学を求める大学が行列を作ったほどであった。1994年7月頃には、ゼインが彼の裁判の証人であったために、彼は人身保護令状の審問の対象収監者の1人であった。

見直し作業は、以下の方式で進められた。まず初めに、法廷は、この血清学

者、ゼインの証言を排除する。次に、ゼインからのものではないその他の証拠を比較検討して、有罪判決が有効か否かを決定する。ハリスの裁判では、最も強力な証拠の出所がゼインではなく、ジーニーという公認看護師である、被害者自身であった。公判で彼女は、ハリスが襲撃犯だと指名した面通しについて尋ねられた。

「あの人は真ん中にいました」と彼女は証言した。

「彼だというのはどうしてわかりましたか」と検事が訊いた。

「だから、あの人の顔だってわかったんです。それに私はとにかく——わからないんですけど、何だか泣き出したんです。よくわかりませんが、でも何だかひどく興奮して泣き出してしまったんです」

「どうしてそうなったんでしょうか」

「あの人が私にしたことが思い出されたんじゃないんでしょうか」とジーニーは答えた。

「あんなことをしたのはあの男だということについて、あなたの心の中には何か疑念が残りましたか」

「いいえ」と彼女は応じた。

面通しを執り行った保安官代理は法廷で回想した。「彼女は心に何の迷いもありませんでした。おそらく私がそれまでに見た目撃者識別の中で最も印象的だったのではないでしょうか」

たとえゼインのインチキな血液鑑定は無視するにしても、ハリスに対する証拠の重みはかなりのものであった。ハリスにとって彼の有罪判決を覆す唯一の機会は、もともとのレイプ・キット〔性犯罪捜査採取キット：犯罪発生後に採取した毛髪や皮膚、血液、精液、唾液などのサンプルからなるDNA証拠物件〕の証拠を再鑑定するしかなかった。しかし検察局は、それはもはや保管されていないと報告した。なんということか、どこに行ってしまったのかもわからないと言うのだった。この件は、証拠の行方をたどり、追跡した公設弁護人カステージャと彼の調査員ペギィ・ロングウェルの粘り強い作業がなかったならばここで終わっていたことであろう。最初に被害者の性的暴行の検査をした病院が1枚の研究所のスライドガラスを持っていて、それにラベルを貼って保管していた。スライドにあった精液を鑑定したが、それがハリスのものではありえないという結果であった。

しかし話はここで終わらなかった。ハリスが不当有罪判決に対して訴訟を起こした際に、彼と彼の弁護人のジョン・カリィは、2つの驚くべき書類を発見した。まずはジーニーの尋問についての警察の報告書だ。それによると捜査官は、ジー

ニーにはハリスの写真を見せていたと語った。

「被疑者（ウィリアム・ハリス）は、1985年3月6日、写真面割では除外された。被害者は、彼を知ってはいるが、襲った男は彼ではない、と語った」。実際、ハリスは被害者宅からほんの3軒先に住んでいた。また被害者は、彼女を襲った男の身長は170センチ強　であった――ハリスより15センチ強低い――と届け出ていた。

次の書類は、警察が用意した襲撃犯被疑者の表だ。ハリスの名前のところには、彼は被害者によって除外されたとの警察の報告があった。

もちろん、このような重大な書類を法廷で被告人側に渡さなかったことは、明らかに違法であり、司法妨害幇助であった。そのことだけで十分に問題であった。しかしながら、さらにいっそう興味をそそられるのは、被害者ジーニーがハリスについての見方を変えた流れである。警察が隠していた報告書によればジーニーは、警察に、彼を知ってはいるが、彼がやったのではない、と語っていた。しかし、数ヶ月後には、彼女はハリスを見て彼が襲撃犯だと言ってすすり泣いた。

彼女の心が変わったのは、血液鑑定がゼイン巡査部長の監督下、州警察科学捜査研究所で実施された後のことだった。彼は、典型的な彼の専売特許である有罪判決を招くような報告書の一つを用意していた。警察は結果を知った。ジーニーはもう一度面通しを行った。突如として、ハリスはレイプ犯となった。

一連の過誤はあまりにも愕然とするようなものであったため、ハリスの民事訴訟の和解額はウドルの場合のほぼ2倍の188万ドルであった。今度は怒りの叫びは起きなかった。

あきれたことに、全米の刑事訴訟では、偽物が時に科学として通用してきた。ゼインは12州で検察側の証人であった。彼はサン・アントニオ郡監察医の主任血清学者の地位にあって、テキサス州での多くの訴訟での偽りの証拠の責任者であった。このような危険で不正な虚言に依拠して陪審員は、共同住宅の清掃作業員ジャック・デイヴィスに、彼が死体を発見した住人殺害の罪で有罪の判決を下した。被害者の血しか染み込んでいない死体のまわりのカーペットの繊維の上にゼインは奇跡的に、デイヴィスの血液を示すDNA鑑定を見つけ出してきた。ウェスト・ヴァージニア州でのゼインの異様な行動の噂がテキサス州にも届いたので、スタンレー・シュナイダーとゲリィ・ゴウルドシュタインに率いられた弁護団が、ゼインのDNA鑑定をインチキだと暴露して、ディヴィスの潔白を証明した。同じことがギルバート・アレハンドロの身にも起きた。1990年に彼に不当な有罪判決が下ったのは、ゼインのDNA鑑定によればレイプ被害者の着衣に付着して

いた精液は「アレハンドロのもの以外ではありえないだろう」という証言に負うところが大きかった。実際は、これらの鑑定は決定的ではなかった。追加で鑑定を行ったが、これらも彼の潔白を明らかにしていた。それから4年後、あるテキサス州の判事が、ゼインはアレハンドロが鑑定によって無実が証明されていたことは知っていながら、鑑定結果を誰にも伝えていなかったということを明らかにした。

テキサス州は既に、もう1人の法医学の誤魔化し行為のスーパースター、自らを「(フライパンの取っ手のような形の)ウェスト・ヴァージニア州一番の法医学者」と称していた、ラルフ・アードマンがいた。テキサス州西部48郡の検屍官として、驚くべき率だが、じきじきに年間400件の検屍解剖を行ったと公言していた。「彼のことをマック・アードマンと呼びなさい」とある検事が言った。「彼はマクドナルドのようだ。何十億という人に供されている」

どうやってアードマンはそんなに早く処理できたのだろうか？ 若干の手続きを省略することによってだ。ある家族はアードマンが作成した死亡届を読んで驚いた。というのは、その死者が亡くなる何年か前に胆嚢と脾臓は手術で除去されていたのに、それらの重さが彼によって報告されていたからだ。この男性の遺体が掘り起こされたが、何ら切開されていないことが判明した。また、アードマンがある女性の脳の解剖をしたと主張したもう1つのケースがあった。ここでまた遺体は掘り起こされた。しかし、頭部が触れられた気配はなかった。彼は、手抜き検屍の王として知られるようになった。2〜3人の真摯な警察官と検事が捜査を始めたとき、彼らは7遺体を掘り起こしたが、そのどれもが切開されていなかった。捜査官によると、アードマンは死亡原因について報告書を書く前に、彼の書く話に筋が通るように頻繁に死因について警察の見解を知ろうとした。

オデッサでアードマンは殺人の可能性のある事件の検屍解剖を実際にやったのだが、どういうわけか頭部がどこかに行ってしまった。警察が被害者のクレジットカードを持っていた男を逮捕したときに、この男はうっかり口走ってしまった。「女の頭を撃ったのは俺じゃない」(「法の執行の世界で、こういうのを『手がかり』と言うんですがね」とある保安官助手が言った)しかしながら、アードマンが頭部を最後に見た人物であったために、被疑者に対する殺人容疑は取り下げざるをえなかった。

ところ変わって、プレインヴューでは、当局者が、水路で発見された女性の首無し死体をアードマンに送ったと語った。それから8年後、彼は、たとえ全部がピッタリ合っていなくても一式を送付する、仕事に忠実な発送係のようにその女性の遺骨を、14歳の少年の頭の骨もおまけに添えて送り返した。

ラボック郡では、ある男性が、アードマンの検屍解剖に基づいて、彼の幼い息子を殺害した罪で4ヶ月収監したことに対して、15,000ドル支払わねばならなかった。二度目の検屍解剖で、その幼子は誤って水死したと判明した。
　「私も人間だということだし、ミスもするということですよ、そうです」とアードマンは法廷での審問に答えた。「しかし、意識的にやったのかということですか？ 決してそんなことはありません」
　ある警察官は、この検屍官がもう1件実際にやっていた尋常でないことについて、正式な告訴状を書いた。「アードマン博士が直近の3件の検屍解剖に同行させた2人目の助手は、アードマン博士の13歳になる息子です。この子は、手袋とエプロンをして、証拠を取り扱うだけではなく、遺体の傷を指で弄くりまわしている」
　CBSのテレビ番組「60ミニッツ」のエド・ブラッドリィがアードマンが建てた仮の研究室を訪ねた際に判明したように、彼は確かに仕事を家に持ち帰っていた。ブラッドリィはアードマンの冷蔵庫について詮索した。

ブラッドリィ：それでは何でしょうか――ここんとこにあるこのチューブは何ですか？
アードマン博士：それらは血液サンプル、尿サンプルです。
ブラッドリィ：そしてここにあるのが……。
アードマン博士：ちょっと、それはマスタード。すぐにそういうことはやめてください。
ブラッドリィ：マスタードですって？
アードマン博士：私の面目を潰そうというのですか？
ブラッドリィ：コーラ……。
アードマン博士：私はただ――これはですね――申し上げたように……。
ブラッドリィ：いや、私が……。
アードマン博士：……ごく単純なことです。
ブラッドリィ：ですよね、ですがあなたは。アードマン博士、いいですか、つまり、あなたはここに来て1年になりますね。
アードマン博士：ええ。ですが、それで？
ブラッドリィ：それなのにあなたが保管しているのは……。
アードマン博士：おっしゃるとおりですが、こういうことになるとは思ってなかったことで。
ブラッドリィ：あなたは血液をゼリーの横に保管していますよね？
アードマン博士：いいえ、違います。血液をゼリーの横に保管はしていません。

つまり、血液はそこで、それで……。

ブラッドリィ：血液はそこで、ゼリーはここで、さらに辛味のあるソースはこっちと。

アードマン博士：これは長い間使われていませんでした。この1年は、これはまったく使用していませんでした。

ブラッドリィ：なるほどね。現実問題としては、私は別にあなたにご迷惑をおかけするつもりはないのですが、でも……。

アードマン博士：そうですか、そのつもりはなくても実際には……。

ブラッドリィ：私が冷蔵庫を開けたらですね、ピカンテ・ソースがあるんですよ。

アードマン博士：しかしあなたが見たのは……。

ブラッドリィ：血液の横にね。

アードマン博士：それは以前あなたにお見せしました。

ブラッドリィ：いいえ、一度もあなたからそれを見せてもらったことはありません。

アードマン博士：わかりました。それでは……。

　アードマン博士は検屍解剖を偽ったことを認め、10年の執行猶予を言い渡された。しかしながらその後ワシントン州レドモンドに移り、自宅に違法の自動小銃を含む兵器を保有していることが判明した。テキサス州は彼の執行猶予を取り消した。

　よく「頭を失くす」アードマン博士は刑務所に送られた。ゼインはウェスト・ヴァージニア州で数回にわたって起訴はされたが、2002年12月に亡くなるまでに有罪判決は受けなかった。テキサス州では、どうやら時効の問題があるためということらしいのだが、一切の起訴は行われなかった。長年にわたり、意図的な法医学の不正行為に関与していた2人の男ゼインとアードマンは、単に2つの腐ったリンゴに過ぎなかったのだろうか。ウェスト・ヴァージニア州でのゼインの掃討を進めていた間に、彼を雇用することに関わった人たちの1人が宣誓したうえで尋問を受けた。ゼインだけが白衣を纏った悪人ではなかった、と彼は証言した。さらに、ウェスト・ヴァージニア州の犯罪科学捜査研究所だけでインチキが罷り通っていたわけではなかった。「こういうことが起こったのは、何も国内ではここだけではない」と元警部補のケネス・ブレイクは語った。「私はサン・フランシスコで実際に見たんです。そこではひどい化学者が一人いたために、およそ1,000件の薬物事件の後処理をしなければならなかった」彼はまた信じられないような指紋のでっち上げスキャンダルについても実例を挙げることができた。カリフォルニア州オレンジ郡では、ある警察官が被疑者の指紋カードをコピーし、乾かないう

ちにそのコピーを、武装強盗の、未だ指紋採取をしていない「採取」カードに押しつけた。また別のときには、この警察官はある被疑者の指紋カードを取り、薬物が一杯詰まったジップロック袋の下に置いて、写真を撮り、カードの輪郭を切り落とした。

　ニューヨーク州北部地方では、手強い事件の場合、州警察官が、証拠品に指紋を付着させるという手段に訴えた。これが発覚したのは、たまたま州警察官の1人がCIAのスタッフ採用に応募した際に彼の器用さを自慢したからであった。この情報はFBIに伝えられたのだが、FBIは州当局に通告するまで1年間伏せておいた。FBIがもたついていた間にさらに何人もの人たちがでっち上げ指紋の被害者となった。

　この分野では大多数を占める正直で良心的な科学捜査官にしてみれば、ゼインと彼の仲間の悪臭は彼らには最悪に感じられるに違いない。しかし、彼のことを異常な出来事と見なすだけでは、認識が甘いと言えよう。最終的には、ゼイン、アードマン、他の指紋ペテン師の不正においては、まっとうな科学の場合以上により多額の金銭が動いたという形跡はなかった。だとすると、彼らを衝き動かしたものは何だったのか。

　ゼイン自身は、いかなる公の法廷の場でも不正を行っていた時期に関する具体的な質問には一度も答えたことがなかった。スキャンダルがもとになって起きた民事訴訟の間、彼は召喚されても一貫して出廷しなかった。係争中の刑事事件で自らの脆弱性が多少なりともあるからこそ、彼は沈黙を守ったに違いなかった。CBSニュースのスーザン・スペンサーの番組「48アワーズ」で彼は口を開き、何も間違ったことはしなかった、と言い張った。

　「個人的に私としては、生まれてこのかた、誰に対しても意図的に危害を加えたり、損害を与えたりするようなことは、どんなことでも一切行ったことはないと確信している。私に対する訴訟はまったくの濡れ衣である」とゼインは語った。

　彼は、自分のしたことが法廷で強大な影響力を持つとは決して考えていなかったと述べた。「これまでに私が証言したどの訴訟においても、私が供述したどんな内容であろうとも、それが分岐点になるとは一度も考えたことはない。まったくない。決してそのような意図はなかったし、一度としてそうなってほしいと思ったこともない」

　犯罪に合致するように鑑定結果をでっち上げたことはまったくないのか、と尋ねられて、ゼインはキッパリと否定した。「全然ない。職歴や家族、刑事訴訟や民事訴訟をなんで台なしにするのですか？　かりそめにもそんなことをしても、どう考え

ても全然得るものはなかった」

　ゼインの経歴に、彼の行動の手掛かりがあるかもしれない。教室では落ちこぼれだったが、ただ1つの場所でだけは彼はヒーローになれた。証言台という場所で。郡の検事たちは、ゼインの後継者たちに代わった途端に、師匠が達成したような有用な結果が一貫して提供されなかったことに気づいたために、ゼインがウェスト・ヴァージニア州を離れた後でさえ、引き続き彼を雇用した。ゼインのお陰でウドルの有罪判決が下されたとき、ウェスト・ヴァージニア州警察本部長のW. F. ドノホウは、この血清学者に宛てて本裁判およびその他の裁判に関する彼の実績に対して、1987年7月10日に祝い状を書いた。

　「今般の陪審員を務めたキャベル郡の市民が、提示された検察側証拠を信じたことは、貴殿を個人としても専門家としても評価できるということであります」。

　「貴殿は、法執行機関の世界の他のメンバーと協力して、個人的努力ならびに専門家としてのプレゼンテーションの双方において、非常に信頼に足る証拠を提示されたので、19件の有罪判決が認められました」

　「法執行機関の一員としての私の33年間に及ぶ経験から、もし仮に、私が予想を立てても構わないということであれば予想をさせていただきますが、結果に疑問を投げかける、大袈裟に同情する人たち（そういう人たちは、捜査に関わった人でもなければ、私どもの連邦法および州法によって確立された陪審過程に関わらなかった人たちですが）中には出てくることでしょう」

　結びでドノホウは、次のように書いてゼインを安心させた。「たとえ将来、収監者に大袈裟に同情する人たちが、貴殿にいささかでも影響を与えるようなことがあったとしても、良き人々の多数はまさに貴殿の妥当で熟達した行動を支持しているということを、そして、我々がともに誇らしく法執行機関の世界に立っているように、あらゆる可能な方法で貴殿を支援する用意がいつでもできていることを覚えておいていただきたい」

　ゼインは、ウェスト・ヴァージニア州を離れる前に巡査部長の肩書きになり、そして、ドノホウ警察本部長が書いたように、「法執行機関の世界」の大切な一員となった。ゼイン自身がかつて述べたように、科学者ではなく白衣を纏った警察官なのである。「我々は、実際には科学者とは考えられていなかった。つまり、たとえ何があろうとも、我々はまずは警察官であった」

　自尊心のある警察官であれば、誰も証拠捏造が職務上の任務だとは考えないだろう。さらに言えば、それとわかっていながら事実を曲げるような一般の証人はいないだろう。証人や被害者による間違いは、彼らの人間性のまさに核心部分に

起因するものである。つまり、自らを、あるいは誰か他の人を、欠けたところがないようにしようとする感情が働く、人としての痛みを感じる精神である。これとはまさに反対の資質、つまり理性のない感情から乖離することによって、科学的証拠に真実を伝えるものとしての権限が付与されることになる。人間の精神や記憶は影響されやすいものだが、研究所の結果はそうであってはならないのだ。1,000人の人がある犯罪の証人になると、1,000通りの異なった詳細を回想することがありうる。研究所では、もし1,000人がある鑑定をすれば、1,000人が全員同じ結果に到達して当然である。研究者の間では、再現不能の鑑定結果にはほとんど意味がない。

　そうであるからこそ、DNA鑑定には真実を告げる最も基準になる鑑定としての権限が付与されるのである。鑑定の正確さは証明されており——一例を挙げれば、DNA鑑定は今や、臓器提供の際の組織整合、特定のウイルス性疾患診断に利用されている——また、鑑定結果は実証されている。DNA鑑定によって明らかにされた不正行為と過ちの痕跡をたどっていくと、信頼できない研究所の業績は、無実の人々にとっては最も危険な存在の一つであるということが判明した。科学を楯にしたゼインのごときペテン師によって大量生産された「事実」は、人為的な歪曲は考えられず、抗し難いように見える。

　科学的な証拠は適正に処理されれば裁判において最上の証拠になりうる。犯罪科学が、検事からも弁護人からも恩義を受けることなく、どちらの側からしても事実を曲げて伝えることもなく、データを捏造することもない専門家からなる独立した第三者の地位を占めるのは、明らかにまだまだ先のことではある。ゼインや彼のような輩を乱用することは、科学的な課題だけを遂行する機関で育成された、真に独立した犯罪科学の世界であればまったくありえないことであろう。研究所も予算もどちらも、警察や検察当局の監督下に置くべきではない。1985年の調査によると、全研究所の79％が、警察か検察当局の一部であった。

　さらにいっそう悩ましい問題がある。どうして、ゼイン、アードマン、およびその他「ドライタイプ〔毛髪等に依拠する非DNA鑑定型〕の研究所員」が、一度ならずまた二度ならず、というより何年にもわたって罰せられることなくやってこれたのだろうか。

　確かに一つの答えは、一方で批判の口を封じ、科学的な作業の成果の非公開を奨励し、同時にいかなる過失であってもそれらを認めること、さらにはそれらを訂正し、説明することなどはもってのほかと阻止するような身内を庇い合う隠蔽体質文化にある。疑いもなく、このような文化を作り上げた主犯格は、米国内で最も

影響力があり、最も強力な犯罪科学捜査研究所であるFBIであった。これは外部からの所見に留まらずFBI内部の監視機関が行った所見でもある。

　査察官マイケル・ブロミッジが言うには、このような隠蔽体質、身内を庇い合う体質がFBIを腐敗させた。厳しく批判する報告書の中でブロミッジは、FBIは自らの内部告発者を無視し、中には処罰された者もいた、と述べた。FBIは、情報開示や過失の承認を拒んだ。また、過失を犯したFBI技官を罰せず、いかなる科学的な設定でも起きる通常の意見の相違、批判を許容しようとしない。事実、全米筆頭の犯罪科学捜査研究所としては、第三者による認定の申請はしないし、同分野の専門家たちの評価に自らを委ねようともしない。

　研究所長ジョン・ヒックスはかつて、FBIの法廷弁護士に書状を認め、熟練度テストでのFBIの実績を示す記録を、弁護士に明け渡すよりは破棄するよう提言した。

　査察官の提言に従って、FBIは第三者による認定の申請を行った。

　1989年、FBIは、世界中から専門家を招聘して、犯罪科学DNA鑑定に関する第1回国際セミナーを開催した。誰もが、DNAが刑事裁判では定番になるだろうと認識していた。とすれば、証拠報告書はどういう書式にすべきなのか。ところがFBI側が提案したのは、DNA報告書は、FBIが他の犯罪科学問題に関して発行しているのとまったく同じような書式であった。つまり、用いた方法に関する詳細にはほとんど触れず、鑑定の責任者である分析専門家の署名を載せることさえせずに、FBIとしての最終結論だけを言明しようというものだった。招聘されたゲストはそれほど従順ではなかった。彼らは、科学者には自らの報告者には署名を求めるように全員一致で採択した。FBIの代表だけがFBIの何も語ることのない提案を支持する投票を行った。

　この投票の翌朝に、ピーターはある種のDNA研究所を批評する講演を行う予定でいた。FBI研究所の2人のトップ、ジョン・ヒックスとジェイムス・カーニィに引き止められて、彼は具体的な個人名は口にしないように命じられた。ピーターはその命令を無視した。

　FBIの身内を庇い合う体質礼賛は、〔FBI施設のある〕クワンティコの門をはるかに超えて——ゼイン事件にさえ——達している。

　ゼインは1977年に基礎血清学講座のためにクワンティコに派遣されたが、FBI当局は後に、彼が2つの試験では「クラスの平均点をかなり下回る得点であり、講座の及第点以下で修了した」と報告した。しかし、ウェスト・ヴァージニア州のケン・ブレイクは不満を述べている。「ゼインは講座を修了したという証明書

を実際に持っている。FBIがその証明書を発行した」さらに悪いことには、ウェスト・ヴァージニア州出身の2人の技官が訓練プログラム中にFBIの当局者に対して、彼らのボスであるゼインがいかがわしいことに関わっていると打ち明けた際にも、真剣な追跡調査は行われなかった。

　ゼインとその仲間の異様なでっちあげを見つけることは、やさしかったはずである。丁度100ドルの偽札紙幣のように、彼の仕業を見分けるのは容易であろう。よりはるかに油断がならないのは、被告人の潔白を示している証拠を日常的に誤魔化し、歪曲し、隠蔽していることである。イリノイ州のジョン・ウィリスは、極めて異常な一連の婦女暴行の一件で1992年に有罪判決が下された。事件は、1人の男がヘアカット・サロンにやって来て、調髪を済ませて、凶器を出し、客を部屋の1ヶ所に集め、店内で女性を襲うというものだ。男が1つの店を出た後で機転の利く被害者が、トイレット・ペーパーの包装紙を使って彼の精液を回収した。

　ウィリスの公判では、州の研究所の分析専門家パメラ・フィッシュが、その証拠を詳しく調べたところ「決定的ではない」と証言した。一見したところでは無害の、公正な報告であった。ウィリスは、目撃者証言に基づき有罪が宣告された。ところが彼が刑務所に入ってから、彼の弁護人、クック郡の公設弁護人事務所のグレッグ・オーリィリィを煩わせる奇妙な展開があった。この奇妙な犯罪の波は続いていたのだ。今回の婦女暴行は、美容院の代わりに、まったく同じ近所のバーで行われた。1999年初頭、ウィリスは刑務所から釈放され、オーリィリィ弁護士がトロントの法医学科学センター（Centre of Forensic Sciences）のイノセンス・プロジェクトの援助を受けて手配した細胞組織のDNA鑑定で冤罪が晴れた。

　これより前にもオーリィリィは、研究所が行ったその同じ細胞組織のもともとの鑑定が、結局は「決定的ではない」ことはない、ということを掴んでいた。

　フィッシュが作成した研究所の生データのノートには、トイレットペーパーの包装紙の中にあった精液の出所として、ウィリスは旧式のABO血液型分類でも除外されていたということがはっきりと示されていた。フィッシュは法廷で決してこの除外のことは触れなかった。つまり、陪審員が彼女から聞いたことというのは、精液付着のない包装紙の中身は「化学反応」を示してはいるが、血液型分類鑑定は「決定的ではない」ということだけだった。

　これらの所見は、オーリィリィ弁護士に宣誓供述書を提出した3人の血清学者によれば、彼女のノートのどこにも見当たらなかった。さらに、陪審員はこのような包装紙を含む公開されていない内容について聞くには聞いたが、フィッシュから、付着した精液の彼女の実際の鑑定がウィリスの潔白を証明していたというこ

と、そして、これらの結果は彼女の研究所のノートにラベルを貼って明記されていたという囁きさえ一度も耳にしたことがなかった。オーリィリィ弁護士がこの事実を知り、検察側の不正行為を理由に有罪判決を覆そうと申請を提案した際に、州側はいかなる不正行為も否定した。この申請は、DNA鑑定でウィリスの冤罪が晴れる前の段階では採択されなかった。フィッシュ自身はこういった状況に関してコメントをしておらず、ウィリスが州を相手取って提訴した訴訟で重要な証人になりそうである。実際には、告訴があっても彼女のイリノイ州の犯罪科学界での昇進が遅れることはなかった。

ウィリスが刑務所から釈放されたまさにその同じ週に、彼の刑期を7年減刑できたかもしれなかった研究所の分析専門家に新たな仕事が与えられた。

フィッシュは、昇進してイリノイ州警察犯罪科学捜査研究所の生化学の責任者に就任したのだ。

無実の男に有罪判決をもたらし、その結果本当の性犯罪者が引き続き町中をうろつくことを許したウィリス事件でのフィッシュの人を誤らせる証言を見れば、州が、単に彼女の最終報告書を提出するだけではなくむしろ、フィッシュの研究所のすべてのノートおよびデータをひっくり返して調べるべきであった理由は歴然としている。彼女の研究所のノートには、ウィリスが潔白であるということが強く示唆されていた。ところが彼女は証言でまったくその素振りを見せなかった。科学的証拠を導入したいと考える検事には、最終報告書を纏めるために使用したあらゆる基礎資料の開示が求められねばならない。

このような報告書は、その証拠から無罪を証明する推論が導き出せるのか否かを述べなければならない。鑑定を行った技術者の名前も記載されねばならない。というのは、ゼインはしばしば他人の鑑定を採り入れて自らその立証を行ったからだ。

研究所の報告書や独立した機関を利用する権利が誰にでも認められたとしても、それでも人間というものは、えてして嘘をつき、ごまかすものである。こういった輩を排除するには、研究所の監視が必要である。ニューヨーク州で研究所が信頼を受けるためには、自ら不正防止に向けて、品質管理と品質保証プログラムを持ち、定期的な査察、および技術者が作成したデータの無作為抽出検査を受けねばならない。研究所に勤務する者は皆、データの解釈をめぐる疑義の調停が可能な独立したオンブズマンを利用する権利が確保されねばならない。さらに、不正行為を報告する研究所に勤務する者には、内部告発者への保護策適用の機会が与えられねばならない。

最後になるが、ゼインやアードマンが何年にもわたってのさばっていられたということは、彼らがいた州の弁護人の活動がいかに無気力であったかということの逆説的な証明となっている。ウェスト・ヴァージニア州の公設弁護人ジョージ・カステージャが指摘しているように、もし1人でも弁護人が、ゼインに対して彼の10年に及ぶ過ちの期間に作成されたノートを提出するように求めていたならば、おかしな行為は終わっていたかもしれない。化学と生物学の成績が極めてひどいために、結局はロースクールに行くことになった法律家があまりにも多すぎた。科学を恐れていては、科学の専門家による報告書を根拠とした有罪の申立てが多くなっている時代には、活躍ができないだろう。どの公設弁護人の事務所にも、試験管に怖気づかない弁護士が最低1人はいなければならない。

第6章 密告者

　テリィ・ホランドは、裸足で、非常に長いTシャツのほかは何も身に着けずに学生寮の広間を歩き回っている女子大生のようにしてやって来た。彼女が猫のようにして、折り曲げた両脚にお尻をくっつけて座ったときに、そのTシャツを彼女は両膝のところで鍵型に曲げた。彼女にとってはこの場所、この、オクラホマ州エイダの町にあるポントトック郡拘置所のこぢんまりとした取調室は気が休まるところだった。新しい1セント銅貨のような明るい銅褐色のふさふさとした、垂れ下がる髪の毛は、バックにして耳の後ろで纏められていた。
　両手、両腕の皮膚には藍色のインクで花や小さな短剣が彫り込まれていた。足首や脚、太腿の丁度半分あたりまでの他の彫りものは、お行儀のよい人にはじっくり眺めるのは憚られた。脚を組むと太腿の半分までが人眼に触れた。彼女は煙草を1本受け取り、一服すると語り始めた。
　「ロニィが明日家に帰って来るんだよね、確か」と彼女は訊いた。
　「確かそうだったね」と、ロン・ウィリアムソンの代理人である公設弁護人マーク・バレットが応じた。
　「あの人のためにもこれでよかった。聞いてホント嬉しかった。だってもう1回チャンスがあって当然なんだものね」とテリィは言った。「みんなあの人と一緒に喜んでいる。それってロニィにもいいことでしょ？」
　12時間以内にロン・ウィリアムソンと彼の共同被告人のデニス・フリッツは釈放されることになっていた。それは隠すまでもないことだった。通りの犬でさえ、そのことを知っていた。NBCで放映されている番組「デイトライン」は、この業界では最も優れたテレビプロデューサーの1人アレキサンドラ・ペロシを町に送った。人口15,630人の小さな町エイダでは、郡拘置所ほど興奮の渦に包まれた場所はなかった。ロンと彼の共同被告人のデニスは釈放に備えて、州刑務所からこの非常に小規模な郡拘置所に連れ戻されていた。
　これより丁度2〜3分前にテリィは、拘置所の玄関ホールでロンのいるところを急いで通り過ぎて、取調室に向かった。彼は、拘置所の収監者が何キロも先からでも人間のシマウマのように見えるようにしている昔風の縞模様のパジャマを着ていた。ロンは、元スポーツ選手だが、大柄でぶきっちょで、のろのろした感じで、髪は白髪になってしまっていたが、テリィが彼の脇をいつの間に通り過ぎたのか気づかなかった。それにテリィは彼に一言も言葉をかけなかった。実際、彼女は、

彼が来るのが見えたとき、首をすくめた。

彼女の仲間の収監者が帰宅すると聞いて非常に嬉しがっているように聞こえた女性にしては、このような態度はいささか妙であったかもしれない。さにあらず。テリィとロンとの間には過去の経緯(いきさつ)があったのだ。

これより15年前の1984年秋に、テリィは800ドルの偽造小切手の振出しで捕まった。拘置所で彼女は、ロンが忌むべき殺人を認めて自白するのを聞いたことがある、と主張した。この情報を当局に提供した後で、彼女には2件の重罪の有罪判決の前歴があるにもかかわらず、偽造小切手に関しては格別甘い御沙汰となった。テリィは、1987年のロンの殺人事件の公判では彼にとって特に不利な証人であった。

それから12年経った1999年の4月のある暑い日に、2人は拘置所の玄関ホールですれ違い、2人の人生は再び反対方向に進むことになった。今回ロンは、潔白が証明されて家に帰るのだった。他方、彼を死刑囚にした密告者テリィは、彼女の成人してからの一生を自ら決めることになった一連の軽犯罪のために刑務所に戻って行った。

玄関ホールで彼と行き違うときに彼女が首をすくめたのは何ら不思議ではなかった。それに彼女にとっては、ロンが帰宅することは本当に嬉しかったに違いない。少なくとも彼の方が彼女を追いかけて刑務所の中に入るということはないであろうから。

―――――

拘置所内での密告者の研究においては、著名な社会科学者や心理学者の業績に頼る必要はない。この世界では国内第一人者であるレスニィ・ヴァーノン・ホワイトが、1980年代後半にその全容を説き明かした。

当時、ホワイトは、正規の刑期のようなものは一度も務めたことがないが、れっきとした犯罪者であった。拘置所に彼が入所するとすぐに、まるで主婦が食料品店で最も旨みのあるトマトを求めて軽くマトを押してみるように収監者全員の品定めをし、検察側が誰について最も聞きたがっているのかを見極めるのであった。彼は少なくとも、12人のカリフォルニアの収監者に不利な証言を行ったが、彼が主張するには、それは期せずして彼らの方から自分が犯した罪の詳細について彼に語ってくれたものだった。ある36日間の収監期間中に彼は、3件の殺人事件と1件の住居侵入強盗事件での証拠――彼が主張するところでは、どれも皆、

収監者たちとの束の間の拘置所での出会いの間に、彼らが犯罪について彼に決定的な詳細を明らかにしたものだった——をロス・アンジェルス地区検察局に提供した。ロス・アンジェルス大司教といえども、ホワイトが聞いたと主張していたのと同じだけ告解〔現在のカトリック教会では赦しの秘跡。プロテスタント教会では単に告白〕を聞くことはないだろう。

彼の最もあっと言わせる実演は、ロス・アンジェルス裁判所の13階にある（礼拝堂付き）牧師の部屋で披露された。ホワイトはそこで、集まった郡保安官代理に対して、「自白」——彼が一度も会ったことがない収監者からも——を作り出すことがとにかく、いかにやさしかったのかを明らかに示した。ホワイトはもう1人別の収監者の公判で密告の仕組みについて証言し、多くの秘密を明らかにしていたのだが、検察局は、彼の常習的な偽証の説明にはほとんど注意を払っていなかった。しかしながら、郡拘置所内の収監者に対して責任がある郡保安官事務所は、彼の主張に憂慮して、ホワイトに異議申立てを行った。

ある郡保安官代理がホワイトに、もう1人別の収監者の名前と彼が殺人の被疑者であるという事実、それと電話を提供した。20分の間に彼は本領を発揮した。彼は5本の電話をかけ、その男は自白をしていたということを信憑性を持って主張できる、別の収監者についての十分な内部情報を集めた。ホワイトは保釈保証人を装って、収監者受付センターに電話を入れ、地区首席検事補を装っては地区検察局の記録室に、さらには、地区検察局の証人調停官、郡保安官の殺人課、事件を担当している実際の地区検察局に、それぞれ電話を入れた。彼は、警察官を装って検屍官事務所に電話を入れ、被害者の致命傷について知った。

これらの電話でのおしゃべりの間に集めた事実でホワイトは、彼がそれまでに会ったこともなければ話したこともなかった収監者に代わって自白をでっち上げるのに十分なほど、殺人について熟知した。このように知り合いは誰もいない、ということはハンディキャップなのではないかと見るのはアマチュアだけだろう。郡保安官代理が未だあっけにとられて見守る中で、彼はそれから廷吏に電話を入れ、ホワイトとその男がかつて同じ部屋にいたということを書面で記録ができるように、被疑者を法廷内の特別室に連れて来るように求めた。この全容がテープに納められ、ホワイト自身のような人間の特質を極めて明解な形で示した。すなわち、彼らには、実に誰にでもダメージを与えるいかなる話でも、でっち上げることができるということである。

ホワイトによれば、収監者と密告者の間で言われていたジョークには、「ムショには行くなよ——ダチを送り込め」といったのや、あるいは、「刑期を務めら

れなければ、垂れ込めばいい」さらには、「何かお困り？　フリーダイヤル 1-800 HETOLDME（奴から聞いた）にお電話を」というのがあった。

　ホワイトが言うには、情報提供者は今話題の事件に群がるもので、最初に飛びついた情報提供者が「被疑者逮捕手続き」をとりまとめる。これは、最初の収監者がターゲットから聞いたと主張できる、有罪に導く自白を意味する言葉である。そこで最初の密告者が、自白を聞いたという話を裏づける2番目の密告者をスカウトする。こうすることで、最初の密告者の証言は裏づけられ、2番目の密告者が「車に乗る」──密告することで刑期を短縮することの隠喩──ことが認められる。密告者はまた「高速道路」──彼らが拘置所の廊下を歩き回れて、自白をしている人がいたと連絡できるようになるとき──への自由な出入りができることについても話し合った。こうしたわずかで貴重な情報が、仮釈放交渉で、あるいは少なくとも拘禁中の追加の特典との交換で警察および検察と取引される。

　もう1人の収監者、シュナイダー・ストーチは、本人曰く拘禁中に聞いた「自白」20件を警察に提供した「密告教授」であった。彼は、少なくとも6回は法廷で証人となった。どうすれば密告者の話がうまく聞こえるようになるのかについて、もう1人の密告者に忠告する際、ストーチは、真実が障害にはならない、と語った。

　「相手の痛いところを突け──もっとでっち上げなきゃいけなくなるんだよ。だが、そういうもんだって慣れた方がいいって」と彼は隠し録りされた会話の中で言っていた。知名度の高い事件の被疑者と一緒に収監されたもう1人の収監者にストーチは手紙を書いた。「お前さんには凄いチャンスがあるんだよ──上手に使えばお前さんの刑期は短くできるんじゃないかな……。必ず俺に電話をしろよ。俺がお前のために調べてやるさ」

　この「調べ」には、密告者が実際に起きたことと似たような話ができるようにするために、図書館に行って実際の犯罪についての記事を読み返すことが含まれていた。

　沼地の足場が不安定なように密告者の話の内容は信頼性が危うい、と検察も認めている。密告の達人ホワイトが、実際に警察を誘導して、彼が他の収監者から知り得た、埋められた死体の数体に行き着いた。ところが彼は、話を潤色したり、ゼロから話を創造してもまったく良心の呵責は感じなかった。ほとんど誰もが刑事司法制度には関わっていると言ってもいいくらいの現状であり、密告者は、彼らの背信行為の犠牲者はいずれにしても皆何らかの罪は犯しているわけなのだから、彼らが何をしようと構わないといった正当化をして彼らなりに自分の仕事をしている。「今は俺でも、俺が声をかけてきた他の奴ら（密告者）も、おんなじ

第6章　密告者　145

考えよ」と、ホワイトの仲間の密告者であるスティーヴ・ヴァルピスが言った。「奴は有罪だよ。誰も気にはしないさ。俺は家に帰りたいよ」、この点では密告者は、とにかく、拘禁されている者は概ね誰でも有罪なのだから、いささか事実に加工があったとしても問題はないはずだと信じる人々、はるかにずっと尊敬すべき人々——検事、証人、科学者、刑事——と似ている。真実は薄く削って行っても何も変わらないものだ、と。

　しかし、ロン・ウィリアムソンとデニス・フリッツの裁判では、真実は削り取られて血を流したのだ。

―――――――

　1982年12月8日の朝、煉瓦職人のチャーリィ・メイスンは妻から彼らの娘、デブラ（デヴィ）・スー・カーターが電話をしても出ないので、彼女のアパートに立ち寄ってほしいと頼まれた。デブラはアパートの2階に住んでいた。踊り場で彼女の父はガラスを見た。それから、網戸と正面玄関が開け放たれているのに気づいた。一瞬の後に彼は出て来た。
　「警察に電話してもらえませんか」と彼は階下に住む女性に大声で言った。
　「救急車を呼びましょうか？」と彼女は尋ねた。
　「いや」と彼は答えた。「とにかく、警察に電話をしてください。救急車ではどうしようもない」
　彼は自分の娘が、血まみれの洗面用タオルを口に突っ込まれてうつ伏せで倒れているのを発見していた。彼女の背中には、「デューク・グラハム」〔ロスアンジェルスをベースにするシンガーソングライター〕という2語がケチャップで書かれていた。彼は娘の半身を起こした。胸にはマニキュアで、「死ね」という1語が書かれていた。彼女の体の下には電気のコードとベルトがあった。ケチャップ瓶は紙で包んであるのが見つかった。翌日、ケチャップ瓶の蓋が検屍官によって被害者の肛門から発見された。この犯罪は、オクラホマ・シティの南東およそ車で2時間のところにある、人口15,000人の町、エイダに衝撃を与えた。翌日の夕刻、デブラの高校のクラスメイトのグレン・ゴアが、捜査官たちに、前の晩にデブラがウェイトレスとして働いていたコウチ・ライトで彼女を見かけたと話した。ある男がダンスをせがんでデブラを困らせていたので、彼女はグレンに助けてほしいと頼み込んだ。グレンはそれに応じて、その男の迷惑な視線を避けるようにして、彼女を連れ立ってダンスフロアに立った。

もう1人のウェイトレスが刑事たちに、彼女たちの交代勤務時間が終わって、2人とも帰宅した後に、デブラから電話をもらったと話した。
　「こっちに来て私を連れ出してくれない？　ここに人がいて安心していられないのよ」とデブラは頼んだ。
　ほんの一瞬、この友人は誰かが受話器に手をやったように聞こえたと思った。それから、デブラは友人を待っていると言った。
　この女性が玄関を出る前に電話がまた鳴った。デブラからで、「気にしないで。大丈夫だから」と言うための電話だった。
　「彼はまだそこにいるの？」と彼女は尋ねた。「誰なの？」
　「朝、電話をして仕事に行けるように私を起こして。それだけお願いね」と、デブラは質問には答えずに言った。
　翌朝、デブラのミッキー・マウスの電話機は壁から引き抜かれているのが発見された。彼女は21歳で、彼女のぬいぐるみの動物たちは部屋中に散らばっていた。日中、彼女は、ブロックウェイ・グラスの大きな工場と、ラヴズのコーヒー・ショップで働いていた。夜は週に2～3日、コウチ・ライトで働いていた。彼女の父親は、彼女がある仕事を解雇されたときに、何かベビィ・シッターのような仕事をしたことを思い出した。彼女は魅力的な、やる気満々の少女だったと彼は言った。

―――――――

　彼女が殺害されたのが1982年12月8日、そして、1983年3月14日まで誰一人としてその件についてロンのところに話しに来た者はいなかった。しかし遅かれ早かれ、当局は彼の足取りを追って来る運命にあった。
　ロンは、エイダの町、あるいはオクラホマ州出身で最も素晴らしいスポーツ選手の1人であった。少年時代に彼は一度自ら進んで、合衆国大統領に関して考えられるかぎりのあらゆる事実――何ヶ月もの間、彼の会話の中心であったテーマ――を覚えようとしたことがある、聡明だが取り憑かれたところがあるような性格の持ち主であった。その後、彼は興味の中心を切り替え、オクラホマ州コマース出身の彗星、ニューヨーク・ヤンキースのスター中堅手、ミッキー・チャールズ・マントルに関するあらゆること細かな情報を吸収した。彼は寝室に聖堂まで作り、そこにマントル用品一式を取り付けた。州内ではマントルは、神に近い存在であった。そして誰も確信を持っては言えなかったが、オクラホマ州は、ロンに、次のマントルを重ねて見ていたのかもしれない。何しろ彼は、学生自治会の大物

で、スター・スポーツ選手で、そのうえ、町一番の美女で、いずれミス・エイダ、その後ロン・ウィリアムソン夫人となるであろう女性とデイトをしていた。また、メジャーリーグ、オークランド・アスレチックスは1971年のアマチュアのドラフト2順目で彼を指名したし、彼は、全米569人の高校野球選手の中から41番目にランクされた。

　6年後、彼は、身も心もすっかり絶望し切った人間として、故郷に戻って来た。彼の腕の方が、彼が所属したチームの彼に対する忍耐よりも先に擦り切れてしまった。そのうえ、彼には、コーチや監督が彼にプレーをする十分な時間を与えなかったとフロントに直接不平を言うという奇妙な癖まであった。彼の結婚生活もこの間に崩壊してしまっていた。彼の精神状態も同様であった。それでも未だ彼には、頭は弱いがスポーツだけは得意な人間の持つカリスマ性と天性の魅力が十分にあり、エトナ保険のトップ・セールスマンになった。しかし、彼の病状はそれを続けられるほどなまやさしいものではなかった。

　彼は暴飲し、多量の鎮静剤を摂取した。次から次へと職を失った。タルサでは2度にわたってレイプの告訴を受けたが、無罪放免となった。彼はエイダの両親の家に引越して戻った。そして1日20時間寝て過ごした。日が落ちると、バーをうろつくのだった。外が暗くなると彼は、少年時代の寝室を怖がって、居間の長椅子の上でだけ眠るのだった。

　女性は彼を恐れた。彼は図体が大きく、近づいて来るときに多くの場合、がさつであった。ある女性の報告によると、彼は彼女の家に予告もせずにひょっこりやって来てセックスを求め、彼女が拒絶したら彼女を殴った。あまりにも怖くて警察に訴えることができなかった、と彼女は語った。彼は、精神病院、アルコール中毒矯正施設、薬物教育プログラムに入退院、入退所を繰り返した。偽造小切手も振り出した。それから彼はギターを始めた。行く先々のほとんどどこでも、今や新たな病的執着の対象となったギターを軽く掻き鳴らした。これを通じてもう1人の孤独な男、デニス・フリッツと遭遇した。ロンはある晩、エイダにあるラヴズの店の外でギターを弾いていたときに、デニスがコーヒーを飲みに立ち寄った。2人はギターについてしゃべり始めた。デニスもギターを弾くのが好きだった。やがて2人は似合いのコンビになった。ロンが図体が大きく、だらしのない奴である一方、デニスは服装もきちんとしていて、小柄で、常識があって、責任感もあった。彼は中学校で理科を教え、コーチをしていた。彼もまた独り身であった。

　デニスは結婚していたが、1975年に彼の最初の妻が隣人に後頭部を撃たれて殺害された。2人には可愛い娘エリザベスがいたが、デニスが中学校の近く

のトレイラーで生活している週5日は、祖母のところにいた。エイダのような狭いところでは、彼にとっては社交の場といっても町中に限られていた。彼には知っている人はほとんどいなかったが、かつての高校野球のヒーローであったロンのことは誰でも知っているようであった。それとデニスには車があったので、彼はロンの運転手を務めた。2人は連れ立って、タルサ、ヒューストンまで出かけては、バーで女を求め、ギターを弾いた。しかし、ロンの奇行にデニスが我慢できなくなったのは当然の成り行きであった。デブラが殺害された頃には、この2人の男が夜一緒に出歩かなくなってから数ヶ月が経っていた。

―――――――

　ウィリアムソン一家の家は、デブラが死んだアパートから1区画ほど離れたところにあって、裏通りを使う人にはもっとずっと近かった。1983年3月に警察がロンの家に来たとき、彼はデブラの写真には見覚えがないと言った。彼は毛髪と唾液サンプルを提供した。ロンの放浪日記をつけていた彼の母が、殺人があった夜、彼は午後10時には家にいた、と報告した。ロンはポリグラフ・テストを受けたが、怒って、デブラやその殺人とは何の関わりもない、と否定した。この否定もアリバイもどちらも警察にとっては意味がなかった。
　1つの理由には、ロンの女性に対する粗野な行為と怒りっぽさでの悪評が、煩(うるさ)い音をたてる空き缶のように彼について回っていた。彼の行動パターンを考えれば、彼の精神疾患の苦痛が原因で、待ち望んでいた性的征服がうまく行かず、激怒して殺人に至ったとしても、間違いなくほとんど誰も驚かないだろう。次に、オクラホマ州捜査局と捜査協力をしているエイダ警察署は、実のところ、他にどこを捜査すればよいのかがわからなかったのだ。
　したがって自然の流れとして、デブラ・カーター殺人事件を捜査している警察がロンに狙いを定めたとき、警察は彼の唯一の友人と思われた男デニスのこともまた慎重に捜査した。
　デニスは警察から取調べを受けたが、彼は殺人の前の2〜3ヶ月間はコウチ・ライトには行ってもいなければ、ロンと一緒に行ったことは一度もないし、デブラやその殺人については何も知らないと警察に語った。捜査の過程でポントック郡の警察当局は、デニスがマリファナ栽培で有罪判決を受けていたことを突き止めた。この情報は、教師採用時にこの有罪のことが開示されていなかったのではないかということとも相俟(あいま)って、さらにはデニスがレイプと殺人で捜査を受けて

いるというニュースとともに学校に伝えられた。デニスは即、馘首になった。彼は母親とカンザス・シティに引越し、建設現場で働き、その後娘の近くにいられるようにオクラホマ州で仕事を見つけた。デブラの殺害から1年経ってみて、捜査の唯一眼に見える成果というのは、彼が理科の教師を解雇されたということだけであった。

　1984年に入っても事態の進展はままならなかった。ロンは、偽造小切手を振り出したことでその年の何ヶ月かを拘置所で過ごすことになったのだが、裁判を受ける判断能力はないと診断され、精神科病棟に落ち着くことになった。犯行現場からの毛髪は州の研究所に何ヶ月も眠ったままだった。ある試験官は、ほかにも取調べがあってあまりにも負担が多過ぎるので、と言って、デブラ・カーター殺人事件を取り下げた。殺害から3年経った1985年12月になるまで、州は毛髪鑑定の最初の報告書を作成していなかった。メルヴィン・ヘットという経験を積んだ毛髪分析官は、被害者の遺体のそばで発見された13本の毛髪は、デニスの頭部および恥骨部分からのもののように思われると結論を出した。殺害現場からのもう4本の毛髪は、ロンと関連づけられた。とはいえ、毛髪の報告書だけでは死刑に値する殺人を証明するには不十分であった。

　それから3ヶ月後、警察と検察は、彼らが是が非でも必要としていたもの、すなわち新たな証人を見つけ出してきた。彼女の名前は、テリィ・ホランド。

―――――

　テリィは偽造小切手を振り出し、薬物を使用し、詐欺師であったために、1984年9月より1985年1月までポントトック郡拘置所に入っていた。実はこれが、オクラホマ州の歴史上極めて異常な4ヶ月の拘置所暮らしとなったのである。

　彼女の収監中に、カール・フォンテノットという収監者が、雲隠れした若い女性――デニス・ハラウェイ――の殺害を自白するのを聞いたと主張した。誰もが、テリィのフォンテノットに不利な証言には裏取引はなかったと断言した。しかしながら、彼女が自分の裁判で法廷に立ったときに――重罪レベルでの偽造小切手――彼女に下された判決は、これまでに重罪の有罪判決が2件あるにもかかわらず、たった11ヶ月の禁固刑にしかならなかった。カール・フォンテノットは死刑囚となり、テリィは自宅に戻った。

　1986年2月には彼女はさらに多くの偽造小切手を振り出し、ニュー・メキシコ州に移り住んでいた。通常はオクラホマ州の小さな町の警察が1人の偽造小切

手振出人をはるばる別の州まで追跡するような時間も資金もほとんどないものである。しかしながらどうやら、ポントトック郡の司法・警察当局は非常にテリィに戻ってきてほしかったようであり、その結果、刑事たちは彼女を追跡して身柄を拘束した。

再び懲役の身となったテリィには、刑事たちにとって、それもたまたまデブラ・カーター殺害を捜査していた刑事たちにとって素晴らしいニュースがあった。これより1年前、彼女が郡拘置所に拘禁されていた間に、彼女は、カール・フォンテノットのデニス・ハラウェイ殺害の自白を聞いただけではなく、ロンが、デブラをどのようにして、またなぜ殺害したのかを語っているのを聞いたのだ。彼女は、誰もがすでにこのことは知っているものと思っていたので、この自白を無視していた、と言うのであった。

彼女は、郡拘置所での4ヶ月という短い間にさらに、オクラホマ州エイダの近代史上最も凶悪な2件の殺人事件を、まったく見ず知らずの2人から自白を引き出して解決したのだ。彼女の2件の新たな偽造小切手振出し訴訟に関して、地区検察局は慎重にことを進めた。彼女が損害賠償を行うかぎりにおいて、すべての起訴は取り下げられることになった。

テリィが語った話があったにもかかわらず、ロンがすぐに逮捕されることはなかった。1つの大きな障害があったのだ。つまり、現場に残されたどの指紋も、デニスにもロンにも一致しなかった。極めて重要なのは、パーチクルボードに血だらけの掌紋の一部が残っていたのだ。そしてこれは、被疑者のものでもなければ、死体安置所で採取された被害者の指紋でも掌紋でもなかった。警察がいかに強くロンやデニスを疑ったところで、パーチクルボードに残された掌紋を無視することはできなかった。ということで、殺害が起きて4年目を迎えた1986年12月までには、誰に対してもいかなる起訴手続きもとられなかった。

1987年初頭、小さなエイダの町に巡航ミサイル級の衝撃を与えた1冊の本が出版された。その本、『エイダの夢（The Dreams of Aida）』では、眠っている間にデニス・ハラウェイ殺害について夢を見たと警察に語った「夢の自白」を根拠にして死刑囚監房に送られた2人の男の有罪判決が扱われていた。2人は起訴され、裁判にかけられ、デニス・ハラウェイの遺体が発見される前に、死刑が宣告された。彼女の遺骸が発見されたとき、事実上、2人の自白にあったどの詳細部分も間違っていたということが明らかになった。公判では、テリィ・ホランドは、2人のうちの1人、カール・フォンテノットが拘置所内で彼女に自白をしたと主張したことで、重要な確証となる証拠を提供していた。

ジャーナリストのロバート・メイヤーが執筆した『エイダの夢』は、エイダの司法のゾッとするような現況に対してスポットライトを当てたため、発行から2～3週間のうちに人々は本書を求めて列をなした。この本が出たことで人々はデブラの殺害事件が未解決だったことを思い出した。こういう状況のもとで、地区首席検事のビル・ピーターソンは、勇んで行動に打って出た。ロンと死刑に値する極刑の起訴の間にあるものといえば、デブラの寝室のパーチクルボードに残された例の身元不詳の掌紋だけであった。どの弁護人もひたすらその点だけを指摘して、それが犯人の掌紋なのだからロンを釈放するようにと主張するのだった。

1987年5月1日、デブラの父親チャーリィの許可を得て、彼女の遺体が掘り起こされた。彼女の両手の保存状態は良好で、オクラホマ州捜査局の捜査官が完全な掌紋を復元することができた。どうやら、1982年12月の検屍の際の掌紋には、彼女の掌の手首に近い部分の一部が捉えられていなかったようだ。今回、当局は完全な掌紋を手に入れた。謎は解けた。パーチクルボードに残された例の掌紋は、どう見てもデブラが必死になってもがいた際にそこについた、手首に近い部分であった。2人の主要な被疑者は、掌紋は犯人のものだ、という主張を盾にすることはできなくなった。

1週間後、デニスは彼の母親の家のペンキ塗りの仕事をしにカンザス・シティに来ていた。夜遅く、彼以外は寝就いていたときに、電話が鳴った。

「もしもし」女の声だ。「デニス・フリッツはいます?」

「はい」とデニスは応じた。

「デニス・フリッツなの?」女は尋ねた。

「ああそうですが」と答えた。

電話はプッツリ切れた。2～3分後、カンザス・シティ警察署SWAT(特別機動隊)チームが、デブラ殺人の罪で彼を逮捕するために、家の芝生に姿を現した。彼はその事件について5年近く聞いていなかったので、いつしか警察は彼に関心がなくなったものとてっきり思い込んでいた。しかしエイダの2人の刑事ゲーリィ・ロジャースとデニス・スミスは、忘れ去ったわけではないということをしっかりと彼に認識させるためにカンザス・シティまで飛んだ。後で2人は彼を尋問した。

「お前がデビィ・カーターを殺ったんではないことはわかっているさ」とスミス刑事が言った。「だがな、お前が現場にいて、誰が犯人なのかを知っているとこっちは見ているんだよ」

「もし俺が殺ったんではないということがわかっているのなら、どうして俺を第一

級謀殺で起訴しているんだ」とデニスは尋ねた。

「どうしてって、お前は犯人について何か知ってるだろう」とスミス刑事が答えた。

「知るもんか」とデニスは応じた。

彼はその後何ヶ月かにわたってこの態度を変えることは決してなかった。そして1988年4月8日、デニスは、5年5ヶ月前のデブラ・スー・カーター殺人の罪で裁判にかけられた。

───────

検察側が冒頭陳述でまくし立てていたとき、デニスは意気消沈した様子で耳を傾けていた。彼に対する裁判は、彼の逮捕後ほどなく維持不能寸前だった。その時点で州は、予備審問でデニスがレイプと殺人に絡んでいたという「相当な理由」を提示しなければならなかった。ところが問題なのは、そんなものはほとんどなかったのだ。毛髪の証拠はそれ単独ではその役を果たせなかった。判事や検事、弁護士でさえ、毛髪の比較は指紋照合に匹敵するものではないということはわかっている。

法廷の最前部でピーターソン地区首席検事は、証拠と証言する証人——そのうちの何人かは、最後の最後になってデニスに対する裁判を持ち出してきた当人たちであった——を入念にチェックしていた。

「マイク・テニィは、ポントトック郡拘置所の収監者でした」とピーターソン検事は、陪審員に語りかけた。

デニスはその名前はよく知っていた。デニスがカンザス・シティからそこに移送された折に、突如として拘置所内で働き始めた得体の知れないこの男がいなかったならば、彼はこの法廷に座ってはいなかったであろう。テニィは、デニスの独房に長らく音信不通だった兄弟のように訪ねて来て、決まって殺害事件についてしきりと聞き出しては、デニスが警察に協力しないと処刑されると言った。

そして今、地区首席検事は、テニィがあの拘置所独房から証拠を持って来たということを告げていた。テニィと検事は、デニスが、最小限だが彼が関わったことは認めた殺害のシナリオを書き上げていた、と主張した。

ピーターソン検事は、陪審員に向かって語った。「マイク・テニィが言うには、彼らの2回目の会話で、（デニスは）マイク・テニィに殺人がこんなふうに起きたとしたらどうだろうかと尋ねた。テニィは、『多分ロン・ウィリアムソンが玄関のとこ

ろに行き、押し入った』と話した。それから『多分、ロンはもう一歩踏み込んで、ことに及んでしまった』とテニィは言った。『ロンは我を忘れ、彼女に思い知らせてやろうと思った。そして彼女は死んだ。まさにそうやって事件は起きたとでもしようか。でも俺はロン・ウィリアムソンが彼女を殺したのを見たわけじゃなかった』」

　奇妙なことに、テニィは拘置所に送り込まれるまで、郡にいくらかでも正規に雇われた形跡はなく、彼がデニスに対して不利な証言をして数ヶ月経つまでは、実際の仕事には就かなかった。訴追は概ね次のようなことだった。犯罪現場からの証拠によってではなく、おそらく後になって拘置所独房でなされ、拘置所内の密告者によって言い触らされていた供述を根拠にして構成された。

　「毛髪と精液は密告者の供述を裏づけた」とピーターソン検事は1999年になって語った。

　確かに検察側には物的証拠があった。とはいえ、それは科学的な内容であり、それも、あらゆる曖昧さや直接的な表現を避けるための表現——「特徴は彼の毛髪に類似している」とか「彼の血液型と一致している」——を端折ると、科学的な証拠としての実体はそれほどなかった。密告者たちが語った話がはるかに勝っていた。

　これらの話の中でデニスは、彼の犯罪を詳らかにする極めて明解かつ宣言的な供述をしているのだった。法廷での語りが持つ力として、これらの供述は科学的証拠よりはるかに勝っていた。この告訴の土台を構成するのはこれらのテニィのような人間が語った話になるのだった。そしてさらにピーターソン検事は陪審員に対してもう1人の名前を挙げた。

　「ジェイムス・ハージョウは」とピーターソン検事が言ったとき、被告側席でデニスは表情を曇らせた。ジミィ・ハージョウは、ほとんど読み書きができない収監者で、彼のガールフレンドに手紙を書くのをデニスに手伝ってもらいながら彼のところでしょっちゅう時間を過ごした。そこでハージョウもまた、刑事たちによって尋問のために引っ張り出されてきたのだ。彼ならデニスについて報告できるスキャンダルが何かあるだろうと彼らが願ったのは明らかだった。

　ハージョウは、「例の証拠についてデニスに質問をし始めたのでした」とピーターソン検事は言った。「2人はそれを全部検討しました。そして、ジェイムス・ハージョウから皆さんにお話するでしょうが、彼はデニスを見て言ったのでした。『あのね、あんたは有罪に間違いないよ』」

　デニスにはこうなるのがわかっていた。デニスには、哀れにもハージョウが殺人に関してデニスが何かを認めるのを探り出そうとしていたのはわかっていた。

事実、万一に備えてデニスは、ハージョウと毎回会った後に彼に「デニス・フリッツは常に自分は潔白であると言っています」と書いた書面に署名するように頼み、これを続けていた。

「デニスは彼の独房に戻って来ました」とピーターソン検事は続けた。「腰を下ろすと間もなく、涙が彼の頬を伝って流れ始めました。そして『俺たちは彼女に危害を与えるつもりはなかった』と言ったのでした。さらにジェイムス・ハージョウに、彼らは彼女のアパートから有罪を示す証拠を取り除き、指紋を拭き取り、自分たちがアパートに持ち込んだビール缶を持ち出した、と語ったのでした。彼はジェイムスに、彼には大事に思っている娘がいるので決して他人には言わないようにと頼んだのでした」

このお涙つきの演劇部並みのお芝居は、お話にならない大失敗であった。アパートには至るところに指紋が残っていた。あるいは、刑事たちはそのように言っていた。命懸けで争った後で、デブラの指紋は一切拭き取らずに、どうやって犯人たちは自分たちの指紋だけを拭き取ることができたのだろうか。しかし、馬鹿げた話なのだが、地区主席検事にはそんなことはどうでもよかったのだった。地区首席検事とエイダの刑事は予備審問の後に、デニスに対する根拠薄弱な訴追の梃入れの役に立ちたいと、やる気満々のハージョウを拘置所で見つけ出していたのだ。

ところが、いざ翌日証言する段になってみると、ハージョウはほとんど要領を得なかった。

「俺は言ったよ。ああ、マールボロを1本もらうよ、って」とハージョウは証言した。「そんで奴は立ち上がって、それから奴の独房に戻ってから、それで戻って来て、腰を下ろして俺にその煙草をくれたんだ。俺は煙草に火をつけたよ、それで煙草はマールボロだったよ。俺たちはそこに腰を下ろしてたさ。それで奴を見ると涙が奴の目から落ちてんだよ。そこで奴は言ったのよ。俺たちは彼女を傷つけるつもりじゃなかった、って。俺たちは彼女を傷つけるつもりじゃなかった、ってね」

「そいで奴は続けてさ、お前は、俺が殺人犯になったら俺の娘は俺のことをどう思うと思う、って聞いたよ。もし俺が刑務所に入ったら、俺の娘は俺のことをどう思うと、お前は思うかっ、てね。それでさ、とてもじゃないけど俺には何て答えたらいいのかわからなかったよ」

ハージョウは、同じ家に2度押し入って捕まってしまうようなけちな窃盗犯だった。彼は、大学に進学し学校の教師だったデニスのことを別世界から来た使者のように見ていた。検事は徐々に裁判の核心部にハージョウを誘導しようとした。

Q:　彼はあの晩に起きたことについて何か言わなかったでしょうか。彼はあなたに言いましたか？
A:　奴が言ったのは、2人でビールを飲んで、酔っ払って、空き缶を持ち出して、何もかも拭き取った、ってこと。
Q:　それで、彼が「俺たち」と言ったとき、誰のことを指していたのか彼はあなたに言ったでしょうか？
A:　ロン・ウィリアムソンだった。

　次の証人はずっと口先が滑らかだった。マイク・テニィは35歳で、法執行機関で実際に有給の仕事にありつけることを願っていた。彼は独房の新人、デニスに丁度よいタイミングで出会うように拘置所に「訓練生」としてやって来ていた。この訓練生は細心の注意を払ってメモをとるタイプであった。公判の前にデニスと11ヶ月間を過ごした収監者の中でただ1人、テニィだけが有罪に導く供述のメモを集めた。
　「それでは、話します。あれは8月2日のことでした」とテニィは始めた。「デニス・フリッツ氏は、私と話をしなければいけないので、私に時間ができたときに、彼の独房にまた来なければいけないと話しました。それから私たちは、彼が何らかの司法取引をすることについて話をして、それで彼が言いました。ええと」
　「もう少し大きな声ではっきりと話してもらえませんか？」
　「わかりました。ええとですね、あれはですね——あれは確かですね——ええと、ええとですね、こんなふうに起きたんではなかったかと思います。おそらくロンが玄関のところに行ってカーターのアパートに押入ったんです。そしてそれから、ええとですね、俺がもう一歩踏み込んでことに及んでしまった。ロンはいくらか我を忘れ、彼女に思い知らせてやろうとしました。彼女は死にました。ええとですね、こんなふうにして起きたわけです。でも俺はロンがデビィ・カーターを殺すのを見たわけではないので、どうやって俺は地区首席検事に俺が本当には見ていないことを話すことができるのだろうか」
　「それで会話は終わりなんですか？」
　「それで会話は終わりです」
　ここで述べられている内容は、テニィが何ヶ月か前に述べたものとは、ちょっとしたことだが重大な違いがあった。そのときテニィは、デニスが司法取引を——もし彼に何らかの取引材料があったとしたら——したかもしれない仮定の状況に

ついて話をしていたと語った。一方デニスはこの会話のやりとりをまさに次のように語った。

「マイクは戻って来て、私に司法取引と死刑について話そうとしました。それで何回か、何回もそうした後で、私は奴にとにかく言ったんです。私は言いました。おいマイクって、私は言いましたよ。もし私が有罪で、もし私がそこにいたとしたら、それでロンが押し入って、もう一歩踏み込んで、ことに及んでしまったとしたならば——私は『ことに及んでしまった』という言葉、表現を使いましたけど——そして私がそこにいたとしたら、私は尋問を受けたり何なりして、陪審員の前に立って死刑宣告されると思うのか、ってね。それと、もし私のような場合、10年か15年かの司法取引かなんかをやれるのかどうか、どう思うのか、って。あの、死刑にはならないようにするためのものですよ……」

「もしもロンがそこにいたとしたら、そしてもしもそのことを私が知っていたとしたら、そんな感じの情報を一体どんな理由があろうとも誰にも隠したりはしませんよ」

「どの時点ででもマイク・テニィにあなたがこの告訴に対して有罪だと言ったことがありましたか?」と弁護人が聞いた。

「いいえ先生、一度だってマイクにそんなこと言ったりしたことはありません。いつだってマイク・テニィに私は潔白だって言ってましたよ」

公判でいささか驚いたことの一つは、殺害のあった次の晩に刑事たちに話をしていたある証人の行動だった。もう1つの店では自らディスク・ジョッキーとバーテンダーをしていたグレン・ゴアは、当初は刑事たちにデビィはクラブにいた男にしつこく絡（から）まれていて彼から逃げるために、彼に天罰が下るようにと祈った、と話していた。

グレン・ゴアに拠れば、「グレン、助けて。こいつったらしつこいのよ」と、彼女は言った。

そのしつこい男というのが、ロン——デニスの仲間——だったとゴアは警察官たちに語った。デニスの公判では彼は最初の証人として予定されていた。しかし、突如として地区主席検事は、ゴアが証言台に立つことを拒否していること、黙秘権を行使すること、そして判事が彼に対して法廷侮辱罪を適用しても構わないと考えている旨を報告した。その時点でゴア自身は収監されており、同棲中のガールフレンドの誘拐、婦女暴行の罪で40年の刑期を務めている最中だった。したがって、法廷侮辱罪で6ヶ月の実刑の可能性があっても彼は気にしていないようであった。

しかし結局、地区首席検事はゴアを説き伏せて彼は証言した。ゴアは、殺害が

あった夜にコウチ・ライトでロンを見かけたことは思い出したものの、デニスがそこにいたとは言えなかった。実際、そのクラブでデニスを見かけたり、あるいはどんな状況下であっても、彼がデブラと一緒にいるところを見たという証人は1人もいなかった。それでも裁判の成り行きに何の変化もなかった。

陪審員が有罪判決を持って戻って来たので、量刑の問題——死刑とするかあるいは仮出所なしの終身刑とするか——を決定しなければならなかった。デニスに対する評決は、終身刑であった。

それが読み上げられた直後に法廷で一騒動があった。

デニス：陪審員の皆様方、ちょっと皆様にお話しさせていただきたいのですが……。
判事：どういうことですか。
弁護人ソーンダース：デニス、それはだめだよ。
判事：デニス・フリッツ被告人。
デニス：天に召します我が主イエスは、私がこんなことはやっていないことをご存知です。私は、ただ皆様を救すということを知っておいていただきたいだけです。皆様方のためにお祈りします。

ロンの公判はもっとずっと混乱していた。彼には精神的な問題があるため、断続的に治療で中断された。彼の弁護人バーニィ・ウォードは経験豊富ではあったが、死刑の裁判は初めてのケースであり、眼が不自由であったために、依頼人と2人だけになることを恐れていた。ロンは手に負えなかったし、そのことは誰に知られてもお構いなしだった。再三、ウォード弁護士は弁護人を下りようとした。「私はどうしようもないほど年寄りで弁護は続けられない」と彼は法廷で語った。「私としては、どんな状況の下であっても、彼とは一切、関係を持ちたくないんです」。彼には裁判全体に対して3,600ドルが支払われていたのだが、精神に障害をきたしている依頼人のためにほんの1分でも自分の時間を使うことに対して激しい不快の念を顕にした。

さらに今回は、グレン・ゴアが断固として証言を拒否した。その代わりとして判事は、前回の彼の証言を法廷で読み上げるように命じた。

証人は確保が難しく、2～3人程度だが、ロンの弁護人は、被告側の証人はそれ以上確保できると考えていた。ウォード弁護士は、彼の依頼人が彼に食ってかかってくるのではないかと心配していた。「私は、公判中、もし仮に彼が私に向

かって何か突然に動きを見せたときには、彼を床に捻じ伏せるようにと指示を与えて、息子を私の後ろに座らせておく手配をしておきましたよ」と彼は後になって話した。「概して言えば、私にとっては、ロン・ウィリアムソン氏の弁護人を務めたことは、極めて不愉快な経験であったと思っていますし、この裁判が終って嬉しかったですよ」

　誰の眼から見ても、公判で激しいロンの憤りがその頂点に達したのは、注目すべきテリィが証言したときであった。検事、弁護人、判事と誰から見てもロンは、みっともない振舞いをした。しかし被告人席に着いて打ちのめされた男にしてみれば、この女が口にした話は破廉恥そのものであった。

Q:　テリィ・ホランド証人、被告人がデビィ・カーターの死の詳細について何か説明をしたり、話をしたりするのを、これまでに聞いたことがありましたか？
A:　被告人はしゃべっていました——拘置所の溜まり場でだったと思います。連中はそこにいて……ええと、被告人が、彼女の尻にコーラの瓶を押し込んで、パンティを喉に詰め込んだ、って話しました。

　それを聞いてロンは被告人席から叫んだ。「お前は嘘をついている。俺は今までにそんなことは一度だって言ったことは決してないんだ。俺はその女性を殺ってはいない。だからお前は嘘つきだ」

ウォード弁護士：静粛に。
ロン：俺にはまったくわからない、お前が何を一体……つまりだな、ただじゃおかないからな。

　検事はこの恐ろしい言葉が法廷で静まるのを待って、それから続けた。彼はテリィの証言に関して若干の問題点を修正しておかねばならなかった。被害者はコカコーラの瓶でではなく、ケチャップの瓶で犯されたのであり、また、口に詰め込まれていたのはパンティではなく、洗面用タオルであったのだ。検事はすぐさま修復を行った。

Q:　ホランド証人、あなたが今話されていた詳細についてお尋ねいたします。あなたが思い出せるかぎりのところで、被告人が使ったと述べたモノについて間違いがないでしょうか？　あなたは、「コカコーラの瓶」と言いましたが。

第6章　密告者　159

それを聞いてウォード弁護士はパッと立ち上がった。彼には検事が、密告者によって詳細が間違って述べられたことによるマイナス面を回復しようとしているということがわかった。彼は「異議あり」と発言した。しかし判事が裁定する前に、テリィは自分の誤りに気づき、話した。「被告人が言ったのは、コカコーラの瓶だったか、ケチャップの瓶だったか、あるいは何か別の瓶で——」
　ウォード弁護士は、ムカついたがどうしようもなかった。検事は彼女への尋問を続けた。

Q: 被告人は理由を話したでしょうか？　あなたは彼が殺したと言いましたが。
A: 彼はデビィ・カーターとセックスしたかったんです。

「お前は嘘つきだ」とロンは怒鳴った。
「止（や）めるんだ」とウォード弁護士は言った。
「あいつは嘘つきだ。黙ってなんかいられるものか。俺はデビィ・カーターを殺（や）ってはいないんだから、お前は嘘をついているんだ」
「ロニィ、いいから座れ」とウォード弁護士は言った。
　この騒動はもう暫く続いた。

Q: ホランド証人、彼がなぜあんなことをやってしまったのかについて、話したかどうか覚えているでしょうか？
A: 彼女が彼とセックスしようとしなかったからです。

「お前は嘘をついている。忌々しい、本当のことを言え」とロンは怒鳴った。「俺は生まれてこの方、人を殺したことなんて一度もないんだよ」
　裁判長は休廷を宣言した。その後ロンは、証言するときだけ口を開いた。そして容疑に関する言葉は悉（ことごと）く否認した。そして陪審員が死刑判決を読み上げたとき、ロンは一言も口にしなかった。
　デブラ・カーターが亡くなってからほぼ6年が過ぎて、やっとエイダの町は幾らかの正義を行った。そして2人の男がその償いとして刑期を務めていた。

———

13歳ということで、エリザベス・フリッツは、拘禁中の彼女の父への面会は禁止されていた。禁止の指示を出したのは彼女の父親デニスだった。「あの娘にこんな経験をさせてはだめだ」とデニスは彼の母に語った。面会室は、性行為も含んだ自暴自棄の愛情行為の場になってしまうことが多く、その雰囲気は子どもにはあまりにも下劣であった。エリザベスが郵便と電話とで父の潔白を力強く支えてくれており、彼自身はいつの日か汚名を雪ぐ日が来るという望みを決して捨てていなかったので、娘は拘置所には来させないことに決めていた。エリザベスも納得していた。
　家族以外の人間に彼は、「自分としては拘置所の生活に染まりたくない」と話していた。

　オクラホマ州の死刑囚監房は、マカリスターにあるオクラホマ州刑務所H-ユニットの一部であった。このユニット全体が、コンクリート造りである。独房には窓がない。2枚のコンクリート板が、マットレス用に壁から突き出ている。壁には何もかけられない。セメント製の棚が私物用にあるだけだ。収監者は1日のうち23時間はここに閉じ込められ、「中庭」に連れ出される――といっても実際には6メートル強の高さの壁の上に開口部があるもう1つの部屋に過ぎないのだが――のは1日1時間だけ。中庭には常時4〜5人の収監者しか入れないのだが、ロンは精神状態が崩壊しているので、彼の場合には1人だった。彼の脆い状態は、何人かのとても残虐な看守にしてみれば気晴らしの対象になるのであった。
　「ロン」と彼らの人を嘲るような声がインターコムから聞こえてきた。「私、デビィ・カーターです。どうして私を殺したのよ?」
　「俺はデビィ・カーターを殺ってはいないんだ」とロンは彼の独房から何時間も続けて叫ぶのだった。「俺はデビィ・カーターを殺ってはいないんだ。俺は潔白なんだよ」
　デブラの死をめぐる捜査中に、リッキィ・シモンズという、アルコール依存症で麻薬中毒患者がエイダ警察署に入って来て、自分にはこの殺人についての情報があると言った。「俺が彼女を殺ったんだ」とシモンズは言った。彼は精神障害を起こしており、薬物でイカレていて、殺人の詳細は一切知らなかった。死刑囚監房でロンはそれほど聞き訳がないということはなかった。ただ「リッキィ・ジェフ・シモンズがデブラ・カーター殺害の自白をしたんだ」と悲嘆に暮れるのだった。

「俺は潔白なんだよ」

　デニスとロンの事件は、オクラホマ州の州裁判所を通じて控訴された。1994年8月、ロンの控訴は最終的に棄却された。ある朝、看守がロンの独房をノックして、これから彼は刑務所長のところに行くのだと伝えた。彼は常軌を逸した行動に出ることがあるために、2〜3名の看守が付き添った。所長室で所長は長いテーブルの一方の端に着席した。ロンは反対側の端に座るように言われた。

　刑務所長は、やらなければならない義務がある、と話した。看守たちは、今、髪の毛が糸のように細くなり、顔は青白く骸骨のように痩せ衰えた仮面のようになったロンの両脇に立った。

　「あなたには、薬物注射による死刑執行が言い渡されましたが、本処刑は、1994年、9月24日、午前12時30分に執り行われます」。刑務所に執行停止の指示は来ていなかった。彼は、死刑執行室に近い待機所に移動することになるのだが、そこでの訪問が認められる5人のリストの提出が彼に求められた。彼の姉アネット・ハドソン宛には、葬儀社が彼の遺体をどう扱うかの問合せの書式が送られるのであった。

　ロンにはいつでも彼自身の独房があった。しかし今彼は、2つの扉で二重に施錠された懲戒室に移された。別に彼が突如としてより扱いにくくなったということではなく、懲戒室が幾分かではあるがより防音性があり、今となってはほとんど四六時中、ロンが世間に浴びせる叫び声を消したのだった。オクラホマ州では、処刑日は通常、控訴の棄却後60日とされており、刑務所長は30日前に収監者に正式に告知をする。しかしどういう巡り合わせか、ロンの予定日は控訴後30日に設定され、そのため刑務所長は急遽ロンを所長室に呼んで死刑執行書を読んで聞かせた。予定日が早まったために、彼の控訴審弁護人ジャネット・チェスリィは、不意を衝かれた格好で、刑務所に彼を訪ね、処刑の予告をする機会がなかった。

　また彼女は、彼にもう一度チャンスがあるということを伝えたかったのだ。有罪判決が違憲であり、かつ、そこに重大な不備を発見した彼女は、連邦判事に、人身保護令状の請求手続きをするところであった。彼女がこの知らせを彼にもたらす頃には、彼は慰めるにも慰めようのない状態で、完全に精神的破綻を来していた。彼の胡麻塩の頭髪は、あと何週間かで真っ白な雪に変わりそうに見えた。彼は41歳だったが、25〜30歳は老けて見えた。

　チェスリィ弁護士たちは、弁論趣意書を書き上げるために24時間ぶっ通しで取り組んだ。彼女たちの論点は、彼の公判にはお粗末な弁護活動と、違法な検察

側の策略により不備があったというものであった。結局のところ弁護側は、ロンのカルテには、公判中の彼の言動に見られたように、精神疾患が重症であることが述べられているにもかかわらず、ロンに裁判を受ける判断能力があるのか否かを問題化しなかった。検察側は、ロンが拘置所内の密告者テリィにしたとされる自白を中心に立件を進めていた。しかし、ロンが殺害を否認し、この点については一瞬たりとも揺れ動くことがなかった、2時間に及ぶ録画された供述を公開しなかった。これは、ピーターソン地区首席検事による中傷的で抜け目のない公判操作であった、と弁護側は論じた。さらに、公判中、密告者テリィが、2度にわたる殺人の告白で収監者を犯罪に巻き込むことによって彼女の偽造小切手発行の罪で彼女に科せられた負債額が徐々に減っていたという注目すべき事実を、立ち入って調べた者は誰一人としていなかった。毛髪の証拠は、科学的根拠を欠き、あまりにも信頼性に欠けていたために、処刑の根拠として使うことができなかった。

　9月17日、ロンは、処刑まで1週間以内となった死刑囚用の特別待機独房に移された。その2日後、オクラホマ州東部裁判区を管轄する連邦地区裁判所は、ロンの弁護人から提起された論拠を検討するために、死刑執行停止の指示を出した。死が予定されていた日から5日前にロンは、「通常の」死刑囚監房に戻されて来た。彼が嘆き悲しんで騒ぐのは止まなかった。それから丁度1年後、米国連邦地区裁判所判事フランク・H・シーイは、州としては彼のために新たな公判を開くのか、あるいは、彼の身体を自由にするかしなければならない、と発言して、人身保護令状の請求に応じる命令書に署名した。ロンが精神的に病んでいることは一目瞭然であった。つまり、検察側も弁護側も双方とも、彼が裁判を受けるだけの訴訟能力があるのか否かを見極める義務を怠ったことは明白であった。毛髪証拠は明らかに信頼できなかった。州は、ロンが殺人とはまったく関係がないと否認している2時間のビデオを引き渡さなかった。さらに、裁判長は密告者の証言には手を焼いたと語った。

　「本裁判でもう1点厄介だったのは、州側の最重要証人の1人であったテリィ・ホランドの証言の動機に関することである」とシーイ判事は書いた。「ホランドの証言だけが（ロンが）直接罪を認めた証拠になっていた」

　米連邦控訴裁判所は、ロンの再審に合意した。彼に新しくついた弁護人は、オクラホマ州貧困者弁護事務局（Oklahoma Indigent Defense System）のマーク・バレットだった。バレットは、ロンに禁治産の宣告を受けさせ、精神病施設に送ってもらうよう提議をした。ロンは反対をしたが、弁護人が説得に成功した。精神病

院では歯科医が彼の口蓋にできた腫瘍に気づき、検査を受けさせた。癌性腫瘍が切除された。彼は精神の健康回復に向けて歩み始めた。

───────────

　刑務所に送られたまま裁判に動きがなくなったデニスは、ロンとは没交渉であった。彼の場合、彼の側に法律もなければ弁護人もいなかった。州裁判所が下した裁定は、彼は公正な裁判を受けた、つまり陪審員は犯罪捜査研究所の人間が彼の血液型に関して話すのを聞いたし、毛髪鑑定家がデニスの毛髪について語り、密告者がデニスの自白について語るのを、そしてさらにはデニスが自らの潔白を語るのを聞いた、というものであった。法手続き上の不備はなかったのだ。陪審員の評決は最高権威を有するのだ。したがって、控訴裁判所としては、この裁判とデニスの命には触れないことにしたのだ。
　彼は刑務所内の図書館に行き着き、自らの弁護人になることにした。
　どうか私のDNAと犯罪現場から採取したDNAの鑑定をお願いします、と彼は、州のすべての裁判所に次々と頼んでいった。
　あなたの裁判はもはや法廷では扱えないですし、我々には権限がないので、ポントトック郡の地区首席検事に対してDNA鑑定に関して何らかの対応をするように命じる権限はないのですと、判事たちはそのような裁定を瞬時に下した。
　デニスは、連邦裁判所に出向いた。そこが、アメリカの正義を聴く耳を州は持たなくなってしまったと信じる収監者にとっての避難所だからである、
　ところが、デニスはオクラホマ州の州裁判所でやるべき控訴を未だやり切ってはいない、と連邦裁判所は裁定を下した。
　もしデニスが刑務所で、あるいはこれまでの人生で何か学んだことがあったとしたら、それはどうやって過酷な運命に耐えるかであった。陪審員の評決に始まって、法廷の裁定では彼は7回ほど連続で敗訴した。死刑囚であることでプラスに数えられるようなことは何一つないが、少なくとも死刑囚ロンは、彼の控訴においては有能で粘り強い法的な援助を利用することができた。デニスは終身刑受刑者であるために、DNA鑑定を追求するうえで弁護人を依頼する権利が認められていなかった。また、鑑定もしてもらうことができなかった。
　その頃、ロンの弁護人チェスリィは、デニスにニューヨークのイノセンス・プロジェクトに手紙を書いてみたらどうかと勧めた。その後間もなく彼女は、ロンのための再審を勝ち取った。それは1995年のことであり、その頃は米国内のどの法

廷でも、DNA鑑定が究極の判断基準になっていた。検察側も、ロンの再審に向けて鑑定をせざるをえなくなったのである。またこれらの結果はデニスにもプラスになるかもしれなかった。

そこでロンの新しい弁護人マーク・バレットは、デニスの新しい弁護人バリー、それとバリーのイノセンス・プロジェクトからの学生たちでチームを結成した。彼らは、古い証拠を使っての新しいDNA鑑定実施に向けての交渉を開始した。地区首席検事は、デニスは古い証拠に対するDNA鑑定はできない、という立場をとった。再審を受けるのはデニスではなくロンだった。したがってデニスには鑑定を受ける権利はなかったのだ。

バリーはこの手の議論は以前にも、それもオクラホマ州以外でも聞いていたので覚悟はできていた。ほとんどの州で、収監者にはDNA鑑定を請求できる法的権利は認められていなかった。有罪判決が出された後、2〜3週間から2〜3ヶ月で当該裁判は結審したと見なされる。これらの方針は、常識と公正さからするととんでもないことだったが——結局は、いったん有罪の判決を受けた収監者は最新の鑑定の恩恵をまったく受けられず、潔白な収監者はただ単に正義を得ようと手を伸ばすだけに過ぎないのだろう——しかしそれでも法律は断固としていた。ほとんどの地方自治体で、彼とピーターは、時間をかけて話したり、マスコミ報道を通じて、巧みに取り込んだりして法の目を潜ってきた。多くの場合、検察側の反対はなかった。

そうこうするうちにバリーは、ピーターソン検事を説得して、デニスの法的権利の有無にかかわらず、彼が新しい鑑定を受けることを認めさせた。

一方マーク弁護士は、検察側証人として証言した証人の面接をすることによって、ロンの再審の準備にとりかかった。バリーはマークがグレン・ゴアを訪ねる際に一言助言をした。

「綿棒を持って行くといいよ」とバリーは言った。「多分、奴はDNA採取をさせてくれるんじゃないかな」

――――――

1999年2月10日、マーク弁護士と彼のチームがオクラホマ州、レキシントンにある刑務所に着いたとき、グレン・ゴアは待ち構えていた。刑務所が支給した青い囚人服に身を包み、黒髪をこざっぱりと整えて、彼は来客を暖かく出迎えた。

「待ってたよ」とゴアが言った。

「そうなの?」とバリーは応じた。「でもどうして?」
　「1985年に取引があったね」と彼は言った。
　「それって、どんな取引でしたか」とサラ・ボンネルは尋ねた。
　「連邦判事が言ったことだよ」とゴアは答えた。
　彼は年は取り違えていたが、正しい裁決のことを指摘したし、その重要性についての判断も素晴らしかった。ロンに再審を認めたシーイ判事の1995年の裁決では具体的にゴアに触れていたのだ。判事は、ゴアが検察側からも被告人側からも被疑者として徹底的に取調べを受けなかったと述べた。彼はデブラと一緒のところを見られた最後の人物であった。ある目撃者は、ゴアがコウチ・ライトの駐車場でデブラと口論をし、彼女を車に押し込んだと人に語った。彼の毛髪と血液は犯罪現場に残された証拠と比較するために採取されたが、州は適正な検査を行わなかった。判事が言うには、これらはどれをとっても弁護人が精力的であったならば、明らかにできたであろう点であった。
　非常に重要な点は、ゴアの暴行歴であった。シーイ判事は、彼が同棲していた女性に暴行を加え、彼女の子どもを脅かしたということを指摘していた。彼がロンに不利な証人として指名されてから1週間後、彼は司法取引を行い、誘拐、強姦、暴行の告発は取り下げられた。被害者家族は、ゴアに対して刑を軽減して判決を下した州判事に対して、次のような内容の書面を送った。
　「私どもとしましては、あなた様に、私どもがどれほどこの男が危険だと感じているのかをおわかりいただきたいです。この男は、私どもの娘を、孫娘を、そして私たちまでをも殺そうと思っているのです。この男が私どもにそのように話したのです」
　「私どもは、娘の家に強盗防止装置を取り付けるためにどんな苦労も惜しまずにやってまいりましたが、すべてが徒労に終わりました。この男が娘を襲ったすべてのことを詳細に述べるとなると、非常に長い書面になってしまうことでしょう」
　「どうか、この男が出所して再び恐怖に慄く前に、そして幼子が同じ経験を二度としないで済みますように、私どもの娘が子育てするのに十分な時間を与えてください」
　実に迫力のある言葉ではあったが、マーク弁護士と彼の同行者は、その2月の面会室で彼に脅威感はまったく感じなかった。ゴアは、彼を刑務所にぶち込んだことで40年もの間ひどく嫌っていた男、地区首席検事のピーターソンについて彼らに軽口を叩いた。彼はどうやってロンに不利な証言をするようになったのか思い出した。

「地区首席検事は俺にさ、もし俺がロンとデニスを痛めつけないんだったら、俺のことを追い回すぞ、って言ったんだよ」とゴアは弁護人たちに語った。彼は写真面割で写真には眼を通したのだが、ロンもデニスも識別することができなかった。証言はしたものの、彼にはロンがあの晩、バーにいたのかどうかさえも確信が持てなかった。

「ピーターソンが俺にね、『もしうまい具合に行かなかったら、こっちはお前を追い回すからな』って言ったんだよ」とゴアは主張した。

これまでのところピーターソン検事は、このゴアの発言に論評していないが、地区主席検事ピーターソン側の告発人が結局のところ、この地区首席検事によって告発されたために40年の禁固刑を下されたということを記憶に留めておかねばならないであろう。

「この件でポリグラフを使っても構わないですかね?」とマーク弁護士が尋ねた。

「もちろん、問題ないね。いいよ」と彼は答えた。「俺は警察にもやって構わないと言ったんだけど、やらなかったよ」

「DNA鑑定のために唾液採取はどうでしょうか?」とボンネルが尋ねた。

「何のために? 奴らはもう採ったよ。」とゴアは応じた。

「刑務所じゃ誰だって出さなきゃならないんだよ」

「デニスとロンのDNA鑑定は済んだんですよ」とマーク弁護士は言った。

「それは読んだよ」とゴアが答えた。

「それで結果は陰性で戻ってきたんですよ。つまり、犯行現場に残されていたDNAは、彼らのじゃなかったんですよ」とマーク弁護士は言った。

「それも読んだよ」とゴアは答えた。「奴らは俺のことを追っかけてくると思うかい?」

「あんたのDNAが彼女に付着するってことはありうるんだろうか?」

「ありうるんじゃないか」とゴアは言った。「あの晩は、彼女と踊ったからね。5回も」

「でもねえ、当局が彼女の遺体から採取したDNAは、たかが踊ったぐらいで体内には入らないんじゃないだろうか」とマーク弁護士は言った。「DNAは精液の中から検出されたんですよ」

「へえ〜」驚いた様子のゴアが言った。彼は席を外して、弁護士補助員兼刑務所内法律家を務めていた、ルーベンというもう1人の収監者を連れて来た。ゴアが席を外していた間に、ボンネルは看守に話をして綿棒と封筒をもらった。

「グレン」とボンネルは声をかけた。「唾液採取をさせてもらえないでしょうか？」彼女は綿棒を差し出した。

「それは認めてなかったよ」ムカッときてゴアは言った。「それには同意しなかったよ。あんたらは先走って、俺の許しもとらないでそんなものを持ち出したりして」

彼は綿棒を掴み取ると真っ二つにへし折って、そのままそれで耳掃除をし始めた。その後で彼は2本になった綿棒をポケットに放り込んだ。

「あんたらは奴のことを主犯格の被疑者に仕立て上げようとしているんじゃないか」とルーベンが言った。

「彼はおそらく前からそうなんだよ」とマーク弁護士は答えた。「あんた、彼女とセックスしたのか？」

ゴアは答えようとはしなかった。マーク弁護士は身を乗り出した。

「あんたは彼女とは一度もセックスしたことがないとでも言うんですか？」とマーク弁護士は尋ねた。

「そうは言ってないさ」とゴアは応じた。

「たとえ合意の上のセックスであったとしても、彼女も同意したんだとしても、今話してしまった方がいいんじゃないかな」とマーク弁護士は言った。

「なぜって、もしやったんだったら、あの精液はあんたのDNAと一致するんだろうから」

「俺はやらなかったよ」とゴアは言った。「あんたらの役には立てないね」

そう言い残すと彼は振り向いて大股で歩いて行った。弁護士たちは彼らの所持品を纏めるとその場を後にした。玄関口ではゴアは愛想がよかった。彼はまたマーク弁護士に会うことも構わない様子であった。ただその場合は、ゴアの仕事場での方がよさそうであった。

「それはどこになるのかな？」とマーク弁護士は尋ねた。

ゴアは、パーセルの町での公共事業局（PWD）の日雇い労働の仕事をしていると説明した。彼は地区首席検事に関してもう1つ嫌味な発言をして立ち去った。

綿棒をへし折ったことでゴアが責任を負うのは先延ばしになったかもしれないが、彼を守ることはできないだろう。州は、有罪が確定した収監者全員から集めたDNAのデータバンクを整備していたが、ゴアのDNAもそのどこかにはあったのだ。デブラの犯行現場からの古い証拠の鑑定のための計画が練られていたときに、バリーはSTR〔Short Tandem Repeats、1〜4個の塩基の繰り返し配列の多型マーカー〕として知られているDNA鑑定法を提案した。

「州のデータバンクにあるのがそれなんだよ」と彼は説明した。「もし犯行現場

からSTRを採取できたら、ゴアのSTRはもうデータバンクのファイルに納まっているというわけだ」

そこでバリーとマーク弁護士は、刑務所のデータバンク経由で殺害現場からのDNAの鑑定を行おうと、州のDNA鑑定の専門家メアリィ・ロングに働きかけた。2～3週間後、研究所の報告書が戻って来た。デブラの膣内、肛門内、および下着から検出された精液は、ゴアのDNAと一致した。デニス、ロンの痕跡はまったくなかった。しかしその情報は、地区首席検事ピーターソンの要求に応じて封印された。ピーターソンは、2人の男性の釈放に同意する前に、毛髪の鑑定を望んだ。

デニスは、これを聞いたときパニックになった。彼はバリーに、理科を教えていたからDNAのことは理解しているので、精液の証拠改竄の可能性は実質的にはないということはわかっていると話した。しかし、毛髪となると話は別だ。刑事たちは彼の体から何十本もの毛髪を引き抜いていた。デニスが実際に見たように、もし当局が彼の拘置所の独房にでっち上げの自白を引き出すためにスパイを送り込むことができたとしたら、犯行現場キットの中に何本かの彼の毛髪を仕掛けるのをどうやって阻止することがでるのだろうか。デニスがこのように考えたとしても別に妄想ではない、ということはバリーにはわかっていた。そこでバリーは、専門家に相談して、デニスやロンから採取した毛髪の一部でも犯行証拠キットに突っ込まれることがないかを察知する、複雑で巧妙な計画を纏め上げた。

デブラの遺体の内部、および周囲で採取された毛髪が鑑定される前に、1本1本の毛幹は乾血やその他の生体物質といったごく微細なものは振り落とす音波を使って「洗い流される」のであった。その「洗い流し」の水でさえ集められ、それもまたDNA鑑定がなされる。これらの結果でいくつかのことが明らかにされるであろう。もし誰も証拠に細工をしていなかったならば、毛髪洗浄の際の生体物質も被害者のDNAを含んでいるはずである。結局、彼女の血みどろの遺体の下から、そして彼女の喉に詰め込まれたボロ切れからすべての毛髪が回収された。例えば、ボロ切れに「発見された」毛髪がDNAによってデニスと関連づけられたとすると、洗い流された生体物質にはデブラのDNAがあって当然なのである。そこで洗浄水に何らかの別のDNAがあれば、そのときにはバリーは、それはデニスから採取されて証拠キットに仕込まれたのだと強硬に主張ができるのだった。それは手の込んだ手続きであったが、関係者は皆同意した。しかし最終的にはどの1本の毛髪のDNAも、デニスともロンとも関連がなかった。2人の命運はゴアとしっかり結びつけられた。

車でオクラホマ州パーセルの町の公共事業作業所に戻る道々、小さな家々のポーチからブリキ缶を売る人々が目に留まる。1999年4月14日正午、ニューヨーク・ディリー・ニュース紙の仕事で来ていたジムと、NBCのニュース番組「デイトライン」のアレキサンドラ・ペロシを乗せたレンタカーが作業所に滑り込んだ。
　「グレン・ゴアを探しているんだが」とジムが言った。
　「グレンだって？　奴はどこかで、草刈でもしてんじゃないかな」と作業所の責任者のベン・ハドソンが答えた。
　「草刈って？」とジムが尋ねた。
　「道路沿いの雑草刈のことだよ」とハドソンは言った。「もう夕食なんで、30〜40分もすれば戻って来るんじゃないかな」
　2人の記者はサンドイッチを買ってから戻って来た。まだゴアは戻っていなかった。2人は作業所から5〜6キロ離れたところにある、数人の男たちが新しい道路で作業をしていた場所に案内された。そのうちの1人は背中に『収監者(しる)』と記されたシャツを着ていた。しかし、ゴアのいる気配はなかった。
　「奴は作業所に戻ってんじゃないかな」とビリィという男が言った。
　「作業所には行って来たばかりなんだけどね」とペロシ記者が答えた。
　後でわかったのだが、ゴアは失踪したのだった。彼は、エイダのイヴニング・ニュース紙で、デニスとロンが24時間以内に拘置所を出るという記事を読んでいたのだ。彼はまた、記事の中に、婉曲的な表現で名前は明らかにされていないが、同じDNA鑑定で犯罪に関係していると見られるもう1人の「被疑者」を読み当てていた。
　その日の朝、彼は弁護士風の2人の人物が彼と話したがっていたということを耳にしたので、仕事場からスッと姿を消したのであった。

　同じ日の午後、エイダにあるポントトック郡裁判所では弁護士たちが舞台裏で友好的でリラックスした雰囲気を感じ、ピーターソン検事と雑談を交わしていた。誰も争うこともなかった。合意によって、翌朝にはデニスとロンが、デブラ殺害容疑で逮捕されてから12年後に釈放されることになっていた。

ピーターソン検事のアシスタントのクリス・ロス検事が、バリー、マーク、ボンネルらの被告人側の訪問者をもてなしていた。
　ジーンズと格子縞のシャツに身を包んだロス検事は、元スポーツ選手特有の強烈な印象のビール腹で、スポーツ刈りのヘアスタイルとマッチした早口で歯切れのよい、皮肉たっぷりの態度をとっていた。彼はトム・ランドリス判事と、ロンや裁判について回想していた。判事は、ロンが花形スポーツ選手として成長していったことを思い出していた。判事はまた、飲酒問題も抱え、衰弱し切った精神病患者としての彼のことも知っていて、アルコール中毒の罪が問われたときには彼の弁護をしていたのだった。こんなことは別に珍しいことではなかった。というのもエイダは非常に小さな町だからである。
　バリーがロス検事に、DNA鑑定の観点から見た刑務所の密告者の信頼性について尋ねた際に、ロス検事が訊いた。「テリィのことかい？」
　「ああ」とバリーは答えた。「テリィ・ホランドだよ。彼女ってどうなの？」
　「そうだな」とロス検事はニヤッとして言った。「彼女にはＣスポットがあるんじゃないか、って言いたいね」
　「Ｃスポット？」
　「そうだよ。ほら例のＣスポットだよ。イッてしまう自白（Confession）スポットね」
　誰もが馬鹿笑いをした。彼女は、1982年12月のデブラ殺害と1984年４月のデニス・ハラウェイの殺害といった、最近のエイダの殺人事件史の中でも最も華々しい事件での自白を引き出していた。
　「彼女のＣスポットの成せる業っていう奴だね」とロス検事が言った。

――――――――――

　通りの反対側、郡拘置所ではロンが12年振りにデニスと話をし、記者のジムと雑談をしながら、煙草を燻らせていた。
　「死刑囚だっていうのに本当に出所すんだよね」とロンが言った。「この中にいると、クリスマスが来たってわかるのは、デザートが２つ出されたからだけだよ」
　「こっちは地獄にいたもんでね。というのも俺んとこのは警備が厳しくない方の刑務所でね」とデニスは言った。「死刑囚ロニィはひどかったね」
　デニスの頭髪は白髪の方が目立ってきていて、乾いたようで、オールバックで纏めていた。小ざっぱりと整えた頭髪で、話し方が上品な、身長176.8センチ、体重およそ68～73キロの男性であった。ロンはだいたい186～189センチで、

ノッポではあるが、同時に動作がのろく、スタン・ローレル〔「極楽コンビ」の名称で親しまれたアメリカのお笑いコンビの、チビではにかみ屋。相方の巨漢で気難し屋は、オリヴァー・ハーディ〕張りの頭髪は白髪になってしまい、頭にペタッと張りついた状態だった。スポーツ選手としての優雅さは、加齢、太鼓腹、不安が異常に肥大化したために影も形もなくなっていた。彼の臼歯は生活難と口蓋癌に屈してほとんどなくなっていた。前歯だけしか残っていなかった。話をしていないときには、彼の舌はなくなってしまった歯を捜し求めているようであった。呼吸はほとんど口でしていた。

　彼もデニスも、どちらも昔風の横縞の刑務所のパジャマを着ていた。

　「制服に間違いはない。これは収監者が着るものだ」とロンが言った。「しかし俺たちは潔白なのでこれを着ているべきではない」

　2人はテリィについてはジョークを言わない。例のCスポットのギャグを2人が聞いたとしても、何がどうということでもないだろう。彼女は2人の人生の何年かを奪ってしまったのだ。14年前に、ロンが偽造小切手の件で彼女と拘置所で一緒になった、というただそれだけの理由で。

　「まったくの嘘つきだ」とロンは言った。「警察・検察は俺のことを女性収監者の溜り場の真向かいに入れたんだよ。奴らは女性収監者の溜り場の真向かいに野郎の収監者を入れるなんてことは一度だってやったことはなかったんだ。あいつはしょっちゅう、例の殺人事件について聞きに来たね。そこで奴らは、彼女を市の警察署に呼び寄せて俺のしゃべったことを探ろうとしたのさ」

　判事室でバリーは、拘置所の「訓練生」マイク・テニィに関して尋ねた。彼は、仕事に就いた当初はデニスが事件に関して話しているのをなんとか聞き出そうとし、その後は、彼らの会話の内容を何度か披露した。彼が公判で進んで行った会話内容の開示は、有罪判決を招くようなものであった。追及されて彼は、デニスは一貫して自らの潔白を主張していたということを認めた。

　たとえそうであっても、検察側としては、デニスの起訴を強化する証人を必要としていたまさにそのときに、テニィが突然拘置所にやって来たことは飛び抜けて好都合であった。そんな経緯があったためにロス検事もまた彼なりの懸念を抱いていた。

　「私も彼についてはいつも怪しいと思ってましたよ」とロス検事の方から進んで

話し始めた。「彼は非常に熱心なあまり、問題を起こしましたよ。3人の警察官とテニィとで逮捕した事件を私が担当しました。現行犯逮捕でした。その後でテニィは、被告人が逮捕時に思わず口を滑らせて自白をしたと主張して、危うくその事件を滅茶苦茶にしてしまうところでした。現場にいた他の誰も、その自白とやらを聞いていなかったのです」

夕食の直前になって、マーク弁護士とバリーは、ゴアが割り当てられた外部通勤制〔優良受刑者を、週日の日中だけ収容施設の外の仕事場に出勤することを認めた矯正制度〕の仕事から逃げ出したということを知った。彼らは拘置所を訪ねてその内容を2人に伝えた。

「奴が逃げた?」とデニスは言った。彼には信じられなかった。殺害に関与していた男の方は道路工事作業者の馴れ合い仕事から自由に逃げ出せるというのに、彼はといえば、何ヶ月もの間潔白だということが知られていたにもかかわらず、ここ、警備が厳重な刑務所で寝起きをしていたのだった。

デニスは破顔一笑した。ロンは笑い転げた。

「奴はまさにそれで自分の罪を認めたんだ」とデニスは言った。

「もし奴が罪を犯していないんだったら、逃げたりはしないだろう」とロンは、さりげなく言った。

1週間後、ゴアは自首した。ピーターソン検事からは、デブラ殺害の「最重要被疑者」とされたゴアは、1999年10月の時点では殺人の罪では告発されていなかったのだ。しかしながら彼は、もはや刑務所の敷地内から離れることは許されなかった。

翌朝2人は、出廷するための服装をし、手錠をして別々に付き添いを伴って芝生を横切って歩いた。デニスが先で、その後をロンの順で法廷に入るところを、地元の全テレビ局、ラジオ局が追った。

デニスは、ほぼ毎日のように電話と郵便で娘と連絡をとっていたので、不思議なことにおそらくほとんどの父親よりも娘のことがよくわかっていた。もちろん、彼は12年間娘に会うことはなかった。それでも彼は娘の学校のこと、友達のこと、さらには娘の、世界的に有数のテレコム企業でのマネージャーとしてのキャリアについても知っていた。彼には、娘の声の調子一つで気分を読み取ることができた。

知っていたはずなのだが、でもあの春の日に法廷に足を踏み入れたときに彼を待ち受けていた光景は、まったく予想だにできなかった。褐色の髪にご来光のような微笑みを湛えた美しく若い女性、エリザベスは優雅な着こなしであった。彼の膝が震えた。彼の娘だ。シェークスピアが詠んだソネットにこんなのがある。

　　汝は汝の母の鏡にして、汝のうちなる汝の母は
　　青春の日々の素晴らしき4月をここに甦らす

彼は娘を見た。それから腰を下ろした。そうでもしないと膝の震えは収まりそうもなかったのだ。

後で記者会見があったが、そこでデニスは彼を支えてくれた人々への感謝を能弁に述べた。

「娘のお陰で、私の人生は人生足りえましたし、私が私でいられることができました」と彼は語った。

次いで質問はロンに向けられた。

「ウィリアムソンさん、今、どんなお気持ちですか?」

ロンは沈黙した。死刑囚監房で時(とき)は崩壊していた。彼は時を数えてみた。1週間が丸1年に相当したのだった。

「ウィリアムソンさん、今、どんなお気持ちですか?」と彼はまた同じ質問を受けた。

「何についてでしょうか?」ロンは応えた。

――――――――

拘置所の密告者が語った話が原因で、ロンはオクラホマ州によって危うく殺害されるところだったし、デニスは、12年間も投獄された。そして最終的にはほかにも19人の人々がDNA鑑定によって冤罪が晴れ、自由の身になった。これはイノセンス・プロジェクトが扱った裁判のおよそ16%に相当する。しかしどのケースでも、密告者は話をでっち上げたとは認めなかった。

長期の強制的最低刑期(強制的な最低限の刑の宣告)から抜け出すには「協力」するしか他に方法がないという、量刑手続きに関する最近の連邦基準の下では、密告者文化がアメリカの連邦裁判所のあり方に刻み込まれている。しかしまた同時に、ロンやデニスのような何十人もの人たちが長期の禁固刑や死刑から

自由の身になっているということは奇妙な光景のように思われる。

　カナダでは、密告者のでっち上げの証言に基づいた、1つの甚だしく不法な有罪判決が国を震撼させた。ガイ・ポール・モリン（23歳）、は、1983年に彼の隣に住む女性を強姦し殺害したとして告訴された。証拠の大半が拘置所の2人の密告者から提供されたものであった。彼がDNA鑑定によって潔白であることが証明されたために、1995年1月に彼の有罪判決は覆されたが、その際に委員会がその裁判を調査し、拘置所の密告者の取扱い方について新たな基準を設定した。今では、密告者が証言する前に、検察上層部の判定委員会自体が、話の内容の裏づけ確認が可能である、それもまさに他の収監者によることなく可能である、ということを納得していなければならない。また判定委員会は、密告者が、テリィ・ホランドがそうであったように、再犯者であるのかどうかを究明しておかねばならない。法廷では、その証言は信頼できないものであるという前提の下で、検事は、同証言が陪審員に提示される前に裁判長に対して聞くに値するものであるということを実証しなければならない。そして最後に、密告者との取引の内容は文書にしなければならず、すべての会話はビデオに録画するかテープに録音されなければならない。

　もし仮に、米国でこのような基準が適用されたとしても、信頼に足る証拠が阻まれてしまうということは少しもないであろう。そして世界中のロン・ウィリアムソンのような人々が、自らの命の日々が減っていくのを眺めながら死刑執行室の外、死刑囚監房で過ごすようなことはないであろう。

第7章　ジャンク・サイエンス

　1991年5月の最後の日、見栄えのよい黒塗りのリンカーン・コンチネンタルがダラス・ガン・クラブに午前8時55分に入ると、若いティム・ダーラムが運転席から抜け出て、トランクをパッと開けて、41口径ライフル、28口径ライフルと使い古された弾薬盒（ごう）の、均整のとれた射撃用銃器一式を引き出した。彼の父、ジェイムス・ダーラムが助手席からどうにか身を起こすまでには、ティムはすでに用具一式を注意深く地面に積み重ねて置いた。クラブの玄関からかなりホッとして見守っていたのが、ダーラム家が全米スキート射撃〔左右に設置された2台のクレーハウスから交互、または同時に射出されるクレーを、両クレーハウスの間に半円形に設置された射台で順番に撃っていく競技〕競技会の開会に間に合うように到着できるのかどうか気を揉んでいたティムだった。
　「ジム！」とティムが叫んだ。「来れないんじゃないかと思ったよ」
　「遅れてすまん」とジムが答えた。「交通渋滞に巻き込まれてしまってね」
　厳密に言えばこれは事実ではなかった。実は、朝、両親がダラスで彼らを招待してくれたホスト役とおしゃべりに興じていた間、ティムの方はといえば寝過ごしてしまい、誰もが時が経つのを忘れてしまっていた。ジムはティムが同行してくれて嬉しかった。74歳で彼は依然として熱心な射撃手ではあったが、年を追うごとにライフルが100グラム弱重くなり、車のトランクが5センチ強沈んでいるように感じられていた。ティムがスキート射撃競技会に来たのは、父の用具を運ぶためだけではなく、審判を務めるためでもあった。彼は、身長は163センチと背は低かったが、胸幅、肩幅が広かった。彼は赤毛の顎鬚を生やし始めていて、その日の朝は、ティムの顎鬚が伸びているのに気づいた人も何人かはいたであろう。
　ダーラム家の人々にとってスキート射撃は彼らの社交生活の中心にあった。彼らの友人の多くが射撃手であり、彼らのカレンダーはスキート射撃の試合日程を中心にして固められていった。今回のイヴェントに参加するためにダーラム家は、前日にオクラホマ州タルサから車でほぼ5時間かけてダラスまでやって来て、長年の友人であるジェスとジーンのスプーンツ夫妻のところに泊まった。前夜は皆でオリーヴ・ガーデン・レストラン・チェーン〔アメリカのイタリアン料理レストランチェーン〕店でのディナーに出かけた。スプーンツ夫妻の娘たちは、その日遅くなってから、ティムや彼の両親と旧交を温めるために立ち寄った。また、翌日にはティムが29歳になるので、ちょっとしたお祝いをした。

午前中の射撃は10時を少し回ったところで終わった。ジムはティムに、銃、弾薬バッグ、保護眼鏡と耳栓を渡し、クラブの中で落ち合うように伝えた。暖かい朝だったので彼は冷たい飲み物が欲しかった。しかしクラブの中に入ると、ジムはスキート射撃試合の別の人たちと出くわしてしまい、彼としては自分の地区のリーダーとして、飲み物にたどり着くまでにチームの問題を整理しなければならなかった。ティムもその議論に父と一緒に加わり、その後で、午後の射撃が始まる前に軽く昼食を食べるためにスプーンツ夫妻の家に戻った。
　男性陣が家に着いたとき、ジーン・スプーンツとエレノア・ダーラムは美顔エステに出かけるところだった。ティムは空腹だったので、ジーンは彼に、前夜オリーヴ・ガーデンから家に持ち帰った残り物を温めたらどうかと言った。そして彼に電子レンジを示すと、予約した時間のためにダーラム夫人と飛び出して行った。正午に玄関が開いた。2〜3分ほど離れたところで働いていたスプーンツの娘シンシィアで、ティムに挨拶がてら、軽く食事をするためにちょっと立ち寄ったのだった。
　「お昼用にスパゲッティとガーリック・トーストがあるって聞いたんだけど」と彼女は言った。
　「そうだねぇ」と彼は今空になった皿を指差して言った。「ガーリック・トーストなら少しあるけど」
　シンシィアは、彼が残らず食べてしまったことをからかい、2人で声を立てて笑った。当日は遅くにスプーンツ家の面々、その娘たちの連れ合い、それにダーラム家の一同が揃ってお風呂でリラックスした。

　その同じ日の朝、何キロも離れたところで、ある1人の少女が家のプールに入る着替えを済ませていた。その日はモリィ・M.の学校の終業日で、母と2人で成績表を受け取った後で母親が車から彼女を家で降ろしたところだった。モリィは11歳にしては非常に物わかりのよい少女であり、タルサの隣近所も安全で極めて裕福で、大家族の家でも彼女なら1人でいても大丈夫だったのだろう。
　午前10時半頃、1人の男が正面玄関のところに現れたが、モリィは彼に裏に回るように指示した。正面玄関は内側から鎖がかかっていて、それを開ける鍵が彼女の手元になかった。
　彼女はドアを開けると、普段着の背の低い人が見えた。庭仕事をやりに来た、

第7章　ジャンク・サイエンス　177

と彼は言った。そうだとしても彼女の母も父も留守だとモリィは説明をした。今が何時かわかるかとその男は尋ねた。モリィが時計を見ようと振り返ったその隙に彼は出入口で突然襲いかかった。次の2〜3分の間に彼女はできるだけ一部始終を覚えておくようにした。彼は赤毛で、ニキビの痕があるあばたで、彼女を地下室に連れて行って暴行した。最後に、彼は立ち去り、11時10分に彼女は警察に電話をした。気は動転はしていたが、彼女はまだその赤毛の男についての完全な説明を両親と警察にすることができた。彼の身長はだいたい彼女の母親と同じだった。

　いたいけな子どもに対する犯罪への怒り、それが彼女自身の家の中であろうと、隣近所であろうと、どの町でもニュースとなる資格はあった。タルサの新聞社、テレビ局はこの話を大きく取り上げたので、この犯罪を解決できないということは、傷口を開いたままにしておくことに等しかった。事件は警察を窮地に追い込んだ。事件発生からおよそ10週間経って、あるタルサの刑事が彼自身の家のキッチンテーブルで内報を得た。彼の妻は保護観察部で仕事をしていたのだが、人相書きに合う身長の低い、赤毛の人物なら知っていると話した。この男というのは、薬物とアルコールにはまっていたことがあり、軽犯罪の前歴もあった。彼の父親はエレクトロニクスの販売店ラジオ(株)社を所有している裕福な実業家であった。その息子が保護観察中であった。彼の名前は、ティモシィ〔＝ティム〕・ダーラム。

　モリィは写真面割で彼の写真を見たが、確信はなかった。警察はもう一度彼女に写真面割を見せた。彼に似ていると彼女は言って、写真の裏にイニシャルを書いた。

　1992年1月、今は薬物やアルコールとも切れてユタ州の大学に通学していたティムは、7ヶ月前のモリィに対するレイプの嫌疑を受けて、タルサ警察署によって逮捕され、タルサに連れ戻された。

　彼には圧倒的なアリバイがあるということ——モリィへの暴行があった頃、少なくとも11人の証人が、彼が500キロ以上も離れたダラスにいたと言えるということ——も、検察側にしてみれば、跨げる、それもうまく跨げる程度の障害物であった。

　これらの証人が何を言おうとも、地区検察局には、ティムがモリィをレイプした

ことを証明する証拠がある、と言うのだった。そのうえ、ティムの友人の集団に過ぎないし、また、数ヶ月前のある特定の日にどこにいたのか本当にはよくわからないような老人のアリバイ証人とは異なり、地区検察局の証拠の出所は、犯罪科学捜査研究所であり、法廷の慣習により「科学的」と見なされるのである。

———————

　毛髪が法廷で最初に証拠として採用されたのは1861年のベルリンであった。それから20年後、ウィスコンシンの刑事裁判で、ある専門家が、犯罪現場からの毛髪を鑑定してそれが被疑者から採取された毛髪と一致したと証言した。ウィスコンシン州最高裁判所が1882年にこの裁判の再審理を委ねられた際、同最高裁は、「かような証拠は極めて危険な性格を有している」と警告を発し、有罪判決を破棄した。しかしそのことは毛髪鑑定家にとっては大した後退ではなかった。彼らは顕微鏡を手にし、どの州の法廷にも進撃し、スライドガラス上に真実を見ることができると述べた。彼らの出現は、人類の驚異への欲求が、宗教や儀礼の神秘的な力を通じてよりも、科学や技術といった非宗教的なものを媒介としてより満たされるという発明の時代のことであった。シャーロック・ホームズが英雄であった時代である。毛髪鑑定家は、どの人からも出てくるが、ほとんどの人からは無視される毛髪という人生の断片の中に手がかりを見つけ出した。彼らには見えざるものが見えるのだろうが、それでもなお、科学者のように語るのである。
　指紋鑑定者は、指紋というものは、微細な頂上部の詳細な紋を基礎にして、輪形、弓形、渦巻きを組み合わせたものであり、どれも1つしか存在しないものだと、英国および米国の法廷を説得したのだが、毛髪鑑定家は、この指紋鑑定者の肩車に乗って法廷に乗り込んで来たのだ。その時点では、1人ひとりの人間の指紋は、どれも唯一の組合せになるという宣言は推測でしかなかった。しかし、100年に及ぶ経験と全米データバンクにある何百万もの個人の指紋が示すように、妥当な推測であった。だが、毛髪の分析はそうではなかった。
　顕微鏡で見ると1本の毛髪の軸は6センチ弱の幅に見える。この視野の範囲で鑑定者は、毛髪がどの3つの人種的グループ——コーカシアン（白人）、モンゴロイド（黄色人）、ネグロイド（黒人）——で体のどの部位か——頭皮、陰部、四肢——を識別する。
　理屈のうえでは、これは犯罪現場の毛髪——「未知のもの」——と、被害者および被疑者から採取された「既知の」毛髪サンプルとの骨の折れる比較検討の

開始である。仮に2つの毛髪が十分な特性の点で同じであれば、鑑定者は、双方が「そっくりである」あるいは、「一致している」、「類似している」と言うであろう。毛髪鑑定は、大変な正確さを要する作業であるために以前は聖書では神のなせる業とされていた（「またあなたがたの頭の毛までも、皆数えられている」マタイによる福音書第10章30）。毛髪鑑定家は、1本1本の毛髪を何百時間もかけて鑑定することについて語る。しかし毛髪鑑定家は、総じて実際には神業のようでもなければ、ことさら科学的ということでもなかった。

　この分野の弱点は十分に立証されている。以下のとおりである。同じ頭から引き抜かれた頭髪でもそれぞれ合致しないことがありうる。毛髪鑑定家の間では、比較の基準に関して合意ができていない。識別が困難な「特徴のない」毛髪を有する人々がいる。照合基準が不確実であるにもかかわらず、指紋に関してはデータバンクがあるのに毛髪についてはデータバンクを誰一人として設立できていない。これがまた、ある特定の毛髪の特徴がめったにないとか、普通であるとか、あるいはその中間のどこかである、といったことを誰一人としてもっともらしく言えない理由にもなっている。

　1970年代初め、米国法執行援助局（LEAA）が、刑事訴訟において証拠を提供している240の研究所に対して熟達度試験を主催した。これらの研究所は、ペンキ、ガラス、ゴム、繊維等、多くの種類の分析試験で失敗をしでかした。しかしながら、断然毛髪分析の結果が最悪であった。

　90件の毛髪分析の回答で、与えられたサンプルについて「受け入れがたい」結果——照合不能あるいは照合ミスのどちらか——を提出した研究所は、全体の27.6％から67.8％を占めた。

　5つの異なるサンプルに対して分析を誤った率は、それぞれ50.0％、27.6％、54.4％、67.8％、55.6％であった。要するに、信頼できる結果を提供するのに、コイン投げで決めるのと、毛髪分析をするのとではほとんど違いがなかった。科学的方法であるための顕著な特徴は、結果が再現可能だということであり、同じ試料を使って同じ方法で同じ鑑定をした場合、2つの研究所が同一の結果に達するのは当然ということである。LEAAは、誤まった分析でさえ、一定していなかったということがわかった。しかしおそらく何が最もことの本質を明らかにしていたのかというと、これらが公開試験であったということであった。つまり研究所長は、影響力のある料理評論家がその晩の予約を入れていたことを知っているレストランのシェフのように、前もって試験されることがわかっていたということなのだ。もし試験対象をそれとわからないように通常の裁判の証拠品であるかのように研究

所宛て送付物に紛れ込ませることで、今回の状況よりはるかによりいっそう厳密な測定基準を適用したならば、現実の状況が再現されたことであろう。仮に、犯罪現場だけではなく、研究所や臨床医学でも鑑定され、証明されているDNA鑑定技術がスペクトルの一方の端にあるとすると、毛髪証拠は反対側の端に位置することになる。そして毛髪分析は、土台が不確かな数ある犯罪捜査科学の一つに過ぎない。巡回カーニヴァルの、いささかいかがわしい出し物からそのまま出てくることができるようなものもあるのだ。

フロリダ州ではフアン・ラモスに殺人の廉(かど)で電気椅子送りの判決が下された。それも、犯罪から何年も経った後だというのに、主として、警察犬・ジャーマン・シェパードが臭いを感知できたと宣誓したペンシルヴァニア州の警察犬訓練士の証言に基づいてである。その犬が感知したことは、事件から5日後に嗅いだ、被害者のブラウスと凶器の両方にラモスの臭いがした、ということであった。判事は後に、その犬を5日経った他の証拠で試験してみるように指示した。その犬はこの試験に受からなかった。ラモスの有罪判決は覆(くつがえ)され、再審では無罪判決が言い渡された。他にもスーパー鼻を持ったスーパードッグの証拠に依拠した裁判が、ヴァージニア、オハイオ、アリゾナの各州でも却下された。

ミシシッピー州には、犯罪捜査歯科医でウェスト・フェノメナ(West Phenomena)社の発明家であるマイケル・ウェストがいた。黄色のゴーグルをして、青のレイザー光を持ち運んでいるウェストは、他の誰にも見ることはできない、犯罪被害者の歯形、傷、皮膚の上の擦った痕を視覚化できると主張した。誤差の範囲はどれくらいかと尋ねられてウェストは答えた。「我が救世主、イエス・キリストの場合より狭いと思う」

彼の青色光の最初の適用は1990年、ミシシッピー州中央部での3人の高齢者刺殺の捜査段階でのことであった。犯罪が行われてから2週間後、ウェストは最重要被疑者の手を調べた。彼の光を当てて、被疑者の掌に、凶器として使われたナイフの3ヶ所の露出したリベット〔ねじ部を持たない頭付きのねじ部品。鋲(びょう)とも言う〕とまったく一致する窪みを見たと彼は主張した。彼は後になって証言しているのだが、彼はその写真を撮ったが、露出過度であった。誰もウェストの作業を再現することができなかった。被疑者は2年間収監された後で釈放されたが、その折、ある判事は、ウェスト・フェノメナ社の証言は許容できないと裁定した。

もう1つ別の事件でウェストは、青色光のおかげで彼はある男の歯を、高齢者レイプおよび強盗の被害者の皮膚の上に見つかった噛み跡と照合することがで

きた。彼は、自分の完璧な照合を、彼の決め台詞——「まったく疑いの余地なく」——を使って宣言した。しかし被害者の指の爪の剥離物から採取された暴行犯の皮膚のDNA鑑定は、ウェストが仄めかした男を、それこそ、まったく疑いの余地なく除外した。彼が繰り返し使うその表現は、彼らのようなまやかしの胡散臭い科学者と同じ立場であることをなんとか耐えてきた、専門的な犯罪捜査科学学会の気分さえも害してしまった。ウェストは、法医歯科医協会から1年間の資格停止処分を受け、倫理委員会が彼の除名を投票で決したとき、彼は全米犯罪科学者学会（American Academy of Forensic Scientists）を退会した。

　どのようにして、このようなジャンク・サイエンスが生死の問題で通用しうるのだろうか。往々にして、凶悪犯罪への恐怖のあまり、信頼できる証拠を提供することはないのに「新奇の」技術を無批判的に受け入れてしまうことがあるからだ。これらの技術が法廷に、それも典型的には貧しい被告人に不利な証拠として持ち込まれると、被告人側には、とにかく、困難な挑戦を始める資金も専門性も持ち合わせがなかった。

　より重要なのは、科学的証拠に対して適用される証拠能力の基準である「フライ裁定」によって、愚かにも反響室効果ができ上がってしまったのだ。つまり、もし仮にある法廷が毛髪証拠を認めると、次の法廷は、その許容性に関する独自の判断をしなくなるのである。さらに、もしある毛髪鑑定家が他の毛髪鑑定家が実際に使ったことがある技術を踏襲したと証言すると、もうそれで通常は法廷では十分だということになった。実際、以前のフライ裁定の反響で聞く耳を持てなくなってしまった法廷は、毛髪鑑定家を信用してはいけないということを実証したLEAAの熟達度試験のような新しいデータをあっさりと無視してしまうのだった。

　1993年になるまで、米国連邦最高裁判所はジャンク・サイエンスを阻止するための対策を講じなかった。ドーバート対メレル・ダウ・ファーマスーティカルズ（Daubert v. Merrell Dow Pharmaceuticals）判決において連邦最高裁判所は、連邦判事が、科学的であると称する証拠に対して門番の役を務めなければならないであろうと述べた。信頼性に関する基本的な問いかけがなされねばならない、と連邦最高裁は言う。すなわち、当該専門家による鑑定は再現されたのか？

　誤判定率は採ってあるのか？　鑑定手法は論文審査のある学術定期刊行物で扱われているのか？　「今日の科学的手法というものは、仮説を立ててそれらを検証し、反証されうるのか否かを確認することを基本としており、事実、この手法が、科学を他の人間性探求の分野とは一線を画しているのである」と連邦最高裁はその判決の中で述べた。

1995年に米国連邦地区裁判所判事フランク・シーイがオクラホマ州エイダのロン・ウィリアムソンの釈放を決定したのは、毛髪証拠の信頼性欠如によるところが極めて大きかった。ドーバート（Daubert）判決からの基準を適用して、毛髪証拠は法廷では採用してはならない、と彼は書いた。「目撃証言同様、鑑定官に、どの毛髪サンプルが犯罪被疑者のものかと伝えられると、誤った結論は増えてしまうものである」と彼は指摘した。ロンに再審の機会を与えるという彼の決定は、控訴審の判事たちが、彼の毛髪証拠禁止に対しては二の足を踏んだものの、第10回巡回区控訴裁判所〔合衆国のintermediate appellate court中間上訴裁判所。全米で13の連邦控訴裁判所裁判区＝巡回区がある〕によって支持された。代わりに彼らが判決を覆すために依拠したのは、彼の事実認定のもう1つの点、つまり、ロンは彼の法廷弁護士によって効果的に弁護されなかった、という点であった。
　シーイ判事の毛髪証拠についての見解の正当性は間もなく証明された。1999年、新技術であるミトコンドリアDNA鑑定が、ウィスコンシン州の裁判における毛髪鑑定家がでたらめだったということを証明して見せた。犯罪現場から採取されていた17本の毛髪に対して鑑定が行われ、ロンと共同被告人のデニス・フリッツとの、地区首席検事が用いる用語で言うところの「照合」が行われた。その結果は17本すべてが誤識別であった。どの1本も、デニスやロンのものではなかった。誤識別率は完璧な100％であった。実際のところ、デニスの恥毛だと識別されたものは被害者、デブラ・カーターのものであった。オクラホマ州捜査局の検察側「鑑定家」だけが完全な間違いを犯したのではなかった。デニスとロンの被告人側によって雇われた分析官たちも、正しく識別できなかった。
　最も驚くべき誤識別は、ロンを犯罪に巻き込んだ検察側「証人」、グレン・ゴアに関係していた。1999年のミトコンドリアDNA鑑定では、ゴアと、激しく殴打された被害者の遺体の周辺で採取された2本の毛髪とが関連づけられた。これより15年前、州の毛髪鑑定官はゴアの毛髪は照査したと言った。それで彼は、彼自身の毛髪であるかに見える毛髪の持ち主としては除外された。検察側はゴアを証言台に立たせ、ゴアは彼自身で、1人の潔白な男を死刑囚監房に送り込み、もう1人を終身刑囚とするのに一役買った。
　顕微鏡による毛髪比較についての専門家の証言が100年間続いたが、DNA

鑑定は、この分野が致命的に無意味だということを白日の下に晒した。例えば、イノセンス・プロジェクトが検証した誤判の16％が、毛髪分析による証拠が絡んでいた。

　ダーラム家は、タルサで最も優秀な弁護士の1人を雇ったが、ティムとこの弁護士とは互いにウマが合わなかった。今では13歳になった幼いモリィは、強力な証人となった。彼女はティムを指差して、今は、彼が1991年の学校の終業日に彼女の家の玄関のところに来た男に間違いない、と言った。彼女の正直さに疑いはなかったが、彼女の初期の識別には、相当な不確実さがあり、彼女の信頼性そのものに影を落とすことになった。
　ここで現れたのが検察側毛髪鑑定官キャロル・コックスであった。
　「私は、あっさりと見過ごされている非常にありきたりのことがらを探します……普通だったら人が見過ごして現場に残すようなことがらを」と彼女は説明した。証拠は私たちの目の前にあります。もし見さえすれば。彼女は、長椅子から、カーペットから、それにモリィの家の電気掃除機から回収した毛髪をくまなく調べた。彼女は顕微鏡にある毛髪を見て、一種の「引き伸ばしたようなロープ」を眺めながら陪審員に語りかけた。彼女の使命は、「既知の」毛髪——すなわち、ティムから採取されたサンプル——の25に及ぶ特徴が、犯罪現場で回収された「未知の毛髪」と照合するのか否かを確認することであった。
　ところが彼女の証言でも、25の特徴が照合したのかどうかはどうしてもはっきりとはしなかった。そればかりでなく彼女は2～3の致命的なミスを犯してしまったのだ。顕微鏡のスライドガラスに毛髪をどのように固定するのかの説明中に彼女は、ある未知の白人種の頭髪が「スライドに固定するのがかなり難しかった」と述べ、その理由が、一般的な白人種の頭髪に比して「いくぶん真っ直ぐに伸びるクセがあった」と述べた。彼女は、その不思議な頭髪は楕円形というよりは円形であり、その分扱うのがより難しかったと感じた。
　ティムの毛髪が同じようであった、と彼女は語った。地区首席検事補のサラ・スミスはこの点をたたいた。

Q：　通常、毛髪は巻き上がるものだが、これらはまっすぐに伸びたのでスライドに固定するのがとりわけ難しかった、とあなたは言いますが、それでは、あなた

はこれまで既知の白人種の毛髪でそのようなことを経験したことがありましたか？
A:　いいえ、ありません。
Q:　一度もですか？
A:　未だ一度もありませんでした。

　コックスは、彼女が見たことがあると主張した特徴に関して書籍にも定期刊行物にも科学的知識は掲載されていない、ということを認めた。誰一人としてこの特質について研究成果を発表した人がいない。鑑定官にはわかっていたはずなのだが、この「伸び」は、おそらく彼女の研究所の湿度が原因で起きたようであった。極めて稀なことが起きたかのように思わせてしまったことは、彼女の証言に強力な疑念を生じさせてしまった。
　おまけに彼女は、「赤みがかった黄色い色合い」を見たと報告し、「赤毛の人々の中では、おそらくほぼ３割の人々にその色合いがある」と語った。しかし、そうではないかもしれない。これらの色の中での色のわずかな違いについては、信頼に足る情報のデータベースがまったくないのだ。
　「こういった色合いに出くわすことは普通ではありえないとまで言えるのでしょうか？」と検事補が尋問した。
　「私が眼にしたのは、私が鑑定した毛髪の５％未満でした」とコックスは答えた。「これらの独特の毛髪はとりわけ軽いです。以前、これほどまでに軽い恥毛にお目にかかったことはありません」
　実は彼女がこれまで一度も目にしたことがなかったものがほかにもあった。恥毛の先端が、剃刀で切り揃えたかのように切られていたのだ。このことは毛髪鑑定官コックスが、彼女の報告書ではまったく触れてもいなかったのだが、大変注目すべき事実であった。実際、どの検察側鑑定もその点には言及しなかった——ティムは自分の恥毛を切り揃えていたということを明らかにした、ティムの元彼女が見つかるまでは。証言台で毛髪鑑定官は、彼女も同様に恥毛の切り口に気づいていた、と報告した。
　「これまでのあなたの訓練や経験上、先端を切り揃えられた男性の恥毛を何度受け付けましたか？」とスミス検事補が尋ねた。
　「今回が初めてでした」とコックスは答えた。
　もしそれほど注目すべき検出事項なのだとしたら、なぜ、ティムの元彼女が現れるまでに、そのことがコックスの最初の報告書で触れられなかったのだろうか。

彼女はまったくその種のことは書かなかった。

　次なる科学的証言は、すぐさまナンセンスの兆候が見られるというものではなかった。遺伝子識別（GeneScreen）として知られているテキサス州にある研究所に在籍している分子生物学者ロバート・ジャイルズ博士が、DNA鑑定結果に関して証言を行った。博士は、DNA鑑定という、最新で最も鑑識眼を備えた技術を法廷に持ち込んで来た専門家としてみれば当然の、大変な鳴り物入りで紹介された。ジャイルズ博士の研究所が、モリィの水着の布片を3回鑑定した。最初の2回で彼が唯一確認したDNAはモリィのものであった。

　ところが3回目で彼は、何かそれまでとは違う物を見つけ出した。それは、彼のDNA板上のかすかな点のようなものだった。しかしそれは、ティムの遺伝子マーカーの1つとの照合を暗示していた。多くの人が──少なくとも10人いればそのうちの1人は──持っていたマーカーだった。それでもなお、出廷して、被疑者の候補者群の中にティムが入っているという彼なりのよく考えた陳述を述べるのには、そのマーカーを有する者は十分に小さなグループに属しているといえるのであった。反対尋問で彼は、その「かすかな」結果は、それを発見するのにもある種の専門知識──すなわち、ロバート・ジャイルズならではの専門知識──を必要とした、ということを認めた。

　「飛び込みでやって来て、この特定の（DNA）写真を取り上げて、私が述べるのと同じような判定を下せる人がいるとは思えません」とジャイルズは証言した。「私は、数年にわたってこのことを研究してきたという事実に基づいてこのような判定をしているわけです。私は、遺伝子増幅が始まったまさにそのとき以来関わってきたわけで……。私にはこういった特定の判定をどうすればよいのかがわかるだけの経験があります。また、そうするには何がしかの技術が要りますが、そのために私は科学者として何をすべきかの訓練を受けてきたわけです」

　彼女の最終弁論で、スミス地区首席検事補は、このDNA鑑定と毛髪に再び言及した。本当のところ、鑑定は10％以下に対象を絞り込むことはできなかった。しかし、この10％の対象の中の一体何人が、身長が低く、赤い頭髪で、剃刀で先端を切り揃えた明るい赤の恥毛なのだろうか。

　11件のアリバイ証言は間違っていることもありうるのだろうか。確かにありうる、とスミスは言った。──故意にか、あるいは知らず知らずにか、犯罪があった日のダラスでのスキート射撃があった日付を間違えることはありうるだろう。非常に多くの科学的証拠が、ティムが犯罪現場にいた、彼が少女をレイプした、彼が彼女を滅茶苦茶にしてしまった、と語っていた。スミス地区首席検事補は、科学者

が同じ証拠で3回DNA鑑定を行ったと指摘した。

「なぜまた鑑定をしたのでしょうか？」とスミスは修辞疑問的に問いかけた。「（ジャイルズ博士が）おっしゃったのは、『そうなんだ、何か別のことをしてみたんだ』ということでした……博士は、かすかに（ティムの遺伝子マーカーが）あったと言ったのです。博士に躊躇いはありませんでした。自らの結果に修正を加えたりとかほかに何もしませんでした。ただ結果をお伝えしただけです」

後でわかったことだが、ジャイルズ博士は彼の結果のすべてを語ったわけではなかった。これらはその後何年も出てこなかった——ティムが、DNAの証拠と毛髪分析を根拠にモリィに対するレイプの廉で有罪となってからかなり経ってからであった。さらに真実全体が語られるのは、ティムが3,220年の実刑に服し始めてからだった。その後控訴裁判所が100年だけ刑期を短縮した。

ティムの訴えは、オクラホマ州のリチャードとシャリッシー・オキャロルという根性の座った2人組の弁護士によって取り上げられた。2人は悪戦苦闘して証拠を検証した結果、検察側が依拠している最強の切り札がDNA鑑定であるということが明確にわかった。この弁護士たちはイノセンス・プロジェクトのバリーと連絡をとった。早速結論に達した。つまり、ジャイルズ博士が行ったDNA鑑定は、そのまま放っておくと、しっかりとした科学をジャンクにしてしまうような品質管理上の問題だらけであった。

ジャイルズ博士のDNA鑑定では実際にティムの遺伝子マーカーの1つと一致しているということを示していた。それは彼が3回目の、そして最後の鑑定でだけ目に留まったと報告した「かすかな」点であった。しかし彼の報告は不完全であった。ジャイルズ博士は、彼のそれ以前の鑑定の1つででも、もう1つ別のマーカーが姿を現していたということは述べなかった。そのうえ、そのマーカーは、ティムのでもモリィのものでもなさそうであった。何年か経った後になって、ジャイルズ博士は、そのマーカーは無視しても問題にはならない不自然な結果であったと述べた。しかし彼がそのことを明らかにしなかったことは、オレゴン健康科学大学のブラッドリィ・ポポヴィッチ博士等の他の専門家に言わせれば、「人を誤らせる」ものだと見なされた。ポポヴィッチ博士は宣誓供述書で述べた。「研究者の作業結果において斯くも明白なデータを無視することは、単に客観的科学でないのみならず、科学として受け入れられるものではない」。ところが、この研究所が非

難を受けるのは今回だけではなかったのだ。カリフォルニア州の検事たちは、研究所が行った遺伝子識別の作業内容について不満をもらしたことがあった。さらに、インディアナ州のある殺人事件でこの研究所は、被害者の口から採取した試料に精液細胞を発見したと報告をした。だがその細胞とは実際には酵母であった。研究所の関係者は精度の低い顕微鏡の所為にした。

イノセンス・プロジェクトが、ティムのDNAの再鑑定を犯罪科学協会研究所のエドワード・ブレイク博士に依頼したところ、結果は精液がティムのものだという可能性を完全に除外するものだった。検察側は、ブレイクの鑑定結果は妥当だと認めた。実際、ジャイルズ博士も同様に認めた。

ティムは5年服役した後、1996年12月に釈放された。ジャンク・サイエンスが、ティムを現場から500キロ離れたところで見たのだと宣誓した11人のアリバイ証言に勝って、彼の人生を台なしにしてしまった。

収監中に1度、ティムは、子どもに淫らなことをしたことに対する他の収監者による制裁として、ベッドから引き摺り降ろされ、肋骨が折れるまで蹴られることがあった。身を丸くして地面に横たわりながら、彼は、彼もまた、上辺だけ「科学」を装ったいかなる証拠をも精査しようとしない法制度の被害者なのだと説明しようにも、ほとんど何もできなかった。顔面を汚い刑務所の床に叩きつけられたとき、彼には、あまりにも多くの犯罪科学捜査研究所が、長期にわたって、独立した勢力としてというよりは、地元の警察署、検察機関の一部門として機能してきたということに対して抗議することができなかった。鼻を叩き潰され、出血した状況では、法廷で科学として通っていることは臨床検査室では決して通用させることはできないだろうことや、また実際、法廷での科学が医療現場で実践されたとしたら患者は医師によって大虐殺されるだろうと、訴える方法はまったくなかった。ティムはただひたすら、身を丸め、棍棒で殴られるのが終わるのを願うしかなかった。

第二のティム・ダーラムを出さないようにする防止策は、科学捜査研究所レベル、法廷の場の双方での改革が相俟って生まれ出てこなければならない。

・医療研究所同様、犯罪研究所でのあらゆる専門領域は、監督に服し、専門機関としての基準を満たさなければならない。
・これらの研究所は、外部の熟達度ブラインド（目隠し）テストを受けねばならない。その際、サンプルはまさに他の通常の証拠と同じように送り込まれるものとする。研究所は、妥当な結果を提出できる能力に基づいて格づけされねばなら

ない。
- 法廷では科学者は当然のことながら、すでにわかっている処理上の誤判率および管理上の失敗の有無についての情報を提供しなければならない。
- 弁護側および検察側双方ともに、証言がどちらか一方によって歪められていないことを確実にするために、科学的な報告による基礎的データを点検しなければならない。
- 犯罪研究所は予算的に独立していなければならず、検察側あるいは警察の部局に依存していてはならない。
- 重大な誤りや不正行為が発生した場合には、独立した外部の業務監査を受けねばならない。
- 犯罪研究所は監督を受けなければならない。良き模範となるのは、ニューヨーク州内の22の犯罪研究所および同DNAデータバンクを監督するニューヨーク州犯罪科学委員会（New York State Forensic Science Commission）である。同委員会は、基準を満たさない研究所を閉鎖することができ、そのような研究所に対しては、アメリカ犯罪研究所長協会（American Society of Crime Lab Directors）に信任されることを求めてきた。多くの研究所長は、同協会が所長に対して地元の警察当局からの独立のための緩衝材を提供しているので、喜んで同協会の求めには応じる。同協会は、裁判官、検察官、犯罪研究所、警察署、および弁護士の代表で構成される。協会を設立するにあたっての制定法の草案はバリーとピーターの助力で策定された。2人は、知事に任命されて、州議会議長および州の被告人団体の代表を務めている。

―――――――

家に戻ってからティムは、タルサに留まり、家業に従事し、汚名を雪ぐにはどうすればよいのかをじっくりと考えることにした。どうすれば騒ぎを鎮めることができるのだろうか。彼の公判があってから、気がかりな情報を得た。モリィの隣に住むもう1人の少女が、身長が低く、赤毛という、似たような特徴を持った男に1ヶ月前に襲われたのだった。その少女にティムの写真を見せたが、少女は彼を識別しなかった。

さらにティムは、偶然にも彼に似ている男が、その2件の暴行があった頃、タルサに姿を見せたということを知った。その男というのは、ティム同様、身長は163センチで赤みがかった茶色の髪の毛だった。彼の名前はジェス・ガリソン

だった。彼は子どもへの性的暴行の有罪判決を下されていたのだが、1991年3月に仮出所していた。彼は、暴行が行われた1991年4月にタルサの隣の地域ブロウクン・アロウに引っ越していた。

　ティムがモリィへの暴行の廉で逮捕された1991年12月に、ジェス・ガリソンは姿を消した。彼は人の住まなくなった倉庫で首を吊って自殺した。いつの日にか、ガリソンの遺体を掘り起こして彼のDNAを鑑定できれば、とティムは念じている。

第8章　破られる宣誓証言

　　（地区首席検事は）熱意を持ち、気合を入れて起訴するのかもしれません
　　——また実際、そうでなければならないでしょう。しかし検事は、厳しく攻め
　　立てることがあるとしても、好き勝手にひどい攻め立てをしてもよいということ
　　ではありません。不適切な手法が誤判を引き出すようなことにならないように
　　慎むことも、また、正しい判決を下すためにあらゆる筋の通った手段を使うこ
　　ともどちらも同じように検事としての義務なのです。

　　　　　　　　　　　　　　　　　　　　ジョージ・サザランド裁判官
　　　　1935年のバーガー対アメリカ合衆国（Berger v. United States）判決における多数意見として

　潔白な人にとって法律用語の中で最も危険な2語と言えば、「無害な手続的瑕疵（harmless error）」である。これは、控訴裁判所が、警察官や検事の不正行為を免責するために使う魔法の言葉である。ニューヨーク州サフォーク郡では、ある刑事が被害者が言う「犯行時刻が不正確であった」という理由で、レイプ捜査について自分で最初に書いたノートと速記用口述テープを破棄してしまった。有罪判決を下された男の方は、事件の発生時刻を根拠に、アリバイの立証を開始しようとしていたのだが、法廷側は有罪判決を支持した。控訴審判事がその理由としたのは、被害者が被告人の識別を極めて強力に行ったということであった。刑事が彼のノートを破棄していなかったとしても結果は同じであったであろうということで、判事たちは判決を下した。したがって、ノートとテープの破棄は「無害な手続的瑕疵」であった。被告人を除いた誰にとっても無害、ということだ。後に彼は自らの潔白が証明され釈放された。つまり、彼のアリバイは本当だったのだが、記録を改竄し、犯行時刻を変えてしまった人は誰一人として処罰されなかった。

　ウェスト・ヴァージニア州のショッピングモールでのレイプ犯の被害者たちは、襲撃犯の顔の記憶をより鮮明にするために密かに催眠させられた。証人の催眠は非常に暗示的になる危険性が高いために、それを実際に行うことは多くの州で禁止されているのだが、グレン・デイル・ウドルの弁護人たちは証人への催眠が行われたことはまったく知らされなかった。これも無害な手続的瑕疵、と法廷は言った。ウドルは仮出所なしの終身刑2件を宣告された上にさらに335年の禁固を言い渡された。そして潔白だったのに4年間の刑期を務めたのだ。

　オクラホマ州では、タルサのある検事が、ティム・ダーラムの公判の前夜にな

るまで、ティムが嫌疑をかけられている罪と、酷似した暴行を受けた2人目の子どもがいたということを取り立てて言及することをしなかった。そのもう1人の子どもは、面通しで彼を識別しなかったので、彼の弁護人にそのことを知らせても意味がなかった。無害な手続的瑕疵、と州内の上級裁判所は言った。潔白だった男性、ティムは3,220年の禁固刑が言い渡された。

ヴァージニア州でのことだが、被害者は警察に、レイプ犯をよくは見なかったが犯人の車はちゃんと見たと報告した。検察側の論拠はこの被害者による、被疑者エドワード・ホネイカーの識別だったのだが、この会話は、ホネイカーの弁護人たちにはまったく伝えられなかった。またホネイカーはたまたま、被害者の説明ではレイプ犯が乗っていたという色の車とは異なる色の車を運転していた。それでも彼の有罪判決も終身刑も上級裁判所で支持された。

無害な手続的瑕疵で片付けられている事件はいたるところに見られる。それも法廷内だけではない。ボストンでは、母親と車に乗っていた11歳になる少女が、その日の前日に彼女をレイプした男を見かけたように思い、警察に電話を入れた。マーヴィン・ミッチェルは、トレント・ホランド以下数名の警察官に逮捕された。ミッチェルは濃い口髭と山羊髭を蓄えていた。その少女は、レイプ犯は髭はきれいに剃っていたと話していたのだ。

ミッチェルは身体検査をされ、その後ホランド警察官によって、公共の場での酩酊の廉で逮捕された。彼の写真が撮られた。後で少女は連れて来られて、ずらりと並んだ写真を見て、ミッチェルの写真を選んだ。

「昨日は何を穿いていた？」とホランド警察官はミッチェルに聞いた。

「グレイのズボン」と答えた、と彼は記憶している。

この警察官が事件の報告書の記載をしたのだが、被疑者による供述に関する欄は空白にしておいた。ミッチェルはレイプ容疑で告訴された。4ヶ月後、正式事実審理前協議で州検察官は、ミッチェルの口頭による供述はなかったと報告した。

それから1年ほど経って、事件はいよいよ法廷の場に移されることになった。突如として検事は弁護人に対して、今しがたホランド警察官と話をし、判明したのだが、実は彼はミッチェルから逮捕後に供述をとっていた、と知らせた。当日何を穿いていたのかと尋ねられて、どうやらミッチェルは「ピンク色がかったズボン」と答えたようであった。これがたまたま、少女が説明した襲撃犯のズボンの色とまさに一致したのだ。

ホランド警察官が法廷で証言台に立ったとき、弁護人は反論した。もし仮にミッ

チェルが「ピンク色がかったズボン」を穿いていたと本当に言ったとしたら、彼はミランダ警告を受けていなかったのだ。判事は、16ヶ月も経ってから突然出てきた非常に不利な供述なので胡散臭さを感じて、ミッチェルが彼の権利を知らされていなかったようだということに同意した。

　翌朝、検事はホランド警察官の相棒である、ロビン・デマルコ警察官の証言を求めた。デマルコは、自分の記憶を新たにするための一言の言及さえもしないまま、16ヶ月も前の、被疑者逮捕手続きをとる部屋での他の警察官たちとの話し合いの間に、何人かが、人が同じ服を数日間も着るのはどれくらいの頻度であることなのかについて話していたのを思い出した。

　彼らの会話を耳にしたと思われるミッチェルは、自分から応えていた。「昨日はこのズボンを穿かなかったよ……ピンクのズボンを穿いていたんだ」これは自発的な発言であったために、ミランダ警告を与える必要はなかった。ということで、判事はこの発言を証拠として認めた。ミッチェルには有罪判決が下された。彼は彼の新しい弁護人ディヴィッド・ケルストンとノア・ロズマリンが、少女の衣服に付着していた精液のDNA鑑定の手配をするまでの7年間を刑務所で過ごした。マーヴィン・ミッチェルは無実が証明された。

　ホランド警察官は、警察官としての不正行為を18回告発されていたが、警察署内の捜査ではその容疑を立証することができず、彼は一度として罰せられたことがなかった。ある判事は彼を偽証容疑で告発した。またあるときは、彼は虚偽の証言を強要するために証人に薬物を仕込んだ廉で告発された。彼の「ピンクのズボン」の話が地区首席検事に照合された際、検事はその件の捜査を断った。

　「無害な手続的瑕疵」とは、刑事司法制度の自己欺瞞である。イノセンス・プロジェクトが、DNA鑑定によって冤罪が晴れた最初の74件のケースを分析したころ、その64％については、警察官および検察官による不正行為が有罪判決の裁定に重要な役割を演じていた。法制度の現場レベルでの嘘、不正行為、歪曲は、上層レベルでは正当化されてしまう。たとえ上訴裁判所が、相当動揺して有罪判決の原判決を破棄した際でも、有罪判決を得ようとして誓約と法を破った人々には何のお咎めもなかった。

　1963年以降、警察および検察の不正行為が原因で殺人の有罪判決が破棄されたケースは、全米で少なくとも381件に達した。シカゴ・トリビューン紙の司法

担当の記者であるケン・アームストロングが行った研究によると、殺人罪という最も重い罪で法を破ったこれらの検察当局の中で、これまでに有罪判決を言い渡されたり、資格を剥奪された者はいなかった。ほとんどの場合、彼らは懲戒処分さえ受けていなかった。

次に起きたのが、シカゴのロランド・クルスの事件であった。殺人という最も暗い恐怖の犯罪で生意気で不愉快な被疑者と、自らの正しさにすっかり自信を持っているので、これと決めた男を逮捕するためなら何でも進んでやりかねない警察と検察当局のチームとが1つに結びついた。こういう要素が1つになった結果として誤判が下されたということは驚くようなことではない。しかし、その後に起きたことは先例がないことだった。

幼いジェニーン・ニカリコは1983年の2月のある朝、インフルエンザに罹ったので、両親は彼女を登校させず家に居させることにした。家族はイリノイ州シカゴにある中流クラスのベッドタウン、ネーパーヴィルに住んでいた。父親のトムはダウンタウンで働いている技師だった。母親のパットは、家の近くの学校で働いていた。10歳ということでジェニーンは、1人で留守番はできるものの、両親からすれば1日中1人にさせておくわけにはいかなかった。そこで母親は、午前半ばに娘を確認するために急いで帰宅した。その後、昼食を作りに正午に戻った。そうして母親は学校に戻った。

午後3時を少し回ったところで、ジェニーンの姉のキャシィが帰宅した。見ると、正面玄関が蹴破られていて、ドア枠が蝶番からもぎ取られていた。ジェニーンの姿が見当たらなかった。警察が現場に急行した。現場鑑識官が正面玄関に靴形を1つと、裏側の窓の外に違う足跡を発見した。この複数の足跡が後になって、犯罪に関わったのが2人以上だったという論拠を支えるために重要になった。裏側の窓越しに家の様子見をし、幼い少女が1人で家にいるのを見極めた人物がいたのだ。両親は娘が戻って来ることだけを願った。2日後、少女の遺体が家から10キロ弱離れた、森の中の舗装されていない道で発見された。裸だった。アナルセックスをされていた。鈍器による殺害だった。世間は震撼した。

犯人逮捕もないまま日々が経過し、やがて何ヶ月かが過ぎ去ったところで、ようやく警察に垂れ込み情報が入って来た。別名クレイジィ・アレックスとしても知られていたアレハンドロ・ヘルナンデスが、懸賞金のことを聞きつけていた。彼は

誰が少女を殺したのか知っていた。警察は彼を部屋に入れ、金の入った箱を持ち込み、彼に話すように命じた。彼は、不法侵入と軽犯罪の前歴のある、そのあたりではよく知られたチンピラだったロランド・クルスの名前を挙げた。何の手掛かりもない状況で、必死になっていた刑事たちにとってクルスは救いの神になった。クルスは、町中（なか）でジェニーンがある家で殺されたということを耳にしていたので、自分の住所を教えたのだが、刑事たちは令状を取るためにその情報を悪用した、と主張した。後になってクルスは、彼が警察官に協力したために狙い撃ちされ、身柄をモーテルに移されて、そこで刑事たちの奢（おご）りで食事をしたと話した。

　その一方でヘルナンデスは、警察に完全な被疑者名簿を渡していた。彼が名前を挙げた被疑者の中に、彼がリッキィとしてしか知らない男とスティーブン・バックリィという知人が入っていた。何人もの同名のリッキィが出頭させられ、尋問を受けたが、しっかりとしたアリバイがある場合には釈放された。お目当ての「リッキィ」はまったく見つからなかった。バックリィは警察に、正面玄関に残された足跡と比較するために彼のブーツを渡した。クルスとヘルナンデスは、どうやら事件に関して黙っていなかったようだ。そして間もなく、彼ら自身が標的になってしまった。デュペイジ郡での州検事選挙の共和党予備選前夜に、クルス、ヘルナンデス、バックリィがジェニーン殺害の容疑で起訴された。

　公判準備期間中に保安官事務所の鑑識官ジョン・ゴラチジックは、バックリィのブーツと残された足跡とを詳しく調べた結果、それらは一致しないと結論を出した。彼が口頭でその結果を報告したところ、ボスであるデュペイジ郡の保安官は、彼に口外しないように、また報告書は書かないようにと命じた、とゴラチジックは後になって証言した。そこで検事は、足跡の専門家のいるもう1ヶ所——イリノイ州犯罪科学捜査研究所——を試みた。この研究所からなんとか彼が入手できたのは、比較の結果は「結論が出ない」という供述がせいぜいのところであった。最後には彼はブーツを、ノース・カロライナ州の名高い靴の「専門家」で、足跡がバックリィのブーツのものであるということにとどまらず、足跡を残した人間の身長と人種までも見抜くことができると主張していた怪しげな人物のところに送った。

　検事は、公判の前夜になって初めて2人の刑事から驚くべき事態の進展について聞いたと語った。刑事たちの話では、数ヶ月前に、クルスがジェニーン殺害についての夢のことを彼らに話したということであった。その中で彼は、彼女の鼻が折れ、彼女の顔はあまりにも強い衝撃で地面に叩きつけられたので、陥没ができてしまった彼の心に見えた情景を描き出した。ここに公判に向けた最も有

効になりうる証拠があった——それでもこの会話の記録はどこにもまったく書き記されていなかった。たとえクルスが1983年5月に供述を行ったとされていても、刑事たちの手元にはそれに関して書かれた報告書は一切なかった。彼らはこの告白を聞いたとされているが、その後クルスを放っておいた。彼らはそのことについては起訴陪審でも証言しなかった。さらに、クルスが起訴陪審で証言したときにも、誰一人として彼にその供述について尋ねる者はいなかった。供述は心に見えた情景どころではなく、まったく現実とは乖離した奇跡に近かった。

　公判では弁護人たちは夢の供述に関する証言を遮ろうとしたのだが無駄だった。陪審員はバックリィと彼のブーツに対しては評決に至らなかった。しかしながら他方、クルスとヘルナンデスは2人とも殺人の罪で有罪となり、死刑判決を下された。ところが1つ問題があった。イリノイ州の最高裁判所は、2人は別々に裁判を受けなければならなかったと述べた。そこで彼らの有罪判決は無効となり事件は再審のために差し戻された。

　クルスが再審された折に、新しい陪審員もまた彼の「心に見えた情景」の供述について聞いた。そして結果は同じであった。つまり、有罪判決、プラス死刑判決であった。しかしヘルナンデスの結果は幾分ましだった。すなわち、80年の禁固刑の有罪判決であった。

　ヘルナンデスの公判の舞台裏では、ほとんど誰も知らない事態の進展があった。初めから検察側の見解は、ジェニーン殺害は強盗から始まったものであり、数人が家にやって来て窓から覗き込み、彼女が1人であるところを見た、という内容であった。だからこそ、正面玄関のところの靴形と、これとは異なる裏側の窓の下の靴跡が重要なのであった。

　州側の証言のために鑑識専門家が法廷にやって来たとき、彼は検事の1人を脇に連れ出すと新しい情報を伝えた。つまり、ナイキ社の代理人が言うには、裏口の窓のところの靴跡は女性の、それも6号あるいは5.5号サイズの靴によるものであった。どちらもクルスやヘルナンデスには小さ過ぎた。検事はこの専門家を証言台に立たせたが、注意深く靴のサイズ、あるいは考えうる性別について触れることは避けた。実際のところ、被告人側にはナイキの分析は伝えられなかった。

　クルスとヘルナンデスが裁判にかけられて6ヶ月後、もう1つの重大な事態の進展が見られた。ブライアン・デュガンという名の小児性愛者の殺人者が、ジェニーンの殺害現場から遠くないところで起きた別の性的暴行事件で逮捕されていた。死刑を避けたいがために彼は、ジェニーン・ニカリコを含む3人を殺害したと自首した。クルスとヘルナンデスは関わっていなかった、と彼は語った。その

後、DNA鑑定によって、少女を襲ったのはデュガンであるということが確認され、クルスやヘルナンデスが関与した証拠はまったくないことを証明した。事件の根底が崩れていく中で、デュペイジ郡の警察も検察も先を急いだ。しかし保安官事務所の2人の刑事は嫌気がさして辞めた。クルスとヘルナンデスが彼らの有罪判決を不服として上訴したとき、検察側の代表は州司法長官室のメアリィ・ブリジット・ケニィが務めることになっていた。彼女は、有罪判決は有効であるべきだと主張することを拒否し、道義的見地から辞任した。2人の有罪判決は、不正行為があったからではなく、手続き上と証拠の認証のミスが原因で取り消された。3回目となるが、デュペイジ郡の当局者はクルスの公判に備えた。
　その頃までには、クルスは、ノースウェスタン大学ロースクール教授ラリィ・マーシャルのパートナーであった、新しい私立探偵ジョン・アイアマンと、自らを「シカゴ北部出身の生粋の共和党員」と称するチェーン・スモーカーの元検事トム・ブリーンの協力を得ているところであった。ブリーンは自分の基本的な見解をこう述べた。「私は刑事司法制度を信用している。制度の問題点を見たくない。制度は正しいことをするだろうと比較的確信を持っていた」。少なくともこれは、彼がクルスの裁判を徹底的に調べる前の見解であった。
　3度目の公判に向けて州側は、再度クルスの「心に見えた情景」を証拠として取り入れた。公判開始からずっと検察側は、クルスは供述していないと激しく否定していたのだが、その供述書面での記録がないという問題に直面していた。最初の2回の公判では、刑事たちは陪審員に対して、第三者——彼らの監督官である警部補——がクルスの供述を知っていたと語った。しかし彼は証人としては召喚されなかった。ところが3回目の公判の前に被告人側はこの警部補を法廷に召喚した。警部補は、確かに彼の部下がクルスの供述に関してアドヴァイスを求めて自宅に電話をかけてきた、と語った。彼は捜査官たちの供述の裏づけをしたことになった。これは被告人側が彼に期待していた証言ではなかった。検察側は、即刻彼を実際の公判の証人としてリストアップした。
　しかし彼が証言することになっていた日の前夜に、警部補は検察局に姿を現した。彼は、記憶をたどり、記録を点検し、その時点で、その晩彼は家にいなかったということがわかった。彼は実際には休暇でフロリダに行っていたのだ。彼は捜査官たちからの電話を受けていなかった。
　ロナルド・マーリング判事にしてみればそれで十分だった。裁判は、陪審員ではなく判事が評決を下す非陪審審理であった。マーリング判事には、警部補がおそらくうっかりとではあろうが、電話の一件で嘘をついていたことを認めるのを聞

いた後では、もう証言は要らなかった。彼はジェニーンの写真を法廷に高く掲げた。12年間、イリノイ州は、この幼い少女の一生よりも長きにわたり、極めて疑わしい証言と明白なごまかしでクルスをしつこく追い回してきた。本裁判は結審した。

「この種の不正行為が許容されているのは、検察側が善玉だと見られてきたからこそである」と、誤判を受けた人々のための権利擁護運動を積極的に進め、功を奏している、マーシャル教授は言った。「目標に『より大きな大義』があるときには、規則や真実を曲げることも適法なのである」

その後のことは、おそらくそれ以前の12年間の裁判と同様驚くべきことであった。クルスの裁判の取扱いについてトップから末端に至るまでを精査するために特別検察官が任命された。数ヶ月に及ぶ取調べの後で、検察官3名、保安官事務所の捜査官4名が、偽証罪および司法妨害の廉で起訴された。裁判の大半は、クルスが行ったと彼らが主張した「心に見える情景」の供述に終始した。7人が1999年春に裁判を受けた。告発された警察官と検事たちは、彼らの報告書の中で夢の供述に言及しなかったのは警察官による単なるだらしなさであって、嘘で法律を妨害しようなどという悪意を持った共謀を構成するようなものではない、と主張した。州側が反証を終えたところで、判事は、3人の検事のうちの2人に対する容疑を棄却した。そして残った被告人が反証した際に、最後の不思議な展開があった。つまり、心に見える情景の供述については、起訴陪審のどの記録にも記述がないにもかかわらず、5人の大陪審員が当局者側の証人として召喚された。5人全員が、15年前の大陪審の手続きの中でそのような供述についての「つぶやき」が若干あったことを覚えていた。弁護人は、陪審員に対して、クルスが数百万ドルを要求する損害賠償訴訟を起こしたということを想起させた。陪審員へのメッセージは明らかだった。つまり、当局者が有罪判決を受けるということは、クルスの主張を圧倒的に支持することを意味し、地元の納税者にとって莫大な費用がかかることになりかねない、ということであった。陪審員が蘇（よみがえ）ったこととクルスの証言の攻撃性のゆえに、告発を受けた被告人全員には、1999年6月4日に無罪判決が言い渡された。

刑事訴追は、不正行為に対する非常救済手段である。デュペイジの当局者の訴追は、大変な対価と混乱を犠牲にして起こった特異な出来事であり、繰り返されることはなさそうである。より現実的な対応をすることで、たとえ検事が意図的に不正を行った場合でも、検事に対して民事訴訟からの広範な免責を認める法の適用を制限することになるだろう。当然ながら政府当局者は、毎週のように訴

訟を起こされるおそれを感じることなしに彼らの義務を遂行することが認められるべきであるが、不正行為の被害者の権利と、このような懸念との兼ね合いを計ることは可能である。

　現行の制度の下では、検事が意図的に偽証陳述を認めたり、故意に無実の証拠を隠蔽することに対しての告訴はされないことになっている。憲法で認められた市民の権利を、故意に侵害することは検事の義務ではないなどということを言う必要はほとんどない。故意の不正行為も訴訟の対象になるとなれば、良心的な当局者を妨げることなく、最も常軌を逸した不正行為の実践は阻止しうるであろう。

　司法省は、これまで何年にもわたって、連邦検察官は州弁護士協会が定めた倫理規定の対象外であると主張してきた。しかし同省は、ペンシルヴァニア州選出のある共和党下院議員が、彼を悩ました人間たち——リベート捜査で10年間彼を執拗に追いかけた連邦検察官たち——に関して抗議する術がまったくないということに気がついたときに、その姿勢を改めざるをえなかった。この下院議員は、歳出法案の中に、連邦検察官はそれぞれの地域の倫理規定に従わねばならないという付帯条項を滑り込ませた。そしてこれは1999年4月に法律となった。

　この下院議員は、弁護士協会の倫理ガヴァナンスでは検察側の不正に対してほとんど効果はないということがわかったことであろう。というのは、弁護士協会の懲戒処分というのは、そのほとんどすべてが依頼主の資金の不正使用に起因するからである。代表的な例としては、本来住宅購入のために第三者預託として保有されるべき資金が弁護士に渡ってしまったケースがある。ところが、生命や自由が関わるような状況においては、大半の州の弁護士協会は、検察官の倫理行動を精査するようにはなっていないし、ほとんどまったくそうはしない。1つ積極的な前進があるとすると、それは、検察官に対する抗議を具体的に調べる委員会を創設することであろう。

　規定や訴訟に勝るものはリーダーシップである。法と秩序の尊重は、長年にわたって政治家の鬨の声であった。政治家にとって犯罪者を甘やかしているという非難以上に、大きな恐怖はほかにない。1988年の大統領選挙戦でジョージ・ブッシュは、対立候補マイケル・デュカキスを叩きのめしたが、それはデュカキスによって認められた、収監者の一時帰宅制度を利用してレイプを犯した受刑者、ウィリー・ホートンを扱ったコマーシャルを流したからであった。その教訓を、当時テキサス州知事であったブッシュ大統領の息子ジョージ・W・ブッシュは認識していた。

1985年、ヒューストンのある女性が自宅のベッドでレイプされた。彼女は侵入者が「白人男性、年齢35歳」だったと説明した。また「白人男性なんだけど、変わった皮膚の色だった。ハニーブラウンなんだけど黒人じゃなかった」とも話した。4ヶ月後、彼女は家の近くでケヴィン・バードが目に留まった。彼がレイプ犯だと彼女は言った。ところがケヴィン・バードは黒人、それも紛れもない黒人であった。公判では、被害者と検察側は、陪審員に、彼女を襲ったのは黒人であって、警察の報告書に出てくる彼女が繰り返し使った「白人」という言葉は刑事たちの間違いであったと、なんとか説得しようと努めた。同じ誤りは彼女が署名した報告書にもあった。陪審員は彼女の言うことを信じ、バードに有罪を宣告した。

　それから12年が経ち、バードの申立てがテキサス州の有数の弁護士、ランディ・シェイファーによって取上げられた。彼はレイプ・キットでDNA鑑定の手はずを整えるとケヴィン・バードの潔白を証明した。そこで見物(みもの)だったのが、ジョージ・W・ブッシュの見事な行動振りであった。

　1997年7月25日、地区首席検事はシェイファー弁護士と一緒になって、冤罪を理由に、バードの知事による大赦を赦免・仮釈放委員会に対して申し立てた。3日後、裁判を取り仕切った判事ダグ・シェイヴァーと保安官トミィ・トーマスが、委員会に同様の嘆願書を送った。委員会は迅速に対応し、全会一致でブッシュ知事に、バードに大赦を与えるように勧告した。

　知事は大赦を拒み、今回の件はすべて法廷で処理されるべきではないかと提案した。知事の広報担当者は、被害者が依然としてバードが彼女を襲ったと信じているという点を指摘した。ブッシュの政治的計算ははっきりとしていた。つまり、難しい判断を避けるだけではなく、犯罪被害者がテレビに出て、レイプの共犯者呼ばわりされるような危険をいささかでも冒すことは避けねばならない。ブッシュが大赦を拒否してから2～3週間後、弁護人は知事からの書面を受け取った。シェイファー弁護士は、ブッシュからの朗報を期待して、逸(はや)る思いで開けてみた。代わりになんと、資金カンパの宣伝が入っていた。

　「私は彼の手紙を取って、彼が『あなたの援助が必要です』と書いているところに『あなたの援助が必要です。ケヴィン・バードに大赦をお願いできないでしょうか』と書いて、送り返しました」とシェイファー弁護士は語った。

　その後間もなく、バードに関する愚かしい事態が全国的に報道されるようになって、ブッシュは態度を翻して、バードの大赦に署名した。彼はアフリカ系アメリカ人で最初に大赦を受けた。知事は、人種に言及するのは恥ずべきことであると言った。

第9章　眠っている弁護士

　私たちは、私たちの照準を、ほぼ真ん中という厄介な目標に設定する。
　思うにそれは中途半端を意味している。そしてそのことが問題を起こすことになる。
　私たちは厭うことなく中途半端な正義に耐えられるだろうか。
　私見では、半分の正義というのは半分の不正義を意味するに違いなく、半分不正義があれば、それはまったく正義などではない。

ハロルド・クラーク
ジョージア州最高裁判所首席判事

　有罪判決を受けた殺人犯デニス・ウィリアムスは、人として受けられるあらゆる権利は与えられていた。彼は裁判を受けた。彼には12人の陪審員がいた。弁護人もいた。1982年4月16日、イリノイ州最高裁判所は、彼はそのまま自ら死刑執行室に向かえる、と裁定を下した。その際法廷は、特別に彼の弁護人について言及し、憲法上認められるあらゆる要件を満たしていた、と述べた。これらの要件は高度に技術的な法律専門用語で書かれているが、素人は、これらを「呼気検査」に置き換えてみることで理解できる。弁護士の鼻孔の下に鏡を置いたときに鏡が曇るならば、つまり呼吸さえしていれば、法的には、彼あるいは彼女は、弁護人としての要件を満たしていることになる。

　最高裁判所の7人の判事のうち1人が、ウィリアムスは、彼の弁護人からまともな仕事をしてもらっていないと苦言を呈した。シーモア・サイモン判事は、1人の弁護士が、ウィリアムスの裁判であったように、同じ容疑の3人を弁護するのは道理に適っていない、と言った。加えて、死刑裁判における弁護士資格の基準は、呼気検査よりは絶対により優れた内容でなければならない、と語った。「もし仮に、法廷がどの弁護士も新米のレベルに引き下げても大丈夫だということになれば」と彼は書いた。「すべて新米にしてもよさそうである。というのもその方が安くて済むのだから」

　弁護人アーチィ・ベンジャミン・ウェストンは、検察側が陪審員から黒人をすっかり外して、最終的には11人の白人と1人の黒人女性の陪審団を構成したのにおとなしく座っていた。被告人たちは、郊外のガソリンスタンドで白人夫婦を誘拐し、男性を殺害、女性は輪姦後殺害の罪で告訴されたシカゴのフォード・ハイ

ツ出身の4人の黒人男性だった。まず第一に弁護人は、陪審の人選に対してもっと配慮をしてもよかったであろう。次に出てきたのが公判で、"コジャック"絡みの問題であった。

　1人の重要な検察側証人は、テレビ番組「コジャック」を見終えて、45分間ギターの曲を弾き、その後で、4人の男たちが後で遺体が発見された廃ビルに走って入って行くのを見た、と証言した。彼はその時刻が午前3時だったと言った。「コジャック」が終わった時刻を確認した人であれば誰でも何かおかしいとわかったはずである。というのはその晩、「コジャック」の番組の放映は午前12時50分に終了していた。ということは、その後45分経ったとしても、つまり証人のギターリサイタルが終った後でも、被害者たちはまだ生きていたのだ。2人の声が最後に聞かれたのは午前2時半であった。もし仮に4人の男性がフォード・ハイツで午前1時半あるいは2時に見かけられたとしたら、彼らが夫婦をホームウッドで午前2時半に誘拐するということはほとんど不可能であった。しかしながら弁護人はこの時間の問題について言及はしなかった。

　そして、さらにウィリアムスの車の後部座席から回収された白人の毛髪があった。州の研究所の専門家は、毛髪の3本は被害者の毛髪と一致したと言った。ウェストン弁護士は、他のどんな犯罪科学専門家にも相談を持ちかけなかった。数年後、その毛髪は被害者のものなどではまったくなかったということが証明された。

　総じて、ウェストン弁護士の仕事ぶりはパッとしなかったが、弁護士というものはもっと悪いことをしても何の罰も受けないで済んでいる。ウェストン弁護士は同僚の間では好感を持たれており、支払いができないあまりにも多くの依頼主――したがって彼には管理できないほどの件数を抱えることが必要になってしまう――の問題を背負い込んでしまう人だと見なされていた。彼は黒人弁護士協会の長として多くのボランティア活動も行った。イリノイ州最高裁判所の判事の大半が、ウィリアムスは死刑になってもおかしくないだろうと確信していた。「被告人には、完璧ではなくとも有能な代理人を有する権利がある」とロバート・アンダーウッド判事は書いた。もちろん、戦術によっては後から考えるとよかったと見えるものもあるだろうが、それにしても、敗訴した弁護人によるあらゆる活動が控訴審の対象とされるということでは、どの裁判も終わらないことになるだろう。

　したがってウィリアムスの件は、決定的な展開がなかったならば、彼が処刑されるまでは動きがなかったかもしれない。法廷が彼の有罪を6対1の票決で確定してから2～3週間して、判事たちには、規則違反した弁護士の懲戒例が提示さ

れた。ウィリアムスの有罪判決支持にただ 1 人反対票を投じたサイモン判事は、区長、市会議員、クック郡市会議長から叩き上げで裁判官になった古参のシカゴの政治家であった。彼の天賦の才の 1 つが、人名を覚える能力であった。アーティ・ベンジャミン・ウェストンという名の弁護士が、彼の依頼主の訴訟処理の不手際で苦境に立っていると聞いたとき、同判事は留意しておいた。

1978 年、デニス・ウィリアムスが裁判にかけられたのと同じ年に、ウェストン弁護士は、ある高齢の婦人の遺産処理を誤った廉で訴えられていた。ウィリアムスが第一級謀殺で有罪判決を受けてから幾日も経たないうちに、民事の判事が、ウェストン弁護士を遺産管理人から解任し、彼を法廷侮辱罪に問うた。同弁護士に対して 23,000 ドルの支払い判決が言示された。彼には支払いができなかったので、彼の家は差し押さえられ、保安官の競売で売られた。イリノイ州では弁護士の処分は、州懲戒委員会（State Disciplinary Commission）の管轄下にあり、ここがウェストンの財務記録の捜査を開始し、召喚した。彼がこの召喚を無視したため、委員会は資格剥奪手続きに着手した。

サイモン判事は非公式に、ウィリアムスの裁判を取材してきたロッブ・ウォードンという調査ジャーナリストに電話をし、シティ・タヴァーンで会って飲んだ。判事は、自分がつかんでいる事実が間違いないこと——弁護士協会との間で今揉めているウェストン弁護士がウィリアムスの代理人をしていた人物と同一だということ——を確認したかった。まさしく同一人物である、とウォードンは判事に語った。

ウェストン弁護士がイリノイ州最高裁判所に出廷し、彼の弁護士資格を持ち続けられるように嘆願したとき、サイモン判事はウェストン弁護士に、彼に対して資格剥奪の告発を浴びせた弁護士登録懲戒委員会（Attorney Registration and Disciplinary Commission）の場でなぜ彼は抗弁できなかったのかを尋ねた。

ウェストン弁護士が言うには、懲戒手続きのときには確かに彼は金に困っていて、大変なストレスを抱えていたためにまともに頭が働いていなかった。

判事団が法廷弁護士ウェストンの命運を検討するために退室した際にサイモンは、彼の同僚たちを説得して、ウィリアムスの公判がウェストン弁護士の信用失墜と時期的に重なっていないかを確認するために、日程を調べるようにした。サイモン判事には真相がわかった。死刑宣告を受けた男の代理人が個人的な破綻の真っ只中にある弁護士であったという証拠に直面して、イリノイ州最高裁判所は、ゆっくりとだが見事な 180 度の方向転換を見せた。判事たちは検察側とウィリアムスの裁判の新しい弁護人たちを呼び寄せた。

第 9 章　眠っている弁護士　203

まず初めに、彼らは州検事とウィリアムスの控訴審弁護人たちに、ウェストン弁護士がウィリアムスの命のために闘っているときに、彼が破綻することは問題かどうかを尋ねた。

もちろん問題だとウィリアムスの新しい弁護人たちは答えた。

まったく問題ない、と答えたのは州検事。ウェストン弁護士が公判処理で何か大きな過ちでもしたと誰かが示さないかぎり、たかが彼が実際に公判の18日間精神的に異常があり幻覚を起こしただけということで、彼が倒産しようとしまいと問題にはならない。

最後は裁判所が裁定を下した。確かにウェストンはクラレンス・ダロウ〔貧しい者、持たざる者の代弁者、アメリカで最も有名といわれる弁護士〕ではなかったかもしれないが、判事たちは、彼の実績を「実際に無能力だとか、公判を茶番だとかでっち上げに喩える程低レベルだ」と表現しようとはしなかった。それでも裁判所としては、ウィリアムスの有罪判決を破棄し、再審を命じ、「たとえあったにしてもめったには繰り返されることはないだろうが、本死刑事件における個別の事情および一連の出来事の下、正義の名においてデニス・ウィリアムスに再審が認められることを求める」という結論を下した。裁判のほぼ同時期に判事たちはまた、ウェストンから弁護士資格を剥奪した。

結果的には昔風のシカゴの政治が、潔白な男、ウィリアムスの命を救ったのだ。この裁判はその後何年か尾を引いた。ウィリアムスと彼の3人の共同被告人は、主として、ウォーデン、マーガレット・ロバーツといったジャーナリスト、ノースウェスターン大学ジャーナリズム教授デヴィッド・プロテスとその学生たちの類稀な努力によって、潔白が証明された。またこの間、フォード・ハイツ・フォー事件に関わった3人の他の弁護人も停職処分や免許取消処分を受けた。

───────

1996年、米国法曹協会（American Bar Association）で演説をしたある米国連邦最高裁判所の判事は、能力ある弁護士の必要性について語った。

「最近、信頼できる科学的証拠に基づく証明法が発達したために、死刑宣告を受けた人のうちで憂慮すべき多数の人々が実際には潔白だったということを決定的に確定することが可能になってきた」とジョン・ポール・スティーヴンス判事が語った。

彼は、デニス・ウィリアムスの裁判——あるいはDNA鑑定によって刑務所か

ら釈放された多くの人々の裁判——について話すことができたであろう。イノセンス・プロジェクトが調査した最初の74件の結果によれば、誤判を受けた人々の32％は、平均以下の法的援助しか受けていなかったか、あるいは法的にはまったく無力であった。

サンディエゴのフレデリック・ディもその一例だった。「お忙しいのに恐縮ですが」とディは彼の上訴審の弁護人に書いた。しかし彼は何か妙な感じがしていた。弁護人が彼の裁判を引き受けてから2年が経っていたが、弁護人からは何の連絡も受けていなかった。ディは潔白であるレイプの罪で長くつらい刑期を務めていた。同じレイプに関わったことで有罪判決を受けたもう1人は、ディはレイプとは関係がないと述べた宣誓供述書に署名した。この弁護人には、束になった法律的調査、すべての公判速記録、弁論趣意書、それにもちろんディの冤罪を晴らす供述が渡されていた。したがって当然ながら、それまでの2年の間に何か進展があったのではないかと思った。

判明したことは、この弁護人は、まずもって新しい証拠をどのように扱えばよいのかがわからなかったので、何もしなかったのだ。そのうえ、手続きがわかっても、彼はファイルを紛失してしまうのが関の山であった。同時に裁判所側は、そのレイプ裁判の証拠を破棄する準備をしていたのだ。それによって、ディがレイプには関わっていなかったということを証明できる手段を抹殺してしまったであろう。

ディがこのような無能者から逃れられなくなっていたということは明らかになってきている。もともとは彼には、カリフォルニア州と契約関係にある非営利法人である「控訴審弁護人協会（Appellate Defenders Inc.）」で彼からの電話を受け取ったカルメラ・シモンシーニという非常に有能な弁護士がついていた。資料収集や法的調査の実施は認められたものの、シモンシーニ弁護士は、所属機関と州との契約によって、新たに発見された潔白の証拠のような「付随的な」問題を論ずるために法廷に立つことは禁じられていた。代わりに彼女は裁判のその部分について、代理人に外注をしなければならなかったのだ。

調査の準備を済ませたシモンシーニ弁護士は、公設弁護人がディの新たな証拠に関して法廷に連絡をとることを待っていたが、ディ同様に無駄足を踏むことになった。シモンシーニ弁護士がレイプ・キットの現物を含めた裁判の証拠が廃棄されてしまいそうだと知ったとき、彼女は法廷に行き、その廃棄を免れた。彼女はまた、他の書類も提出し、実質的には裁判を引き受けることになった。短期間でディは釈放された。真犯人の宣誓供述書と、DNA鑑定の両方で潔白が証明された。

ディが釈放されたとき、カリフォルニア州の取材記者は、この怠慢な弁護人と連絡をとった。2年に及ぶ不必要な遅れのために彼が弁護過誤訴訟に晒されかねないか心配ではなかったのか。当の弁護士は肩をすくめただけだった。彼自身は破産申請をしたばかりであった。

　潔白な人間にとって、有能で積極果敢な弁護人の重要さはどんなに誇張しても誇張し過ぎることはない。しかしながら、公共政策の中に、この妨げになってきた2つの異なる面がある。第一には、最悪の事例についてさえ欠点を探し出すことができないままに法廷は、無能で、だらしのない、無頓着な、さらには酔っ払いの弁護士の仕事ぶりを承認してきた。依頼主を愛想よく刑務所に、あるいは電気椅子にさえ送り届ける弁護士は、司法の制裁措置から身を守られているのだ。

　第二には、優れた権利擁護活動──通常は、死刑判決後の込み入った上訴の作業のために提供される救済措置としての弁護人による──の財布への資金援助は法律によって打ち切られている。

　有名なギデオン対ウェインライト事件（Gideon v. Wainright）の判例では、連邦最高裁判所は、富める者も貧しい者も、どの被告人も弁護人を立てる権利が与えられている、と述べた。しかし過去30年の間に出現した「貧困者弁護」制度は、ほとんどの場合、被告人が公正な裁判を受けられる機会を改善するために法廷弁護士を提供するという、ギデオンの指令に従うという素振りすら見せていない。貧しい者には、往々にして、知識、技量、さらには裁判で適正に弁護しようという精神さえも欠いた弁護士があてがわれる。

　非常に多くの州では、貧困者の弁護士を務めることが貧困者の仲間入りの早道となっている。例えばミシシッピー州では、死刑以外の刑罰の最高弁護士料は1,000ドルでそれにプラス名目的事務所諸経費である。テキサス州のある田舎の地区では、最高限度額が800ドルである。ヴァージニア州では、法廷が指定した弁護士が受け取る弁護料は、20年以下の（判決を受ける可能性のある）重罪の依頼主の弁護で305ドルが最高金額である。ヴァージニア州の海岸では、夏の週末、ソーダ売りの子でももっと稼ぐだろう。

　その結果はというと、テキサス州では、死刑を担当する弁護士は公判の大半は寝ていることになっている。これらの弁護士は鏡のテストには合格したのだ。つまり彼らは息はしていた。鼾をかいて多少騒々しいところがあっただろうが。ケンタッキー州では、事務所の住所として地元の酒場の名前を記した弁護士に死刑の事件が割り当てられた。彼には経験がなかった。彼の自宅には大きなビールのネオンサインが飾られていた。彼は法廷の外にいたために、重要な証人の証

言に立ち会えなかった。彼は自分が担当する公判に酔っ払って出廷した。警察が彼の自宅を捜索したとき、床下に隠されていた盗難物品が入ったゴミ袋が発見された。それでも法廷は、彼の行動が彼の依頼主にマイナスとなることはないと言った。

　従来から、一般市民の生活向上に取り組む弁護士の中には、とてつもなく能力が試される死刑事件の上訴に立ち向かう、より頭の切れる弁護士がいたものだ。今はそういった弁護士が現れる余地はより少なくなっている。共和党の1994年に大変人気があった「アメリカとの契約」（Contract with America）の中の1つの政策は、ビル・クリントン大統領が採用した政策目標でもあるが、死刑案件での控訴に対しては厳しい制限を求めるものだった。つまり、死刑を宣告された者は、有罪判決に対する非常救済手続きの正念場で、自分たちで自分の弁護人としての役割を果たさねばならないのだ。「これらの貧しい人々の多く、とりわけ読み書きができない人々、知的障害のある人々は、搭乗客がパイロットなしでフランスまでコンコルドを飛ばすことは期待できないのと同じように、弁護人なしで、非常救済手続きの挑戦に向けて提訴の準備をし、訴訟を起こせるものではない」と、南部人権センター（Southern Center for Human Rights）のスティーブン・ブライトは語っている。

　ほぼ20年間、死刑を宣告された収監者のための有罪判決に対する非常救済手続き作業のほとんどは各州で、有罪を宣告された者を代表して経験を積んだ弁護士が訴訟を起こす事務所である、死刑情報センターによって実施されていた。多くの政治家はこれらのセンターが、死刑を求める大衆に欲求不満を起こさせていると見た。

　サウス・カロライナ州の司法長官は、処刑をスピードアップするために電気椅子を電気ソファに取り替えると公約して公職選挙に出馬した。彼は約束を守った。すなわち、1995年に彼は死刑情報センターへの資金提供を終了するための運動を起こした。被告人の観点からすれば、センターは、精力的で成功した弁護士の供給源であった。センターの弁護士の努力の甲斐あって、少なくとも4人の潔白な人々が死刑囚監房から釈放された。そして1976年から1991年の間ではセンターは実際に死刑の予定を大幅に狂わせた。つまり、これらの弁護士が憲法に基づいて、361件の死刑判決の40％において、判決破棄を勝ち取ることができたのだ。そして今、クリントン―ギングリッチ構想の下、被告人が勝利する確率は低くなる一方で、弁護士仲間の数は減ってきている。

　金だけで済む問題ではない。貧困者にとって質の高い弁護活動を確保するに

は、あらゆる法域において能力基準に満たない個々の弁護士あるいは公設弁護人団体には制裁も科すようにして、能力基準を適用させねばならない。依頼人は、彼らに指定された弁護人の不適切さ次第で自由や生命を失う。それでも弁護士自身は滅多に罰せられることはない。

DNA鑑定時代になってより目覚しい形で明らかになってきたことの中に、独立開業弁護士か公的資金で運用されている法律扶助事務所かを問わずどちらにおいても、弁護人の姿勢がある。イノセンス・プロジェクトが弁護士に連絡をとって、彼らの昔の裁判が再審され、依頼主の容疑が晴れたと伝えると、多くの弁護士が驚きを隠さなかった。依頼主が有罪だと推定する弁護人は、ほとんどの場合はその推定は正しい。しかしそのような推定をしていると、潔白な人が実際に現れた場合には弁護人は使い物にならなくなる。

ニューヨーク在住で、レイプで不当に告訴された若き航空会社の社員デイヴィッド・シェパードは、彼の女性弁護人から、減刑のために司法取引を受け入れるように薦められた。彼女は司法取引のために懸命に根回しを行い、それは公正な取引だと考えた。シェパードの言うところでは、彼がこの提案を拒否したことで弁護人は彼に対して非常に怒ったために、彼とは公判の残りについては連絡をとろうともしなかった。彼を証言台に立たせる準備さえもしなかったのだ。さらに彼女は、シェパードが犯罪を犯したと思われる時間に彼と一緒だった人物を召還しなかった。シェパードの無実の罪が晴らされた頃、この弁護士は、ニュージャージィ州の公設弁護人の代表者になっていた。

同公設弁護人はアシスタントを通じて、彼女が常にシェパードの潔白を信じていたと伝えてきたが、どのように彼女が公判に取り組んできたのかについての見解は伝えてこなかった。

オクラホマシティではDNA鑑定によって、ロバート・ミラーの2人の高齢の婦人のレイプ、殺人の嫌疑が解けた。その鑑定で自白をしていたレイプ犯がこれに関わっていたことが判明した。それでも公設弁護人事務所から来たミラーの弁護人は、DNA鑑定結果で彼が被疑者から除外された後でさえも彼に司法取引に応じるように強く求めた。彼は断ったが、5年間釈放されなかった。

1982年9月、スティーヴン・トニィは、写真面割りを根拠にして、セントルイスのある女性を彼女の家の玄関先から引きずり出し、レイプした容疑により逮捕された。彼は自分の潔白を主張した。トニィは彼の公設弁護人のストーミィ・ホワイトに再三、精液をABO血液型で鑑定してほしいと依頼をしたが、彼女は拒んだと主張した。「その点については覚えていない」とホワイト弁護士は言った。「し

かし、我々は検察側がもっと多くの鑑定ができたであろうにそれをしなかったということと、さらに、その理由がそれをすると彼らの裁判が覆るのをおそれたからであったということを示そうとした」

トニィは州側への嘆願をし尽くした後、弁護士からの援助もない中で、連邦判事に、証拠をDNA鑑定のために保存しておいてほしいという要望を書面で伝えた。検事は反対し、判事は鑑定を命じることを拒んだ。最終的にはレベッカ・スティスがトニィの嘆願担当に指名された。スティスの主張を聞き容れて、連邦控訴裁判所判事団は、州および州地方裁判所が鑑定を認めなかった点と、彼の弁護人の有効性を精査しなかった点を責めた。

「トニィは、彼の弁護人が、誤識別問題を突き詰められるだけ突き詰めることをせず、要望されていた血液鑑定もできず終いで、役立つ援助をしなかったという内容のある申立てを提起した」と1996年の第8回アメリカ合衆国巡回区控訴審裁判所の3人の判事が裁定した。

有罪判決と拘禁から14年が経って、トニィは証拠の鑑定ができた。DNA鑑定が彼の冤罪を晴らし、自由の身になった。今はセントルイスの上級公設弁護士のホワイトは、公判中は彼が潔白であるということで、彼のために闘ったと語った。ホワイト弁護士は当時を振り返って、おそらくは彼自身のフラストレーションが原因なのだろうが、彼の威嚇するような行為が公判中、陪審員に恐怖心を与え、水差しはテーブルから片付けねばならなかった、と話した。被害者が強力な証言をしたのだった。1999年になってホワイト弁護士は、トニィが潔白だとは納得しておらず、DNA鑑定のことは総じて疑問視していた、と語った。しかし彼女がそのような見解を持ったのは、彼が有罪判決を受けたことに対する彼女の罪悪感が影響していたからかもしれない、とも述べた。また彼女が役に立つ弁護士ではなかったというトニィの申立てに関してホワイト弁護士は、彼は最初の上訴に負けるまでは彼女が代理人を務めることに関して何ら不満を述べることはなかった、と語った。「そういった上訴をする人がいれば、いつだって厄介なものなんです」とホワイト弁護士は言った。「それでもね、やらなければいけないことは、やらなければいけないんですよ」

有能な公設弁護人の数は驚くほど多いのだが、燃え尽き率もまた同様なのである。無理もない。まずは、半端でない取扱い件数。検察側は、はるかに潤沢な資金を後ろ盾にしており、裁判に関しては一般大衆の支持基盤がある。典型的な貧しい被告人は、社会ののけ者として、また弁護人はそれに近い同類と見なされている。弁護士の給料を地方検事の給料に肩を並べる程度にまで持って行く

ための財政支援の導入と、法教育とより柔軟な作業計画を持って臨めば、冷笑と悲観主義に打ち勝つこともできるかもしれない。一般大衆や検事に劣らず、弁護士もDNA鑑定時代の実態、とりわけ研究所段階で主要被疑者の25％が除外できるという実情の意味を理解する必要がある。従来政府の仕事としては十分だとされてきたことがもはや、予算的にも、制度的にも、法的にも立ち行かなくなるであろう。

　1984年、エド・ホネイカーという男が彼の弁護人の無気力のためにひどい目に遭った。彼は事件発生時には約1,600キロ離れたところにいたのだが、レイプおよび誘拐で訴えられ、典型的な州の鑑識官に対峙した。彼は、レイプ犯の精液の鑑定用スライド・ガラスを検査して、精液を特定できた、と証言した。ホネイカーの公設弁護人は戦術的理由から、ある1つの事実、すなわち、レイプの数年前にホネイカーはパイプカットを受けていた、という事実をこの血清学者には話さなかった。彼には精液が作れなかったのだ。この血清学者は後日、宣誓供述書で、もし彼がどちら側からにせよパイプカットについて知らされていたら、ホネイカーはレイプ犯ではないと証言したであろうに、と宣誓した。

　獄中でホネイカーは、百人隊長聖職者会議（Centurion Ministries）のジム・マクロスキィ牧師とケイト・ヒルに連絡をとった。イノセンス・プロジェクトからの援助も受けて、彼らはホネイカーの潔白を証明するDNA鑑定を受けた。彼は、彼の弁護人が弁護士として要領を得なかったばかりに終身刑を宣告され、その10年を務めた。

第10章 人種的偏見

> もし仮に我々が、人種的偏見が死刑判決の判断を許されざるほど損(そこ)なっているというマクレスキィの主張を受け入れるとするならば、我々は、ほどなく他の刑罰に関しても同様の主張に直面することになるであろう。
>
> ルイス・パウウェル裁判官
> マクレスキィ対ケンプ判決（McCleskey v. Kemp 1987年）における多数意見として

カルヴィン・ジョンソン・Jr.が釈放される予定の日、6月の暑さはジョージア州ジョーンズバラを、いつものようにスッポリと覆っていた。

動いているものは何一つなかった。アメリカ南部連合の旗が、死んだように止まった空気の中でダラリと弱々しく垂れ下がっていた。今では観光スポットに改造された昔の鉄道車庫からエアコンのブンブンという音が聞こえた。ジョーンズバラは、『風と共に去りぬ』が実際に起きた町だということを誇りにしている。

アメリカ南部連合は1864年にこの地での激戦に破れ、北軍のウィリアム・シャーマン将軍は何の障害もなくアトランタの決定的勝利へと突き進んだ。当時少女だった著者マーガレット・ミッチェルは、ジョーンズバラのフィッツジェラルド家の先祖代々の家のポーチに座って、南北戦争前の南部の話に耳を傾けた。後年彼女は、それらをレット・バトラーとスカーレット・オハラが生きた、失われた優雅な文化的生活の話として再び描写したのだ。毎日、ミッチェルの架空の町タラを求める巡礼者が、ジョーンズバラの鉄道車庫で車から、そしてバスから荷を降ろすのだ。大農園の紳士の衣装を身に纏(まと)った地元の人が彼らを靄(もや)のかかった現在から想像上の過去に案内する。

1999年6月15日、観光客が、田畑から掘り出された潰れた弾丸やベルトのバックルを陳列しているガラスケースの前に集まったときに、衣装を身に纏ったもう1人の男が鉄道車庫から通りを隔てた反対側にいた。彼もまた歴史の罠に陥れられていた。カルヴィンは1983年にレイプの誤判を受けた。彼はクレイトン郡拘置所の2階の独房で待っていた。

それよりいくらかでも早いということはなかったのだが、1999年半ばのその日頃までには、あらゆる関係方面が恐ろしい過ちを犯したということで合意していた。その日の午後には判事が間違いを正すだろうということをカルヴィンは知っていた。彼を家に帰す。ただ問題が1つだけあった。彼はそれまでの何年間かは

彼の監督者であった州刑務所から支給された真っ赤なツナギを着ており、そしてここ、ジョージア州ジョーンズバラのクレイトン郡拘置所で腰を下ろしていた。彼はそのツナギを、それが州の所有物であるのに投げ上げて、郡の洗濯カゴに置いておくわけにはいかないのだった。彼はヴァンに乗ってハンコック州刑務所に戻り、州の所有物を返却し、施設からの退所手続きを踏まねばならないのだ。多分明日。

　独房の格子のところに立ってカルヴィンは来訪者にこの思わぬ障害について説明をした。話の内容はがっかりするようなことだったが、彼の口調は落ち着いたものであった。それでも彼はすぐにその話題から離れた。今日か明日にも彼が自由の身になる時が来るのだ。投獄された初めの何年かは、非常に頻繁に彼自身の怒りと苦痛がどっと湧き起こった。しかしもうそれもない。彼にはこの訪問は嬉しかった。この6ヶ月間、ピーターは、カルヴィンにとっては、進められている鑑定、行われている議論、申請された申立てについて説明する刑務所の電話から聞こえてくるニューヨークの声だった。彼はこの日の朝、カルヴィン釈放のために法廷で正式に活動するためにジョージアに着いていた。ということで、弁護人と依頼主との初めての対面だったのだ。

　彼は42歳の誕生日から1ヶ月経って、カルヴィンは映画スターのようにハンサムで、センターフィールダーのように壮健であった。ツナギのために投獄が延長されているという悩ましい話を伝えるときでさえも、彼の笑顔は引きつっていなかった。

　「それはなんとかするよ」とピーターは約束した。「ここを出たらすぐに地区首席検事のところに寄って電話をする」

　カルヴィンは、ツナギに関する馬鹿げた混乱によってよりも、なぜだかその茹だるような朝に彼が占めている空間によって不安げになっているように見えた。しかし見たところ、そこは壁面にボルトで留めた寝台用の金属棚、片隅に置かれた蓋のないトイレのある郡拘置所の他の大きな独房と何ら変わりはなかった。何千晩も彼の棲家としていたところとまったく似たような場所であった。

　「ここはね、私がここに入所した最初の晩、奴らが私を連れて来たところなんだよ」とカルヴィンは話した。「公判を待ってたとき、私は丁度ここにいたんだ。すごくいろんなことが思い出されるんだな。忘れてしまっていたことがね」

──────

もし仮に『高校年鑑』が、最も刑務所には入りそうもない卒業生のコンテストというのを企画したとしたら、カルヴィンは、難なくその勝者になったであろう。彼は、強力に上昇志向してきた家族の出身だった。彼の父、カルヴィン・ジョンソン Sr. は、彼の一族が鎖に繋がれて奴隷として北米に連れて来られてからずっと住んで来た同じ場所、ノース・カロライナ州のオインという名の小さな煙草農コミュニティで生まれ育った。ジョンソン Sr. は、法的に認可された完全人種隔離政策が実施されていた地域、時代に育った。第二次世界大戦後、ヨーロッパでアメリカ陸軍に服役し、帰郷した。その当時アメリカのバスでは、彼の座席は未だ後部にあった。彼はそれを認めようとはしなかった。復員軍人援護法を使って彼は熱心に大学に通い、さらにはロースクールに進み、ジョアンに出会った。2人は結婚し、彼女の生まれ故郷のオハイオ州シンシナティに移り住んだ。ジョンソン Sr. は、州上院議員になった。「私たちは、上昇中の、若い、黒人の中流家族でしたね」と、家族の2番目の子どもで長男のカルヴィンが言った。
　1970年に家族はアトランタに引っ越した。かつては人種差別主義の南部の首都であったが、1960年代後半までには、市は変身を遂げていた。白人は郊外に移っていた。黒人が政治勢力に変わっていった。市は市初の黒人の教育長官を誕生させた。ジョンソン Sr. は、宅地造成の機会を得た。家族は、アトランタにおけるアフリカ系アメリカ人権力構造の中心地であるカスケイド・ハイツの近傍に住みついた。カルヴィンは、サウスウェスト・ハイスクールでフットボールをし、演劇部の部員であった。
　カルヴィン家の子どもたちは全員──ジュディス、カルヴィン、タラ──彼らの両親が揃ってまったくそうであったように、大学進学が期待されていた。カルヴィンは家に近いクラーク大学を選んだのだが、学生時代は家を出て、生活費を稼ぎ始めることにした。彼はWSB〔Welcome South Brother〕ラジオ、テレビ局でニュース編集室のアシスタントとして、仕事のコツを身につけて喜んで働いた。大学では、通信部事務室でアルバイトの仕事をし、そこでクラーク大学と設備の共同使用をしている、姉妹校のモアハウスからの映画学科の学生と会った。このスパイク・リーという名の映画学科の学生には厚かましいニューヨーク風の態度があるとカルヴィンは確信した。だが、彼が自分の派手さを隠していたということではなかった。カルヴィンはカナリア色のポンティアック・トランザム〔スポーツカー〕に乗っていた。彼はまた若い女性カイラ・ロウニィにも出会い、2人は恋に落ちた。関係を維持するために彼には、大学やニュース編集室での最低賃金レヴェルの仕事で稼げる以上の金が必要だった。彼は首都圏で最大の雇用者──

第10章　人種的偏見　213

デルタ航空——に問い合わせをし、支払いが時給9ドル以上の仕事を見つけた。さらに彼は卒業後も同社に留まった。

遠く離れていて、彼の父は何やら厄介事を感じていた。彼には息子の仲間や、飲み始めたら止まらないビールというアルコールが気に入らなかった。懸念は見当違いではなかった。カルヴィンは、マリファナも好きになっていた。ある晩、彼が5ドルの袋を買った直後に彼の車が停止させられた。その逮捕が引き金となって一連の出来事が起き、結局は徐々にではあるがパニックに至った。カルヴィンの生活スタイルは、基本的には金ができると右から左へと使ってしまうというもので、そのため彼には罰金を工面できなかった。彼には弁護士を雇う余裕はなかった。家族に金の無心をしたくなかったし、父の激怒を招きたくもなかった。罰金を払う代わりに刑期を務めるということになれば、仕事を辞めねばならないということだった。どうやら実際には彼の頭の中にはこのことがまったく入っていなかったようだ。彼はある家に押し入り、強盗で逮捕され、仕事で彼が使っていたポケットナイフを隠し持っていたとして凶器所持の罪で告発された。

「私はあれでおしまいでした——あれは私の過ちでした」とカルヴィンは話した。「あれは私が間違ったことをしたということで、責任は私にあります」。しかしそれは警察の見解ではなかった。彼は常習犯とされていた。ある白人女性が彼女のアパートでレイプされ、カルヴィンは一時的に襲撃犯だと識別されたのだが、告訴は取り下げられた。その事件の被害者は、彼女を襲った男は割礼を受けていなかったと証言した。ところがカルヴィンは子どものときに割礼を施されていたのだ。強盗の罪で彼には8年の実刑が言い渡されたが、刑務所が入りきれないために14ヶ月務めただけだった。彼は1982年12月に娑婆に戻った。

彼とカイラ・ロウニィは2人の結婚プランを再始動した。彼はすぐに国際宅配便の集積所の仕事に就いた。そして、最初の事件の前に住んでいたところとまったく同じ、アトランタのカレッジ・パーク地区に住んだ。

1983年3月9日未明、ヨークタウン・コンドミニアムで、白人女性が、背中に乗って両肩を引っ張り寄せる男に起こされた。ルイーズ・ルイスは、気絶するまでベルトで首が締めつけられるのを感じた。意識が戻ったとき、男は彼女の頭にタオルを巻いた。

暴行の詳細な手順ははっきりと決まっていた。潤滑剤としてハンドローションを使い、男は初めにアナルを、次にヴァギナを犯し、2度射精した。立ち去る前に男が電灯のスイッチを入れたので彼女は、中肉中背で、出目の、軍隊式のカーキ色の軍服を着た黒人男性を見た。男は彼女の顔を枕カヴァーで覆い、財布から

金を抜き盗ると立ち去った。

　2週間後、警察が彼女に並べた6枚の写真を見せた。彼女はその1枚、カルヴィンをレイプ犯だと識別したのだが、面通しに行ったときには彼女はもう1人別の男を選んだ。それでもカルヴィンはレイプの廉で起訴された。

　異人種間誤識別の稀ではあっても典型的なケースに見えたことが、標準的な社会現象になろうとしていた。

―――――――

　公判では1つの大きな問題、すなわち、ルイーズの識別の正確さを解決しなければならなかった。カルヴィンはアリバイによる弁論を仕掛けたので、彼の側の証人の信頼性が彼女の識別の確実性と比較されることになる。ルイーズには結局のところほんの一瞬しか襲撃犯を見る機会がなかった。しかし彼女にしてみればカルヴィンがその男だと確信していた。

　「わたしは何もかも見たんです」と彼女は証言した。「あの男は黒人でしたが南部の黒人のような話し方ではなかったんです。それにあの男は下卑たジャイヴトーク〔黒人ジャズミュージシャンのスラングを多用した早口でリズムに乗った話し方〕をしなかったです。上品で穏やかな話の仕方だったんです」

　シンシナティで育ち、大学教育を受け、コミュニケーションを専攻したカルヴィンの説明としてはなかなか順調な滑り出しと言えよう。彼女は、彼女を襲った男を指し示すように求められた。

　「彼です」と彼女はカルヴィンの方に指を向けた。それでは面通しはどうなるのだ。そのとき彼女はカルヴィンではない人を選んだのではなかったのか。いや、実際には彼女はそうしたのだ。

　「どうしてそうしたのですか」と地区首席検事のロバート・ケラーは尋ねた。

　「私はただ……面通しであの男をじっくりと見るなんてことができそうもなかったんです」とルイーズは言った。「私は入って行って見ました。でも私は……私は見続けていたときに、とにかく、もうこれ以上あの人のことを見るのはやめようと思ったのでした。それでもう1人の人を選んだだけでした」

　その後、彼女が公判中にカルヴィンを見て、彼が彼女を襲った男だと確認したと語った。

　「今日、あなたはどうやってあの男が3月9日にあなたを襲った男と同じ人物だとわかるのでしょうか」とケラー検事が尋ねた。

第10章　人種的偏見　215

「私にはわかるんです。あの男だってことがわかるんです。私にはあの男だってことがわかるんです。間違いはありません——このことで私に間違いがあったかもしれませんし、あるいは私は実に——これについては私は正しかったです——私が間違っていたこともありうるでしょうが、私は正しいとわかるんです。私にはあの男は彼だとわかるんです」

「あの男が今日はあなたに思い出させる、あるいは彼があの男に違いないとはっきり言わせるようなものがある、ということはないでしょうか」と検事が尋ねた。

「あれは彼だってわかるんです。あれは彼の顔、目、全体が彼なんです」とルイーズは言った。「あれは彼なんです」

「彼の目はどうでしょうか」

「あれは彼なんです。というのは、ほら、目は非常に際立っているでしょう。突き出ているでしょ」と彼女は話した。

ルイーズの証言は、同じコンドミニアムに住むもう1人の白人女性によって支持された。レイプのちょっと前に、ある黒人が隣のアパートに入ろうとしていた。ルイーズ同様、その隣人は並んだ写真からカルヴィンを選んだのだが、面通しでは誰か別人を選んだ。

そこに現れたのがもう1人の強力な証人、すなわち、ルイーズのところから丁度4キロほどのところに住んでいた3人目の白人女性だった。ルイーズが襲われた2日前にこの女性は、寝ていたところを男が首をベルトで締め上げたので目を覚ました。彼女もまた犯行時にハンドローションを使った男にアナルを犯され、その後顔に枕カヴァーを被せられた。この被害者は写真ではカルヴィンを識別しなかった——しかし面通しでは彼を選んだのだ。そして彼女の場合にも、白人の隣人が見知らぬ黒人を見かけていた。この白人はシャワーを浴びていたのだが、そのときアパートに見知らぬ黒人がいるのに気がついた。この男は逃げた。

これらの2つの犯行には細部に変わった共通点——被疑者の身体的説明が同じであり、ベルト、ハンドローション、枕カヴァーを使用している——を考慮し、またほんの4キロほどしか離れていないところで、しかも犯行と犯行の間が2日しかなかったことから、検察側は、ルイーズの公判にこの2人目の被害者を、「似たような行為」だということで証人として召致することが認められた。

ところが当然そうなるのだが、2件の犯罪の公判を1つの法廷で行うわけにはいかなかった。ルイーズはクレイトン郡で襲われたのだが、2人目の被害者のレイプは郡境をちょっと越えたフルトン郡の彼女の自宅で起こった。カルヴィンに不利な証言をするために、2人目の被害者は、郡の首都であるジョーンズバロまで

やって来たのだ。彼女の証言は、ルイーズの証言同様、どの1つをとっても脳裏に焼きつくような内容で、お決まりの結論に落着きそうであった。

「他に何か直接聞きたいこと等ありますでしょうか」と判事が訊ねた。

「いいえございません、裁判長」とケラー地区首席検事は応じた。

「降りて結構ですよ」と判事は言った。

「ありがとうございました」と彼女は応じた。

「そちらの次の証人を呼んでください」と判事はケラー検事に命じた。

その瞬間、2人目の被害者は証言台から2～3歩離れて、被告人席の正面を通っていた。突如として彼女はカルヴィンを一突きした。

「この忌々しいロクデナシ！」と彼女は叫び、彼を何度も何度も叩いた。

直ちに廷吏が彼女を制止した。弁護人のアキル・シークレットは、判事に無効審理を宣言するように要求したが、却下された。20年ほど経ってからある陪審員は、この瞬間のことを、窓が突然開いて、彼に被害者の鉄壁の確信を見せつけたようであった、と回想した。カルヴィンが犯人だったのだ、と。

カルヴィンの答弁は複雑なものではなかった。彼は、ルイーズの家に押し入り、彼女をレイプした男ではない、と証言した。彼は離れたところにいた。彼は2～3年ほど顎鬚を生やしていたが、両被害者、証人たちのどの人の説明も、鬚の生えていない男であった。宅急便発送会社の彼の上司は、カルヴィンが、まさに仕事場の写真付き身分証明書にあるように顎鬚を蓄えている、と証言した。彼は暴行があった日の日曜日は、カイラ・ロウニィの家で過し、午後2時頃帰宅した。カイラは彼が彼女の家にいたと証言した。彼女の母も同じように証言した。

カルヴィンの母、ジョアンは、その日曜日のことを早朝雨が激しく降ったので覚えていた。カルヴィンが帰宅したとき、彼女が地元の大学で顧問をしている女子学生社交クラブと打ち合わせをする予定を立てていたのだが、彼女は気分がすぐれなかった。そこで代わりに彼女は、家族でフットボールのテレビ観戦を提案した。

「その日のことで何か特に覚えているようなことはありませんか」と弁護人のシークレットが尋ねた。

「そうですね、皆でフットボールの試合を見ましたね」とジョアンは答えた。「ハーシェル——何て言いましたっけ、そう、ハーシェル・ウォーカ——時々は試合を見るんですがね。いやとにかく、ハーシェル・ウォーカのプロデビュー戦でね、それであの日は皆で座ってその試合を見ましたね」

その日、全州がほとんど止まってしまった。大学陸上、フットボールのスター選

手であったハーシェル・ウォーカーは、ジョージア大学でプレイしていた間にハインズマン・トロフィー〔全米フットボール最高栄誉賞〕を受賞した。

ルイーズを襲った時刻よりもかなり前に家に入ろうとしていた男は黒人だったと話した隣人の証言があるので、カルヴィンのその日の午後と夕方早目の時間帯の所在は重要であった。

夕刻と夜については、ジョアンは、高血圧と糖尿病を患っているので、落着いて寝ていることができず夫の安眠を妨害していた、と語った。2週間ほど、カルヴィン Sr. が仕事のために朝早起きする前にしっかりと休めるようにと、彼女は夜、長椅子で寝ていた。

「この日の夜、その後はどこにいらっしゃいましたか」とシークレット弁護人が尋ねた。

「長椅子に横になってましたね、書斎のね、テレビを見ながら」とジョアンは答えた。

「その夜、カルヴィンは外出したときがありましたか」

「いいえ、外出しませんでした」

「彼が家から出ようと思えば、あなたに知られずに出る方法はあるのでしょうか」とシークレット弁護人が尋ねた。

「まったくないですね」ジョアンはきっぱりと答えた。

もちろん、カルヴィンのフィアンセ、彼女の母親、そして彼自身の母親が口裏を合わせて彼を守るためにアリバイ工作するということは可能ではあった。しかし、説明が難しいのは、レイプ犯はきれいに鬚を剃っていたという描写がある一方で、カルヴィンが鬚を生やしていたことを示している仕事場の身分証明書の写真と彼の上司の証言があることだった。さらに、もう1つの別の証拠は無視しようがなかった。

ルイーズの家で彼女のベッドシーツから1本の毛髪が回収された、と検察側が明らかにした。州の犯罪研究所がそれを鑑定し、その毛髪が「黒人人種の恥毛」であると公表し、それがカルヴィンの頭皮、眉毛、胸部、あるいは恥部のどこかから引き抜いた毛髪であるという可能性はまったくない、と発表した。

さらにルイーズは、あのアパートに住んで6ヶ月間、一度たりとも、男性女性にかかわらず黒人の来客をもてなしたことはなかったと語った。弁護人は、毛髪がカルヴィンのものではないという証拠を提供したジョージア州犯罪研究所勤務の鑑識官を召喚した。弁護側の見解は明解であった。すなわち、犯行のあったアパートに入った唯一の黒人男性がレイプ犯であり、その男が恥毛を残した。

反対尋問で、地区首席検事ケラーは、カルヴィンを被疑者から除外するこのような重要な証拠を無視することはできなかった。

「この毛髪の出所を具体的に教えてもらえませんか」とケラーは尋ねた。

「できかねます」と鑑識官のレイモンド・サンタマリアは証言した。

「もしルイーズが公衆トイレを使い、あの毛髪をベッドシーツに運んだとしたら、あの毛髪が彼女から出てくることがありうるか否か教えていただけますか」とケラーが尋ねた。

「可能性としてはありうるでしょう」とサンタマリアは答えた。

「もし仮にシーツが共同利用施設で洗濯されたとしたら、その毛髪はそこから来たということもありえますか」とケラーが尋ねた。

「はい」とサンタマリアは答えた。「それも可能性としてはあります」

「もし黒人があのアパートに6ヶ月以前に住んでいて、シーツが床に触れ、あの毛髪が床にあったとしたら、毛髪がシーツに付くということはありうるでしょうか」と検事が尋ねた。

「はい、ございます」とサンタマリアは答えた。

カルヴィンの父親は法廷で座っていて、これらの尋問の中に、彼の若かりし頃の黒人差別法時代の南部につきまとった人種混合の悪夢——公衆トイレから、あるいは黒人のシーツが白人のリネンと入り混じるコインランドリーから、黒人の毛髪を家に持ち帰る白人女性——の微かな響きが聞き取れた。彼は公判の一部始終をしっかりと見ていた。彼が目にしたものは、4人の白人女性が、1人の男性が（彼の息子だが）2件のおぞましい犯罪の責任を負うべきであると証言したことであり、それと、彼の妻を含む4人の黒人証人が、カルヴィンは他の別のところにいて、鬚を剃ったレイプ犯とは異なり鬚を生やしていた、と証言したことであった。

弁護人のシークレットとカルヴィンだけが法廷の最前部にいた黒人であった。判事、治安判事補佐官、法廷速記者、検事および法廷のどの1人をとっても皆白人であった。陪審員団はクレイトン郡の台帳から選ばれていた。当初陪審席に座っていた2人の黒人は、ケラー検事によって免除されていた。同検事は陪審員から黒人を排除するために「理由不要の（陪審員）」忌避を実行した。当時、検事にはこの2人の陪審員を拒否した理由を説明する必要がなかった。

「実に単純明解なんです」とカルヴィンの父親が言った。「判事も陪審員長も陪審員も検事も同じ人間なんです。ただ名前が同じでない、あるいは性別が同じではないというだけでした。同じ郡の人間であり、同じ物の考え方の人間なんです。

第10章 人種的偏見　219

私には検事のケラーが法廷内で『今回は楽勝でしょう』と言うのを耳にしました。彼の言ったことは間違っていなかったんです」
　陪審員は45分間退室した。カルヴィンは、すべての訴因で有罪だった。2～3週間後、彼はスティーヴン・ボズウェル判事の前に立った。
　「カルヴィン被告人、判決が申し渡される前に何か申し述べたいことはありませんか。あるいは、あなたへの評決に対する反論はありませんか」と判事が尋ねた。
　「はい、裁判長」とカルヴィンは答えた。「神を私の証人として、ボズウェル判事はじめ、ケラー検事、捜査に当たられた刑事さん方、後ろにおられるストーリィ刑事、ハーパー刑事の皆様方に、1つだけ申し上げたいことがございます。私は先ほどの罪状で起訴されておりますが、誤りです。私は訴状にある罪を犯しておりません。私は潔白な人間です。そして私は、イエス・キリストの名において、この真実すべてが明らかにされ、最終的にはこの真実が明らかになることをひたすら祈っております。以上が本日、ここ、クレイトン郡法廷において私が申し上げねばならないことのすべてでございます、裁判長」
　ボズウェル判事は彼を終身刑で刑務所に送った。
　1年後、彼はフルトン郡で裁判にかけられた。検察側は彼に司法取引を持ち出した。つまり、彼が今回の2度目のレイプで有罪を認めれば、その刑期については彼がすでに務めた刑期年数は差し引いて執行される、というものであった。法的費用を負担していた彼の家族の後押しを受けて、カルヴィンは、これを断った。
　どちらかと言えば、フルトン郡での裁判の方が、クレイトン郡での最初の裁判に比べてよりはるかに説得力があった。例えば、カルヴィンが証言台に立って容疑を否認した際に、検察側は彼がすでにほんの4キロほど離れたところでほとんど日を置かず発生したそっくりのレイプの廉で有罪判決を受けているということを指摘することが認められた。次に、被告人側が、カルヴィンのものではなくレイプ犯のものだったと主張しうる、「黒人種の毛髪」は2番目の被害者のシーツには見つからなかった。これがなかったならば、証拠はあらゆる点で最初の公判と同一になってしまった。フルトンの陪審員は夜通しで審議した。彼らが下した評決は、無罪であった。今回は結審の内容が違っていただけでなく、陪審員の構成も異なっていた。この決定を行った人たち、つまり2度目の陪審員は、5人の白人、7人の黒人から成っていた。
　カルヴィンは、州刑務所に戻り、最も過酷な任務に就いていた終身刑囚と一緒になった。戻ってすぐに彼は、膝まで水に浸かって、蛇が身をくねらせて過ぎて行

く中での低灌木刈班に戻った。それも「ボスメン（Bossmen）」として知られている、ショットガンを携行した看守に監視されながらであった。

―――――――――

　20世紀は押し並べて、レイプは多くの州で、犯人が死刑に処されうることを意味する死罪であった。この死刑に処されうるという選択肢は、白人が有罪判決を宣告された場合にはめったに実行されなかった。しかしながら、黒人男性が白人女性をレイプして有罪となった場合には、ほとんど例外なく執行された。20世紀初頭の何十年かは、新聞には「黒人男性がいつもの罪で絞首刑になった」とさりげなく報道したものであった。レイプで処刑された者のうち、90％が黒人であった。
　「1930年に連邦政府が統計をとり始めてから1977年までに、ジョージア州は62名の男性を処刑した」と合衆国連邦最高裁判所サーグッド・マーシャル判事が1987年に書いた。「これらの男性のうち、58名が黒人で、白人は4名であった」
　州は、白人、黒人と別々の司法制度を「公然と正式に運用」していた。「刑法は、黒人、白人のどちらが加害者、あるいは被害者になるかによって明確に、それも奴隷制時代にまで血統を遡って区別していた」とマーシャル判事は記した。
　全国的に見れば、罪を犯した黒人の数は全体の半分をはるかに下回っていたが、死刑宣告を受けた収監者の半分以上が黒人であった。南部の「デスベルト（死刑地帯）」のジョージア州および他の州の死刑執行への取組みが手のつけられないほどあまりにも行き当たりばったりになったため、1972年に連邦最高裁判所は、ファーマン対ジョージア州（Furman v. Georgia）判決において死刑を無効とした。連邦最高裁は複数の州に呼びかけて、より恣意的にならないような新しいプログラムを練り上げた。ユタ州でゲィリー・ギルモアが銃殺隊によって処刑された1977年1月頃には、ほとんどの州が州の死刑に関する成文を改定した。それでも死刑執行は、本質的に人種的動機と結びついたままであった。例えばジョージア州では、1990年代を通じての研究によれば、白人が被害者の殺人犯は、黒人が被害者の殺人犯より死刑判決を宣告される可能性が4.3倍高かった。白人を殺害する黒人は、黒人を殺害する白人より死刑が執行される可能性は19倍高かった。同様の結果は、他のほとんどの州でも見られた。さらに、死刑は法律上では中立に見える多くの法の1つに過ぎないが、実際には黒人の被疑者に

対してはるかに厳しく執行されていた。

　1990年代、ジョージア州では麻薬禁止法が「ツーストライク即アウト」を科した。これは、麻薬で2度目の重罪判決が宣告された後では、検事は終身刑を求刑できる、というものであった。この判決で服役している者のうち、98.4％は黒人であった。同法の下では、この厳罰を求刑するか否かについては、検事が絶対的な裁量権を持っていた。検事は、白人被告人の1％に対してしか終身刑を求刑しなかったのだが、黒人被告人に対してはその16％に求刑した。

　法律では仮出所は、やり直しのためのチャンスを与えるために活用されている。アトランタ憲法雑誌（Atlanta Journal-Constitution）のビル・ランキンの研究によれば、ジョージア州の白人犯罪者は、重罪のために「刑務所内で過ごす時間の代わりに、仮出所ができる可能性は、黒人の場合より30～60％高かった」

　ニュージャージー州では、ニュージャージー有料高速道路でスピード違反で止められる黒人ドライバーの数は白人ドライバーより5倍も多いようである。ニューイングランド－フロリダ州間高速道路I-95でも同様の結果が得られている。メリィランド州では、I-95上で州警察に止められて調べられる人の77％は黒人である──しかしながら黒人は高速道路を利用するドライバーの17％を占めているに過ぎない。ニューヨーク州では、ベルのついていない自転車に乗っていた72名の黒人男性が、止められ、出頭命令書を渡されただけでなく、実際に拘置所で1晩を過ごさねばならなかった。

　刑事司法制度と関わりを持ってしまうと、その関わりはそれがどんなに些細なことであったとしても膨れ上がってしまうことになる。「私たちには過去30年の間で、何百年にもわたる歴史的遺産の支配から、完全に逃れたというふりをするわけにはいかない」とマーシャル判事は言明した。「私たちが過去の現在への影響を否定するかぎり、私たちは過去に捕らわれたままである」

　イリノイ州では2人の黒人男性、ビリィ・ウォーデルとドナルド・レィノルズが、シカゴ大学での2人の学生の婦女暴行罪で有罪判決を受けた。2人が女性を襲ったことは十分に悪いことだ、と判事は言った。「あなた方は若い白人女性ともっと楽しもうとしていた」と判事は言って、69年の禁固刑を言い渡した。しかし後で2人とも潔白が証明された。

　イノセンス・プロジェクトが行ったDNA鑑定で冤罪を晴らしたケースの研究によれば、婦女暴行あるいは殺人の51％は異人種間であり、このうち85％に黒人の被告人が関わっていた。しかしこの数字はこの種の犯罪の実際の発生率よりも3倍以上高い数値である。すなわち、司法省によれば、白人被害者に対する黒

加害者による婦女暴行の発生率は15％である。

　投獄されて最初の何年かで、カルヴィンは精神がボロボロになってしまった。彼が言うには、憤りと自己憐憫で溢れんばかりの情緒的時限爆弾になってしまった。彼の家族は面会訪問を続けた。ある土曜日のこと、彼の母親ジョアンが、息子がそのようにズタズタになった様子を見て、明らかに取り乱して帰宅した。父親は激怒した。車に乗り込むと1人で刑務所に向かった。
　息子は父が近づいて来るのを見ると姿を隠そうとした。父親の方はカルヴィンへの面会を求めた。単刀直入であった。
　彼は言った。「父さんはお前に言ったよな。学校に戻ったとき、デルタで働きに戻ったとき、父さんはお前にマリファナには手を出すんじゃないと言ったな。鏡を見てみろ。99％の確率で、いつかある時点で人生の道を間違えるようなことをお前はしてしまったのだ。マリファナに手を出していなかったら、こんなことにはならなかっただろうに」
　「どんなことがあっても、母さんより先にお前の感情を出すんじゃないし、母さんを悲しませるんじゃない」
　これが効いた。カルヴィンは憤怒と自己憐憫の大荒れを乗り切った。彼は宗教研究に着手した。彼のフィアンセはしばらくの間は訪問面会をしたが、最終的には彼の方から彼女に、自分の思いどおりにして彼女自身の人生を歩むようにと話した。彼女は出産の予定であったが、彼はその子らの父親にはならないのだ。ノースカロライナ州の実家からは、彼の大叔母のサリィ・ベット・パティリャが彼女の社会保障小切手から毎月5ドルを彼宛てに送ってきた。彼はウエイトトレーニングをし、急な成り行きにも対応できるように、彼の生まれつきの運動選手の体形になるように体重を減らした。
　ジョージア州での終身刑では、7年後には仮釈放の申立てができることになっていた。選考対象となるには、刑務所の性犯罪者プログラムを修了することが必要であった。彼は拒否した。彼は性犯罪者ではなかったのだから。それで彼の仮釈放申請は却下された。
　3年後、彼はこのプログラムの第1部を受けることにした。第2部では彼は犯した罪に対する責任陳述書への署名が求められた。彼は拒否したのでプログラムから外された。

「参加しなければ、決して仮釈放は認められないでしょう」と弁護士は彼に言った。

「確かにしっくりしないですね」とカルヴィンは言って、この件は終わった。彼の家族は、更生保護委員会で彼の申立てをするためのもう１人の弁護士を雇うために、お金を掻き集めていた。カルヴィンは家族に申立てを止めるように言った。彼にしても彼らにしても、潔白なのだから長期拘禁の脅しに屈するつもりはない。

彼は中程度警備体制の収容施設に移動させられたが、そこでの経験は心を乱すものだった。ほとんどの収監者は短期の拘留で帰宅した。毎週誰かが出所したような感じだった。これを見ているのはつらかったし、他の収監者は長期間拘留されるわけではなかったため、彼らの行動はより乱れていた。カルヴィンは、収監者がより長期の刑期を務めている、より警備が厳重な施設に移してほしいと要望を出した。

1994年頃には彼はDNA鑑定について話を聞き、読んでいた。ジョージア大学収監者法律相談プロジェクトの弁護士ジェイムス・ボナーの援助を得て、彼は再審とDNA鑑定を求める申立てを行った。クレイトン郡の地区検察局との交渉にはひどく苦しめられた。1年経って検察側は鑑定に同意し、証拠がノースカロライナ州グリーンズバラにあるジェネティク・デザインという研究所に送られた。

レイプ・キットは1995年10月に同研究所に届いたのだが、鑑定で基準点として使われるカルヴィンの血液サンプルがこれに入っていなかった。ハンコック州刑務所でカルヴィンの血液チューブを引き出すのに、もう１年を要した。こうして時間がかかった間に、州矯正局の新局長が任命された。葬儀屋のウエィン・ガーナーには刑務所運営の経験はなかったのだが、ゼン・ミラー知事とは旧知の仲であり、刑務所運営についてはいろいろと考えを持っていた。

「州刑務所収監者の３分の１は甘やかされ過ぎている」とガーナーは言明した。アトランタの公民権専門弁護士のスティーヴン・ブライトが説明するところでは、この葬儀屋の矯正局長は実際に次のことを行った。

「彼は1996年のクリスマスの２週間前に、刑務所の教師、職業教育教師を解雇した。それ以前にも彼は79名のレクリエーション課長、および74名のカウンセラーを解雇していた。彼は、局内の施設名称を１ヶ所を除いてすべて、『矯正施設』から『州刑務所』に変更した。収監者への温めた昼食を廃止し、収監者には、１日３食サンドイッチと水で過ごす90日間のブートキャンプ〔非行矯正プログラム〕を実施した。また収監者に１日４マイルの歩行を求めると宣言した」

特殊部隊のように黒ずくめの服装をしたガーナーは、麻薬と禁制品を想定した

捜索のため刑務所の独房の強制捜査を指揮した。この捜査は血の粛清となり、人権南部センター（Southern Center for Human Rights）の弁護士が訴訟を起こした後で、収監者には補償費 283,500 ドルが支払われた。
　カルヴィンに直接影響を与えたのは、ガーナーと知事のもう1つの策略であった。つまり、彼らは収監者法律相談プロジェクトへの資金援助を止めたのだ。その結果、カルヴィンには法的代理人がいなくなってしまった。法的に見棄てられてしまうというおそろしい瞬間であった。
　やっとのことで彼の血液サンプルは研究所に届いたのだが、何も起きそうになかった。研究所はテンヤワンヤであった。カルヴィンの裁判を担当していた技術者が別のポジションに移った。それから3ヶ月後、研究所は会社乗っ取りで買収された。その件で1年のほとんどが費やされた。最終的には 1997 年 10 月に証拠は、ノースカロライナ州のリサーチ・トライアングル・パークにある犯罪科学捜査研究所に発送された。ほんの少量しか残っていなかった。1枚ごとに、減ってしまった精液と初期の鑑定で木綿部分が剥ぎ取られた木製の綿棒が入っている2枚の顕微鏡用スライド・ガラスだけだった。1枚のスライドを使って鑑定作業を進めたが、鑑定家は充分な DNA を検出することができなかった。
　1998 年初頭頃には、シンシナティにいるカルヴィンの幼なじみのキム・スチュアートが、イノセンス・プロジェクトについて読んでいた。彼女はカルヴィンにそこの住所を送った。
　証拠の量が減り続けるので、ピーターは研究所に作業を止めるように指示を出した。スライド1枚だけが残り、それがまた虚しい鑑定で使い尽くされてしまうのは願い下げだった。代わりに彼はそれを、カリフォルニアの犯罪科学者で、ほんのわずかな量の DNA でもその痕跡を発見する能力で知られたエド・ブレイク博士に引き渡した。カルヴィンが最初に鑑定を申請してから4年後の 1998 年7月に、証拠はカリフォルニアに到着した。他の人には何も付いていない木の棒切れにしか見えないところに、ブレイクは、木部に埋め込まれた木綿の小さな束2〜3個を発見した。ここには微量ではあるが、被害者およびレイプ犯双方の生体物質が含まれていた。これらの繊維と残ったスライドから、ブレイクは、レイプ犯によって残された精液 DNA の概略を描き出すことができた。それはカルヴィンのものではなかった。
　1998 年 11 月、ピーター弁護士は未だクレイトン郡地区首席検事だったロバート・ケラーと連絡をとった。ケラー検事は、鑑定結果に感銘を受けたことは認めたのだが、彼の方の専門家にそれを精査させ、被害者の居場所を突き止めるの

に時間が必要であった。何の動きもないまま数ヶ月が経った。1999年4月に入って検事はピーターに、もう1回鑑定がされるまではカルヴィンの釈放を認めないと報告した。検事としては、被害者のシーツで発見された黒人の恥毛の鑑定を望んでいた。それを極めて意義深い証拠と見なしていたのだ。

それより何年か前、研究所がその毛髪を顕微鏡で見て、明らかにカルヴィンの毛髪ではない、と言ったときには、この地区首席検事は非常に異なる立場をとっていた。そのときにはケラー検事は、その唯一の毛髪の出所は公衆トイレかあるいはコインランドリーではないかということを示すのに忙しかった。被害者は最終的には、彼女のアパートを訪れた者は黒人では誰もいなかったと証言した。今この検事は、かつては何の意味もないと主張していた毛髪の鑑定を望んだのだ。

ピーター弁護士は本裁判のすべての証拠を受け付けていたブレイク博士にその毛髪の特定を依頼した。その日遅くなって、ブレイク博士はひどく興奮してピーター弁護士に電話を入れた。案の定彼は、シーツからの「黒人の」恥毛を載せたスライドを発見した。ところが、恥毛は1本ではなく、実際には3本の黒人の恥毛があったのだ。それらは被害者のシーツから発見され、今はスライド・ガラスの上に載せられていた。

これは一触即発であった。ケラーと州の鑑識官は、カルヴィンのものではない黒人の1本の恥毛が一体どのようにして被害者のシーツにたどり着くことができたのかを説明するためのあらゆる筋書きを考え出した。陪審員は欺かれていたのだ。口述記録にその様子が出ている。

Q: シーツから回収した毛髪がありましたか？
A: はい、ありました。
Q: その毛髪の鑑定から、いずれにせよ——その毛髪が体のどの部位のものだか特定できましたか？
A: 数本の毛髪がありましたが、数本の白人の頭髪と1本の黒人の恥毛でした。
Q: そしてもちろんその黒人のものは被害者の毛髪とは一致しませんでしたよね？
A: シーツからの白人の頭髪は、すでにわかっている被害者のものと実際一致しました。1本の黒人の恥毛は、わかっているカルヴィン・クローフォード・カルヴィンのそれとは一致しませんでした。

おそらくもし陪審員が、真実——つまりシーツから3本の黒人の恥毛が回収さ

れたのだが、そのどれもカルヴィンのものではなかったということ——を知っていたならば、検事の公衆トイレや、一緒くたになった洗濯物の話は一笑に付されたであろうに。

それは16年前の、失われた瞬間であった。6月11日に到着したDNA鑑定結果は、明解であった。毛髪のDNAは精液細胞のDNAと一致した。その毛髪はレイプ犯のものであった。精液もレイプ犯のものであった。そのどれもカルヴィンのものではなかった。

――――――――

ジョアンには、DNA鑑定をすれば息子が自由の身になれるかもしれないとわかっていた。家族は、カルヴィンが刑務所に送り込まれてからはつらい日々を送っていた。彼らは彼の裁判費用として相当な金額を費やしていたが、そのうえ、彼女は心臓病を患っていた。それでもDNA鑑定の支払日が近づいて来たときには、彼女の退職金貯金を取り崩した。それから2～3ヶ月後、1999年2月、発作が起きた。それで彼が出所する予定になっていた6月には、彼女は長期療養病院に入院していた。

1999年6月15日午後2時03分、マシュウ・O. シモンズ判事は宣告した。「カルヴィン・ジョンソン被告人、あなたはどこへ行こうと自由の身です」

カルヴィンはピーターを、姉妹たちを、そして父を抱きしめた。父は固く握ったティッシュを手にして歩き去った。2月からは、妻に食事を与えるために毎日病院に通っていたのだ。

カルヴィンは、靄のかかった午後の日差しの中に姿を現した。テレビカメラ、記者たちが今彼がどんな気分なのかを聞きたくて待ち構えていた。彼は、刑務所では16年間シャワーだけだったので風呂に浸かるのを楽しみにしていると語った。終始穏やかな声で、顔には晴れやかな笑みが浮かんだ。彼は、非公式には公判での、ある時の出来事への怒りを打ち明けたが、地区首席検事批判に乗せられないようにした。

「彼が『多分その毛髪の出処はコインランドリーでしょう』と話し始めたとき、私は言いました。『彼にとっては私のこと、私の命のことなんかどうでもいいんです。彼はただ有罪判決が欲しいだけなんです』」とカルヴィンが話した。

黒人のアリバイ証言は却下され、白人の識別証言は採用された。全員白人の陪審は45分で彼に有罪判決を下したが、その後で、7人が黒人で5人が白人

の陪審は、より懸命に審理をし、より時間をかけて熟考し、無罪判決を下した。都合の悪い証拠の説明をするために検事が召喚したのは、弱々しく泣く人種差別の幽霊だった。何と言ったかといえば、白人女性に、トイレの便座から黒人の毛髪が付着することもありうる、であった。

カルヴィンの父親は、獄中の息子が常習犯罪者にされるような問題を起こしたことに対して、つらく当たった。しかしながら息子が釈放される日に父親は、多くの人がアメリカ社会からは消し去られたと思っている時代の考え方に、息子がどれほど苛まれてきたのかについて、思いを馳せた。

「私自身は人種隔離政策一辺倒の中で育った。息子たちの時代になって、彼らにはそんなことはまったく理解できなかった。なぜなら法的には、法文上では私たちは白人と平等だった。しかしながら社会的には、息子たちの時代になっても、彼らは黒人と規定され、白人と平等ではないと規定されていた」とカルヴィンの父親は語った。

話し終えると、カルヴィンとその2人の姉妹と一緒に車に乗り込み、病気療養中の母親との再会のために病院に向かった。彼らが町を出るとき、南部連合旗を模って設計された旧南部連合墓地を通った。そこには1864年のジョーンズバラの戦いの戦死者が埋葬されていた。

アメリカの人種隔離の法的構造から黒人を解放するのには、その戦の後、まるまる100年の年月を必要としたのだ、とサーグッド・マーシャル〔米国で最初のアフリカ系アメリカ人連邦最高裁判所判事〕はかつて彼の考察を述べた。彼は、人種差別は法的には終止符が打たれてもなお実際には生き延びるだろうと警告していた。そして今、一時は厳然として存在した人種に関する法や慣習が実際に時とともに磨耗してきている。それでもなお、過ぎ去った時代の墓石に刻まれた字や文が、磨けば浮き彫りになるように、昔の消えていく日々が、潔白だったカルヴィンの刑務所内で過ごした年月に、再びはっきりと蘇ってきている。

第11章 冤罪死

　少年たちは、7月の昇る太陽の下で、まるで時間に際限がないかのようにベッキィの池の淵に腰を下ろしていた。ジャッキィ・ポリングと彼の友達クリス・シップリィは、ボルティモアのダウンタウンからほんの4キロほどしか離れていないところの、フォンタナ・ヴィレッジと呼ばれるやや田園風のこぢんまりとした整備地区にいたのだが、2人の少年にしてみれば、彼らの手桶にある釣果から1984年の夏を評価してみると、〔「ハックルベリー・フィンの冒険」の〕ハック・フィンとトム・ソーヤーになれていたのだろう。10歳のクリスは、自分の釣竿を持って来ていてマンボウを2匹釣り上げていた。間もなく8歳になるジャッキィは、糸を垂らすだけだったが泥の中から亀を1匹釣り上げた。慎重に彼は亀を掌の上に持ち上げると、その年老いた賢い目を厳かに点検した。彼は大変誇らしげであった。彼は亀を手桶に移すと、糸を使っての釣に戻った。
　その男が池のあたりをふらりと通り過ぎたとき、栄誉の戦利品は未だジャッキィから必死に逃げ出そうとしていた。男は少年たちをチラッと見て、そのまま行き去ったかもしれなかった。ところがジャッキィが声をかけた。
　「ねえ、おじさん」とジャッキィは鋭く叫んだ。
　男は立ち止まった。少年たちの1人が後で思い起こしたところでは、その男は縮れたブロンドの毛髪と口髭だった。
　「おじさんに僕の亀を見てほしいな」とジャッキィは誇らしげに言った。男は戻って来て、快く少年の宝物を観察した。
　「何ていう種類なんだい？」と、マッスルTシャツと短パン姿の男が尋ねた。
　「大したことはないんだけど、カミツキガメだよ」とクリスが答えた。
　そのとき2人には、「クリス、ジャッキィ」と、彼らの名前を大声で呼ぶ声が聞こえた。
　声の主は、池の裏に住む少女ドーン・ハミルトンだった。道を歩いて下って来ていた。クリスは彼女のことをよく知っていた。その夏、9歳だった。
　「リサに会った？」とドーンが聞いた。
　「見なかったし、ここにはいなかったよ」とクリスは言った。
　ドーンは従姉妹にあたるリサと同居していた。家では彼女が年長だったので、年下の面倒をみる責任のようなものを感じていた。子どもたちが池にはまってしまわないかと心配だった叔母のシシィが、ドーンに、立ち入り禁止地域になってい

た森にフラフラと入り込んでしまったリサを探しに行かせた。

「ジャッキィ、あんたはリサを見かけなかった?」と彼女は尋ねた。

「いいや」とジャッキィは答えた。「僕の亀、見たくない?」

「リサを見つけなくっちゃいけないのよ」とドーンは言った。「お願いだから探すの手伝ってくれない?」

クリスは未だ釣竿を池の中に突き刺していた。「だめだね」と彼は言った。「釣りをしているところなんだから」

縮れ毛の男が話した。「見つけるのを手伝ってあげるよ」

「ありがとう」とドーンは言った。

「その娘の名前は?」と男が尋ねた。

「リサ」とドーンが答えた。

2人は道に沿って森の中へブラブラと歩いて行ったのだが、1軒の家の近くを通りがかった。庭にいた女性が2人の歩いて行くところを見た。またドーンが「リサ、リサ、リサ」と大声で呼んでいるのを耳にした。

それから彼女は、男がドーンに「おじさんはね、リサと隠れん坊をしているところなんだよ。さぁさぁ一緒に行ってリサを見つけようじゃないか」と言うのも聞いた。

それから5時間後、写真には前歯が1本欠けた笑顔が写っているドーン・ハミルトンが森でうつ伏せになった姿で発見された。頭蓋骨は砕かれていた。彼女の下着とズボンは木の枝に投げつけてあった。彼女はレイプされ、棒状のもので犯されていた。彼女の首のところにはスニーカーで踏みつけた跡が見て取れた。2～3週間もすれば4年生になっていたのに。

それからかなり経ってからのことだが、弁護人がボルティモア郡の陪審員に対して陳述した。「州が死刑を求刑しているからといって、州側の証拠が強力であるということを意味しません」とレスリィ・スタインは述べた。「事実、彼らの証拠に関してはまったくのノーコメントなのです。あるのは、犯された罪の種類に関してのコメントだけなのです。……皆さんにはもう1つ別のことを想起していただきたいのです。つまり、恐ろしい事実、ゾッとするようなツメ跡というのは証拠の代わりにはならないということです」

ドーン・ハミルトン殺害の廉で告訴されている男性に対する裁判は、証拠能力が弱いという点では典型的であった。少年たちは面通しでは彼のことを識別できなかった。ドーンが殺される前に最後に彼女を見た人物、すなわち、隠れん坊をしに少女とある男が森の中に歩いて行くのに気づいた女性も面通しでは彼のことを識別できなかった。少なくとも、手錠をかけられた彼を彼女がテレビで見るま

では、被疑者を識別できなかった。さらに、特別司法精神科鑑定までには、被疑者の無罪が実際には証明されていてしかるべきであったのに、鑑定結果が有罪判決を導くように見せかけるためにそれらが「再検討」されたのであった。

　もし仮にカーク・ノーブル・ブラッズワースが銀行強盗の廉で起訴されたとしたら、検察側が事件を法廷に持ち込むことはなかったであろうことは十分に考えられる。彼に不利な証拠がそれほど弱かったのだ。しかしそれでもなお、陪審員が彼にどのようにして有罪判決を下したのかは簡単にわかる。これほど悲惨な事実を前にして、有罪判決への障害はかなり取り除かれた。おそらくほとんどの人が、せめてドーン・ハミルトンの命を代償する方法になりさえすればいいとの思いで、カーク・ノーブル・ブラッズワースの有罪に1票を投じたのではないだろうか。

　彼女が殺害された翌日、ボルティモアのイヴニング・サン紙が表紙にドーンの2枚の写真を大きく掲げた。1枚は学校の写真で、彼女は前歯が1本欠けていたが笑顔を見せていた。もう1枚には彼女の姿はなかった。彼女は7月の暑い日差しの中、半袖シャツを着た2人の男性によって雑然と生い茂るイバラを横切って運ばれるファスナー付きの黒い遺体袋の中に納められていた。情報収集のために新たにホットラインが設定された。警察は画家を指定して、クリスとジャッキィが池のところで見た男についての2人の説明をもとに似顔絵を作成した。本件についての話がすべてのニュースの中で最大の扱いであった。1,000ドルの報奨金が提供された。ホットラインが何回も鳴った。しかし2日後、「少女殺害に何ら確実な手がかり情報なし」とイヴニング・サン紙は報じた。10人の刑事が本事件に投入された。8月3日、ホットラインには286件の通報があった。新聞に載っていた似顔絵は、殺人現場からそう離れていないところにあるハーバー・トゥ・ハーバーという家具輸入会社で働いている男性と非常によく似ていると言った女性がいた。その男の名前がカークだった。彼女からはほかにこれといった情報はなかった。

　ハーバー・トゥ・ハーバー社では刑事たちが会社のオーナーと話をしたが、彼女は、カークは、仕事なら何でも構わないという必死な様子で1ヶ月前に会社に姿を現した、と語った。それまでに彼は、メリィランド州の東海岸で漁師の息子として育ち、聖書の専門学校に通い、海兵隊に進路変更をした。彼女としては彼

第11章　冤罪死　　231

ほどの良き社員に出会ったことはなかった。実際のところ、カークは長時間労働をするのに非常に身体強健で、動作が素早く、喜んで仕事に取り組むので、オーナーとしては、カークを店長にして東海岸のオーシャン・シティに第2号店を開店しようと考えていた。彼はそのプランに感激した。殺害のあった前夜、彼は店で午後10時半まで仕事をしていた。1週間後、彼はあっさりと出社をやめてしまった。電話もなければ、移動先の住所もわからず、何の手がかりもなかった。

　刑事たちは彼が会社に教えてあった実家の住所にまで出かけて行き、彼の妻、ワンダ・ブラッズワースを探し当てた。彼女はカークとその年が改まって間もない時期にバーで出会った。そして2ヶ月後には2人は結婚した。大変な結婚生活だった。夫婦はよく喧嘩をした。彼女には前夫との間に2人の子どもがいて、彼のところで一緒に生活するために連れて来ていたが、その後揃ってボルティモアの彼女の家族のもとに戻ることに決めた。2～3日経ってから彼も後を追った。ヒッチハイクで車を乗り継いで、7月4日の合衆国独立記念日の週末にボルティモアに着いた。小さな家にいささか自堕落気味の大人が6人いる中で、働き手はカークだけだった。このことがさらに口論の元になった。ある日彼はフッと姿を消してしまった。彼女は、行方不明者捜索願いを申請したが、その際、彼の父が事業をしている、メリィランド州ケンブリッジの海岸の彼の自宅に戻った可能性も示唆した。

　こうなった今、各紙は、刑事たちが犯行の手口、殺害場所をもとに殺人犯の犯人像をまとめ上げたことで知られる、かの有名なFBI行動科学班と協議したことを伝えていた。刑事たちがカークと話をしにケンブリッジに車で向かう前に、被疑者性格分析官たちは簡単なテストを勧めていた。刑事たちは彼の反応を探るために、部屋を掃除し、殺害現場に残されていた物を2～3点、テーブルの上に置くようにアドヴァイスを受けた。そこで彼らは、町に寄ってドーンが着用していたのと同じようなパンティと青いショートパンツを購入し、それから警察署の駐車場で大きな石を拾った。これらが取調室のテーブルの上に並べられた。

　ケンブリッジでカークは刑事たちと話をすると言った。ただし、1つだけ条件をつけた。警察は彼を強制的にワンダの元に戻すことはしない、というものであった。警察は同意した。警察署では刑事の1人がカークを部屋に案内している間にもう1人の刑事がテーブルのそばで待機していた。

　彼は石や着衣については何も話さなかったが、被疑者性格分析官たちがあらかじめ指示したように、それらは、そのイメージがカークの心に植えつけられることがないように速やかに視界に入らないところ、テレビの後ろに隠された。

「私には彼がそれらを見たのかどうかさえ確信がなかった」と1人の刑事は後になって語った。

実際には彼はそれらを見た。刑事たちがポラロイドのスナップ写真を2～3枚撮り、うち1枚にメモを添えてワンダのところに持ち帰ることに同意した後で、彼を解放した。カークは、殺害のあった7月25日水曜日が彼の定休日だったので、その日どこにいたのか確信が持てない、と話した。彼は昼まで家にいたかもしれなかった。彼にははっきりしなかった。その前日の夜は、12時間シフトの後で10時半に仕事を切り上げ、彼は妻とバーに出かけ、そこでまた些細なことで喧嘩をした。彼女は母親のところに泊まりに行った。彼は刑事たちに1つのことはキッパリと言えた。彼は、フォンタナ・ヴィレッジには一度も行ったことがなかったし、ドーン殺害にも何の関わりもなかった。

刑事たちはそのポラロイド写真をボルティモアに持ち帰り、2人の少年に写真を並べた中でそれらを見せた。ジャッキィは誰の写真も選べなかった。クリスはカークが男に似ていると思ったが、髪の毛の色が違っている——赤過ぎる——と言った。それでもやはり似ていた。それで十分だった。ケンブリッジの筋によると、複数の警察官が、カークが取調室で見た石と下着のことを友人に話していたということを聞いていた。そこで刑事たちは、彼はうまいポーカー・プレイヤーなのだと断定した。彼らは令状をとり、ケンブリッジまで彼を逮捕しに車を飛ばした。

彼らがボルティモアに戻って来たとき、カークは激怒した。彼はこの犯罪と一切関係がなかったのだ。彼らはカークを落ち着かせようとした。

「いいですか」と1人の刑事が言った。「ここから出ると、我々にはどうしようもなくなってしまうんです。出たら、あんたの写真を撮ろうと報道陣がごまんと待ち受けているんですよ。あんたの顔を隠すのにジャケットとか毛布とか要るんじゃないの？」

「私は誰からも逃げ隠れなんかしてないんですよ」とカークは声を荒げて言った。「世界中に私のことを見てもらおうじゃないか。私は何にも悪いことなんかしていないんだから」

刑事たちは彼らの側の証人2～3人に電話を入れた。警察はドーン殺害で被疑者を逮捕し、面通しをするので、その日の夜のテレビは見ないようにと告げた。証人たちが警察署に来るまでは、被疑者は見ない方がいいだろう。証人たちは急いでニュースのスイッチを入れた。自慢の赤毛の頭をしたカークは、刑事たちが同行して警察署から堂々と歩いて出た。彼は頭を垂れたり、たじろいだふうを見せることなく、ただ前に向かって歩き続けた。

翌日、幼いジャッキィと親友のクリスは、それぞれ母親が付き添って面通しにやって来た。刑事たちが警察の車に乗せて来た。少年たちは非常に怖がっていた。カークの公判で、ロバート・ケイペル刑事は彼らのつらい状況をこう説明した。

Q:　そのときジャッキィはどんな様子でしたか？
A:　非常に緊張してましたね。実際、面通しの男性たちに何か言ってほしいこととか、してほしいことはないか、と尋ねられて彼は「あります」と答えて、「はい、あの人たちに出て行ってほしいです」と言ったんです。

　ジャッキィは3番目を選んだ。これは6人の面通しを成立させるためのダミーの警察官であった。1ヶ月ほど経ってから彼の母親が警察に電話を入れて、ジャッキィはとても怖がっていたので本当の殺人犯を指名することができなかったのだと説明をした。彼らが警察を出たときに彼はこのことを母親に耳打ちをし、本当の犯人は6番目だと話した。彼女が捜査官にこのことを伝えるのになぜこれほど待たなければならなかったのかについては、よく説明ができなかったのだが、そのこと自体はそれほど大したことのようには見えなかった。
　面通しの経験はどちらかと言うと、ジャッキィより2歳年上で、自分の恐怖感をより上手に伝えられたクリスにとってよりいやなものだった。
　「ここ（カーテンのところ）を歩いて行くと面通し室全体が見えます」とケイペル刑事は証言した。「そして私たちが丁度カーテンを通ったところでジャッキィが、つまり、いや失礼、クリスの体が凍りついたように動かなくなってしまい、彼の母親に支えられてやっと台のところに着きました」
　「ラムゼイ刑事が、識別ができるか、と尋ねたところクリスはただ首を横に振るだけでした」
　それでも部屋の外に出るとクリスは落ち着きを取り戻して母親に識別ができると話した。彼女はケイペル刑事を電話で呼び寄せた。
　「クリスが言うには、彼には6番目だということはずっとわかっていたのですが、声を出せば小さな子どもの声だから男には誰の声だかわかるので、男に自分の声を聞かれたくなかったのです」とケイペルは証言した。
　少年たちがこのように恐れ慄（おのの）くさまを見ると、面通しそのものが犯罪の一つの

延長のような気がしてくる。つまり、それが幼い子どもたちにとっては恐怖を継続させる行為だからである。そして公判も同じことであった。

　この2人の少年は証言のために出廷してきたが、明らかに脅えていた。2人は、あの日彼らが池のところで見た男について、そしてその男が今法廷でどのように座っているのかについて話した。例の隣人が出廷して、カークが隠れん坊をするためにドーンを森の中へ連れて行くところを見たと証言した。

　ケイペル刑事もまた、警察署で石と下着をカークに見えるところに置いて、彼がそれらに反応を示すのかどうかを見るための行動テストについて説明をした。もし彼が目に見える形で反応したら、それは犯罪を構成する事実の認識を示唆する印であった。

Q: カーク・ブラッズワース氏の反応はありましたか？
A: はい、非常にはっきりとしていました。
Q: それでどんな反応だったのですか？
A: すぐに反応はありませんでしたが、持続的な反応でした。私たちがテーブルの上に置いたものをすべて私たちは取り去ったのですが、覚えていました。

　実際のシナリオでは、刑事たちの目の前ですぐさま反応が引き起こされることになっていたのだが、カークはまったく反応を示さなかったのだ。カークが後になって友人たちにこれらのものについて話したということ自体は、それほど驚くようなことには思われなかった。結局のところ彼は決して逮捕されることはなかったのだが、警察は、彼のことを恐ろしい事件の犯人として標的にしていたので、意図的に証拠品と思われるものを彼に見せたのであった。

　どれほど脆弱なものであったとしても、検察側としてはなんとしても少年たちが行った識別への信念を強めようとした。さらに、そのことがまさに検察側の陳述全体に関わっていた。弁護側は、殺害時刻にはカークはおそらく自宅の周辺にいたと感じているアリバイ証人を集めたのだが、その当日と翌日とを区別する能力は、弁護人の事前の仕込み次第のように見えた。

　陪審員は退室し、最初の投票で11対1の有罪であった。2時間もしないうちに全員一致となった。1985年3月22日、裁判長はカークに死刑の判決を下した。彼は24歳であった。

本書執筆時点〔2001年3月〕で、連邦最高裁判所が極刑の公正さ、残忍性、信頼性に関する留保を無視して、ブラックマン判事の言葉によれば、再び「死の機構を弄（いじ）くり回し」始めてからほぼ30年が経過した。この間に、867名の人々が処刑されたが、この数字には開き直った殺人犯も、そして自らの潔白を最後の最後の瞬間まで主張した人々も含まれている。
　この同じ期間に、さらに108名の男女死刑囚が死刑囚監房から解放され、最終的に彼らの判決を永遠に無効にした。8人処刑されるごとに1人、これは死刑囚だけではなく、拘禁中の人も含めてだが、潔白な人が自由の身になっている。一方で死刑に関わる誤判を明るみに出す窓が次第次第に開けられつつあるのと同時に、このような背筋がゾッとするような高率の過ちがあるにもかかわらず、どのレベルの法廷も死刑囚の上訴に対しては扉を閉めるよう圧力がかけられている。
　1973年から1993年の間に、死刑囚が毎年平均で2.5人、自由の身になった。その次の6年間でその率はほぼ倍になり、毎年平均で4.6人の死刑囚が自由の身になった。それでもなお、次第次第に法廷は無実の人々の訴えに耳を貸そうとしなくなっている。
　12の州で、新証拠を根拠としたいかなる無実の訴えも、最終提訴から数ヶ月以内に法廷に対してなされねばならないと決めている。ヴァージニア州では、わずか21日以内である。収監者が州の救済手段を受けるためには、ほとんどの場合、知事への恩赦申請をするしかない。これは分子生物学に基づく捜査の肝心な詳細よりも、政治的な風向きの方により順応する手続きである。恩赦は、事実としては潔白であるということを確定するための手段ではなく、お情けの行為と見做されている。
　歴史的に、州の収監者にとっての安全弁は連邦裁判所であった。しかしこれは1996年のテロ対策および死刑改革法（Anti-Terrorism and Death Penalty Reform Act）の下で、議会によってほとんど凍結されたのに等しかった。死刑事件において、いったん刑が確定した後には変更不能となる状況を達成したいという議会の熱意の中で、議会は、州の収監者がおよそ200年にわたって行使してきた仕組みである、望めば州としての有罪判決の正当性を連邦裁判所で検証することを可能にしてきた、重大な令状である人身保護令状を骨抜きにしてしまった。1996年の法は、死刑囚に州の上訴の後、連邦政府の介入を求めるまでに6ヶ月、その他のすべての訴訟に対しては1年の期限を設定した。さらにこの「改

革」法は、州裁判所が往々にして誤っている多くのことがらに関して、間違いはないという前提に連邦裁判所が立つことを求めている。無実の人が収監されるのは恐ろしいことだと誰もが同感する。だが政治家にとっては、犯罪に対して穏健な路線をとるということは、それよりはるかに悪いことになるのだ。

　自らの潔白をDNA鑑定で証明したいと考える収監者は、証拠を入手し法廷に立つ日への道筋を確保するために、州政府と連邦政府による時間的制約という難所を切り抜けなければならない。収監者に、有罪判決に対する非常救済手段としてのDNA鑑定のための時間と費用を提供する法律を有する州は、アメリカ全州の半分以下である。2000年の春と秋に実施された世論調査では、9割近いアメリカ人がこのような鑑定を受けられるようにすることに賛成、という結果が出た。これは州議会議員、連邦議会議員にとっては、鑑定を利用できるようにする法律を通しても議員の、犯罪を厳しく取り締まる、というイメージを損ねることはなさそうであるという明確なゴー・サインであった。そうでないとすると、あとはそれぞれの地域の地区首席検事次第ということであった。それで検事が許可を与えない場合にはその都度、イノセンス・プロジェクトが、長期に及ぶ、費用が嵩む、気の狂いそうな闘いをしなければならなかった。同プロジェクトは、最終期限に優先する、冤罪を証明するための憲法上の権利を確立するための裁判を起こした。検察と裁判所に対しては、司法省の1999年の研究が明確なメッセージを送った。つまり、潔白を証明する可能性のある鑑定の邪魔をするな、という内容であった。

　12人の死刑囚がこの手続き上の障害を乗り越えて、DNA鑑定で潔白を立証した。この12人の中には、オクラホマ州エイダの元マイナーリーグの野球選手であったロン・ウィリアムソンや、「夢」の供述が自白であると断定された男性、ボブ・ミラーが含まれている。犯罪がコミュニティに津波のような衝撃を与え、一般大衆はニュースメディアによる犯罪報道にどっぷりと浸かってしまっていた。ロランド・クルスやアレハンドロ・ヘルナンデスら4人がイリノイ州で、ドーン・ハミルトン殺害と非常に類似した幼い少女の殺害で有罪判決を受けた。

　デニス・ウィリアムズとヴァーニール・ジマーソンは、1978年のシカゴ、イースト・サイドのガソリンスタンドから誘拐された1組の男女のレイプ殺人の廉で死刑を宣告された。彼らはもう2人の男たちとともに有罪判決を受けていた——通称、フォード・ハイツの4人組と呼ばれていた。またしても警察は速やかな事件解決へのプレッシャーを感じていた——ので最初の逮捕者が出た後で他の被疑者が現れても、その被疑者たちは無視された。

それから20年後、ノースウェスタン大学のジャーナリズム専攻の学生たちが、彼らの指導教授デイヴィッド・プロテスの指導の下で、この無視された被疑者をあらためて面談して、自白を引き出した。それらの自白はDNA鑑定で裏づけされた。公設弁護人と捜査員とのチームが、これらの男性が釈放されるまでこの事件に取り組んできた。

　シカゴのサウス・サイド出身のツキに見放された前科のあるロナルド・ジョーンズが、1985年の、28歳で3児の母であるデブラ・スミスのレイプ殺人の罪で告訴された。ジョーンズは、彼が言うには、殺害が行われた放棄されたビルに連れて行かれ、殴られ、10時間拘禁された後で署名入りの自白を行った。彼の「自白」──スミスがセックスの対価として10ドルを取っておきながら行為をしようとしなかったので彼が彼女を殺害したという内容──はスミスが売春婦だとは知られていなかったことと、彼女がフィアンセを家に残してフライドチキンを買いに出かけたということからして、あまり意味をなさなかった。有罪判決から5年経った1994年、ジョーンズに死刑を宣告した裁判長は、慎重を要する新たなDNA鑑定を認めることを拒んだ。それどころか彼は、州の上訴審の公設弁護人の死刑訴務課に協力している弁護士ディック・カニンガムとゲイリー・プリチャードがジョーンズの潔白を信じ続けていることを嘲った。それでもなお、イノセンス・プロジェクトの協力とイリノイ州最高裁判所の裁定のおかげで、最終的にはジョーンズは鑑定を受けた。鑑定の結果、スミス婦人の体に附着した精液はロナルド・ジョーンズのものではないということが判明した。1999年5月、彼は過去12年間でイリノイ州の死刑監房から解き放たれて自由の身になった12人目の収監者となった。

　2000年9月には、DNA鑑定によってアール・ワシントン──無一文で知的障害のある小作人──が、かれこれ18年も前のことだったが、ヴァージニア州カルペパーでレベッカ・リン・ウィリアムズをレイプ殺人した人物ではない、ということが証明された。酒のうえでの身内の喧嘩の後で警察はワシントンを逮捕した。すると彼は近所での5件の犯罪を進んで「自白」した。当局は、4件に関しては決して彼を起訴しなかった。というのも、目撃者も被害者も、襲ったのは彼ではなかったと証言したからであった。19歳の母親、ウィリアムズ夫人殺害に関するワシントンの自白は、被害者の人種、刺された回数、さらには家への侵入手段が間違っていた。それでもやはり彼は裁判にかけられ、死刑を宣告された。

───────

1994年には、カークもまた同様の経緯をたどった。ドーンのパンティは精液で汚され、その後で木に投げつけられたということが判明した。カリフォルニア州リッチモンドにある、犯罪科学アソシエイツ研究所のエドワード・ブレイク博士による精液鑑定によって、その精液がカークのものではありえないということが証明された。彼は知事の恩赦で刑務所から釈放され、州からは特別補償費30万ドルが与えられた。
　これら何もかもが、単に殺人犯の射精液が子どもの下着に附着していたということがその理由であった。
　ここ数年来、アメリカ合衆国での現行の死刑制度に関する議論の中で、その費用、格差、犯罪抑止力としての実効性、報復という道徳的問題の基本が論じられてきた。しかし何層にもわたって複雑な議論のため、一般的なレベルにまでは至っていない。それでもDNA時代の驚くべき事実が、議論の先を行っている。酒場での喧嘩で、あるいはガソリンスタンドでの強盗で起訴されようが、極刑に値する死刑で起訴されようがどちらにせよ、一度起訴されると、目撃者、自白、法科学専門家、密告者、弁護人、検事、警察官に依存する制度に直面する。歴史的に、これらのグループには過ちを免れられない性質があるのだが、これについては彼らから口先だけの同意が与えられるだけで、恐ろしい殺人の後に起きる人々の感情の余波の中で無視されてきた。
　ところが今ではDNA鑑定があるために、これらの人間であるがゆえの過ちが、濡れ衣を着せられ不当に有罪とされた人々にとっては抽象概念ではなく、偽りのない苦悩のもとだと見ることが可能となった。死刑判決の場合には、このような過ちが無実の人々を責め苛んでいるのだ。
　10セント硬貨程の大きさの精液の染みが、カークを救った。つまり、殺人犯の卑劣さに彼の命は救われたのだ。仮にドーンを殺害した犯人が彼女を殺害「しただけ」だとしたら、あるいは、性的暴行の罪を加えていなかったとしたらどうだろう。その場合、ドーンのパンティには精液は見つからず、殺人犯のDNAともカークのDNAともバーコード対応する精液細胞はなかったであろう。もしこの染みがなかったとしたら、メリィランド州は、合衆国連邦最高裁判所に承認された権限の下で、潔白な人を殺してしまったことだろう。
　「私はこれまで生きてきて、決して、一度でも、暴力行為を、ましてや子どもに対してしたことなどありません」とカークは、彼に死刑の判決を下そうとしていたJ.ウィリアム・ヒンケル裁判長に陳述した。「私の考えでは、私に終身刑あるいは

死刑判決を下すことは、正義を正しく果たしたことにはなりません」
　彼は、裁判長を侮辱することなく、裁判は間違っているということを必死になって伝えようと努めた。
　「裁判長や本法廷のどなたをも困らせるつもりはないのですが、あらゆることを考え合わせてみるに、この裁判は不当裁判という茶番だったと思います。誰もが職務を務めねばなりません。そうしなければいけないという人がいたのです。そして結局はその指示どおりになるのです」
　「裁判長、私が申し上げているのは、私は1984年7月5日にこの罪を犯してはいないということだけです。もし私が犯したのであるならば、初めからそう述べられていたことでしょう。ありがとうございました」
　ヒンケル裁判長は法的見地について述べた。そしてこの犯罪に言及した。
　「あらゆる犯罪の中でも最も悲惨な、殺人、レイプ、ソドミーが……私たちあらゆる市民の中で最も無力な、信じて疑わない幼い少女に対して犯されました。彼女が耐えた酷い苦しみと、彼女を襲った恐怖は、私の単なる言葉だけではどうにも説明も表現もできるものではありません」
　本公判の裁判長を務めて、ヒンケル裁判長には検察側の申立ての論拠が透けて見えるほど薄っぺらだということはわかっていた。それでもなお犯罪は悲惨なものであった。裁判長としてはほかにやりようがあったであろうか？
　「したがって」とヒンケル裁判長は言った。「本法廷の判決は、被告人は第一訴因に関し、死刑執行のために拘置所に収容されるものとする」
　法廷には亡くなった少女の家族、友人から歓声が沸き起こった。そのどよめきはカークにはアイスピックのように打ち込まれた。その瞬間彼は1人きりだった。世界は彼の死を望んだ。「そのときこれは夢なんかではないのだということを実感しました」と、カークはこのときのことを回想した。「私は完璧に潔白なのに処刑される可能性が実際にあったんです。これほどの孤独感を味わったことはありませんでした」
　それは1985年3月のことだった。その後の8年間というもの、彼の家族も、ボブ・モーリンを含む弁護士らも決して休むことなく彼のために活動した。1993年6月28日、カークは自由の身となり、誰からも妨げられることなく、裁判所を後にした。州検事のサンドラ・オコーナーは、何ら謝罪すべきことはない、と言った。
　「我々は何一つ間違ったことはしなかった」とオコーナー検事は言った。「被告人に対する反証は極めて有力であったので、それを裁判に持ち込んだのである」
　ヒューゴー・ベドーとマイケル・ラデレーによる名高い研究書『In Spite of

Innocence(無実であるにもかかわらず)』には、20世紀における誤った死刑判決463例が記録されている。この中には、ある犯罪に加わった人物が誤って殺人罪で起訴されたという法律上の潔白に関わる事例が含まれていた。そしてまったく潔白だった事例も含まれていた。

「肝心なことは」とマイケル・ラデレーは言った。「我々には神のごとき技がないにもかかわらず、このようなあらゆる神のごとき裁定を行っているということである。しかしながら国民としてはそのようなことで煩わされたくはないのだ」

カークが刑務所から釈放されて1ヶ月弱が経った頃、彼は米国下院での、死刑事件での上訴手続き短縮に関する提案についての聴聞会で発言するように依頼を受けた。

「死んだと噂されている人間としてお話しますが」と、当時34歳だったカークは語った。「死刑は廃止すべきだと思います。なぜならば誰も確信を持てないからです。以上」

第12章 やり直し

　大柄の男性がもう1つの番号に電話をかけたが、同じ台詞が何度も何度も繰り返されるので、録音テープを聞いているだけなのではないかと思い始めた。
　「最近刑務所から出た者ですが」とディヴィッド・シェパードは話し始めた。「なので仕事を探しています」
　「わかりました。職能と就職斡旋でお役に立てるプログラムがいくつかあります」と電話の女性は答えた。「何点か伺っておかないといけないことがあります。何年拘禁されていましたか」
　それなら簡単だった。「11年と5ヶ月」とシェパードは答えた。「から引くこと1日」
　「今住むところはありますか」
　「幸い、母のところにいます。私の部屋があります」とシェパードは言った。
　「何の罪でしたか」とその女性が尋ねた。
　「実は何の罪も犯していないんです」とシェパードは応えた。「私は無罪だったんです」
　「それでは、あなたは何で一体そんなにも長い間刑務所にいたのですか」
　「私が女性を誘拐しレイプしたからだ、ということでした」とシェパードは言った。「ところが当局は私を刑期よりも前に出所させました。DNA鑑定で、私はそんなことをやっていないということが証明されたからです」
　「ということは、あなたは仮出所中か保護観察中ということですか」とその女性は尋ねた。
　ここまでくるとシェパードには話の落ち着き先が見えてきた。釈放後の収監者を照合し、その相談に乗る契約を結んでいる人に彼が電話をしたのは、これで4度目だった。
　「違うんです。私は実際に潔白なんです」とシェパードは言った。「私が裁判長から受けとった決定には、『本決定の主題である、逮捕・有罪判決は、発生しなかったものと見なす』とあります」
　「だとすると、私にはあなたのためにどんなお手伝いができるのかわかりません」と女性は答えた。「と言いますのは、私たちが対象とするのは元犯罪者なんです。法的には、もし有罪判決を『発生しなかったものと見なす』のであれば、あなたは元犯罪者ではないのです。私どもが行っているプログラムはすべて有罪と

された方々を対象としているのです。ところで、あなたは逮捕される前に仕事をしていましたか」

「私はニューアーク空港で働いていました」とシェパードは答えた。

「そこでまた働かせてくれますか」と彼女は尋ねた。

「そこは私が辞めてから3年後に倒産しました」とシェパードは言った、「私の弟がそこで働いていました。私が参加できる、支援のためグループのようなものがありませんか」

「申し訳ありません」とその女性は言った。「私たちのグループはすべて、プログラムに参加している方々のためのものなのです。ですので、あなたの場合その資格がありません」

「わかりました」と、見込みはないとわかったのでシェパードは言った。

「州の職業紹介所に連絡をとってみてください」と女性は言った。「仕事が見つかるでしょう。あそこには登録された職業があります。すべてが無効になったのですから、逮捕されたということも言う必要はありません。大丈夫ですよ」

「ありがとう」と言ってシェパードは電話を切った。大丈夫ではなかったのだ。彼は職探しはやってみた。求職願いには職歴記載を求める箇所がある。この11年間何をしてきたと書けばいいというのだろうか。刑務所の洗濯場での作業? ヤードヴィルにいたときの不法な数当て宝くじの元締め? うまくいくはずがなかった。

冗談半分で、彼は自分の状況を説明する手紙をニュージャージィ州知事、クリスティ・トッド・ホイットマンの事務所宛に出してみた。返事が来たが、中には、彼らには彼のために何もできないが、矯正局（Department of Corrections）に連絡をとってみてはどうか、と書かれていた。そこから彼は元犯罪者プログラムのどれかに紹介されることになり、前科なし、無職、職歴なし、収入なし、といった振り出しに戻ることになるのだ。

すべてのことはその12年前、1983年の厳寒の大晦日に動き始めた。ニューアーク国際空港の順路に沿って航空機を誘導する仕事はよい仕事だった。シェパードの時給は11.75ドルだったが、19歳になったばかりで高校中退の若者にはよい稼ぎだった。その日の朝、スタッフは、給料受取りのために空港の格納庫内の事務室に行くように指示されていた。通常だと彼らは、就業時間管理係が勤務しているハウストレーナーの外で整列していなければならなかった。少なくとも吹き曝しの風の中で立っていなくてもよかった。

シェパードは、若者であれば望むような、模範的な人生を送っているように思わ

第12章　やり直し　243

れた。彼には妊娠中のガールフレンドがいて、結婚するところだった。彼にはよい仕事もあった。そして彼は自分の給料を受け取った。しかも残業を幾らかしたので、700ドル以上を家に持ち帰るところだった。

彼が給料袋を持って事務室を出たところで、スーツ姿の2人の白人が彼のところに近づいて来た。

「デイヴィッド・シェパードだね？　ちょっと話がしたいんだけど」と1人が言った。

2人は空港から4キロ強ほどのところの小さな町ヒルサイドから来た刑事だったが、盗難車について聞きたいことがある、と言った。警察署に来てもらっても構わないだろうか？

「おやすいご用です」とシェパードは答えた。

シェパードは、それまでの彼の人生で警察署に足を踏み入れたことはなかった。ヒルサイドに着いた途端、気がつくと彼は長期拘禁を受けることになった。それより1週間前、クリスマス・イヴに、21歳になる白人女性がニュージャージィ、ウッドブリッジのショッピングモールで拉致され、車でヒルサイドまで連れて来られ、2人の黒人男性によって繰り返しレイプされた。凌辱の間、1人がもう1人のことを「デイヴ」と呼んでいた。1週間後、彼女の車が、シェパードが働くニューアーク空港のターミナルビルディングの近くで発見された。彼女の財布がゴミの中から発見された。会社側は、従業員の面通しと、デイヴという名の2人の黒人を指し示すことに同意した。被害者はじっと見守っていた。

シェパードはほとんど丸一日尋問を受け、指紋採取、写真撮影の後、監房に閉じ込められた。拘置所の監房には彼しかいなかった。夜遅く、彼はラウドスピーカーから流れる声を聞いた。

「シェパード。お前はどうしてあの白人女性をレイプしたんだ？」

「シェパード。あれはやってはいけなかったな」

「俺たちはお前を痛い目にあわせてやるからな」

「午前零時まで待ってろよ。そのときすべてのサイレンが鳴り響くからな。俺たちはお前を痛い目にあわせてやるからな」

午前零時2〜3分前になって、監房区画の照明がすべて消えた。監房の中、暗闇の中で1人だけになったシェパードには、ドアが開き、数人の人間が近づいて来る足音が聞こえた。彼はベッドから降りて監房の一番隅に身を寄せた。

「俺たちはお前を痛い目にあわせてやるからな、シェパード！」と言う声が聞こえた。

突如、ラウドスピーカーで別の声が大きく響いた。「収監者に構うんじゃない。

監房区画から直ちに退去しろ」

「クソ!」その中の1人が廊下で口にした。

すぐにパトカー、消防車、救急車のサイレンが夜空に物悲しい音を立てた。新しい年が始まっていた。それから1時間して、シェパードには公共の場での酩酊の罪で逮捕されていた孤独な男1人の連れができた。彼の人生で酔っ払いを見てこれほど嬉しくなったことはなかった。翌朝シェパードは、ユニオン郡の拘置所に移された。そこで彼はちょっとした生き残りのための洗礼を受けた。格子越しにトランプをしていたときに、もう1人の収監者が彼の煙草を盗んだ。シェパードの監房の相棒でディゴというあだ名の常習犯が彼に言った。「なんとかしないとまずいぜ。さもないとあんたはこれからおちおちしていられなくなるよ」

その晩シェパードは、その盗人を金属のディナー・トレイで、それが折れ曲がるまで殴りつけた。お陰で2人のいる階の48名全員が3日間監房から出してもらえなかったが、誰一人として彼を裏切るようなことはしなかった。

彼は18ヶ月間、郡拘置所で過ごしたが、気がついてみると、互いにそれぞれがよく見知っている人々の中にあって、また最新のゴシップやニュースに精通している昔仲間の親睦会の中にあって、彼は部外者だった。彼らの話題はと言えば、行動を支配しているのは誰なのか、誰が食品の密売をするのか、誰が麻薬を仕切っているのか、溜まり場の責任者は誰なのか、といったことであった。シェパードは、彼らは自分の近所の人々のことや、自分のうちで起こっていることを話しているのだと思っていたのだが、後で、それがすべて州刑務所についてのことなのだということがわかった。それが彼らの世界であり、それが彼の世界になることは決してないだろうということを確信した。

公判はあっさりとしていた。被害者の女性は、シェパードが彼女を襲った2人組の1人だと証言した。彼の家族は、シェパードは事件当日仕事に出かけ、いつものようにバスで帰宅したと証言した。バスの運転手は、シェパードがいつも乗る客だとは証言したのだが、他の晩はそうだとしても、果たしてクリスマス・イヴに乗車していたかどうかと問われると思い出せないと証言した。内輪の協議でシェパードの弁護士は彼に、10年の刑期になる司法取引に応じるように勧めた。「どうもあなたが犯した罪のようなんです」と弁護士に言われたことを、彼は思い出した。この弁護士は後にニュージャージィ州の主任公設弁護人となった。彼女は、自分は彼の潔白を信じていると主張したのだが、シェパードの説明ではそれが2人の最後の会話であった。シェパードは証言台で自らの無罪を誓ったが、その前に2人で彼の証言準備の打ち合わせすらしなかった。彼は12年～60年の刑を

宣告された。

　州刑務所で彼は、性犯罪者集団療法を受けるための面接を受けたが、彼は有罪であることを認めていないということでこの療法を受ける資格はないと言われた。ある看守などは彼の食事に排尿した。「レイプ犯なんて食う必要はないんだよ。それでも食いたいって言うならこれでいいのさ」看守がこう言ったのを彼は覚えている。そこで彼としてはこんな話をでっち上げることにした。彼は実際には誰もレイプはしなかったのだが、あるグループを強奪し、そのうえ無理矢理彼女たちの服を脱がせた。彼はそのうちの1人の体に触れた。そこで警察官は容疑を大袈裟にレイプとした。そのように顛末を説明したことで、彼の刑務所内部での評価はよくなった。刑務所では、レイプ犯は殺人犯や強盗の靴底にこびりついたものぐらいにしか見なされていなかった。

　彼は闘った。彼はマリファナを吸った。彼はある日シャワーを浴びた後、自室で4人組に攻撃された。彼はビックのボールペンで彼らを撃退した。シェパードが知っているある収監者は、彼の首にビニール袋を巻きつけて床に就き、看守からは彼が窒息死するのを気づかれないようにして毛布で顔を覆った。3年後シェパードは、スポーツくじの場を立ち上げ、間もなく収監者や看守らを顧客にした。彼はDNA鑑定について読み、自分で訴訟準備メモを書き、人身保護令状を申請した。判事は、彼に力を貸すためにユニオン郡の公設弁護人事務所からダイアン・カールを任命した。彼は1995年4月28日に釈放された。

――――――――

　11年4ヶ月も経って自宅に戻ったディヴィッド・シェパードは、下ろすのは容易でない荷物を背負い込んでいることがわかった。彼はニューアーク空港へ行こうとはしなかった。というのも彼はそこで逮捕されたからであった。また彼は人混みがあるのでバスや電車に乗ろうとしなかった。春一番の暖かな息吹が感じられるときに自由の身になったので、彼は何時間も母親のポーチで座って時間を過ごした。そしてよくそこで寝てしまった。

　ある晩、母が気づくと彼がそこにいた。「ディヴィッド」と彼女は優しく話しかけた。「中にお入りよ」
　「まだ外に出たという気分を十分に味わっていないんじゃないかな」と彼は眠たそうに言った。
　彼は、結局はニューアーク市長のところで働いている友人を介して職を見つけ

た。彼は市役所を掃除した。手取りの給与は、彼が空港で残業して得た金額より1万ドルほど少なかったが、その仕事が気に入っていた。夕方になると彼は長時間歩いて帰宅するのだった。ガールフレンドのエリカと、もう少しで13歳になる彼らの息子、ラマーとは週末に会うようになった。彼は銀行口座を開設したが、裏面に黒い磁気ストライプの入ったプラスティックカードを怪しんだ。彼は自分の銀行取引を窓口が開いている間だけにした。というのは、2枚のATMカードがスッと機械に吸い込まれてしまうのを見て大変まごつき、教えてもらうにもどうしたらよいのかが彼にはわからなかったからだ。

ある朝彼は仕事に行き、給料日にまたビックリする思いをした。彼の小切手は150ドル少なかった。彼は給与担当のところに行った。

「それは給料差押え分ですよ」とそこにいた人が言った。「こちらではどうしようもないですね」

ニュージャージィ州社会福祉部は、シェパードが不在だった1年間、彼の息子ラマーへの生活保護費を支給していた。彼は収監中、子どもの養育費を支払えなかったために、養育費を支払わない父親と見なされていた。利息がついて、1年分の未払い額は18,000ドルになっていた。犯罪に関してと同様、政治家は誰一人として生活保護費受給者に冷淡過ぎるという理由で処罰されたことがなかった。

彼は、権利侵害を受けた人々の代理で訴訟を起こすことで知られている、ニュージャージィ州ホーボーケンの弁護士ポール・カステレィロを訪ねた。シェパードに会う人が誰でもそうであるように、この弁護士も彼の率直さ、敵意のなさ、無事に窮地を脱するやり方に感銘を受けた。シェパードは公判速記録と公判記録を持参した。カステレィロ弁護士はそれらを精査することにした。

2〜3週間後、シェパードに電話があった。「悪い知らせです」とこの弁護士は言った。「訴える相手が誰もいないんです」

被害者は間違っていて、単純な過誤を犯した。警察は彼女の識別に依存していたが、そのこと自体は適正であった。その証拠を前提にして検察側は起訴を求め、陪審員は彼を有罪とした。彼らはディヴィッド・シェパードが、その女性をレイプしたのだと本当に考えた。そしてそのときには、目撃者に反論できるDNA鑑定はまだ発明されていなかった。シェパードがニュージャージィ州で11年4ヶ月

3週間と6日間拘留されたという事実は、人為的過誤の結果であって、悪意によるものではなかった。州としては、彼の、公正な裁判、無料での弁護士、控訴権へのあらゆる権利に対して当然払うべき注意を払ってその責任を遂行したのだ。

彼は、誤認逮捕ということでヒルサイド警察署を訴えることはできなかったのだろうか。否である。なぜならば、刑事たちにはシェパード逮捕時に彼がレイプ犯であると信じる「相当な理由」――被害者による識別――があったからである。悪意による訴追の可能性はどうであろうか。やはり否である。規則によれば、シェパードあるいは誤判を受けたほとんどの人々が、それを可能にすることはない。彼らは、地区首席検事が相当な理由もなく、かつまた被告人に対して実際に悪意を持って裁判を進めたということを証明しなければならないだろう。検事は、被告人に潔白の証拠を知らせねばならない規定になっているのだが、検事がこのような重要な規定に明らかに違反した場合でさえ、いったん起訴陪審が起訴決定をしてしまうと、検察側と州が責任を問われることはまずない。

シェパードが、被害者が不正直な意図を持って――彼が犯人ではないということを知っていながら――識別をしたということが証明できなければ、彼女もまた訴訟の対象にはなりえなかった。

グレン・デイル・ウドル、ウィリアム・ハリス、およびウェスト・ヴァージニア州の潔白だったその他の人々には数百万ドルの支払いがなされたが、それは偏に、彼らを有罪にするために結果を捏造した似非血清学者、フレッド・ゼインの恥ずべき無謀な行為があったからにほかならない。ほとんどの州が、誤判を受けた人々に賠償するには、まさにこれに匹敵するようなあからさまな腐敗や不正が証明されねばならない。例えばウェスト・ヴァージニア州では、ゼインの有罪判決が覆される前の最高賠償額は、35,000ドルであった。

同様にイリノイ州では、フォード・ハイツの殺人事件で誤判を受けた4人の男性は、3,600万ドルという、警察と検察の不正行為に対する請求を州が受けたということを反映した、驚異的な金額で和解した。

もし仮にディヴィッド・シェパードがひび割れした歩道で躓いて足を骨折したとしたら、あるいは、彼が頭髪が抜け落ちるシャンプーを使ったとしならば、彼が19歳から30歳までの間、ニュージャージィ州によって銃を突きつけられて刑務所入りを命じられるよりは、訴訟に勝つ勝算はより大きかったことであろう。

たったの16州だけが、誤判を受けた人々に賠償する法を持っているに過ぎない。ほとんどの州が賠償金を非常に出し惜しみをするために、非常に少額なので検討するのさえつらい。カリフォルニア州の刑務所で16年を費やした元海兵隊

員ケヴィン・グリーンは、州としての最大賠償金10,000ドルを受け取った。「手持ち現金は、第3回目の申請を手伝ってくれた弁護士への支払いをしなければならなかったので、6,700ドルだった」とグリーンが言った。グリーンの賠償金は彼が務めたそれぞれの1年に対して418ドルと算定される。1999年になって州議会は彼の賠償金に関連した特別法案を可決した。1年後、カリフォルニア州は、誤って投獄された1日への賠償金を最大限100ドルにまで増額した。

連邦刑務所で刑期を務めた潔白な人々への賠償金はさらにいっそうわずかな金額である。アメリカ政府の賠償額は、投獄期間、投獄状況にかかわらず最大で5,000ドルである。

全米で見ると、イノセンス・プロジェクトの調査では、誤判を受けた人々のうちで賠償金を受け取った人は、その3分の1に満たない。

賠償金に関する模範的な法を有する州においてさえ、潔白な人々は賠償金の支払いを受けるまでには大変な思いをする。ニューヨークのイシドール・ジマーマンの武勇伝は教訓的である。ジマーマンは、酒屋強盗の際に警察官を殺害した罪で1937年に死刑が宣告された。ある日の午後、彼の毛髪は電極を置くために剃られた。死刑執行2時間前になって、知事が延期命令を出し、それから終身刑に減刑した。彼は1962年まで投獄されていたがその年、すべての当事者が彼は確かな証拠もないまま無実の罪で投獄されていた、ということを認めた。失われた年月の間に、彼の家族や友人の大半は亡くなるかどこかに行ってしまった。ジマーマンが賠償金を受け取ろうとする試みは、新聞紙上で共感を持って報道された。そして最終的には1981年、ヒュー・キャリィ知事は、ジマーマンに州を訴える権利を与える特定個人に関する法に署名した。彼は100万ドルを勝ち取った。4ヶ月後、彼は心臓発作で歩道で急死した（それから2〜3年後、妻も同様にして他界した。夫婦はどちらも遺言を残したり、明確な相続人を指定したりしていなかったので、2人があれほどまで懸命になって戦って勝ち取った金は州に返還された）。

1984年、州はジマーマンに限って認められた権利を拡大し、誤判を受けたということを証明できるならば誰でも州を訴えることを認めた。「厳格責任（無過失責任）」として知られている法理が適用されたのだが、これは、いかなる個人あるいは機関も、不法行為の責任をとる必要はないということを意味した。つまり、もし潔白の人が投獄された場合、州がしかるべき賠償金を支払わねばならなくなるであろうということである。

この法律は構想的には公正で、思いやりもあり、寛大に見える。しかし実際に

は惨憺たる状況である。州司法長官事務局は、誤って投獄されたと自ら認めている人々に対する賠償金支払いに対して、猛烈に訴訟を起こしてきている。例えば、3人の州司法長官——民主党2名、共和党1名——が、その誤判がイノセンス・プロジェクト設立のきっかけとなった、軽度精神障害の男性、マリオン・コゥクリィへのいかなる支払いをも阻止するために提訴した。

政治家が、同法は潔白な当事者は当事者自身を有罪判決に導くようなことは何もしないことを要請しているのだ、と主張したことは間違っていなかった。州側が主張するには、指名されたコゥクリィの弁護士は裁判の準備を怠りなくやったわけではなかった。ということは実質的には——たとえ、州司法長官事務局が認めるように「コゥクリィ氏は潔白でした」としても——コゥクリィ自身が彼の有罪判決を導くことになった。女優メイ・ウェスト〔"Goodness had nothin' to do with it, dearie." From Night After Night（邦題「夜毎来る女」の中で、「まあ、何て美しいダイアモンドなんでしょう！」という言葉に対して「美徳なんて全然関係なかったわ」と答えた）〕であったなら、州側の訴訟への態度について言い放ったことであろう。それは美徳なんて全然関係なかった、州に言われたからその通りにしただけよ、と。

最終的にはコゥクリィに46万ドルが与えられたのだが、彼がいくらかでもそのご利益を受けるには待たねばならないのだ。と言うのも、出所後直ちに彼はニューヨークを離れ、故郷のサウス・カロライナに移った。彼は酒をくらい、落ち込み、一文なしだった。挙句の果てに民家に押し入って逮捕され、実刑20年が言い渡された。

ディヴィッド・シェパードは、自分の潔白を証明する手立てである証拠の再鑑定を求める訴訟準備メモを作成し、独力で刑務所から抜け出る道を闘い取った。いったん塀の外に出ると、彼は賠償を求める闘いの援助を得た。彼はバリーにニュージャージィ州、トレントンの法律相談のテレビ番組の舞台裏で会った。そして彼の話に感動したバリーはすぐにその場で記者会見を開き、行動することを誓った。

「私たちは州議会にかけ合って、ディヴィッド・シェパードのニーズに対応する、個人を対象とした法案通過を求める」とバリーは語った。

ニュージャージィ・ロー・ジャーナル誌の記者がちょっとした問題提起をした。

「州法は州議会が個人を対象とした法案を採決することを禁止していることはご存じでしたか」と彼は尋ねた。

「いや」とバリーはひどく息を詰まらせて答えた。「それは知らなかったです」

どういうことかと言うと、シェパードと同じ境遇の人は、他の人より先に処遇を受けることはありえないということである。ニューヨーク州でイジィ・ジマーマンに対して行われたように、彼個人に利益となるように法を手直しすることはできないだろうということである。したがってニュージャージィ州は、誤判を受けた人々全員に対する賠償金支給のための新法を制定しなければならなかった。カステリィロ弁護士は州議会議員1人ひとりに書状を書き、シェパードの潔白についてのニュース記事を送り、彼が今無一文であることを説明した。彼は共和、民主両党の主要議員と話をし、彼らの支持をとりつけた。一方バリーの方は、シェパードに付き添ってCNNラリィ・キング・ライヴのスタジオに行った。2人は、シェパードの窮状に激しい憤りを感じていた、弁護士から転身したフォックステレビのジャーナリスト、ジェイ・モナハンと会った。

モナハンはシェパードを自らの使命として受け入れた。モナハンはシェパードに関する1週間にわたるシリーズを提供したばかりでなく、当たりはよいのだが照れ屋のシェパードに、どのようにしたら良い印象を与えられるのかを示すためにビデオを再生までし、何時間もかけて彼にインタビューの受け答えについてコーチをした。シェパードが言うように、彼がモナハンからテレビに出るために受けた準備は、彼の弁護人から証言台に立つために受けた準備よりはるかに多かったのだ。

最終的にはカステリィロの議員への働きかけとテレビへの登場が功を奏した。誤判のことで誰かを責め立てねばならない代わりに今や潔白な人々は、潔白が証明されるまでに、最短で18ヶ月間刑務所に送り込まれていたということを証明しさえすればよい。最高年間補償額は2万ドルである――シェパードの場合で、24万ドルとなった。

彼は後に残したフィアンセと結婚し、もう1人子どもができ、息子が2人になった。彼らは今、妻の母親、祖母と同居しており、シェパードは、エセックス郡の検事のところで仕事をするという計画を立てて、ニューアークの公設弁護人事務所の調査員として働いている。「私は私のような事件を阻止したいのです。裁判になってしまう前に」と彼は説明した。

他方州側は、彼が収監されていた間に彼の息子が受領した1年間分の生活保護費の支払いをするようにシェパードに督促し続けた。彼は最終的には、州が彼の給料から7,000ドル回収した後で、判事に差押えを中止してもらった。また判事は、州側に対して、彼の給与からすでに天引きしていた分については州側に留め置くものとした。もし彼が州側にその金を戻すように命じたとしたら、一般

の人々の理解は得られないだろうと、裁判長はシェパードに語った。

　世間というのは、誤判を受けた人々をすぐに忘れてしまうものである。世間はまた、犯罪被害者を長い間待つということもしない。収監者が身の潔白を証明して帰宅するとき、カメラが1〜2日はつきまとう。その後はいなくなる。犯罪被害者や自由の身になった収監者はまた再び自分1人だけになり、往々にして何もかも失う。

　「私がレイプされたときですが」とジェニファー・トンプソンは言った。「私はレイプ・キットの代金を請求されたんですよ」。男が彼女のアパートに押し入り、彼女を襲った後現場を去ってから、もう1人の女性をレイプしたとき、彼女はノースカロライナ州で大学生だった。事件後も彼女はオープンな性格で、雄弁で、暴力犯罪については誰も望めないほどはるかに多くの叡智を持っている。暴力とは何の関連もない状況を説明するのに、「レイプ」という言葉を無頓着に使う人がいるときには——商売上の取引でレイプされた、つまり、何らかの方法で弱みにつけ込まれたと人々が言うので——彼女は苛立つ。
　「『レイプ』という言葉をそんなふうに人が使うとき、私は『レイプされるっていう感じがどんなものなのかあなたにはまったくわからないんでしょ!』って叫びたくなるんですよ」と彼女は語った。「それは女性にとってはとりわけ残酷なものです。私は身長155センチ、体重47.6キロです。自分の夫とのセックスのときでさえ、レイプの経験は問題になります。私は一生それと立ち向かっていくことになります。今でも暗闇が怖いです」
　彼女のレイプと隣人のそれとで起訴された男は、ロナルド・コットンだった。彼の両方の犯罪の公判で、ジェニファーはあの暴行と恐ろしい記憶に再び立ち戻ったのだ。
　「警察、検察、そして私の友人たちは、私が非常に有力で勇気ある、重要証人だと言い続けていました。いいですか、公判が2度もあったんですよ」とジェニファーは続けた。「ですから私は証言台でまたそれを全部経験しなければならなかったのです。私は絶対に正しく、自分だけは正しくなければならなかったので

す」

　コットンは自分の潔白を主張した。そして最終的には、DNA鑑定で彼の潔白は証明され、もう1人の男、ボビィ・プールが関係していると見なされた。ジェニファーは、刑事と検事が、コットンが釈放されるとの知らせを持って彼女のところを訪ねた頃には、自分の人生の再構築を始めていた。

　「私はまるで誰かが私のお腹にパンチを見舞せたのではないかと感じました。私の体からすべての空気がドッと抜け出てしまい、その後彼らは帰りました。私は何日も泣きました。ポッカリ穴が開いたような、空しい気分でした。最初に私が恐れたのは、『私は訴えられるだろう』ということでした」と彼女は語った。

　誤判の話は全国的メディアでは短命だった。コットンは、計り知れないほどの優しさを持ってジェニファーに共感を示した人物であることがわかった。彼女からすれば、マスコミはそうではないようであった。

　「最初の報道を見て私は怒りを覚えました。ラリィ・キング・ショーとピープル誌は、白人女性対貧しい黒人少年という形で事件を捉えました。しかし事実は、私は、黒人男性にレイプされた女性なんです」と彼女は語った。

　彼女は、PBS（公共放送サーヴィス）のニュース番組「フロントライン」で長時間かけ、心を込めてインタビューに答えたが、その中で彼女は、新しい法医学的な証拠が持つ力を認めた。頭の中ではコットンの潔白を理解することはできるのだが、彼が釈放されることについては感情的に混乱してしまうのを否定することはできなかった、と彼女は放送された番組の中で語った。

　「まったく突然ですよね、私はゾッとするような犯罪、多くの人には理解不能な犯罪に苦しんだ被害者だったのですが、まったく突然に、私たちは投げ捨てられたのとほとんど同じで、刑務所から釈放されたその男が被害者になるのです。――そして突然に、彼を被害者にすることは正しくて、そのことは賞賛され、誰もが彼に同情します。それはそれで正しいのですが、恐ろしいことです」

　「私たちは彼の人生から何年かを奪ってしまいました。そのことについていささかも否定しようとは思いませんが、それでも同じだけの年月が私からも奪い去られたのです。彼の檻の格子は金属製でした。私の格子は感覚的なものでした。私の格子は、破っても自由になることはできないのです」

　夜になると、彼女は今でもゴミを出すために玄関を開けるのでさえ怖い。1人でいると、彼女の身震いで実際に彼女のベッドが動く。「それって、私の一部がどんなふうに引き剥がされ、それを取り戻せていないのか、ということなんです。つまり、彼は賠償を受けます。それに引き換え、私は何を得たわけでもありません。

第12章　やり直し　253

だからと言って、私は何を求めているのでもありませんが、立場が逆になっているんです」

フロントラインのインタビューに答え、彼女の本名を使い、彼女の顔が映し出されるのを認めることは、苦悩から這い出るための一つの手立てだったのだ。彼女は、放送に先立って番組の宣伝をすることに同意した。「するとそこでこのNPR〔ナショナル・パブリック・ラジオ〕の黒人女性リポーターが私の行く手を遮ったのです。『あなたはアフリカ系アメリカ人男性が嫌いですか』『あなたはどうやって良心に恥じることなく生きていけるのですか』こう切り出されて私としては怒りを感じ、身構えてしまいました」とジェニファーは語った。

放送の後、彼女はもう1つの決心をした。コットンが釈放されてから、彼女はずっと、心を少しでも落ち着かせるために、彼に手紙を書きたいと願っていたのだが、彼女の家族の弁護士がそれには反対だというアドヴァイスをしていた。

「フロントラインの番組が終わってから、私はロナルド・コットンとの面会をお願いしました」とジェニファーは話した。「刑事さんがセットしてくれました。私1人だけでコットンと奥さんに会いました。夫にさえ同席してほしくなかったのです。私は泣きました。裸になった気分でした。するとロナルドが言ったのです。『私はあなたに怒ってなんかいません。あなたを赦します』と。それは驚くべき贈り物でした」

「奇妙な感じでした。私は彼を心から憎み、彼が死ぬのを見たいと願ったのでした。それが今では私は、彼に大いに好意を寄せています。彼は私に優しさと赦しを教えてくれました」

今彼女がロナルド・コットンの高潔さのすべてを知ったとしても、さらに実際の犯人プールが刑務所に監禁されたとしても、あの犯罪自体は彼女の心の中に未だ整理がつかないままいつまでも残っているのだ。「今でも」と彼女は続ける。「レイプに関わる悪夢を見るとき、出てくるのはやはりボビィ・プールではないんです」

2000年6月、彼女はテレビとニューヨーク・タイムズ紙の論説欄で、公の場に姿を現し、視聴者、読者の心を捉えた。テキサス州は今まさに、夜間、9メートル強離れたところからフロントガラス越しに2〜3秒殺人犯を見たただ1人の目撃者の証言に基づいて、ゲリィ・グラハムの死刑執行を行おうとしていた。同証人は、彼女の識別に関しては完璧に何の疑問の余地もないと証言した。

「私も確信していました」とジェニファーは語った。「それに私の場合は9メートルよりずっと近くからでした」

死刑は予定どおり執り行われた。

同じDNA鑑定でも、第一次世界大戦勃発以来ロシアの墓所にあった骨が本当にニコライ皇帝の骨であると証明することと、1人の人間を刑務所から、あるいは死刑囚監房から潔白な人として釈放することとはまったく意味合いが異なることである。誤判を下された人々にとっては、鑑定結果は誤判の汚名を雪ぐ(すす)ことになる。誤って刑務所送りをした人々にとっては、鑑定は誤判を証明するものである。有罪判決が単に法的根拠において誤っていただけではなく、完全な間違いであったために失効するときには、個人史は記憶の最も中核をなすレベルで書き変えられねばならない。たとえ無効になっても、いったん下された有罪判決によって、検事、捜査官、陪審員、一般大衆、それになんといっても、ジェニファー・トンプソンのような犯罪被害者は終結ではないにしても、終了したという感覚を持った。心や頭の中に長く入っていた記憶や物語が、冤罪が晴らされることで突如として覆される。関わりのあった人は全員が混乱状態に陥り、革命としか言いようがない事態が起きる。この新しい時代のありのままの真実が、誰からも感謝の気持ちで理解されていないとしてもおそらく何ら驚くにあたらない。
　公共政策としては、DNA鑑定で冤罪を晴らすことによる大変動への抵抗は、今のところはひたすら鑑定を認めることを拒んでいる当局者によって形成されている。しかも、可謬性についてのこれ程劇的な記録があるにもかかわらず、多くの政治家は、究極的な死刑は支持しなければならないのだと信じ続けている。
　個人レヴェルで見ると、誤判に直面した人には、これらを巧みに操った人々、中でも多くの献身的な公務員が含まれる。ジェニファーのレイプを捜査した刑事は、他に違ったやりようは何もなかったと語った。
　ヴァージニア州アレキサンドリアでは、隣人をレイプした廉で誤って刑務所に送られた男性、ウォルター・シュナイダーに起こったいかなることに対しても、バリィ・シフティック刑事から謝罪の言葉は聞かれなかった。
　「奴は有罪さ」とシフティック刑事は話した。「奴は自白をしたんだ。それに被害者はやったのは奴だと証言した」。実際にはシュナイダーの「自白」は録音されていなかったし、彼は自分でそもそも罪を認めたということに異議を唱えていた。シュナイダーもまた、肋骨を何本か折られて幕を引いた。
　シフティック刑事は、アレキサンドリアの2人の性犯罪捜査官のうちの1人として11年間勤めたが、シュナイダー事件は彼が扱った最後の事件のうちの1件

だった。彼が言うには、彼は仕事のプレッシャーと、自らの振舞いが厳しく批判されたシュナイダー事件からくるストレスで、胃潰瘍とおまけに他の身体不調にも悩まされていた。「酷い事件にウンザリだったんだ。とにかく終わってくれって思ったね。あんたらは皆、俺のことをそんなによくは知らないでしょ。でもね、もし間違いが1つでもあったのなら、真っ先に俺があんたらに言うよ」

彼が性犯罪班で過した間に、DNAの証拠は多くの事件で、冤罪を晴らすためよりも、より求刑に繋がる極めて重要な役割を演じた。シフティック刑事は、シュナイダーが有罪であるという彼の主張と、レイプ犯が残した精液がシュナイダーのものではありえないということを証明したDNA鑑定とをどうやって折り合いをつけることができたのであろうか。

「証拠は置きっぱなしだったんだよ」と彼は言った。「それに3回移動したよ。それに近づける人は誰なのか。どこに証拠としての能力があると言えるのか」

これらはよい質問だし、妥当な質問だ。ただし、犯罪科学のDNA鑑定にまったくなじみのない門外漢がするような質問であって、実務経験11年の専門家がするような質問ではない。事実、バリィ、ピーター、それにジムは、3人が支持した──バリィとピーターは法廷に出向き、ジムは新聞で──最初に手掛けた事件の1つで、ケリィ・コトラーが、釈放後再逮捕され、2～3年の実刑有罪判決が下されたときに、似たような質問を受けた。1981年のロングアイランドの看護助手へのコトラーのレイプ容疑はDNA鑑定によって1992年に晴れていた。しかし4年後、偽の警察バッジを使って公道で何者かによって引っ張り出された大学生への婦女暴行に彼が関与していたという結果が、DNA鑑定によって出た。この大学生のレイプは非常に苛立たしく、極めて抜け目のないものであったので、人々は直ぐに、コトラーは以前の看護助手への暴行においても潔白のはずはないだろうし、彼の釈放も何らかの法的トリックか巧妙なごまかしなのではないかと思い込んだ。

先ほどの質問は当然のようにも、また無意味なようにも思える。つまり有罪の証拠と無罪の証拠はまったく同一なのである。その信頼性は結果に依存するのではなく、鑑定がどのように行われるのかにあるのだ。

おそらく最もよくある誤解は、性犯罪の証拠は、ドラッグ鑑定の際の尿サンプルで起きたように、いとも簡単に取り替えることができるのではないか、というものである。偽の証拠と置き換えるということは、1つの単純な理由からうまくはいかないだろう。つまり、被害者のDNAもまた元のレイプ・キットの中に含まれていて、そこに留まったままなので、それが信憑性の証となっているのだ。雌性細胞と雄

性細胞とはその衝突の瞬間から隕石と惑星のように結合された。したがって、別の男性のDNAを混合物の中に混ぜ込もうとしても失敗することになる。レイプ犯のDNAを改竄すること——これはシフティック刑事がやろうとしたことであり、またコトラーの冤罪を晴らす際にも起きたのではないかと推測した人もいたことなのだが——に必要なのは、証拠を改竄するためにもう1人のわずかな皮膚か血液が必要なだけではなく、別の男性からの実際の精液も必要になるのだ。そして、そうした場合でも、コトラーのにせよ、シュナイダーのにせよ、もしレイプ・キットにそのDNA入っていたとしたら、DNA鑑定は1つではなく、2つの雄性プロフィールを顕わにしてしまうであろうから、隠れていることはほとんどありえなかったであろう。シフティック刑事ともあろう者は、このようなことはすべて承知していたはずである。ウォルター・シュナイダーが刑務所から釈放されて5年後の1998年にインタビューを受けたとき、この刑事はまったく気にもかけていなかった。

「もし奴が潔白なら、奴に良い人生を願うが、だからと言って、奴に対する良心の呵責なんてまったくないね」とシフティック刑事は言った。「俺が逮捕した奴には誰に対しても良心の呵責なんてまったくないね」

他方、ウォルター・シュナイダーの冤罪が晴れたことは、ジョゼフ・マッカーシィを苦しめることとなった。マッカーシィがシュナイダーを起訴して2～3年後、彼はヴァージニア州北部で個人で開業し、弁護士業務も行っていた。「最悪の気分ですね。実に酷い話です。私の立場からすれば、教訓としては、検察側に十分気をつけて彼らの想定に挑め、ということです。恐ろしいことでした。可哀想に彼は人生の7年を失ってしまった」とマッカーシィ弁護士は語った。

どうしてそんなことが起きたのか。まず第一に、真偽が問われているシュナイダーの警察署での供述があった。次に被害者による犯人識別があった。しかしながら、ある人間を起訴し、有罪判決を下す心理的なプロセスは、単なる証拠品に比べてはるかにより微妙なところがあるものだ、とマッカーシィ弁護士は説明した。検事は、被疑者の有罪を自らに言い聞かせ、そのうえでそのプリズムだけを通して事実関係や証拠を検討する。

「人は、『見たら信じる』と言います。しかし時には、私たちには、いったん信じると見える、ということがあるものです。先入観があると、私たちはそれを裏づけるためにそこに事実を盛り込むものです。今回の裁判でそれが起きたのでしょう

ね。その可能性は極めて高いでしょう」とマッカーシィ弁護士は語った。だが彼には、どのようにしたら捜査官たちが、真偽のほどは疑わしいにしても、シュナイダーの自白を聞き違えるなどということができるのか理解できなかった。

「おそらく私自身が、警察官の私への報告を信じたいという気持ちを強く持ち過ぎたのでしょう。またおそらく、検察と捜査官とは一体だという感覚にとらわれてしまったのでしょう。おそらく私たちは、捜査官の申立てを厳しく問い質(ただ)すべきなのでしょう。さらにレイプ事件の場合には、往々にして被害者と検察側、それに捜査官との間に同志愛ができてしまうものなんです。三者が大変な苦境を乗り越えます。その心理状態としては、自分たちが被害者側にあって、被疑者を自由の身にするかしないかの最後の砦だ、というものです」

「彼を見た、そしてじっくりと見たということに間違いはありませんか、などと言って被害者を厳しく問い質(ただ)すというのは難しい。被害者にベッドのシーツを見せると彼女の声は震えて、ワッと泣き出してしまいます。誰にとっても心に確信を持って犯人を特定することはつらいことなのです」

「若い検事には、集めてきた証拠を批判的に分析することを教えないといけません。総じて現状では、私たちは、若い層が正しい判断が下せるように力をつけなければならない」

第13章　教訓

　1998年、ミズーリ州捜査官協会（Investigators Association）がその年次総会と研修プログラムを、カントリーミュージックの聖地、ブランソンから4キロほどのところにある大きな湖畔のリゾート地、ミズーリ州キンバリングで開催した。この総会の研修プログラムの中に講演が1つあったが、その内容は、殺人事件の事後分析と警察の調書のお粗末な内容がいかに検察側を傷つけうるのかというものであった。
　「我々としてはこれらの調書を読み直して、捜査官はもっと適切な捜査ができたのではないか、そして事件を厳正に処理できたのではないかということを検証することにしています」と、研修用教材を提供する企業であるゴールド・シールド・コンサルタンツ社の研究員、ケヴィン・グリーンは語った。
　ここで紹介する犯罪が起きたのはこれより19年前の1979年9月、当時は海兵隊員とその家族でもっていた、カリフォルニア州オレンジ郡の小さな町タスティンであった。警察に通報があったのは夜明け前のアパートの1階だった。海兵隊伍長、カーク・グリエルの供述では、彼が深夜営業の軽食屋まで買いに行って帰って来るとすぐに、妊娠していた妻が意識不明で血まみれになって倒れているのを発見した。被害者が鈍器で殴られていたのは明らかだった。カーク伍長が買って来たダブルチーズバーガーは開けずにテーブルの上に置かれていた。
　彼の妻デビィ・グリエルは、頭部損傷の危篤状態で病院に運び込まれた。「妻は妊娠9ヶ月で、胎児の命同様に母体の命も懸念されました」とグリーンが語った。ほどなく、胎児は死産となり、帝王切開で切除されなければならなかった。彼女は1ヶ月間昏睡状態にあった。昏睡から覚めても何週間も意思の疎通がかなわなかった。
　グリーンが事件の概要を説明したように、警察は当初この事件を、アパートの1階に入り込んで女性の頭部を打ち砕き、その後レイプをすることで知られるこそ泥である、「寝室荒らし」による仕業だと考えていた。当時カリフォルニア州はヒルサイドストラングラー〔丘の上の絞殺魔：70年代後半に15人もの女性をレイプ、拷問の末殺害した従兄弟同士、ビアンキとブオノの殺人鬼〕の興奮で沸き立っていたので、誰も急いで寝室荒らしに注目する者はいなかった。おそらく、一般大衆が1度に対応できる連続殺人犯はせいぜい1件ではないかと感じられた。いずれにせよグリエル夫人がやっと意思の疎通を、まずは夫と、次いで母親とし始

めたとき、寝室荒らし説は取り上げられなかった。「彼女は自分に何が起きたのかを知りたいと思いました」とグリーン教官は言った。「彼女は聴力と嗅覚の多くと、さらにはいくぶん話す能力を失い、彼女の母親と夫以外の家族を認識することができない状態でした。そこに大ニュースが飛び込んで来ました」

デビィの一連の手振りによって、母親は娘が彼女に夫のカークについて何か――つまり、彼が彼女を殴ったということ――を伝えようとしているということがわかった。どうやらデビィは、彼女を襲ったのは彼女の夫カークだということを母親に伝えるのに、彼が病院を出て行くまで待っていたようだった。

その時点になって初めて夫のアリバイが真剣に調べ上げられた。犯行のあった夜、彼はある捜査官には、自分が食べるハンバーガーを買い求めに、ジャック・イン・ザ・ボックス〔大手レストランチェーン〕に行ったと話した。しかし彼は別の刑事には、妻が食べる分を買いに行ったと話した。「彼はまた警察には、通りを渡ったすぐのところのジャック・イン・ザ・ボックスには午前1時半に長い列ができていたので食べ物は買わなかった、と言ったんです」とグリーンは語った。カーク伍長の話は、もし捜査官が彼ら自身の調書に注意を払っていさえすれば、初めから怪しいということになったであろうに。ところが注意を払っていなかったのだ。

近所の人たちは、その晩アパートから叫び声、「殴らないで」と女性が悲鳴を上げるのを聞いた、と話したが、夫婦はよく大声で口喧嘩をしていたとも語った。

「九分どおり被害者の1人として気づかれないままに過ぎてしまうところだったカークが、にわかに主要な被疑者になりました」とグリーンは語った。オウヴァーヘッド・スライド・プロジェクターを使って、彼は警察による捜査報告書を示して見せた。早い段階で被害者は、その晩家の周囲ではビール瓶や缶は発見されなかったのだが、クアーズビールの入った瓶か缶で殴られたと証言していた。結果的には、警察は室内の他のものを見落としていたのだ、とグリーンは説明した。とりわけ1つのもの、鍵掛けボードが調書では触れられていなかったし、その指紋採取さえされていなかった。

「デビィは公判で、彼女の夫が彼女を殴る前に最後に目にしたものは、この鍵掛けボードだったと証言しました」とグリーンは語った。「彼女は、彼がセックスを迫り、拒んだので彼が怒り出した、と証言しました。彼が彼女をこの鍵掛けボードで殴り、レイプした、と証言しました」

公判で弁護側は、デビィが非常に重症な脳の損傷を受けたために彼女の記憶は信頼できないと主張した。カークは、彼が走って食べ物を買いに行って戻って来てはじめて殴られた妻を発見したのだ、と誓って証言した。彼は1人の挙動不

審の黒人をヴァンのあたりで、彼が家を出たときと家に戻って来たときの2回、見かけたと主張した。検察側はこの見解を一蹴した。この手の証言を称して「お化け答弁（bogey man defense）」とも言う。

　当初、胎児の死亡で第一級謀殺の罪に問われたが、カークは第二級謀殺の有罪判決が下されたので、死刑の求刑ではなかった。代わりに15年から終身刑までの判決を受けた。カークは収監され、妻からは離婚され、必死でひどい損傷を抱えて生きようとしているうちに、この件は人々の意識からは消えていった。「それから17年経ってからでしたが、ただならぬことがいくつか起きました」とグリーンが話した。

　犯行のあったタスティンでトム・タープリィという刑事が、昔の未解決のデボラ・ジーン・ケネディの殺人事件を捜査していた。彼女は1980年に24歳で頭部を殴打され、死後にレイプされた。タープリィ刑事は保管庫から犯行現場の証拠を見つけ出してきて、それを有罪判決を受けた州内の全収監者から回収したDNAサンプルのデータバンクと比較検討するために送った。すると一致するDNAがあったのだ。元海兵隊員で今は住所不定のホームレスのジェラルド・パーカーという男が、デボラ・ケネディをレイプした人物であった。同時にタープリィ刑事は、タスティンの隣町、コスタ・メサの刑事たちもまた、1970年代から未解決の2件の殺人事件の捜査を進めるうちにパーカーの名にたどりついたということを耳にした。

　「パーカーはたまたま宣誓釈放違反で拘禁中でしたが、7月6日には釈放されることになっていました」とグリーンは語った。「そのときは6月の半ばでした」。タープリィとコスタ・メサの2人の刑事ビル・レドモンドとリンダ・ギースラーは、カリフォルニア州セントラル・ヴァリィにある、施設としてはそれほど警備が厳重でないアヴェニュー・ステイト刑務所まで車を飛ばした。1時間以上にわたってレドモンドとギースラーはパーカーを尋問した。彼は刑事たちを弄んだ。そして彼らは何も得られなかった。コスタ・メサから来た刑事たちがそろそろ帰ろうとしたが、そのときに彼らは、タープリィ刑事にパーカーと一緒の写真を撮るように言った。

　タープリィ刑事が見ると、パーカーが後ろ手で手錠をかけられていた。「タープリィは手錠が前に来るようにした。そうすることでパーカーへの敬意を表していたのだ」とグリーンは話した。するとパーカーが話し始めたのだ。

　彼は非常に多くの殺人を犯し、実に多数の女性を殴打したので、誰が死んで、誰が生き延びたかなどわかるわけがなかった。それでも彼には、未解決の犯罪リ

ストにすら載っていないある事件について言っておきたいことがあった。

「何はともあれ」パーカーはタープリィ刑事に対して語り出した。「あんたら、妻殺しで死刑囚になっているあの海兵隊員のところに行って釈放してやらないといけないよ。あれは俺が殺したんだから」

それはデビィの事件のことだったのだが、タープリィ刑事も誰も、それが「未解決」ではないという理由で捜査しなかったわけではなかった。その事件は、カークの逮捕で17年も前に一件落着していたからであった。当時タープリィ刑事は未だ高校生だった。

このパーカーが切り出した言葉によって、言わば彼の心のビデオに録画された、靄の中の殺人とレイプについての、長く、身の毛もよだつような記録の再生が始まり、連続殺人犯のありきたりの心を覗き見ることができた。彼は、断面が5センチ×10センチの角材かハンマーで殺害した女性たちのこと、家に1人だけでいた女性たちのことを話した。彼には彼女たちを殺すつもりはなかった。ただ、抵抗しないように意識を朦朧とさせたのだ。侵入する前に彼は家の中に誰かいるかいないかをチェックすることはめったになかった。数年後、パーカー自身、これは無謀な行為だと認めた。「ドアの反対側には錯乱しておかしくなった奴がいたかもしれなかったわけだからな」と、この連続殺人犯は言った。それより20年前に彼は5人の女性を殺害し、その他多くの女性を殴打したのだが、捕まったのは、父親の葬儀の帰宅途中の13歳の少女を誘拐しレイプしたときだけだった。1996年6月14日まで、誰一人として彼に殺人の話をした者はいなかったのだ。

もうこの話の頃には、ミズーリ州の捜査官のクラスはざわついていた。彼らはデビィへの暴行の自白について聴きたくなっていた。

パーカーは刑務所に来た刑事たちに次のように語っていた。「俺が収監されたとき、例の海兵隊員とその妻のことについて新聞で読んでたよ。奴はタスティンにいたよな。それと、えーと、俺がね、もし俺が間違ってなければだけど、奴は死刑を宣告されたよな。それでだから、俺がやった人殺しで死刑囚になった奴がいるわけだ。あのとき女は妊娠してたな。それで、あぁ、奴は、奴らは家の中で言い争ってたよ。俺は窓の外んとこに立ってたさ。すると、あぁ、奴が出て来るのは気づかなかったんだけど、車に乗って、行っちまった。それで俺は家に入るまでそのことは本当にわからなかったね。でもやっちゃったんだ。あの殺しをやっちまったんだ。あいつの、顔が、実際どんな顔をしてたかなんて覚えてなんかいないよな……」

何年も前の、意識も朦朧とした状態でやってしまったことだが、詳細を語るよう

に迫られてパーカーは、思い出せることを刑事たちに語った。「女は寝室にいた、そうだ、最初俺がドアを開けたとき、女はベッドの中だった。それで起き上がるんだ。俺が誰だかほとんどわかってるって感じだったけど、女が思ってた奴じゃなかったんだよな。でも女は仰向けになったんだ。まるで俺が誰だかわかってるかのようだった。どうやら俺のことを旦那かボーイフレンドか、どっちかだと、どっちでもいいけど、まあそう思ったみたいだったな。それからさ、俺は女を殴ったよ。部屋に駆け込んでって、角棒で女の頭を殴りつけた。それでレイプした」

刑事たちがデヴィへの暴行についてもっと情報を求めたとき、パーカーは、ことの顛末をすべて覚えてなんかいられない、と彼らに答えた。彼は刑事たちに、裏をとるためにDNAの証拠を照合するように伝えた。

「思ったとおり」とグリーンは続けた。「彼らは古いレイプ・キットを見つけて来た。刑事たちの1人がそれを取っておくことに決めていたのだった」

17年経った事件の精液は、パーカーが予言したように完全に彼のものと一致した。聴衆は今や教官グリーンの意のままであった。「トム・タープリィ刑事は獄中のカーク・グリエルに会いに行き、彼が出所できると伝えました」とグリーンは話した。「彼は犯した罪の責任を認めようとしないという理由ですでに数回、仮釈放の申請は却下されていました。したがって地区首席検事の1人は聴聞会にやって来て仮釈放に反対したでしょう」

「カークは獄中にあるときからDNA鑑定を受けようとしたのですが、受けることができませんでした。しかしDNA鑑定が彼を刑務所から出し、法廷に出し、容疑を否定しました」

教官は彼の最後のスライドを映すために操作スイッチを手に取った。彼は画面に新聞の切抜きを点滅させた。映し出されたのは、「無実の男性、16年後に出所」という記事であった。

「彼はジョン・ウェイン空港から飛行機に搭乗し、彼の家族に会うためにセントルーイスに向かいました。全紙これを一面で報じました。さらにもう1つのことがあります」

彼は再度スライド・トレイを前送りした。

「彼の名前は、カーク・グリエルではありません」とグリーンは話した。「彼の名前はケヴィン・グリーンで、彼の家族とミズーリ州に住居を定めました。今はウォール・マートで働いています。また、今週末は、ゴールド・シールド・コンサルタンツ社に雇われて、キンバリングでミズーリ州捜査官協会の講演をしました」

スクリーンに映し出されたのは、グリーンがミズーリ州の家に戻って来たところ

を撮った新聞写真であった。講演会場にいた人々は、その写真の顔と彼らの前に立っている男性の顔とを見比べた。それは予期しない驚きであった。

―――――――

　誤判を受けた人たちは皆、誰もが誰か別の人に代わって罪の鞭を受けている。つまり、それこそが彼らの苦境の定義である。彼らは、ケヴィン・グリーンがカリフォルニア州で、5件の殺人に対して20年間も訴追されずにいたジェラルド・パーカーの罪の重さに耐えてきたように、あまりにも頻繁に、連続犯、連続殺人犯の身代わりになるのである。オクラホマ州ではロバート・ミラーが2人の高齢の女性のレイプ殺人で死刑を宣告されたのだが、その後DNA鑑定でロニィ・ロットという男が、彼のレイプから生き延びた他の数名の女性の家だけではなく、この2人の高齢女性の家にも居たことが証明された。シカゴではブライアン・デュガンが、性的暴行の際にジェニーン・ニカリコと、子どもたちを含む他の5人の殺害を認めはしたが、ジェニーンの殺害でロランド・クルスとアレハンドロ・ヘルナンデスが死刑を宣告された。ノースカロライナ州では、ロナルド・コットンが8件も他のレイプに関わっていた男が犯した、2件のレイプの罪について潔白が証明された。ヴァージニア州では、知的障害スレスレの男性ディヴィッド・ヴァスケスが女性をレイプしパイプで首を吊った廉で有罪を認めた。ヴァスケスが言うには、彼は潔白なのだが、死刑を免れるために自白をした。ヴァスケスが務めた刑期は、彼の事件の被害者にとどまらず、さらに3人の女性をレイプしすべて首を吊って殺した、ティモシィ・スペンサーが務めるべき刑期であった。さらに、スペンサーは最終的には殺人罪で死刑囚となったが、彼が主たる被疑者であるその他8件のレイプに関しては、起訴されなかった。

　年毎にこうした種類の犯罪を関連づけ、解決に結びつける技術はより時間がかからなくなり、より安価にできるようになっている。コンピューターがDNAサンプルのデータバンクを目も眩むようなスピードで調べ、広範囲に及ぶ残虐行為の中から一致するプロファイルと関連づけることができる。もし仮にある犯罪者の遺伝子プロファイルがすでにデータバンクに提出されているならば、この犯人を識別することは非常にやさしいことである。たとえ犯罪パターンで既知の犯罪者を特定することができなくても、速やかな鑑定で、潔白の被疑者を長期にわたって勾留させることが回避され、直ちに警察が真犯人発見の職務に戻れることになるだろう。この技術を十分に活用できないということは、犯罪解決の面からも、潔白

な人々を自由にするという点からも、国家的に恥ずべきことである。現在の捜査への取組み姿勢は、変わらねばならない。

通常、証拠のDNA鑑定は、被疑者が逮捕された後にだけ行われる。そのうえ、それから2〜3ヶ月を要する。未解決事件の何十万というレイプ・キットが処分されたか、あるいは当局のDNA鑑定をしようという何の努力もないまま、それによってケヴィン・グリーンのように、連続犯人を識別し、誤判を受けた人の罪を晴らす機会を逸したまま何年間も死蔵されたままになっているかのどちらかである。もし犯罪現場の資料が直後に鑑定され、整理分類されるならば、1つの事件は他の事件と速やかに相互に関連づけることができるであろうに。犯罪科学のDNA鑑定は2〜3日もあれば完了できるので、犯罪科学捜査研究所は、資料が与えられてから1週間以内に1件の処理を終えることが可能であろう。これにより犯罪者がさらなる犯罪を重ねる前に逮捕が早められ、併せて何千人もの潔白な人々のばかげた拘禁が回避されることになるであろう。

さらにこれは単にレイプや殺人にとどまらず、窃盗、強盗、暴行——およそ犯人が皮膚、唾液、毛髪、あるいはどんな形でも証拠となる体液の痕跡を残した可能性のある、どのような種類の事件——にも当てはまることである。

誰のプライヴァシーに関わることであっても、遺伝子情報が盛りだくさんのデータバンクは、とりわけサンプルが黒人男性と茶褐色の男性に偏っている場合には、危険な存在になりうる。支配者民族理論の証拠を捜し求めて、現代のメンゲレ〔Josef Mengel：ヨーゼフ・メンゲレ（1911年3月16日—1979年2月7日）はドイツ南部生まれのドイツ人、ナチス親衛隊将校。人種淘汰、人種改良、人種の純潔、アーリア化を唱えるナチス人種理論の信奉者〕たちが、犯罪行為との遺伝的関連性を求めて反論できないデータベースを見つけようとするであろう。しかし、簡単な改革でこのような優生学上の探求を撥ねつけることができるのだ。いったんプロファイルが記憶されたならば、どんな血液の残り、細胞組織、あるいはDNAも廃棄されなければならない。

DNA時代の教訓の大半は、ハイテク仕掛けやバイオテクノロジーの優れた技術とは何の関連もない。「陪審員は無実の人に対応した訓練を受けなければならない」とケヴィン・グリーンは話す。彼らには次のように言わばならない。つまり、「私たちは真実を見つけ出さねばならないので、あなた方もこうして真実を見つ

け出そうとしているのです。警察は必ずしも真実を見つけ出してはいません。地区首席検事も真実を見い出してはいないのです。できるのはあなた方だけなのです」

それでもグリーンは――頭脳明晰で、ハンサムで、歯切れがよく、思慮深いが――法律的には無視されうる存在である。アメリカは有罪判決が、無実を表す新たな証拠に基づいて無効になった場合、事実上記録を残さない。一般的に判事たちは、公式見解ではなく、したがって間違ったところを分析はしないという意味で、1行の命令書を書くだけである。ほかに誰が分析をするわけでもない。冤罪を検証する唯一の場所は、非常に行き当たりばったりのネットワークである、新聞に掲載された記事、ニュース放送の内容を通してである。ちなみに、イギリスとカナダの両国は誤判で名誉を傷つけられた後に、揃って、何が誤ったのかを検証するために委員会を設置した。その結果、イギリスには今では無罪の主張を調査する公式な刑事再審委員会（Criminal Case Review Commission）がある。

アメリカ合衆国では、飛行機が墜落する、自動車に欠陥部がある、患者が医療過誤、有害薬品や、研究所の誤報の被害者になると深刻な事態が起きる。そして真剣な調査が実施される。何がうまくいかなかったのか？　体系的な機能停止だったのか？　個人の過ちだったのか？　公的な違法行為はあったのか？　問題を正し、再発防止のために何かできることはあるのか？

2000年にイノセンス・プロジェクトは、どんな要因によって誤判で頻発したのかを究明するために、北米で冤罪が晴れた79件のうちの、アメリカ合衆国での74件を再検討してみた。誤った目撃者が有罪判決の82％の要因であり、密告者あるいは通報者が19％、虚偽自白が22％であった。弁護人の職務怠慢が32％、検察側の不法行為が45％、警察の違法行為が50％を占めた。3分の1で、堕落した科学、あるいは詐欺的科学が要因であった。2003年7月にはデータが更新され、130件の誤判を分析した。誤った犯人識別が78％の要因であり、情報提供者が16％、虚偽自白が27％を占めた。判明したことでより厄介なのは、これらの要因のうちのいくつかでは、無実の黒人の場合の方がより有罪判決が多いという点である。しかしこれらの数字は、未調査の、未だ情報が文書化されていない、まだまだやるべきことが多い世界をほんの少し垣間見せているだけなのである。冤罪を晴らす過程でツールとしてのDNAが利用できない事例も含め、すべての冤罪事件に関して、より実態がわかりやすくなるように法学者やジャーナリストによる、さらなる研究が待ち望まれている。どの州でもイノセンス〔潔白〕委員会（Innocence Commission）を活用しようと思えばできる。しかし、1つもない。

刑事司法制度だけが、自らを自己検査の対象外としている。誤判は、屈辱的な大失敗などとは見做されておらず、避けるべきテーマと見られている。

無知は法なり。1999年までは、ニューヨーク州とイリノイ州にだけしか有罪判決後のDNA鑑定を認める法規がなかった。これらの2州では、偶然の一致ではなく、冤罪晴らしの件数が最も多い。ほとんどの州では、有罪判決を下された収監者は、無実を証明するかもしれない鑑定を受ける権利が与えられていない。実際には、多くの検事がこれらの制限を無視して鑑定に同意している。しかし、すべての検事がそうだというわけではない。

「規則に縛られない、ということになれば私たちはどの裁判に対しても決して終局性（finality）を持つことがなくなってしまうでしょう。常識というものです」と、ブレナード州検察局次席のロバート・ウェイン・ホームズが話した。ホームズと彼の同僚たちは、フロリダ州の2法廷に働きかけて、1982年にレイプで有罪判決を下されたウィルトン・アレン・デッジへのDNA鑑定を禁じさせた。彼に対する裁判は、刑務所内の密告者の証言、警察犬が提供した臭いの「証拠」、それに被害者によるデッジ——被害者の証言では、彼女を刺してレイプした男より18センチ弱低く、22.7キロも軽い——の識別をもとに構築された。

「私は法律を変えるつもりはありません」とホームズは、フロリダ州の新証拠に関する2年の期限に言及して、セント・ピーターズバーグ・タイムス紙に語った。「被害者の気持ちになってみたまえよ。また裁判をやりたいのですか」

終局性、というのは、無実の鑑定との関わりでは2語、つまり「故意の無知」（willful ignorance）で説明可能な原則である。鑑定が当初の裁判を支持する、しないにせよ、また、被害者と証人を安心させる、させないにせよ、あるいは、不正を正す、正さないにせよ、多くの検察官はこれを認めようとしない。多くの州、とりわけフロリダ、ミズーリ、ルイジアナといった州では、イノセンス・プロジェクトと他の提唱者たちが、公正な人間であれば誰も反対しないであろう審理を妨げるために使われる「終局性」の原則に反対の主張をするだけのために数百時間を費やして来た。いくつかの州裁判所が態度を変えない中で、1つの州が、記念すべきことにこれを変えたのだ。

1年に1度、サウスダコタ州最高裁判所は、サウスダコタ大学法学大学院が置かれている農業の町ヴァーミリオンに場所を移して開廷する。同裁判所では、聴衆の学生にプラスになるように世間の耳目を集めている2～3の裁判をこのために用意しておく。1998年3月24日、大学院で、ダヴィ対ウォーデン事件判決（Davi v. Warden）の弁論が、ロバート・ミラー裁判長以下4名の他の判事を前

にして行われた。争点は単純であった。有罪判決を下された被告人が一度控訴を棄却されてもなお、DNA鑑定を受ける権利を有するのか。ピーターはその権利に賛成の論を展開した。アン・マイヤー検事は、サウスダコタ州司法長官を代理して法廷に立った。フロリダ州の検察官同様彼女は、法廷に殺到する無実を訴える人々の要求について警告した。本書の著者ピーターは、彼とバリーがイノセンス・プロジェクトのために米国中で唱えているのと同じ論拠を提唱した。すなわち、このような問題を規定するものは判例でもなければ、事実上の抜け穴でもなく、刑事司法制度に身を置くあらゆる者にとっての、基本的な義務である。つまり、拘禁されて苦しむのは事実上有罪の者だけだということを確実にすることである。ピーターが話をした1998年3月のその日、彼は、DNAで55人の冤罪が晴れたということを指摘した。しかも5人は死刑囚だったのだ。

マイヤー検事はピーターが55人の冤罪が晴れたことに言及したことを攻撃した。そのような記録はない。したがってその数字は立証できない、と彼女は大声で発言した。ピーターは、信念を語る提唱者としてというよりは専門家として証言している。

裁判長は、冤罪が晴れた人数が55人と25人とでは何か違いがあるのだろうかと思った。重大な争点は、これらの同じ55人にしろ25人にしろ、これだけの人がサウスダコタ州でDNA鑑定を求めてきたとしたら検事総長はどのように答えたのであろうかということではなかったのか。

マイヤー検事が答えた。「私どもとしては鑑定を認めるつもりはありません」

ミラー裁判長の顔は赤らんだ。彼は身を乗り出し、眼鏡がずり落ちた。その瞬間、裁判は結審したのも同然だった。おそらくは教室内の若き学生の理想主義のためであろうが、ミラー裁判長は次長検事に、DNAの鑑定で誤って死刑判決が下されていたということがわかったとしても、州としての立場は同じかどうかは聞かないという選択をした。1998年4月15日、サウスダコタ州最高裁判所は、裁判をDNA鑑定のために指し戻すよう命じた。その評決は全員一致であった。その日、故意の無知は敗訴した。5対0で。

決定的に冤罪が晴れた後でも当局は真犯人をめったに探し出そうとはしないし、ましてや何が間違ったのかを検証しようとはしない。検事の中には、真偽を疑われる有罪判決であったとしても異議申立てからは守られねばならないという信念があるために、突拍子もない見解を示さざるをえない検事もいる。彼らは、なぜレイプ・キットの中に有罪判決を受けた当事者のものではなくもう1人別の人の精液が発見されたのかを説明する新しい理論を考案することによって、当初の

判決に固執する。被害者は1人しか気がつかなかったのだが、おそらく2人あるいは3人の男がレイプに加わったのだ、と彼らは主張する。誰のものかわからぬ精液は、犯行後何年も経ってはじめて語られる、こうした犯罪への新たな当事者、つまり起訴されていない共同射精者の存在によって説明される。

司法省の調査特別委員会が1999年後半に、新たな鑑定への要望を処理する上訴手続きの準備は整っていないと報告した。しかし同時に、検察官ならびに裁判官は、刑確定者が鑑定を受けられるようにするためにあらゆる努力をすべきであると述べた。理由は明白であった。つまり、DNA時代が刑事司法制度の基盤を揺るがしたのであった。

「判決は正しい、という強固な確信は弱まってきた」とDNA証拠の将来に関する全米委員会（National Commission on the Future of DNA Evidence）は書いた。

無実なのに投獄されたり、処刑されたりした人への関心は、今世紀を通じて、DNAに名前さえついていなかったときから突如浮かび上がってきた。1930年代にマサチューセッツ州ウースター郡の地方検事が、エール大学法学教授のエドウィン・ボーチャードに挑発的に挑んだ。「無実の人が有罪判決を受けることなど決してありません。そんなことは心配しないでください。物理的に不可能なんですから」と、この地区首席検事は言った。ボーチャード教授は無実の人たちが有罪を宣告された65の訴訟の体験談の編集に取り組み、そして1932年には彼の古典的名著『無罪の人に有罪判決を下す（Convicting the Innocent）』を出版した。

アール・スタンリィ・ガードナーは、金目的の粗悪な法廷ドラマ『ペリィ・メイスン』の生みの親として最も有名であった。1948年にある雑誌の人物紹介で、ガードナーは若かりし頃は活動家弁護士であったと書かれてから、彼の許には、息子たちは誤判を下されたと信じているので、彼らの主張を取り上げてほしいと懇願する母親からの郵便が殺到した。ガードナーは、アーゴシー誌に極めて私的な最後の法廷（Court of Last Resort）を組織してこれらのいくつかについて調査をし、公表した。その中の1件は、被害者の首のまわりに10本の指の傷が見つかった後に絞殺で有罪の宣告を受けた男性に関わる裁判があった。しかしながら、この有罪判決を受けた収監者には指が9本しかなかった。

より最近のところでは、センチュリオン・ミニストゥリーズ（Centurion Ministries）〔終身刑、死刑の不当判決を受けた無実の収監者の汚名を雪ぎ、自由を勝ち取ることを使命としているプリンストンに本部を置くNPO〕のジム・マクロスキィとケイト・ヒルが誤判の原因探しに取り組んでいる。シカゴではノースウェスタン大

学のロースクール、ジャーナリズム学部の教授――ラリィ・マーシャル、デイヴィッド・プロテス、ロブ・ウォーデン――の指導を受けた学生、弁護士、記者たちが、死刑を宣告された無実の人々の命を救った。今は停止されたアラバマ州死刑説明情報センター（Alabama Capital Representation Resource Center）では、ブライアン・スティーヴンソンとマイケル・オコーナーが、ハーパー・リーの古典『ものまね鳥を殺すには（アラバマ物語）（To Kill a Mockingbird）』の舞台となったアラバマの州の小さな町で起きた殺人のために死刑が宣告された無実の男性ウォルター・マクミランの命を救った。ニューヨーク州クィーンズ郡では、自ら犯したのではない罪で収監されていた 18 人の人々が、妥協を許さない検事グレゴリィ・ラサックと、2 人の元警察官スタン・カーペンターとテッド・ウェスの取調べを経て自由の身となった。さらにカナダでは、元ボクサー、ルービン "ハリケーン" カーターと弁護士ジェイムス・ロッキアが設立した組織 AIDWIC〔International Association in Defense of the Wrongly Convicted〕が誤判を受けた人々の代理を務めている。このほかにもたくさんある。

　2 ～ 3 年もするとDNAで冤罪を晴らす時代は終わりを告げるであろう。DNA鑑定で救われるであろう収監者人口が減少しているのだ。というのは、1990 年代初頭よりその技術が広く使われるようになったために、何千人もの無実の被疑者が公判に入る前に容疑が晴れているからである。しかしそれでもなお、罪なき人々が、彼らの裁判には生物学的証拠が関係していないがために刑務所に足留めを食らって残ることになるであろう。つまり犯人が射精をせず、唾を吐かず、出血せず、細胞組織も残したりしなかった犯罪で起訴された無実の人々に対する司法の側の負債は、未払いのままなのである。このため、カードーゾとノースウェスタンを旗頭に北米のロー・スクールが、DNA鑑定という魔法の弾丸が使える、使えないにかかわらず、誤判を宣告された裁判を扱うための冤罪ネットワークを構築中である。

　アメリカ共和国黎明期まで遡ってボーチャードが行った裁判の見直しから、はるばる 21 世紀の夜明けまで、誤判の要因は一貫して同じである。犯罪直後という混乱状態の中で作り上げられるものである。目撃者は、銃やナイフを所持していた人を識別できると宣誓する。そのうえ警察官は、彼らが有罪だと信じる被疑者の自白を誘導あるいは強制する。検察官は無罪を証明する証拠を覆い隠し、弁護人は手抜き仕事をする。科学捜査官は、推定有罪に合わせるように自らの結論を隠蔽するか、完全に鑑定を省略する。条文からは排除された人種差別、偏見が依然として警察署、法廷、陪審員席に陰を落としているところもある。そして犯罪

者を甘やかすことに耐えかねて国は嫌々ながら弁護人に死刑執行含みであっても2,500ドルの手当を支給している。今時、トーマス・シャーキィに興味を示す人はあまりいないだろうが、彼は1830年に次のように宣言した。「法の公理は……1人の無実の人間に有罪の判決が下されるより99人の犯罪者が罪を免れる方がましだということである」

不当な有罪判決の原因究明の可能性を無視するということは、誤った投獄という、まさか、としか言いようのない状態からの生き証人、逃亡者を無視されたままにしておくということである。

マリオン・コウクリィは、ブロンクスに戻ったが刑務所で精神がまいってしまいアルコール中毒になった。その後サウスカロライナ州に帰郷したが、仕事が見つからずに住居侵入を犯した。そしてまた刑務所に戻った。ヴァージニア州では、ウォルター・シュナイダーがかつてフェイ・ツレッツァーが、彼が彼の車を洗っているところを見て、レイプ犯だと確信した同じ場所でカーラジオ取り付けの仕事をしているし、彼の両親も同じ場所で生活を送っている。ウォルターはDNA鑑定の新しい活用法を発見した。2人の女性が、彼女たちの子どもたちの父親は彼であるとして告訴した。しかしどちらの訴訟でもDNA鑑定によって彼が父親でないことが証明された。「DNAは神様だよ」と彼の母親ジュディスは言った。「私らはDNAで3回サイコロを振ったけど、3回とも勝ったね」

ロブ・ミラーは、2人の女性殺害が潔白であったことが証明された後、オクラホマシティを離れた。彼は彼のために一貫して闘ったキム・オッグと結婚し、ユタ州に移り、今はそこで空調システムの据え付けの仕事をしている。ウェストヴァージニア州でフレッド・ゼインの不正行為が露見して拘禁が解かれたグレン・デイル・ウドルには、結婚したばかりの夫が鎖に繋がれて連れ去られるのを見ていた妻テレサとの間に子どもができた。彼は貨物を積み込んでオハイオ川、ミシシッピー川で定期荷役船を運航させている。ティム・ダーラムは、3,120年の禁固刑を務める代わりにタルサで彼の家業の電子機器取扱業の経営をしている。

カルヴィン・ジョンソンは、ジョージア州の架空の街タラからちょっと行ったところの故郷で、ヴィニール製手すりメーカーの受渡部門に勤務している。彼は日曜の説教師として大いに求められていて、招かれてウガンダへの布教の旅に参加した。彼は希望の刑務所聖職者協議会（Hope Prison Ministries）によってドゥーリィ州刑務所に送り戻されて、収監者たちに彼の怒りや憤怒について語った。有罪、無罪にかかわらず、彼らの人生を変えるには神を必要としたのだ、と彼は語った。彼は大いに愛情を持って歓迎された。

死刑囚監房から自由の身になってカーク・ブラッズワースは再婚し、チェサピーク湾に戻り、そこでボートを購入して漁業に従事している。釈放された際に何ら援助を受けられなかった空港従業員のディヴィッド・シェパードは、ニュージャージー州ニューアークの公設弁護人事務所で調査員として働いている。元海兵隊員ケヴィン・グリーンはミズーリ州で警察での講義や講演をする傍らウォールマートで仕事をしている。こうした人たちの人生を通して響き渡ってくるのは、オクラホマ州のある保守的な連邦判事の言葉である。米国連邦地区裁判所判事フランク・H・シーイはロナルド・ウィリアムソンの公判を再審理し、その公判は憲法にあるまじきことであったと断じた。彼はウィリアムソンの有罪判決を無効とする命令書への結びの言葉を書いた。

「本再審理で私としての決断をどうすべきかを検討していた際に、法律の専門家ではない友人に私は、事実と法が私に、有罪判決が下され死刑を宣告された被告人に再審を認めなければならないということを命じているのだと信じている、と話しました」

「するとこの友人が『彼は殺人犯なんですか』と尋ねました」

「『それは彼が公正な審理を受けるまではわからないでしょう』とだけ私は答えました」

「もし仮にこの偉大な国で、公正な審理を受けなかった人が処刑されるのに私たちが顔を背けているようなことがあったとしたら、神よ、私どもをお助けください。今回の裁判では危うくそうなるところでした」

「したがって、人身保護令状を発令するものとする……」

―――――

　1999年4月、デニス・フリッツとロン・ウィリアムソンがオクラホマ州で、終身刑、死刑から自由の身になって2〜3日後、2人は束の間だったが全国ネットのテレビに映った。2人が釈放される映像が人々の心を打った。結局2人の話は全国的なニュースとなった。主要なネットワークの一つが、実際には潔白であった人々の話をもう1本流してもいけるだろうと決断をした。そこでこの2人の男性はニューヨークに飛び、バリーとモーニング・トークショウに出た。その後家に帰る前に2人は、オクラホマ州の多くの小さい子どもたちが夢に抱いている場所である、ヤンキースタジアムのツアーに参加した。オクラホマ州で誤判を受けたもう2人、ティム・ダーラムとグレッグ・ウィルホイットが合流した。

電話が鳴って、SWATチームが彼の母親の家の前に現れたカンザスシティのあの春の夜から、デニスは年齢を重ねていた。白髪頭になっていた。彼が家を出たとき12歳だった娘は、今24歳になっていた。それでも、古い球場めぐりのツアーガイドについて行くときの彼の学校教師としての探究心は鋭く、変わることなく健在であった。デニスは、ブロンクスにいようと、カンザスシティのリスター通りにいようと、そこで吸い込む自由の空気を味わった。
　たとえ目を細めて見たとしても、かつて優秀で前途有望なドラフト第2巡でオクラホマ州の小さな町の高校から鳴り物入りで出て来たロン・ウィリアムソンの面影を仄かにでも見るのは難しい。おそらく、蚊がブンブン唸り、灯りもブンブン音を立て、ビールは早く飲まないと温まってしまうような小さな野球場で夜1,000試合をこなした男、映画『ブル・ダーラム』〔邦題『さよならゲーム』1988年〕に出て来る年配の登場人物の雰囲気がいくぶんあった。
　「ここで皆がどんなに楽しんだのか、ということがちょっとだけ感じられたね」と片足をヤンキースのダグアウトに入れてロンは話した。
　はるか昔だが、かつての運動選手が死刑囚だったとき、オクラホマ州の死刑囚独房で立ち上がったこの死刑囚が、彼の死刑執行の5日前に鉄格子に両手をついて、「俺は無実だ！　俺は潔白だ！　俺は無実なんだ！」と叫んだ。何度も繰り返し、終いには声が出なくなるまで叫んだ。
　そういった生々しい苦悩はこの4月の美しい朝には覆い隠され、耳にすることもなかった。ロンは、彼が実際に生きた人生ではなく、歩むことができたかもしれないと考えた人生を訪ねていた。球場は空っぽだった。晴れ渡った空に太陽は高く、陽射しは肌に柔らかく当たった。ツアーコンダクターが、ミッキィ・マントルがヤンキースタジアムで打った最長飛距離のホームランについて説明をした。すかさずロンは、ミッキィにはワシントンで打ったもっと長いホームランがあると口を挟んだ。彼は、彼自身の野球の話までしてしまった。
　ロンはオークランド・アスレティックス、通称"A's"への高校ドラフト指名に入ったために、彼の最初の春季練習のある一日、メジャーリーグのレギュラーチームと一緒にユニフォームを着てもよいと認められた。
　「キャットフィッシュ・ハンター、ジーン・テナス、レジー・ジャクソン。それにディック・グリーンが2塁手で、オクラホマ州の出で、私のことを知ってたんですよ」とロンは話した。「彼はレジー・ジャクソンに来るように声をかけたんだよ」
　彼は20年前の会話を暗唱していた。
　「こっちはうちのチームのドラフト2巡目の指名でね、オクラホマ州からもう1人

第13章　教訓　273

というわけだ」とグリーンは言った。
「あんたのポジションはどこなの?」とジャクソンは訊いた。
「よくわかりません」と、投げれるし、撃てるし、捕手もできるが、グラウンド上であればどこでも喜んでできる、とロンは答えた。
「そうじゃない、レジー、彼はライトだ」とグリーンがからかった。
ライトの守備位置をライオンのようにうろついていたジャクソンは睨みつけた。
「何てことを」とジャクソンは怒鳴るように言った。「あんたはマイナーリーグでお陀仏だね」
ロンは嬉々として話した。彼は次の部分は語らなかった。それは小さな町のヒーローが心身ともに傷ついて故郷に戻って来たときのことであり、メジャーリーグに選ばれながら病気で精神がまいってしまった部分であり、死刑執行のために送還されたときのことである。また、その後どのようにして12年後に冤罪が晴れ、死刑囚監房から出ることができた78番目のアメリカ人となったのかも省略された。
ほんの束の間、ロンは1人でセンター守備位置に立った。キラキラ輝く芝生の上に巨体を現し、かつての運動選手のノソッとした体がスプリンクラーから出る水のアーチ越しに見えた。
「それほど感じないね」と彼は素っ気なく言った。「これまでの間にこんなことはどれも私から消えてなくなったね。実を言えばね、最近は冷えたビールの方にずっと興味があるね」
2人は帰りのフライトのために空港に車で向かった。ロンに同行したのは、彼の後見人を務めた姉のアネッテ・ハドソンと、彼のオクラホマ州からの公設弁護人のマーク・バレットであった。
ロンとデニスにとっては、10年以上目にしていなかった世界をうまく乗り切るのは、どれをとっても簡単なものはなかった。
「写真付き身分証明書をお願いします」と空港のゲート係員は言った。
「持ってないです」とロンは応えた。
「あなたの写真が載っている運転免許証は?」と彼女は言ってみた。
「身分証名書というものを持ってないんですよ」とロンが言った。
「申し訳ありませんが」とゲート係員は続けた。「連邦規定でどの乗客の方も写真付き身分証明書が必要なんです」
そこでロン・ウィリアムソンとデニス・フリッツは、2人がこれまでどこにいたのかを初めから説明にかかった。そしていつも通り、刑務所時代と違って、今は行かないといけない場所がある、と説明した。

終章 刑事司法改革への第一歩

　本書の初版が1999年末に印刷されてから、DNA鑑定によって18日に1人の割合で無実の人が刑務所から、あるいは死刑囚監房から自由の身になっている。本書執筆時点〔2001年3月〕で、前年は20人となった。しかしこの率は、もし何千もの裁判で、生物学的証拠が紛失したり破損したりすることがなかったとしたならば、あるいは、もしもっと多くの収監者がDNA鑑定を享受することができたならば、毎日1〜2名の収監者が容易に自由の身になることができたであろう。それでも、現像が進んでいるポラロイドで撮ったスナップショットの中の形のように、姿を現す外形は十分に明確である。つまり、刑事司法制度は、警察署から最高裁判所に至るまで、壊滅状態に近い。

　1999年以降、至るところで新たな動きが出始めてきた。イリノイ州のジョージ・ライアン知事は、死刑モラトリアム（一時停止）を宣言した。これは、彼の州が、12人の死刑執行を行ったが、死刑囚の13人が潔白だということが判明し、冤罪の原因を再検討する調査特別委員会を立ち上げた後になされた画期的な決定であった。知事は最終的に、死刑囚157人全員を仮釈放なしの終身刑に減刑した。コロンビア大学のある研究によれば、全米で1973年〜1995年の間に下された死刑宣告は、3件に2件の割で憲法上の過誤があったために、法廷で判決が覆された。ニューハンプシャー州からネブラスカ州、そしてカリフォルニア州まで、州議会議員は、無実の人たちの保護を意図した改革に賛成票を投じた。ニューヨーク州知事のジョージ・パタキは、委員会でなぜこれほど多くの誤判が発生するのかの原因調査をすると発表した。良心的な地区首席検事は、昔の裁判における冤罪の見直しを始めた。著名な保守主義者が、死刑はコストがかかって、信用できない政府プログラムのように見えるばかりでなく、明らかに無実の人々を殺害する危険を冒している、と断言した。

　おそらく最も画期的だったのは、2000年に冤罪が晴れた人々の中の2人が、彼らの言い分を申し立てるために連邦最高裁判所に訴えたことであった。これまで実際、国の最高法廷で審問を受けたのはほんのわずかな一握りの刑事問題だけである。この2人は敗訴した。そこでこれらの無実の人たちは、結局は正義を、連邦最高裁の高い地位にある法律の専門家からではなく、試験管から得ることになった。

　21世紀の冒頭でのこれらの出来事は、信頼に足る、公正な裁判を行うべき

刑事司法制度へのアメリカ社会の信頼に、画期的な変化が起きていることを映し出した。ほんの10年前には、刑事司法制度への国民の主要な関心は、死刑に値する殺人の罪で有罪となった人々を速やかに処刑できないということにあった。連邦最高裁判所長官のウィリアム・レーンクィストが指名した特別委員会は、1989年に同委員会が、死刑を遅らせ、その結果「国民の刑事司法制度への信頼を損なう」ことになった、理不尽な裁判と見なしたことについて不満を述べた。この問題に取り組むために1996年、共和党の議会と民主党のクリントン政権は、死刑囚監房の上訴を抑制することにした。そして2000年1月には、フロリダ州のジェブ・ブッシュ知事は、死刑執行の方法を電気椅子から薬物注射に変え、さらにそれらをより迅速に実施する計画を作成した。

「私が願っているのは、我々がもっとテキサス州のようになることです」と、フロリダ州知事の死刑に関する顧問である、ブラッド・トーマスが説明した。「証人を呼び寄せ、被告人を処刑用の担架に乗せ、さっさとやろうではないか」

それにもかかわらず、新世紀に突入して、国民的な対話を方向づけたのは、冤罪が晴れる速度であって、処刑の速度ではなかった。

法廷内で時折聞こえる鼾（いびき）が最もよく聞き取れる、生きている証だという弁護士の隣に座っている人たちの、自分の命をめぐっての公判についての報告に耐えられる人はいなかった。「憲法に弁護士は目を覚ましていなくてはならない、とは書いていない」と、あるテキサス州の判事は断言し、公判中、長時間眠っていた弁護士を代理人にした男性への死刑判決を承認した。最も重大な嫌疑で告発されている被疑者に、弁護人として務めている、酔っ払い、無関心者、および無能者に関しては、有罪の人も無罪の人もどちらにも、目撃者の誤り、刑務所内密告者、虚偽自白を克服する望みはほとんどなかった。

刑事司法に対する信頼は、誤判を受けた人たちが地元マスコミや全国ネットに定期的に登場することで蝕（むしば）まれていて、その状況は、もはや目に見えないことはなかった。世論調査によれば、国民の90％以上が、時代遅れの地方の規制に拘らず、収監者がDNA鑑定を受けることを認めるべきであると信じていた。

2000年になって国民の目には、犯罪と処罰に関する全体像がよりはっきりと見えるようになったのだが、2人の主要な大統領候補者は、冤罪が晴れて刑務所と死刑囚監房から大手を振って出て来る人々のことに言及することは避けて通った。

アル・ゴアとジョージ・ブッシュは、死刑支持者として揺るぎがなかった。そうであるために両候補者ともに、DNA鑑定をデウス・エクス・マシナ（機械仕掛けの神）——法の不備、信頼性の欠如というズタズタになった末端部分を何か信頼できるものに織り込む一種の魔法の縫い針——として、あれやこれやとDNA鑑定についての心地よく信じられるフィクションを受け入れた。

「私は、死刑はある種の犯罪に対しては妥当にして効果的な処罰だと信じる」とゴアは言った。「しかしながら私は、私たちの刑事司法制度をより公正かつより正確にすることが可能な、新しいDNA技術の活用を強く支持する」

「DNAがある一定の無罪、あるいは有罪を証明できるという範囲において、我々はDNAの活用が必要だと考える」とブッシュは言った。

こういった対応が不十分だということは、ゲリー・グラハムの処刑がテキサス州で行われることになった2000年6月に劇的な形で示された。グラハムは、連続強盗、連続暴行の犯行後、彼を有罪とする相当の証拠があったために逮捕された。しかしながら彼は、スーパーマーケットにいた男性の殺害で死刑を宣告された。しかもこの件で、証拠は極めて不十分であった。つまり、目撃者は1人だけで、彼女は、夜間、9メートル強離れたところから、彼女の車のフロントガラス越しに彼を2～3秒見たと断言した。殺害から1週間後にグラハムは逮捕された。そのとき彼は銃を所持していたのだが、殺害に使われた凶器ではなかった。さらに、グラハムは連続強盗犯ではあったのだが、駐車場でその男を誰が殺したにせよ、被害者が所持していた5,000ドルの現金には一切手がつけられていなかった。他の2人の目撃者はグラハムは殺人犯ではないと発言したのだが、グラハムの弁護人は彼らを証言させるために召喚するのを怠った。

DNA鑑定であれば、真実は試験管から溢れ出てきて、いかなる厳しい決断も容易にできるという、DNA鑑定に対する誤った考えがグラハムの裁判ではあますところなく露呈した。DNA鑑定は、生物学的証拠が絡んでいない他の何十万もの裁判でも同様なのだが、この殺人においても彼が有罪か無罪かを明らかにすることはできなかった。しかし、DNA鑑定によって事実を提供できないときでさえも間違いなく叡智を提供しており、そのうえ、10年分の鑑定が積み重ねてきた財産は、現実に広く行き渡っている目撃者の誤りの危険性について警告を点滅させつつ、ネオンサインの役目を果たしている。死刑執行に注目が集中するにつれて、ブッシュが立候補しているということと、証拠が不十分だという両方の理由で、ただ1人の目撃者、すなわち、グラハムを殺人者として識別したことに確信ありげな女性に対してテレビのインタビューの手はずが整えられた。さらに人々は、別

件で襲撃犯については確信している目撃者からの話を聞いた。その女性はジェニファー・トンプソンで、彼女の話した内容は第12章に記載されている。彼女は朝のネットワーク・ニュースショウに登場して、彼女の家で彼女がレイプ犯とどれほど顔を突き合わせていたのか、そして彼女を苦しめた人間には当然の報いが与えられたのだという絶対の自信を持っていたが、無実の男性を刑務所に送ってしまった、ということを思い起こした。その後、当局が真犯人を逮捕したが、彼女にとってのレイプ犯のイメージは、その無実の男性のイメージのままであった。ニューヨーク・タイムズ紙の記事の中で、彼女は語った。

「私はレイプ犯の顔の特徴1点1点を微細に検討しました。私は彼の頭髪の生え際をよく見ました。傷跡、刺青等、犯人を識別するのに役立つものなら何でも探し求めました。もし仮りに私が暴行から生き延びることができるなら、犯人を確実に刑務所に送り、朽ち果てるのを確認したいと思っていました……。私にはこの人が犯人だとわかりました。私は完全に自信がありました。私は確信していました。……でも、目撃者は過ちを犯すこともあるし、実際犯すものなのです」

テキサス州では彼女は、カーク・ブラッズワースに同行した。彼は、メリィランド州出身の元海兵隊員で第11章の中心人物として扱われているが、子ども殺害で、──5人の目撃者証言に基づいて──死刑を宣告されそしてその後、DNA鑑定で冤罪が晴れた。

その後、ブラッズワースとデニス・フリッツ──第6章の中心人物として扱われている高校の理科教師──はアメリカ合衆国議会において、ヴァーモント州パトリック・リーイ上院議員、オレゴン州ゴードン・スミス上院議員、マサチューセッツ州ウィリアム・デラハント下院議員、イリノイ州ジェイムズ・ラフッド下院議員による超党派の議員立法、無実の人の保護法（Innocence Protection Act）に賛成の雄弁な証言を行った。

2人の大統領候補が、DNA鑑定許可条件の原則を支持したことは当然であった。それでもなお、たまたま生物学的証拠がある裁判で起訴されたほんのひと握りの人々よりも、もっと多くの人々に対して正義が正しく行われていない。

───────

1983年10月のある夕刻、アリゾナ州ツーソンで、1人の年若い少年が教会のカーニヴァルから小児愛者によって拉致され、車で荒れ果てた家に連れて行かれ、数時間にわたって淫らな行為をされた。1週間後警察は、片方の目が利かな

い中年の黒人男性、という被害者の説明に大まかに合致したラリィ・ヤングブラッドを逮捕した。ヤングブラッドは、ガールフレンドと家にいてメレンゲ・パイを作っていたと主張した。公判で彼は、精液が付着した少年の衣服を鑑定するように依頼したのだが、それは破損していた。予備役の警察官が、衣類を普通の冷蔵庫ではなく、ロッカーの中に室温で保管していたために、その証拠は破損した。事件を審理する最初の陪審員審議は6対6で行き詰まった。2回目の公判でヤングブラッドは有罪判決を下された。

ヤングブラッドと彼の弁護人——ダン・ディヴィスとキャロル・ウィッテルス——は、警察が証拠を保管できなかったために、彼の無実を証明することができなくなってしまった、と主張した。これに州の控訴審が同意し、彼は釈放された。しかしながら連邦最高裁判所は州の訴えを受け入れた。

「しかしながら、刑事被告人が警察側の害意を明らかにできないのであれば、潜在的に有用性のある証拠を保管できなかったとしても、それをもって正当な法の手続きを否定したということにはならない」とウィリアム・レーンクィスト連邦最高裁長官は1988年に言明した。

もう1人の裁判官はさらに踏み込んだ。「州の不作為によって被告人が不利益を被ったということは考えがたい」とジョン・ポール・スティーヴンスは書いた。紛失した証拠はおそらく「重要ではない」ものであった、と語った。

この裁定は、警察の物的証拠保全責任を著しく軽減させた。これは「極端な」裁決——加えて、明らかに誤った裁決——であった、と1人の裁判官は述べた。「憲法は、刑事被告人に対しては、公正な裁判での単なる『誠実な』試みではない、公正な裁判が提供されることを要請している」とハリィ・ブラックマンは反対意見として書いた。彼は以下の点も指摘した。「本裁判における証拠は、決定的と言うにはほど遠く、かつ、ヤングブラッドに認められなかった証拠が彼の冤罪を晴らしたであろうという可能性はありうる」。彼は、目撃者への「悪名高き信頼性の欠如」が、本裁判のような、白人被害者と黒人加害者が関わる異人種間の認定においてはいっそう顕著になった、と言及した。

サーグッド・マーシャルとウイリアム・ブレナンがブラックマンと意見を同じくした。しかし彼らは、レーンクィスト、アントニン・スカリア、バイロン・ホワイト、サンドラ・ディ・オコーナー、アンソニィ・ケネディに圧倒された。

ヤングブラッドは刑務所に戻り、刑期を終えた。釈放と同時に彼は、法の要請に従い、性犯罪者として登録された。それから彼は引越したのだが、当局に新しい住所を連絡しなかったために刑務所に連れ戻された。2000年春になってつい

に彼の弁護人が、暴行のあった夜に被害者の少年の体から精液を回収するために使用された17年を経た綿棒を入手した。綿棒は衣類と違って冷蔵庫で保管されていたために、依然として暴行犯が残した精液細胞を含んでいた。ヤングブラッドの要請に応じて——さらに、彼が書面でツーソン警察を訴えないということを約束したからこそ——これらの綿棒は初めてDNA鑑定を受けた。

　結果は、ヤングブラッドが、子どもに淫らな行為を行った性犯罪者ではありえないということを明らかに示した。それから1年後、あるDNA照合が、テキサス州でレイプの罪で収監されていた片目の男である犯人を特定した。ブラックマンが述べたことは正しかったが、レーンクィストと多数派の指摘は大間違いであった。警察によって破損された証拠は、彼の有罪にとって重大であったのだ。1人の無実の男が連邦最高裁判所までやって来たのだ。それもただ、警察は彼を逮捕し、凶悪犯罪の容疑で起訴することができ、そのうえ、犯人を特定する物的証拠管理の責任を負わなくても構わない、ということを告げてもらうだけのためにだ。「今なお、『罪ある人を自由の身にすることよりも、無実の人に有罪判決を下す方がはるかに悪いことであるということが、私たちの社会の基本的な価値観を決めている』のです」とブラックマンは指摘していた。

　科学はまた、目撃証言と弁護人能力に依拠して最高裁を開廷することの致命的な弱点を曝け出した。

　再三再四、目撃者による識別が——最高裁の視点からすれば、法的には正しくても——DNA鑑定が明らかに示すように、結局は事実上誤っていることが判明した。これは別に驚きには当たらない。1967年以降、最高裁は州に対して、証人尋問を技術的によりよく進めるために社会科学を活用するように奨励した。調査がないがしろにされてきたのである。

　現在の裁判制度がとっている、検察側と弁護側が主張・証明しあう対審構造（adversary system）がうまく機能しなかった責任の大半は、1989年のストリックランド判決で、法廷弁護士の効果的な弁護と、全米の下級裁判所でのその緩慢な活動に対して甘い基準を設定した連邦最高裁にある。テキサス州では、2000年6月11日のシカゴ・トリビューン紙に掲載された調査によれば、40件の死刑裁判での弁護人は「公判で判決を言い渡す段階で、証拠と言えるものは一切提出しなかったか、証人もたった1人しか喚問しなかった」。同紙はまた、43件の裁判で、弁護人は職業上の不正行為のために処罰された弁護士であったことも報じた。以下は、業務停止になった弁護士の1人が行った最終弁論の全文である。

「皆さんは頗る知力の優れた陪審員です。そして皆さんの手の中にあの人の命が握られています。生かすも生かさないも皆さん次第です。私から申し上げなければいけないのはそれだけです」

居眠りをしている弁護人には、密告者、嘘つき、詐欺師、あるいは事実を削ぎ落とすような人たちに挑むことはできない。彼らには、悪意のあった過ちにせよ、悪意のない過ちであったにせよ、自ら犯した過ちを公表することができない。殺人罪の被疑者フレデリック・マルティネス・マシアスの弁護のために州が時給11.84ドルで確保した弁護士には、「有効なアリバイ証人を提示することができず……しかも検察側の主張に反論を加える証言ができたであろう証人の尋問も、証人の提示もできなかった」と、スティーヴン・ブライトは2000年6月のテキサス・ロー・レビュー誌に書いた。最終的には連邦裁判所は、フレデリック・マルティネス・マシアスの死刑の原判決を棄却し、その後彼は釈放された。

対審構造が妄想に過ぎないということが証明されると、誤判に対する説明責任は根気強い外部の人間かあるいは良心的な内部関係者のどちらかの肩にかかってくる。

カリフォルニア州サンディエゴでは、地区首席検事補のウッディ・クラークが、無実の人が刑務所に送り込まれていないかを確認するために、DNA鑑定を使って古い有罪判決を洗い直す作業を開始した。しかしながら、最初の60件の性的暴行で彼は、証拠は破損したか紛失してしまっていたことを発見した。テキサス州オースティンで同様のプロジェクトに関わっていたロニィ・アール検事の方はうまくいった。彼は、6件の婦女暴行、1件の殺人の罪で、「バートン・クリークレイプ犯」として刑期を務めていたカルロス・ラヴェルニアの無実の罪を晴らした。ウィスコンシン州のイノセンス・プロジェクトに関わっている学生の協力を得た地区首席検事も、もう1件の茶番劇を知った。死刑宣告を逃れるために、クリス・オチョアという男が、オースティンのピザハットの店長殺害の虚偽の自白をした。さらに、彼が犯したのではない罪と交換に命を救うための取引の一部として彼は嘘をつき、もう1人の無実の男性リチャード・ダンジガーが、殺害の際に彼を幇助したと言った。

ニューヨーク市、クイーンズ郡の地区首席検事リチャード・ブラウンは、この件をさらに一歩掘り下げた。彼は生物学的証拠が利用可能かどうかにかかわらず、

深刻な無実の申立てを洗い直すために、上級係員の1人グレゴリィ・ラサクともう1人の検事補を担当者に指名した。2000年6月、リー・アンソニィ・ロングは、彼の公設弁護人であるセイモア・ジェイムス、スーザン・エプスタイン、ソニヤ・テイト・カズンズが、ラサクに彼の駐車場での女性への性的暴行に対する有罪判決の再調査を依頼したことによって、自由の身になった。DNAの証拠は手に入らなかったが、ラサクと一緒に調査をした捜査官たちは、ロングには犯行のあった夜のアリバイがあり、それは逮捕後何分かの間に警察の手で確認されていた。そしてそれから、もみ消された。

　政治家では、2人の共和党知事──イリノイ州のライアン知事と、ニューヨーク州のジョージ・パタキ知事──が、無実の人たちはどういう経緯で最終的には刑務所行きになってしまったのかの問題を取り上げた。おそらく民主党は、1980年代に犯罪に甘いという非難で痛手を受けていたので、民主党中道派の新しい世代はほとんど沈黙を守っていた。その典型が、民主党の副大統領候補に指名され、道徳心の高い政治家としての姿勢がもてはやされた上院議員ジョーゼフ・リーバーマンであろう。上院で彼は、死刑囚からの上訴は抑制し、青少年による犯罪に死刑を適用することには賛成票を投じ、受刑者が彼らの上訴の一環として人種差別を主張するために判決統計を使うことを認める措置には反対した。それでもなお、ハイウェイ上での車両の停止命令から死刑囚監房での部屋順まで、犯罪に関するどの段階においても人種問題が織り込まれている。

　2000年に新たに無実が証明された裁判の3分の2以上に、白人に対するレイプあるいはレイプ殺人で誤判を下されたアフリカ系アメリカ人が関わっていた。これは、この種の異人種間の犯罪発生率とは甚だしくバランスを欠いた数値である。さらに司法省は、連邦政府の死刑が、同様の犯罪で告訴された白人被告人に対してより、少数民族の被告人に対してはるかに多く適用されていることを認めた。

　ジョセフ・ジャラタノから沸き出た言葉が、それまでと同様に、そしてこれからも長くそうであるように、1つの具体的な質問として固まった。1985年8月末のある日の午後、ニューヨークにある大物顧問弁護士事務所から1人の若い女性弁護士マーティ・イェールが、ヴァージニア州ボイドトンにある刑務所で彼に面会するためにやって来た。彼女が所属する法律事務所では、有罪判決を宣告された

殺人者でありレイプ犯であるジャラタノを含めた、ヴァージニア州内のすべての死刑囚の代理人として裁判を扱っていた。

まだ裁判についての話し合いが始まっていないというのに、ジャラタノにはこの、ロースクール出たての青二才で、ほんの15分前まで刑務所の中など一度も見たことがなかった若い女性弁護士に問い質（ただ）してみたいことがあった。死刑囚監房で彼の隣に収監されていたアール・ワシントンは大変な問題に直面していた。彼は第1回控訴で敗訴していた。

「あいつには弁護士がついていない」とジャラタノは説明した。「あいつには知的障害がある。人の思いのままに何でも言ってしまうんで、あいつは自白させられてしまったんだ。あいつは潔白なんだ」。ジャラタノに同席したのは、広く尊敬されている収監者のための弁護人マリィ・ディーンズで、彼女はワシントンの弁護士をくまなく探し求めたと説明した。

「2週間であいつの死刑執行日が来るんだ。だから奴らはあいつを殺す準備をしているんだ」とジャラタノは話した。「そういうことで、あんたとしては一体全体これをどうするつもりなんだい？」

一瞬この問いかけは宙に浮いた。

「事務所に電話させてください」とイェール弁護士が答えた。

これらの言葉が15年にわたって、ヴァージニアの田舎の法廷から連邦最高裁判所まで所を移し、2人のヴァージニア州知事の2期を通じての野心から野心へと飛び火して繰り広げられる、壮大な法廷闘争の幕を開けた。アール・ワシントン——無一文で知的障害のある農業労働者——の裁判が、アメリカの司法制度内部の、膨大で恥ずべき弱点の綻（ほころ）びを露呈させることになるのである。

それから15年後、2000年10月2日の執務時間後にジェイムス・ギルモア知事の動議がひっそりと発表され、ワシントンが無罪放免されたときには、ジョセフ・ジャラタノの問いかけ——「あんたとしては一体全体これをどうするつもりなんだい？」——は、よりいっそう大きく、かつより長く鳴り響いた。

――――――

ヴァージニア州には米国で最も情け容赦ない死の仕掛けがある。ヴァージニア州で死刑判決が覆される確率は18％である。コロンビア大学のジェイムス・リーブマン、ジェフリィ・ファーガン、ヴァレリィ・ウェストによって2000年に発表された研究によれば、全米でのこの率は68％である。

ヴァージニア州の効率のよさは、他のほとんどの州では適用されない事情に基づいている。ヴァージニア州の収監者には、新たな無実の証拠を提出するのに、有罪判決後21日──米国内で最短期限──しかない。その後、彼らには法廷を使う術がまったくなく、あとは知事の恩赦に全面的に頼らざるをえない。
　さらにヴァージニア州の死刑囚には、彼らの直接の上訴が完了してしまうと、法的な援助はまったくなかった。つまり、死刑執行を回避するには、死刑囚は、州の憲法違反、あるいはアメリカ合衆国憲法違反が、彼らの法廷で行われたという自らの主張を書き上げなければならなかった。実際、イェール弁護士があの日の午後ヴァージニアに来るようになったのはそのためであった。つまり彼女の法律事務所が、全収監者の代理人として、上訴後の手続きに関して弁護士を依頼する権利を確立するために裁判を起こしていたのだ。
　「もし有罪判決後の弁護士との相談、あるいは人身保護令状手続きへの手立てがないとすると、そのときは死刑判決が覆ることはないでしょう」とニューヨーク州の死刑弁護人（Capital Defender）のケヴィン・ドイルが指摘した。「しかし、これでは正当な扱いをしているというわけにはいきません。まるで、国内の乳房のレントゲン写真撮影の半分は停止しておいて、乳癌の発生率は50％落ちたと宣言するようなものです」
　1982年6月4日の正午頃、ヴァージニア州カルペパーにある小さなアパートに住む1人の男性の耳に騒ぎが聞こえた。1階部分の682号室の戸口のところで彼は、レベッカ・リン・ウィリアムス（19歳）が血まみれでぐんなりしているのを発見した。ウィリアムスは、呻き声で、レイプされたこと、負傷していることを伝え、助けを求めて、死にたくない、と言った。2〜3分経って、夫のクリフ・ウィリアムスが帰宅し、妻が出血し、シーツに包まっているのを見た。
　「妻には救急車がこっちに向かっているということ、大丈夫だからということ、それと何にも心配は要らない、と言おうとしました、それと聞きましたよ、誰の仕業かって、すると妻が言ったのは、黒人、とだけだったんです、そんなことだったんです」とウィリアムスは振り返った。
　彼女には胸部と腹部に深く達する複数の刺創があった。病院では外科医も止血不能であった。およそ2時間後に彼女は息を引き取った。
　捜査官が指紋採取をし、現場写真を撮り、犯罪現場から、血に染まったベッドシーツと精液が付着した紺青色の毛布を含む175点の証拠品を回収した。
　カルペパーの町と周辺地域は根こそぎ捜査された。ある刑事の推測では、200人の被疑者が尋問され、そのうち2〜3人が特別な厳しい捜査を受けた。町は

この事件に悩まされた。そして殺人事件から1年ほど経って、警察は幸運を掴んだと思った。
　1983年5月末、年齢23歳だが精神年齢10歳のアール"ジュニア"ワシントンが酔って彼の兄と喧嘩をした。ワシントンは、隣に住む年配の婦人が冷蔵庫の上にピストルを置いているのを知っていた。彼は押し入ってそのピストルをひったくった。その間に気がついた彼女が目を覚ました。彼は彼女を椅子で殴りつけ、自分の家に駆け戻って兄の足を撃った。その後、彼の家の掘っ立て小屋の裏の草陰に潜んでいた。
　警察が彼を逮捕した際、彼は聞かれたことは何でも白状した。はい、隣人を椅子で殴りました。はい、彼女のピストルを盗みました。はい、兄の足を撃ちました。ウォータールー・ロードの通りを行ったところのもう1件の押入りはどうなんだ、と刑事たちは彼に聞いた。「あれはお前がやったのか？」
　「はい、刑事さん」とワシントンは言った。
　ウインチェスター通りでの強盗は？
　「はい、刑事さん」とワシントンは答えた。
　町でもう1人レイプしたのか？
　「はい、刑事さん」とワシントンは言った。
　刑事たちはもっと大きな獲物を求めた。「我々は、1982年のカルペパーで起きた殺人事件についても、彼に聞いてみることに決めました」と刑事たちの1人が書いた。2度、彼はこの件についてはどんな関係もない、と否定した。
　「このとき私はアールに訊きました。『アール、お前はカルペパーであの少女を殺したのか？』アールは5秒ほど黙って座っていました。それから『はい』と首を左右に振って、泣き始めました」
　刑事たちが何人も集まって来た。ワシントンは刑事たちに、殺害された女性は黒人だったと語った。実際には白人だった。彼は彼女のことを「背が低い」と説明した。実際はレベッカは1.7メートル強だった。彼は2度刺したと言った。検屍結果では38ヶ所の刃物による傷痕があった。彼は、部屋には誰もいなかったと話した。彼女の2人の小さな子どもたちがいた。
　ワシントンは、彼の面前に差し出されたどの犯罪にも自白をしたのだが、どの犯罪でも詳細はまったく間違っていた。証人たちは彼がやったのではないと言い、2件を除いてすべての起訴は取り下げられた。その1件は、兄弟喧嘩と、隣家への不法侵入であった。
　残ったもう1件は、ほかに生き証人のいなかったレベッカの殺害であった。唯

一証拠となるものは、自らの知力の穴を、暢気で、人を喜ばせようと熱心な笑顔で塞ぐことで人生を過ごして来たワシントン自身から出たものだった。警察から書くようにと陥れられて、ワシントンは書類に署名した。しかし初めに、刑事たちの１人が彼にそれを読んで聞かせねばならなかった。

――――――

　子どもの頃、アール"ジュニア"ワシントンは、優しいが、どうしようもなく、教育が不可能であった。「彼はほぼ彼の能力の限界に達しました」と３年生のときの教師が書いた。さらに「非常に愛嬌があって、親切で、役に立ちます」と書き加えた。
　４年生の終わりに、１人の教師が内申書にこう書いた。「アールは一度も問題児になったことがなく、気持ちよく仕事ができる。彼は非常に簡単に誘導することができる。彼は言われたことはしようとするが、自分に何が期待されているのかはわからない」
　1974年の家庭の収入は週75ドルであった。彼は９年生を前に学校を辞め、農場で働いた。そこでは彼は、まともで、人当たりのよい人物だと見なされていた。しかしながら、彼は機械操作をさせてもらえなかった。鈍い少年は鈍い大人になってしまっていた。
　彼は「尋ねても、私にアメリカの旗の色が言えなかったし、温度計の目的を言うことができませんでした」と、精神分析医のT.リチャード・ソーンダースが、30歳のアール・ワシントンについて書いた。「さらに、この患者は『修理』、『織物』、『組み立てる』といった初歩的な言葉を定義づけることができませんでした」
　知的欠陥を補うためにワシントンは、好感が持てる態度で、いつも人を喜ばせようと熱心だった。「彼の死刑執行の夜に、もし電気椅子が作動しないようなことになったら、彼なら修理の手助けに応じるのではないか、というのが私の印象でした」とこの精神分析医は書いた。
　ワシントンに前科はなかったのだが、年配の婦人の隣家に押し入り、椅子で殴った廉で、初犯にしては著しく厳しい懲役30年の刑が言い渡された。それでもこれは、彼が抱えるいろいろな問題の中では序の口のようであった。
　彼のレベッカに対するレイプ・殺人公判では、刑事が入れ替わり立ち代わり入廷しては陪審員に対して、現場の恐怖、ワシントンの自白について証言した。レベッカの母親は、彼女の幼い子どもたちが、天国にいる母親と通話するために

使っている特別な電話について語った。

　公判でワシントンは、彼は刑事には一度も話しかけたことがなく、自白調書に署名したこともない、と証言した。彼の苦心の跡が見える署名がミランダ警告の書式と、刑事が清書した供述書にあることからして、説得力のある論拠ではなかった。

　陪審員が評議のために退室してから90分後、有罪判決が下された。判決は死刑だった。

　レベッカの殺人公判が終わったことで、カルペパーにはいくぶん満足感がもたらされたが、本裁判を取材していた1人の記者が公判結果に疑問を呈した。「これほど証拠が少ないのに、陪審員はどのようにして、1人の人間の命を奪う評決ができるのだろうかと疑問に思う人は多い」とローズアン・バーケンストックはカルペパー・ニュース紙に書いた。彼女が指摘したのは、ワシントンの指紋が殺害現場に1つも発見されなかったということと、彼の「自白」は録音されなかったということ、それも実際、捜査官は供述のメモをとっておらず、1日後になって詳細を清書したと語ったということであった。疑問を表明したのは彼女だけではなかった。証拠の弱点は、多くの上訴裁判所の判事の心を打った。

　19世紀、イギリスの議会政党に関して、「労働党は周期的に良心に向き合い、取り組み、その結果、労働党は勝利する」と評した人がいた。ワシントンの有罪判決からほぼ10年間、上訴を扱ってきた判事たちは、彼の法廷弁護人の有効性と彼の自白と実際に起きたこととの関連について重大な疑問を表明した。彼らなりに良心を持って取り組んだとしても、州および連邦判事には、無実の人が死刑執行室に突き進むのを阻む理由を見つけることができなかった。

　1985年8月頃までには、ワシントンの州裁判所への上訴には結論が出ていて、あとは彼の死刑執行をいつにするのかというだけになっていた。彼は電気椅子処刑を待つばかりの人のための待機監房に移された。これがたまたま、マーティ・イェール弁護士が刑務所を訪問したのと重なった。

　ジョセフ・ジャランタノとマリィ・ディーンズとの面会の直後に、彼女はニューヨークの上司、エリック・フリードマンに電話を入れた。彼らは大物企業顧問弁護士の法律事務所——ポール、ウェイス、リフキンド——で働いていて、集団訴訟は事務所としての公益事業の一部として扱われていた。個別の死刑囚の訴訟処理

はこの公益事業には含まれていなかった。

　そうであってもフリードマンは、一方でこの訴訟を担当する別の弁護士を探しながら、ワシントンの処刑を遅らせる戦略を綿密に計画した。彼らは誰がこの訴訟を受けるにしても、最初からやり直さなくてもいいように、書類の準備作業を、通常業務の終了後の午後6時半から午前2時までの夜間に行った。しかし時は刻々と過ぎて行ったのだが、弁護士はまったく見つからなかった。彼はワシントンに専任でかかれる許可を得た。これにより彼は、ポール、ウェイス、リフキンド法律事務所の全兵器を自由に、それも弁護士補助員、司書、タイピストを24時間利用可能な状態で使えるようになった。もう1人経験豊かな弁護士ジョン・サッサーが助っ人に加わった。死刑執行5日前に彼らは、1,200頁の死刑執行延期を求める上申書をリッチモンドにある連邦裁判所に提出した。処刑の日は延期された。そうこうするうちに彼らは、ヴァージニア州の弁護士——バリー・ウェインステイン、ジェリィ・ザーキン、ロバート・ホール——ともども、イノセンス・プロジェクトでピーターとバリーと作業を進め、ワシントンの最初の公判に衝撃的な欠陥を発見するのだった。

　レベッカは瀕死の状態にありながらなんとか戸口までたどり着いたのだが、彼女はベッドでレイプされ刺されていた。警察と検察は、紺青色の毛布に見つかった5つの精液の付着物を鑑定していた。犯罪捜査研究所の報告書は弁護側に渡されたのだが、ワシントンの法廷弁護人にはその資料の重要性が認識できていなかったのだ。つまり、精液から検出されたのはA型だった。ワシントンも、被害者の夫のクリフォードもどちらもO型であった。要するに、この精液はどちらのものでもなかったのだ。

　それにもかかわらず、このことは公判ではまったく触れられなかった。どうやら検察側は、すでに自白をした人間に対する訴訟を蒸し返すことには、まったく関心を持たないと意を決したようであった。弁護側は、この証拠品をめぐって一切何も言わず、何ら有効な弁護活動をしなかった。そして最初の弁護士の仕事ぶりが、連邦裁判所の介入を求める申立ての拠り所になってしまった。

　これが明らかにアメリカ合衆国第4回巡回区控訴裁判所の関心を引いた。ワシントンの有罪判決には「いかなる公正な陪審員としても、単に架空ではない実際的な問題がないわけではない」と、3人の判事による合議体は、J. ディクソン・フィリップスによって書かれた判決を下した。

　しかし、結局は、ヤングブラッド裁判とほとんど同様に、連邦裁判所は、その毛布があっても判決に違いはなかったであろうと考えた。第4回巡回区控訴裁判所

の裁判長 J. ハーヴィ・ウィルキンソン 3 世は、アール・ワシントンは「一般的なやり方ではなかったが、実際の犯罪行為の詳細を熟知している者として犯罪を自白した」と語った。

「はい、刑事さん」「いいえ、刑事さん」といった、躓（つまず）きながらの、ほとんど支離滅裂な自白にしか見えなかったものが、判事の手によって、ヘミングウェイばりの、現場に居合わせた者しか知りえない、レイプと殺人についての肝心な詳細を思い起こせる犯人による反復表現に変えられてしまった。

結果としては、毛布が何を示そうとも、ワシントンには「法医学的な証拠を提出できなかったにせよ何の影響もなかった」とウィルキンソン判事は述べた。いずれにしても彼は有罪なのであった。

しかし、その後そうではなくなった。

2000 年の夏、DNA 鑑定がワシントンの無実を証明した。被害者の遺体、彼女のベッドの毛布から回収された精液は、ワシントンとも被害者の夫とも照合しなかった。毛布に残されていた付着物は、有罪判決を受けていたあるレイプ犯と関連づけられた。

ジェイムス・ギルモア知事が、その地元の各紙——ワシントン・ポスト、ヴァージニア・パイロット、リッチモンド・タイムズ・デイスパッチ、デイリー・プレス——および、PBS の「フロントライン」、ABC の「ナイトライン」からの過熱報道に煽られて DNA 鑑定結果を認めるまでに 1 年以上を要した。

2000 年 10 月 2 日、知事は、ワシントンに対して、「無条件大赦」を与えた。

一連のまぐれ当たり的な状況があったからこそ、ワシントンは生きていられた。ある顧問弁護士事務所が、土壇場で書類を急いで掻き集めて作成した。もしそうしていなかったとしたら、「死刑執行命令は実行されていたでしょうね、間違いなく」と、ヴァージニア州主任司法次官補ジェイムス・カルプは語った。何年にもわたって、ボランティア弁護士グループが無料の法律業務という形で数百万ドルの寄付を行った。メディアはワシントンの訴えを取り上げ、知事に DNA 鑑定を認めるように、さらには、何ヶ月もの間伏せておいた鑑定結果を公表するように圧力をかけた。

ヴァージニア州で死刑を待つ収監者に弁護士を指名するように求める集団訴訟は、最高裁まで持ち込まれたが、敗訴した。そこまでの段階に至った訴訟では、弁護士への権利は認められない、と最高裁判所は裁決した。ワシントンは、この敗訴した収監者の 1 人であった。

これより何年か前に、ウイリアム・レーンクィスト連邦最高裁長官は「実際には

無実だという主張は、それ自体、憲法上の権利ではない」と裁定し、政治家であれば、誤判を受けた人々の命を救えるであろうと示唆した。誤判を受けたと主張したい収監者は、恩赦制度に訴えることも可能であると連邦最高裁は言及した。恩赦制度は、安全弁としての役割は果たすであろう。ブラックマン判事は、スティーヴンス・スーター、デイヴィッド・スーターともども愕然とした。彼は、1803年の歴史的マーベリィ対マディソン事件判決（Marbury v. Madison）において裁判所が、アメリカ合衆国は「人間の政府ではなく、法律の政府」であるべきだと考えてきたということを想起した。恩赦は定義によれば、政治家による、義務ではない特別の計らいである。「もし仮に法的権利の行使が『特別の計らい』に敵対するようなことがある場合、そのときには我々はもはや、法律による政府の下にはいないことになる」とブラックマンは書いた。

「私は、レベッカ・ウィリアムスの家族、友人がすでに苦しんだ苦痛と苦悩に対し深く心を痛めており、今回のことでその苦痛がいくぶんかでも蘇るとしたら遺憾であります」と、ギルモア知事は、恩赦を発表する際に断言した。

知事が最初に発した言葉はワシントンの身に降りかかったことに対する遺憾の念ではなかった。知事はさらに、ワシントンは、乱闘中に隣の家に押し入った廉で30年の実刑を務め続けている、と主張した。彼がもし死刑囚でなかったならば、ワシントンは10年も前に、強盗による起訴から仮出所となる資格は十分にあったであろうに、と弁護人が指摘した。

生命と自由がかかっているいかなる制度にも、説明責任がしっかりと根づかなければならない。深刻な過ちが発生した場合——無実の人に後数日で死刑執行が行われるような——ヴァージニア州およびその他どの州も、制度を果敢にチェックする、無実の罪を検証する委員会を持たねばならない。イリノイ州では、ライアン知事が、無実の人が死刑囚監房に送られたそれぞれの裁判に関して、事後的検証を行う委員会を立ち上げた。さらに、誤判の問題というのは、死刑を宣告された人たちよりまさに大きい、と知事は指摘した。

ワシントンがうまくいった理由には、マリィ・ディーンズと、彼の口添えをしたもう1人の死刑囚ジョセフ・ジャラタノの権利擁護への試みがあった。ジャラタノ自身には、自分の無実を主張するもっともと思われる主張があるのだが、彼の場合には、どうやらDNA証拠が破損してしまったようである。

「それで、あんたとしては一体全体これをどうするつもりなんだい？」と彼は1985年に尋ねたが、この言葉が1人の無実の男の命を救うきっかけとなった。

つまるところ、DNAがすべての答えを持っているわけではないのだ。つまり、

DNAは私たちに正しい問いかけを提供してくれているだけなのだ。これらの正しい問いかけをするべき時が来たのである。

付属資料1　冤罪者保護のための改革一覧

　本書執筆時点、2003年7月末で、刑務所に送られたり死刑囚にされたりした130人の収監者の無実がDNA鑑定によって証明された。この集計数は、本書の最初の読者が上述の文に目を落とす前に間違いなく増えていることであろう。
　本書は、DNA鑑定の驚異についてではなく、これらの裁判に学んだ教訓を中心に据えてまとめ上げられている。なぜならば、誤判の原因は、生物学的証拠が入手可能な犯罪に限定できるようなものばかりではないからである。実際、DNA鑑定時代になっての新発見は、人間性探求の最も根本的なある種の道具について、その信頼性を綿密に調査するように社会に対して求めてきた。
　以下の内容は、20世紀末に始まり、21世紀初頭にも続いている、驚くべき一連の冤罪を晴らすことの結果として提案され、議論されてきた改革の項目別の概説である。

DNA鑑定
　法執行機関の専門家は、DNA鑑定が有効なのは、凶悪犯罪5件につき1件に満たないと見ている。しかしこの時代の教訓を賢明に議論し始めるには、刑事司法制度においてDNA鑑定が犯罪解明に役立つ可能性がある場合には常に、公明正大にして、厳密なDNA鑑定の採用が絶対必要であるという認識がなければならない。
　2003年中頃の時点では、32州に、有罪確定者DNA鑑定に関する法があり、さらに10州で法律制定が審理中である。通常法律は、犯罪に関連するDNAの証拠が存在し、鑑定が可能な状態にあるときにDNA鑑定を認める。そしてそのような証拠は、以前であればDNA鑑定の対象にならなかったか、要請されていた形式より、より原始的形式の鑑定の対象とされた。その証拠は、一連の透明性のある保管を通じて、犯罪現場から、保全、さらには鑑定研究所まで追跡が可能である。もし仮にDNA鑑定が公判に先んじて可能であったならば、被告人は有罪判決を受けなかったかもしれないという相当な可能性がある。さらに、その要請は、処刑を遅らせる目的のためになされたのではなかった。
　州法はその適用範囲、内容の両面でさまざまである。十分な無実の主張があるすべての有罪確定者を対象とした総合的な、州費で賄う鑑定プログラムを提供する州法もある。あるいは、DNA鑑定への権利が州法の厳しい文面によって、あるいは州裁判所の狭義の解釈のどちらかによって厳しく制限されている州法もある。
　このような州による、その場しのぎの対応も変わるかもしれない。2002年冤罪者保護連邦法（IPA、2003年に再導入の予定〔2004年10月30日に2004年冤罪者保護連邦法が成立〕）は、すべての州が一定の連邦刑事司法資金を受け取り、とりわけ、連邦収監者に対する法案の基準を満たしているか凌いでいる、有罪確定者DNA鑑定法を制定することを求めることになっている。IPAは上院司法委員会では超党派で採決されたが、下院ではアメリカ議会が2002年立法議会の休会になった際に司法委員会で審議が未決のままであった。IPAの基準が極めて包括的である（DNA鑑定と生物学的証拠保全要件の両方とも含む）

ために、それが可決されるには、現在法律になっている州のDNA鑑定法の多くを相当改正する必要が出てくるであろう。

誤った目撃証言

　目撃証言が、被告人に対する不利な証拠の主たる原因となっている。例えば、毎年77,000人以上の個人が、目撃証言に基づいて刑事被告人となっている。また誤識別が、誤判の主たる原因である。アメリカ合衆国で有罪確定者DNA鑑定で冤罪が晴れた130件の2/3以上に、目撃者の誤識別が関わっていた。このように目撃証言は、その頻度からも可謬性の点でも危険性をはらんだ法執行の手段であり、ここは極めて急を要する再検討が求められる領域である。

　ほとんどの面通しにおいて捜査官は、目撃者にすべてのメンバーを同時に見せて、その後でそれらの中から選び出すように求める。多くの研究が明らかにしていることだが、もし真犯人がそのグループの中にいれば、識別を誤る危険性は少ない。しかしながら、もし真犯人がそのグループの中にはおらず、その代わりに単なる「被疑者」がいるとすると、識別を誤る危険性はかなり大きくなる。研究によれば、このように集団にして見せるやり方だと目撃者は相対的な選択――他の面通しメンバーに比べて、目撃者が心に描いている犯人像に最も似ているメンバーを選ぶ――をするようになると示唆している。またこのような面通しでは、目撃者は、どのメンバーが単なる員数合わせのダミーで、どのメンバーが被疑者なのかを知っている担当者の口頭での、あるいは言葉によらない手がかりにも曝されている。

　目撃者には面通しメンバーが1度に1人、中立的な立場の担当者――例えば、当該事件を担当していない警察官――から示されるような、順次の、ダブルブラインド〔二重盲検：担当者にも正解が知られていない〕での写真面割と面通しの手順に従うことで、より高い信頼性が約束される可能性が出て来る、と社会科学者は言っている。調査結果によれば、目撃者が面通しメンバーを順次見て、担当者が被疑者は誰なのかを知らないときには、誤識別は大幅に減少する。しかしながらこの方法でも、正しい識別が得られる数は減らない。これを実施する費用はわずかなものである。

　現時点で順次の、あるいは少なくともダブルブラインドの面通し手続きを踏んでいる地方管轄区には、マサチューセッツ州のノース・ハンプトン、カリフォルニア州のサンタ・クララ郡とワシントン州シアトルが含まれている。2002年、ニュージャージー州は、このような手続きを求める最初の州になった。この年、州検事総長のジョン・ファーマーは、州の捜査当局者に対する自らの監督権限を行使して、順次でダブルブラインドの面通しを義務づけた。DNA鑑定が目撃証言の危険性の有力な証拠のほかに、国立司法研究所（NIJ）の1999年の研究によれば、いつの時点でも、目撃者が識別した20～40％は、警察には無実だとわかっている人物、すなわち員数合わせのダミーの写真であった。

虚偽自白

　アメリカ合衆国で有罪確定者DNA鑑定によって冤罪が晴れた件数の25％以上は、虚偽自白と関わっていた。さらに、虚偽自白の専門家であるリチャード・レオとスティーヴン・

ドリズィンの2003年秋出版予定の研究によれば、証明された虚偽自白が、DNAによる雪冤およびDNA以外による雪冤130件で見られた。これらの数字は、自白や告白が必ずしも持っている知識や罪悪感によって駆り立てられているのではなく、外部からの影響によって突き動かされている可能性があることを明らかにしている。多くの社会科学者が、身柄拘束下の取調べをビデオ録画することで、判事、陪審員、検事、弁護人に自白の任意性、自白者の振舞い、警察の行為を観察することを可能にし、それによって虚偽自白の識別に役立つと主張している。

　捜査当局者と検察の中でも、次第に多くの者がビデオ録画された取調べを、取調べに纏わる絶えざる手痛い問題を正す1つの方法として見直し始めている。1992年の米国司法省（DOJ）の包括的研究に拠れば、全米の主要大都市の警察署および保安官事務所の3分の1ではすでに身柄拘束下での取調べのうちのいくぶんかは任意でビデオ録画をしており、「当初は抵抗があったものの、警察署と検察とはビデオ録画を採用するようになった」。1994年以降、その法域ではすでに録画を義務づけている、ミネソタ州エヌパン郡地区首席検事エィミィ・クロブチャーはワシントン・ポスト紙に書いている。「過去8年間で、ビデオ録画された取調べは、警察および検察側の、罪を犯した者に対する有罪判決を確実にする能力を強化したことが明らかになった」。現在3州が録画を義務づけているが、アラスカ州とミネソタ州は裁判所の命令で、また、イリノイ州（殺人事件）は法律によって義務づけている。以下の主要都市、郡でも同政策を採用している。カリフォルニア州サン・ディエゴ郡、コロラド州デンヴァー、コネティカット州ニューヘヴン、フロリダ州ブロウォード郡およびマイアミ、メイン州ポートランド、メリィランド州プリンス・ジョージ郡、ニューメキシコ州ラスクルセス、サウスダコタ州アバディーン、テキサス州オースティン。

　録画が有罪を認めるところだけに限定され、先行している身柄拘束下での取調べの録画をしなければ録画の効用は限られてしまう、と社会科学者は論じる。取調中に犯罪の際立った詳細を被疑者に伝え、それから自白に採り入れるということは可能である。取調べの全容をビデオ録画することで、自白が虚偽だということを顕にするのに役立つこともあれば、自白の信頼性を確実にするうえでプラスになることもありうる。

刑務所の密告者と情報提供者

　カナダのガイ・ポール・モラン委員会の提言の主導に従い、法域では、刑務所の密告者／情報提供者の証言とあらゆる付帯状況を、証言が法廷で使われるのを認める前の段階で厳しく吟味するために、検察官による高水準の審査委員会を設立すべきである。そこで以下の内容を含む14項目が検討されねばならない。

・供述は外的証拠によって、すなわち、もう1人の密告者によってではなく、確認ができるのか？
・供述には、犯人だけが知り得る詳細が含まれているのか、あるいは、供述が犯人だけが知りうる証拠の発見に繋がるのか？
・供述には、被疑者による自己負罪供述とは別に——例えば、記者説明とか答弁書——勾留中の情報屋によって無理なく入手可能な詳細が含まれているのか？

・当該密告者／情報提供者の一般的な性格はどうなのか？──例えば、前科、あるいは当局が把握しているそれ以外の評判がよい行為とか、不誠実な行為とか。
・当該密告者／情報提供者は常習的密告者／情報提供者なのか？

　事実審の裁判官は、刑務所の情報提供者の証言は信頼できないと見なし、検察に、陪審が証拠を聴取する前にその推定を克服することを求めねばならない。
　密告者／情報提供者とのすべての取り決めは文書でなされねばならず、密告者と警察あるいは検察とのすべての連絡はビデオで録画するか、あるいは少なくとも録音しておかなければならない。

犯罪科学捜査研究所の不正

　生命、自由あるいは安全がかかっているほとんどすべてのアメリカの機関においては、深刻な過失や不正が発覚した際にはいつでも、遡及的調査が求められる。航空機墜落から報道不正まで、スペースシャトル大惨事から企業スキャンダルまで、失敗の原因と範囲を究明するために、最終的には外部監査人が招じ入れられることになっている。しかるに、刑事司法制度はこうしたスタンダードの1つの主要な例外である。
　DNA鑑定で冤罪が晴れたケースの30％以上において、誤判の原因は、犯罪科学の不適切な使用であった。時に「ジャンク・サイエンス」（似非科学）と呼ばれるのだが、それは、往々にして鑑識官が証拠の証明力を誇張したり、歪曲したりするからである。
　連邦サイドでは、FBI犯罪科学捜査研究所で深刻な問題が発生した際には、監察総監（IG）室〔OIG〕が介入する。つい最近のことだが、FBIの犯罪科学者が1年以上にわたってある特定の研究所の規律に従うことができなかったことが露見した際に、司法省の監察総監（IG）が監査を命じ、数十件の刑事事件のDNAの再検査と再鑑定を勧告した。
　これに匹敵するような独立した監査機能は、米国内のほとんどの州および地方の犯罪科学捜査研究所にはない。

ジャンク・サイエンス、杜撰な科学

　多くの犯罪科学鑑定の基礎をなす科学的基盤は、ジャンク・サイエンスを法廷から締め出すために策定された最近の連邦最高裁判所の決定に明確に述べられている基準の下で、客観的に見直さねばならない。
　顕微鏡による毛髪比較の証拠は廃止されねばならない。代わりに、重要な問題に絡むのであれば、どの毛髪査定においても毛髪のミトコンドリアDNA鑑定を行うべきである。
　医学研究所同様に、犯罪科学捜査研究所内のすべての規律は規制監督に従うべきであり、専門機関の基準を満たさねばならない。各州はニューヨークの犯罪科学審査委員会（Forensic Science Review Commission）──科学者、検事、弁護人、犯罪科学捜査研究所所長、警察、判事で構成される独立した委員会──を模範として、実効性のある研究所の監督を実施できる、真の権威を有する機関を創設すべきである。
　すべての犯罪科学捜査研究所は、認定を受けねばならない。これが万能薬ではないがよ

き第一歩となる。認定は、厳格な品質管理および品質保証の見直し、定期検査、技術者データの無作為抽出検査を含まねばならない。

　研究所は、通常の場合と同様にサンプルを送り、分析をする、目隠し熟達度試験を含んだ、厳格な熟達度試験プログラムを受けねばならない。研究所は、妥当な結果を見つけ出す能力に基づいてランク付けがされなければならない。

　法廷では科学者は、当然のことながら、「対照」〔生化学的や臨床実験を行う際に、薬物を投与する群と結果を比較するために置かれる対照〕に関する情報、失敗したのか否かについての情報、さらには手順ごとの誤差を提供しなければならない。

　弁護士は、あらゆる物的な科学的証拠は、もし再鑑定されないのであれば、独自に有能な専門家に精査をしてもらわねばならない。公設弁護人および国選弁護人は、資格ある独立した専門家を抱える資金を有しなければならない。

　どの公設弁護人事務所も、他の弁護士が担当する訴訟の手助けができる、常勤の犯罪科学専門家として活動する弁護士を、最低でも1人有しなければならない。

ろくでもない検事、ろくでもない警察官

　刑事司法制度の当事者の不誠実さに取り組むために提案されている改革の1つに、刑事事件弁護士および検事による不祥事と州および地方の捜査当局者による不祥事の連邦レヴェルでの起訴のみを扱う専門特別懲戒委員会の創設がある。

ろくでもない弁護人

　公設弁護人への報酬は、有能な弁護士が弁護を引き受けたいという気になる水準までには上げる必要があり、公設弁護人の給与は、それぞれの法域内の検事と同等にすべきである、という幅広い合意はできている。最低価格入札者に、ある地域のすべての生活困窮被告人を代理する権利が与えられるという契約締結制度は廃止されるべきである。

　全米法律扶助弁護人協会（NLADA: The National Legal Aid and Defenders Association）は、取扱い件数の一般基準を設定しており、弁護士が強制的にせよ、もしくは自ら進んで過剰に引き受けたにせよ、あまりにも多くの訴訟を担当する際には、倫理の申立てを州の法廷に提出ができる。

　公設弁護人団体および個々の国選弁護人双方に対する業績基準があれば、有能な弁護士を提供するにはどんなことが必要なのかを国民に教え、弁護士自身に対しても何が求められているのかを通知することが可能になるであろう。

補償と被害者

　冤罪が晴れた人々は通常、鉄格子の中で過ごした年月に対する補償は受けない。現時点では16州と連邦政府だけが、誤判を受けた人々に対して幾許かの補償金を支払っている。補償に関する法例を有する州に居住する冤罪が晴れた人々にとっては、これらの法の多くでは最高額が極めて低いが、金銭的な賠償は、修復的司法に向けての重要な一歩前進である。例えば、ウィスコンシン州では、収監者は、誤判による収監期間の長さに関係なく、

最大で 25,000 ドル、プラス弁護士料しか受け取れず、ニューハンプシャー州では補償金の上限は 16,000 ドルで、連邦刑務所の収監者は 5,000 ドルである。

今現在のところ、過去 10 年で冤罪が晴れた無実の収監者の 3 分の 2 以上が、失った彼らの自由と生活、そして多くの場合、失った家族と社会的ネットワークに対してまったく補償を受けていない。

ニューヨーク州の無過失責任法では、確たる説得力のある証拠によって、誤判を受けたということが証明できる人に対しては、その過去および将来の苦痛と苦悩、そして失われた賃金の回復を認めている。回復に上限はないが、訴訟は陪審の前でではなく、判事の前で審理される。

被害者支援の専門家は、被害者の間違った犯人識別証言によって無実の被告人に有罪判決が下された場合、その被害者の支援を行うことができる。

冤罪が晴れた後の生活

冤罪が晴れた瞬間は、誤判を下され、潔白な罪のために刑務所に送られた人々にとっての複雑で困難な修復への過程の最初の一歩に過ぎない。刑期を務め、仮釈放されている有罪の個人は、アメリカ中どこでも、教育プログラム、住居・就職支援、精神的・肉体的健康管理、薬物乱用、カウンセリングを含む復帰支援とその他の同様のサービスを受けることができる。しかし不当に投獄された人々はこれに匹敵する支援をまったく受けない。この増大する、冤罪が晴れた人々には、刑務所の外で新しい生活を作り上げるうえで助けになる特定の頼みの綱がまったくない。

冤罪後の生活プロジェクト（LAEP: The Life After Exoneration Project）は、イノセンス・プロジェクト（Inocence Project：冤罪を晴らすためのプロジェクト）と、DNA Identification Technology and Human Rights Center（DNA鑑定技術と人権センター）との共同努力の成果である。その初期の発展段階でのLAEPの目標は、冤罪者が社会に順応するための移行的な支援と長期的な支援との両方を提供することであろう。2003 年春に実施された第 1 段階は、冤罪者が刑務所から自由になったのを受けて、彼らのニーズを満たす包括的な計画を立案することとなる。いったん財源が確保されれば、計画は制度化され、冤罪者が釈放されたらいつでも、どこでもそのニーズを解決することが可能なサービスケア提供者の全国的ネットワークができることになる。

死刑

DNA鑑定で自由の身になった最初の 130 人の中に、死刑を宣告されていた 12 人がいた。他にも多数の人々が、DNA鑑定を含まない冤罪の証拠を含む他の理由で判決が覆された後で死刑囚監房から、そして刑務所から自由の身になっている。このような可謬性の重大さがイリノイ州ジョージ・ライアン元知事をして、2000 年にはイリノイ州の死刑の一時停止を宣言させ、それを研究させることになった。2002 年には、彼の特別委員会が、身柄拘束下の取調べのビデオ録画と二重盲検法に基づく連続的な面通しを含む改革の勧告を公

表した。州議会議員がこれらの改革の法案制定を拒んだ際にライアン知事は——共和党員で死刑賛同者で、ジョージW.ブッシュ大統領のイリノイ州の2000年選挙キャンペーンの会長——一時停止を延長し、死刑囚157人全員の減刑を行った。

2002年、メリィランド州が、死刑委員会の結果が出るまで一時停止を公布した2番目の州となった。

イリノイ州の死刑制度に見られたこのような不祥事の源となった過ちと偏見は、アメリカ中の死刑容認州で——有罪か無罪かを決める事実解明のプロセスにおいてだけではなく、陪審員によってなされる量刑の判断においても——探知が可能である。少なくとも今にして思えば、無実の人々に誤判を下した12人の陪審員は、量刑言渡しの段階で2度目の過ちを犯したことは明白である。そこでは、これらの12人の陪審員は、有罪判決を下されたが無実の人間が州によって処刑されるという明らかに間違った決定をする前に、最高裁判所によって求められていた、罪をいっそう重くする要素と軽くする要素とを比較検討する、込み入った道徳的計算法を当てはめた。有罪か無罪かに関して、陪審員はどれぐらいの頻度で正しい決定を下しているのであろうか。にもかかわらず、被告人が生きるべきか死ぬべきかに関して間違った決定をし続ける、ということは科学的な分析が不可能なことがらである。ライアン委員会は、イリノイ州の死刑制度は最も憂慮すべき結果を伴う過ちにまみれていた、と看破した。多くの委員が、他の州が研究を通じて死刑の一時停止を宣言したり、同様の行動を取ったとしたら、似たような結論に達することであろう、と示唆した。

冤罪委員会

誤判の重大さにもかかわらず、刑事司法制度は誤判を検証する制度化した機構をしかるべく用意していない。州および連邦の冤罪委員会であれば、運輸・交通関連事故を捜査し、原因と責任に関する所見を公表し、将来の問題を回避するために勧告する権限を有する独立した当局である、国家運輸安全委員会（NTSB: National Transportation Safety Board）を模範として活動できるであろう。

冤罪委員会は、検事、弁護士、捜査当局者、被害者権利擁護者、判事、議員、犯罪科学者、法学者をメンバーとする常任委員会で構成することができる。NTSBに関して言えば、資料を収集する権限があり、証言を強要し、その捜査を妨害するいかなる個人あるいは団体に対しても民事訴訟を起こすことができ、法医学検査および病理解剖を含む、必要と認める捜査協力を命じる権限を有することができる。委員会の研究成果は公開することができる。全面的な協力と開示を促すために、NTSBの研究成果および勧告は後のいかなる刑事訴訟あるいは民事訴訟においても拘束力を有しない。

2002年11月、ノースカロライナ州は、冤罪委員会を作り上げた最初の州となった。ビヴァリィ・レイク裁判長によって召集され、州内のトップクラスの法律関係者10人で構成されるノースカロライナ州冤罪委員会（North Carolina Actual Innocence Commission）は、州が誤判を下したケースを再検討し、公判手続き、上訴手続きはもとより、犯罪捜査を改善する方途を提言していく。共和党員で死刑支持者のジャスティス・レイクによれば、「いかなる法的（法廷）措置もその究極の目的は、真実を見つけ出すことである」

ロースクール、ジャーナリズム学部の冤罪ネットワーク

　この2～3年でイノセンス・プロジェクトは、米国中の35のロースクール、ジャーナリズム学部内に、誤判、とりわけDNA鑑定が可能ではないが、有罪判決の信頼性に深刻な疑念があるという裁判での誤判の申立てを調査するために設立された。このイノセンス・プロジェクトのネットワークは、誤判の原因、救済方法、この問題の国民意識への学際的研究も促進している。

付属資料2　　DNA鑑定で冤罪が晴れたケース一覧

米国内に見るDNA鑑定で冤罪が晴れたケース（136件）

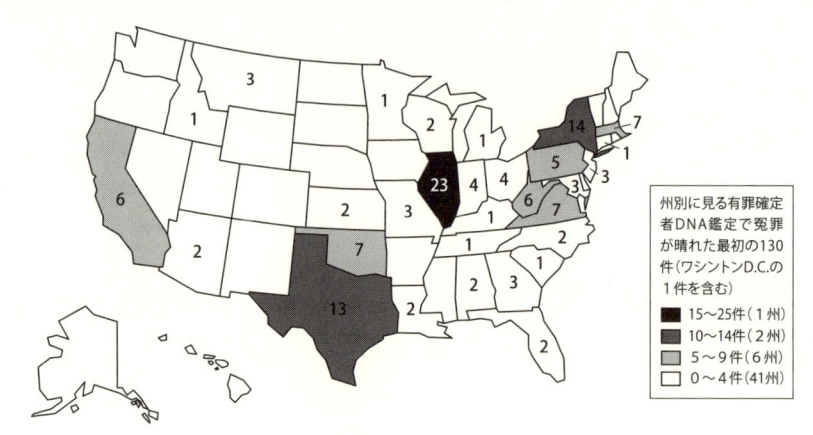

州別に見る有罪確定者DNA鑑定で冤罪が晴れた最初の130件（ワシントンD.C.の1件を含む）

- 15～25件（1州）
- 10～14件（2州）
- 5～9件（6州）
- 0～4件（41州）

有罪確定者DNA鑑定で冤罪が晴れた事例が最も多い州——イリノイ州（23件）、ニューヨーク州（14件）——は、収監者に対して、有罪確定者DNA鑑定を正式に認める法律を最初に有した2州であった。両州ともに、鑑定で収監者の冤罪が晴れる正当な可能性がある場合にはいかなる時点でも鑑定を認める。両州はまた、当該収監者にDNA鑑定をする経済的余裕がない場合には、その費用を負担する。

誤判の原因（DNA鑑定で冤罪が晴れた最初の130件）

誤判をもたらす要因 / 件数

- 誤った識別（101件）: 77.69%
- 顕微鏡による毛髪比較の介在（21件）: 16.15%
- 密告者／情報提供者（21件）: 16.15%
- 虚偽自白（35件）: 26.92%
- 公判でのDNA介在（4件）: 3.08%

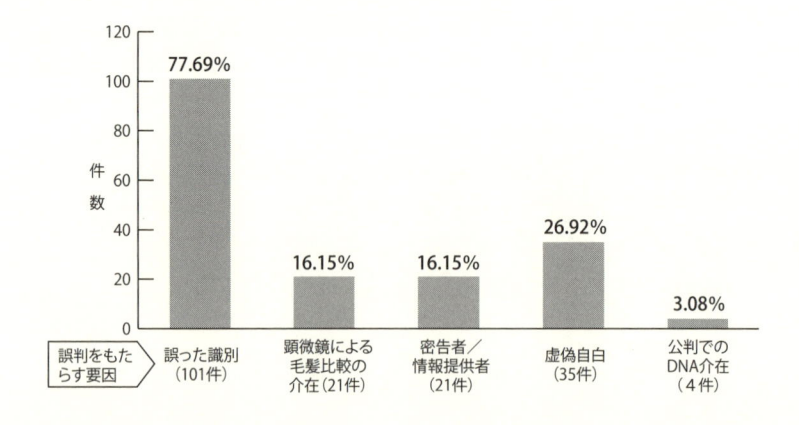

冤罪が晴れた最初の74件の初期の調査には、これら以外の誤判の5つの原因についてのデータが含まれていた。血清学の介在（51％）；警察の不正（50％）；検察の不正（45％）；欠陥／不正科学（34％）；役に立たない／ろくでもない弁護士（32％）

誤った犯人識別（最初に冤罪が晴れた 74 件）

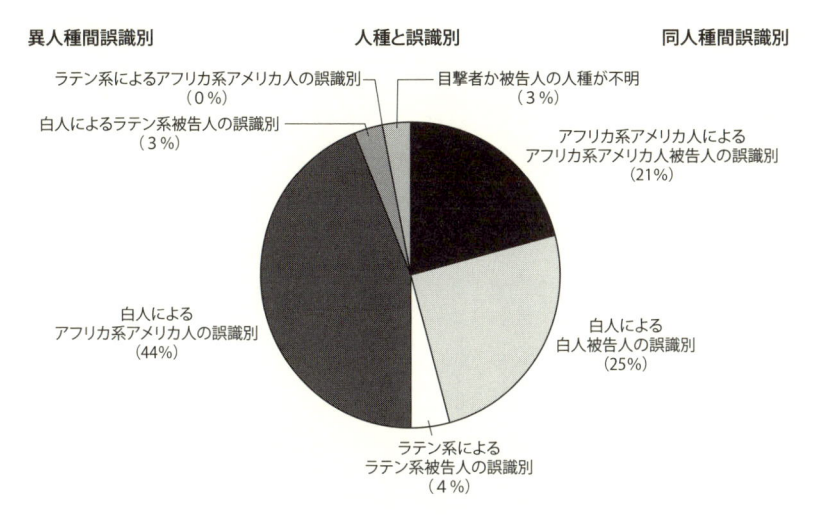

異人種間誤識別
- ラテン系によるアフリカ系アメリカ人の誤識別（0％）
- 白人によるラテン系被告人の誤識別（3％）
- 白人によるアフリカ系アメリカ人の誤識別（44％）

人種と誤識別
- 目撃者か被告人の人種が不明（3％）
- ラテン系によるラテン系被告人の誤識別（4％）

同人種間誤識別
- アフリカ系アメリカ人によるアフリカ系アメリカ人被告人の誤識別（21％）
- 白人による白人被告人の誤識別（25％）

1 件当たりの誤った目撃者数（最初に冤罪が晴れた 74 件）

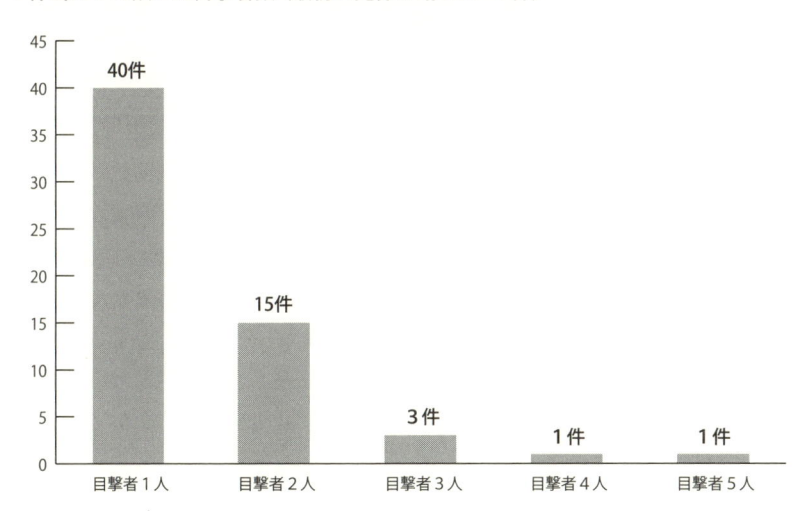

目撃者 1 人	40 件
目撃者 2 人	15 件
目撃者 3 人	3 件
目撃者 4 人	1 件
目撃者 5 人	1 件

冤罪が晴れるまでの拘禁年数（最初の136件）

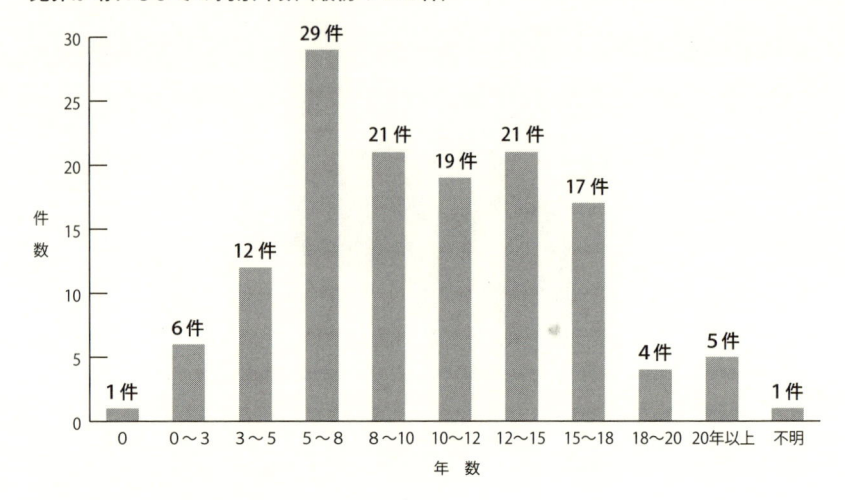

年数	件数
0	1件
0〜3	6件
3〜5	12件
5〜8	29件
8〜10	21件
10〜12	19件
12〜15	21件
15〜18	17件
18〜20	4件
20年以上	5件
不明	1件

冤罪が晴れるまでの平均拘禁年数（136件）：10.45年
冤罪が晴れた全被告人の刑期年数総計（136件）：1470年

最長判決の年数（冤罪が晴れた最初の74件）

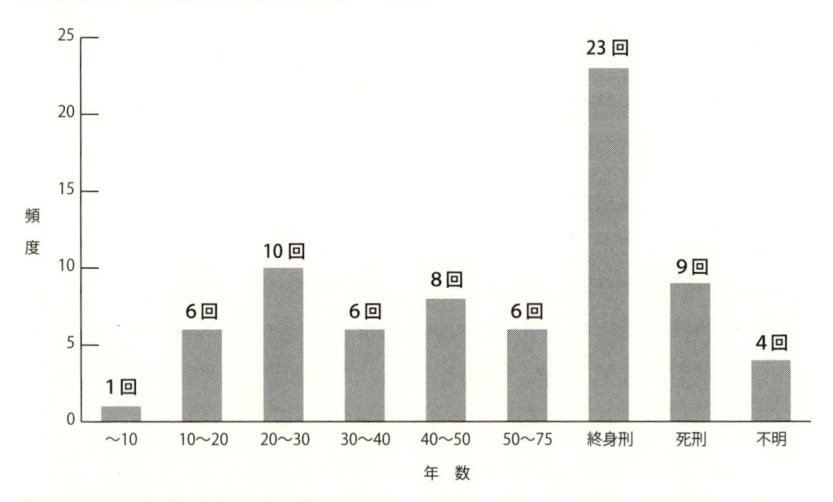

年数	頻度
〜10	1回
10〜20	6回
20〜30	10回
30〜40	6回
40〜50	8回
50〜75	6回
終身刑	23回
死刑	9回
不明	4回

終身刑が含まれる事例の割合（75年以上）：33％
死刑が含まれる事例の割合：13％

人種（冤罪が晴れた130件に基づいて）

被害者の人種（1件ごと）

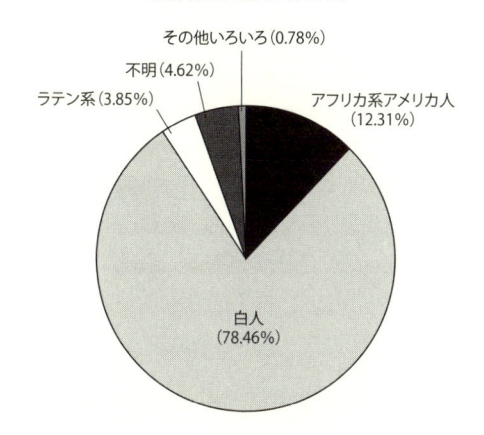

- その他いろいろ (0.78%)
- 不明 (4.62%)
- ラテン系 (3.85%)
- アフリカ系アメリカ人 (12.31%)
- 白人 (78.46%)

冤罪が晴れた被告人の人種（冤罪が晴れた130件に基づいて）

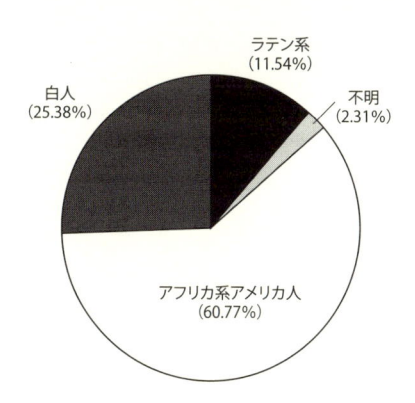

- ラテン系 (11.54%)
- 不明 (2.31%)
- 白人 (25.38%)
- アフリカ系アメリカ人 (60.77%)

監訳者解題
イノセンス・プロジェクトと刑事司法改革

指宿 信

　もう5、6年前にもなるだろうか。同僚が米国人の弁護士を連れてきたことがあって、挨拶を交わす機会があった。わたしが刑事司法の国際比較をやっていると自己紹介をすると、「アメリカの刑事司法についてはどう思うか」と尋ねてきた。「おそらく先進国の中では最悪だね。信頼性は低いし、正直、非常に危険だと思う」と答えた。相手は目を丸くして、「そんなことを言う日本人には初めて会った。もう少し話を聞かせてほしい」と言い、予定を大幅に超過して話しをすることになったのだが、その際わたしが持ち出したのが、手元にあった本書の原典であった。

　　　　　　　＊　　　　　　　＊　　　　　　　＊

　2000年以降、米国では数多くの誤判関連本が世に出されたが、本書はその中でも出色の一冊ではないかと思われる。研究室の書架にある相当数の関連する洋書の中から、わたし自身が本書を何度も論文や講演で引用してきたという経験的な裏付けからだけではない。本書は、「イノセンス・プロジェクト」と呼ばれる、DNA型鑑定を駆使して無実の者を全米で救ってきた実績に基づく豊富なデータと経験に裏付けられていて、文献調査や判例あるいはマスコミ報道等に依拠した他の書物とは一線を画しているからに他ならない。

　カードーゾ・ロー・スクールの名を全米に知らしめたこのプロジェクトの活動はいまや全米のみならず全世界に普及しており、多くのロー・スクール（法科大学院）などが公益活動を兼ね備えた臨床教育の一環として取り組んでいる。カードーゾの活動を組織した著者たち、シェックとニューフェルドはその先駆的存在であり、本書は彼らの活動の一端をいきいきと伝えている。同時に、これまで個別の事件を通してしか知られなかった米国刑事司法の制度的、構造的欠陥を見事に浮き彫りにする。そしてそれは、付属資料2に収録された誤判原因の量的資料に象徴的に現れている。異人種間の犯人識別問題は多民族国家ならではの特色だとしても、信頼性のない毛髪鑑定や法科学、同房密告者、虚偽自白、警察や検察の不正、無能な弁護など、出現する個々の因子は、米国刑事司法の何が問題かをきわめて明瞭に示していると言えよう。

「人権大国」を自認するはずの米国で、何故こうした誤判冤罪が多発しているのか。本書の読者はその背景を知りたいと思うはずだ。その原因を解き明かすことはそう簡単ではない。制度的な要因、文化的な要因、司法関係者のメンタリティーなど複雑に絡み合っているからだ。だが、連邦制という米国の統治制度の影響は見逃せない。米国ではほとんどの刑事事件は州や郡というローカルな単位で扱われる。それは、人も制度も、その行為基準も運用基準も、すべてが独特で統一されていないことを意味する。地域民主主義は時として地域のご都合主義や根強い人種偏見の隠れ蓑となるが、そうした地方性が信頼できない証拠や責任感の欠如した司法関係者と結びつくとき、誤判製造過程が完成してしまうのである[1]。もうひとつは、米国における抜きがたい人種的偏見である。これは大統領が黒人になったからといって容易に変わるようには思われない深刻さで米国の刑事司法制度を覆っている。かつてのようなあからさまな差別は姿を隠しても、偏見が誤判の一要素であることは本書のさまざまな箇所から明らかであろう[2]。
　このように、本書で告発されている米国の刑事司法の状況はきわめて深刻だが、最終章で言及されているように、少しずつではあるが改善への動きも見られており、その取り組みは裁判員制度の始まろうとする我が国にも多いに参考となる。以下、本書刊行以後の重要な動きを紹介しておきたい。
　まず、本書では130人とされているDNA型鑑定による雪冤者の数はその後も増え続けており[3]、2009年6月末現在で240人（うち17人が死刑囚）に達しており、そのうちおよそ6割が黒人である（イノセンス・プロジェクトのホームページより）。各地のプロジェクトの活動の結果、大量の冤罪が発見された影響で、2000年以降米国における死刑の言い渡しと執行数は減少傾向にある。変化は量的な現象に止まらない。本書ではイリノイ州[4]とメリーランド州の死刑停止が紹介されているが、ニューヨーク州では2004年6月に州最高裁により死刑に違憲判決が出され、2007年12月にニュージャージー州が死刑を廃止し、2008年12月にはメリーランド州で死刑制度委員会から廃止が勧告された。2009年2月現在、少なくとも8つの州で死刑廃止法案が議会に上程されている。米国が一気に死刑制度の廃止へと向かっているわけではないが、ゆっくりと、だが確実に死刑の対象事案は狭められ、適用基準は厳しくなり、停止廃止州が徐々に増えている。これは、死刑執行数については圧倒的な差のあるものの、わが国における死刑適用判決の増加と執行の迅速化と対照をなしている。
　違法な取調べの様子は本書で何度も描写されたが、紹介されたように2つの州の判例（アラスカ、ミネソタ）とイリノイ州（立法）が取調べの録画を義務づけ

ていたところ、その後、取調べ録画義務を法令で定めた州は10にまで拡大した。更に20近い州で何らかの取調べ録画を義務づける法案が州議会に提出されていることから、こうした動きは益々強まるものと予想される。

　5章、7章で扱われた法科学の信頼性の確保については、最近新たな動きが起こっている。2006年に連邦政府から諮問を受けていた全米科学アカデミーは、2009年2月に報告書を刊行し、米国における法科学の抜本的改革を訴えた。人気ドラマ「CSI」のような設備、人材、予算は夢のまた夢であり、現実の米国のサイエンス・ラボは、完全に「オーバーホールが求められる現状」にある。アカデミーは個別の誤判事件や裁判を批判するのではなく、改革のための"ロードマップ"を示した。今後、予算措置と政治のリーダーシップがどれだけ発揮されるかが米国の冤罪事情を左右することとなるだろう。

　刑事司法にかかわる改革も全ての州ではないが少しずつ進んでいる。まず、死刑囚一括恩赦に踏み切ったイリノイ州ではIllinois Justice Study Committeeが創設され、誤判が発覚した非死刑事件についてその原因を調査し改革を提言するという使命が与えられた（未だに予算措置がなく機能していない）。2005年、ウィスコンシン州では、Criminal Justice Reform Packageの勧告に基づき全事件の取調べや犯人識別手続の録画を義務化し、科学的証拠の保存保管に関する法改正がおこなわれた。カリフォルニア州では、California Commission on the Fair Administration of Justiceが創設され、2008年8月に最終報告書を刊行し、議会には犯人識別手続や重罪事犯の取調全過程の録画などを求める法案が提出されている。2003年、コネチカット州でConnecticut Innocence Commissionsが、2007年にはペンシルバニア州でもPennsylvania Innocence Commissionが創設され、それぞれ勧告ならびに報告書の作成が急がれている。2008年1月、連邦議会にも誤判救済と原因解明のための特別委員会を設置する法案が提出された。同年3月、ワイオミング州は有罪確定後のDNA鑑定を請求する権利を認める法を制定した。これはまさに「イノセンス・プロジェクト」の賜物と言えるだろう。2006年にはノース・カロライナ州にNorth Carolina Innocence Inquiry Commissionが設置され、米国で初めて裁判所から独立した再審請求を審査する公的機関が生まれた。2008年末までのところ、300件以上の請求がありその内5件の調査をおこなっているが、再審無罪まで結びついたケースは今のところない。2009年1月、ニューヨーク州弁護士会は、誤判問題に関する最終報告書をまとめ、虚偽自白、犯人識別、同房内通者、刑事弁護、科学的証拠、ガバナンス、冤罪補償に関して48項目にのぼる勧告をおこなった。

　　　　　＊　　　　　　　＊　　　　　　　＊

　こうした米国の誤判冤罪をめぐる問題は、われわれにとって決して他山の石ではない。

　冤罪発生のメカニズムは万国共通のものが多く、本書で挙げられた理由は我が国でも確認されたものが多い[5]。犯人識別の誤り（徳島ラジオ商殺し事件では被害者の妻が犯人だとした従業員は後に虚偽の証言を告白している[6]）、虚偽の自白（財田川、島田、松山、免田といった死刑再審無罪事件を筆頭とする多くの事案[7]）、法科学（松山事件では、犯罪直後には血液反応が確認されなかった被疑者の掛け布団から、多数の"血痕"が"発見"された[8]。大分みどり荘事件では、本書で紹介されたように科学性の否定された毛髪識別が一審有罪の決め手とされていた[9]。足利事件の当初のDNA型鑑定が誤っていたという近時の報道は日本中を驚かせた[10]）、証拠の不開示（松川事件では、アリバイを証明する可能性のある資料が検察官の手に留め置かれていた）、同房者証言（八幡放火殺人事件[11]では、犯行自白を聞いたとする同房者の供述が有力証拠とされたが判決で相当性を欠いた捜査手法だと批判されている）など、米国刑事司法の闇は我が国にも無縁ではなく、その闇は、実はわたしたちのすぐ側に、厳然として横たわっている。

　また、冤罪が発覚した後について冤罪委員会（本書300頁）のような公的部門による調査委員会が我が国で設けられたことはない。2007年に既に刑を終えた後に真犯人が発覚した富山少女暴行（氷見）事件については、検察庁、警察庁それぞれが検証をおこなっただけで、第三者による調査はなされず誤判の責任所在が問われることもなかった。

　そして、冤罪防止のために採られるべき施策も共通する課題だ。本書4章で扱われた虚偽自白を防ぐ最善の方法とされる取調べ録画制度は、我が国においても喫緊のテーマとなっている。ようやく検察庁が部分的録画（主として自白部分）を2008年度から全庁で実施し始め、強硬に反対していた警察庁も2008年秋から一部の地域で部分的録画（自白調書の読み聞かせ部分）を始めた。しかし、録画の目的が自白の任意性確保に止まっていて、未だに録画範囲が一部に限られていることから取調べの「可視化」という観点からはまだまだ不十分と考えられている[12]。

　冤罪から救われた後の元受刑者・死刑囚を――これは多くのノン・フィクション作品で見逃されている重要なテーマだ――扱う12章も我が国と無縁ではない。多くの雪冤者が偏見のため地元に帰ることができず生活を破壊されたまま

ある。30有余年を死刑囚房で過ごし、その後再審無罪となった元被告人には年金受給資格がない。死刑囚として拘禁されていたため掛け金を納めていなかったからだという[13]。

　先に述べたように米国で徐々に進められている誤判防止のためのさまざまな改革プランだが、わが国では今次の「平成司法制度改革」でまったくテーマとされなかった。わが国の刑事司法制度は「うまくいって」おり、「改革」の必要はないとされたという。いま、裁判員制度の開始を前に誤判防止のための改革に目を向ける必要が指摘されているのは[14]、そうした「改革」では積み残された課題があるからに他ならない。

＊　　　　　　＊　　　　　　＊

　最後に、冤罪被害者と犯罪被害者のかかわりについて触れておきたい。犯罪被害者は（ねつ造タイプのケースを別にすると）犯罪と冤罪の二重の苦難を受ける。その受け入れがたい結論に対する戸惑いや葛藤はこれまでほとんど描かれたことがなかったが、本書はこうした未知の問題にまで踏み込んでいる（14章参照）。とりわけ被害者が犯人識別をおこなっていた場合、両者の関係はきわめて複雑なものになることは想像に難くない。

　2009年1月22日、フロリダ州パール・ハーバーにおいて開かれた「有罪確定後のDNA型鑑定」というシンポジウムにおいて、ジェニファー・トンプソン（本書252頁に登場する、レイプ犯を誤識別してしまった被害者）と、彼女の識別に基づいて起訴され、二つの終身刑を言い渡され、DNA型鑑定によって11年後に釈放されるまで獄にいたロナルド・コットンのふたりが基調講演者として壇上に並んだ[15]。ジェニファーはレイプ・サバイバーとして自分が味わった事件の恐怖、犯人識別の手続や裁判の経緯をめぐる被害者の苦しみを語り、DNA型鑑定で真犯人が見つかったと知らされ、誤った識別をしたと知ったときの衝撃を話した。自分のスピーチが終わった後、ジェニファーがロナルドを最愛の友人として紹介し檀上へと迎えるその瞬間は、誤判問題のたいへんナイーブな溝を乗り越えた、犯罪被害者と冤罪被害者とのあいだの希有な結びつきを示し、冤罪事件にまつわる深い闇のなかでもひときわ輝いて見える。

　だが、ほとんどの冤罪被害者、犯罪被害者は、社会から取り残されケアもされず孤独な存在である。ジェニファーの事件はDNAによって真犯人は見つかったが、少なくない冤罪事件が迷宮入りとなっている。冤罪の引き起こす害悪は、無実の人にも、被害者にも、その両者の家族や周囲の人びとにも深い傷を与え、容易に回復されることはない。そして、その闇を作りだした原因について多くは未

解明なまま捨て置かれ、そこに関わった者の責任はほとんど問われることはない。誤判冤罪という問題が、その深い闇の中から冤罪者を解き放つだけでは不十分であるということを、本書はわれわれに訴えかけている。

（いぶすき・まこと／成城大学教授）

1 米国の誤判事件を描いたものとして、6章ならびに13章に登場するロン・ウィリアムスのケースを描く、ジョン・グリシャム『無実（上・下）』（ゴマ文庫、2008年）がある。
2 この問題の根深さは、たとえば1982年、警察官殺害の罪で死刑判決を受けたムミア事件に明かであろう。ムミア・アブ＝ジャマール（今井恭平訳）『死の影の谷間から』（現代人文社、2001年）参照。
3 詳しくは、S・ドリズィン、R・レオ（伊藤和子訳）『なぜ無実の人が自白するのか——DNA鑑定は告発する』（日本評論社、2008年）を参照。
4 詳しくは、スコット・トゥロー（指宿信・岩川直子訳）『極刑：死刑をめぐる——法律家の思索』（岩波書店、2005年）を参照。
5 我が国における誤判メカニズムについて、たとえば小田中聰樹『冤罪はこうして作られる』（講談社新書、1993年）、秋山賢三『裁判官はなぜ誤るか』（岩波新書、2002年）など参照。
6 犯人識別供述の問題につき、エリザベス・ロフタス、キャサリン・ケッチャム（厳島行雄訳）『目撃証言』（岩波書店、2000年）など参照。
7 虚偽自白問題につき、浜田寿美男『自白の心理学』（岩波新書、2001年）など参照。
8 大出良知「解明された誤判の構造——松山事件再審無罪判決の検討」法学セミナー1984年9月号、「特集・新しい時代の司法と「証拠開示」制度」法学セミナー2003年8月号など参照。
9 『完全無罪へ13年の軌跡——みどり荘事件弁護の記録』（現代人文社、1997年）参照。
10 毎日新聞2009年5月8日「足利事件：再鑑定の結果『DNA不一致』…東京高裁に提出」ほか。
11 福岡地裁小倉支部2008年3月5日判決。
12 可視化問題につき『可視化でなくそう！違法な取調べ——取調べの可視化（録画・録音）で変えよう、刑事司法！〈Part3〉』（現代人文社、2005年）など参照。
13 たとえば、平成17年10月11日衆議院法務委員会議での保坂展人議員の質問参照。
14 たとえば、伊藤和子『誤判を生まない裁判員制度への課題——アメリカ刑事司法改革からの提言』（現代人文社、2006年）など参照。
15 二人は全米で犯人識別の危険性を訴える講演を重ねており、その活動は広くメディアで報道されている。2008年、オープン・ソサイエティ・インスティテュートによって二人はソロス・ジャスティス賞を受賞した。2009年3月には、共著 Picking Cotton: Our Memoir of Injustice and Redemption（コットン氏を識別して：不正義の記憶と罪の償い）が出版され、たいへん好評を博している。

◎訳者・監訳者プロフィール

西村邦雄（にしむら・くにお）
東洋大学社会学部非常勤講師。
日本語訳に、『犯罪被害者の体験をこえて』『終身刑を生きる』（ともに、ハワード・ゼア編著、現代人文社、2006年）がある。

指宿　信（いぶすき・まこと）
立命館大学教授などを経て、現在、成城大学法学部教授。法学博士。
主な著作に、『刑事手続打切りの研究──ポスト公訴権濫用論の展望』（日本評論社、1995年）、『リーガル・リサーチ』（監修、日本評論社、2003年）、『極刑──死刑をめぐる一法律家の思索』（スコット・トゥロー著、共訳、岩波書店、2005年）などがある。

無実を探せ！　イノセンス・プロジェクト
ＤＮＡ鑑定で冤罪を晴らした人々

2009年9月10日　第1版第1刷

著　者　ジム・ドワイヤー、ピーター・ニューフェルド、バリー・シェック
翻訳者　西村邦雄
監訳者　指宿　信
発行人　成澤壽信
発行所　株式会社 現代人文社
　　　　〒160-0004 東京都新宿区四谷2-10 八ッ橋ビル7階
　　　　振替 00130-3-52366
　　　　電話 03-5379-0307（代表）
　　　　FAX 03-5379-5388
　　　　E-Mail henshu@genjin.jp（編集）／hanbai@genjin.jp（販売）
　　　　Web http://www.genjin.jp
発売所　株式会社 大学図書
印刷所　シナノ書籍印刷株式会社
装　画　小澤真弓
装　丁　Malpu Design（黒瀬章夫）

検印省略　Printed in JAPAN
ISBN978-4-87798-424-3 C0036
©2009 Nishimura Kunio

本書の一部あるいは全部を無断で複写・転載・転載等をすること、または磁気媒体等に入力することは、法律で認められた場合を除き、著作者および出版者の権利の侵害となりますので、これらの行為をする場合には、あらかじめ小社または編著者宛に承諾を求めてください。